城镇化与社会变革丛书
URBANIZATION AND SOCIAL TRANSFORMATION SERIES

丛书主编 ▶ 李 铁

城镇化改革的地方实践

THE PRACTICE OF LOCAL GOVERNMENT REFORMS ON URBANIZATION

李 铁 乔润令等 ◎ 著

中国发展出版社
CHINA DEVELOPMENT PRESS

图书在版编目（CIP）数据

城镇化改革的地方实践 / 李铁，乔润令等著. —北京：中国发展出版社，2013.3

ISBN 978-7-80234-905-6

Ⅰ.城…　Ⅱ.李…　Ⅲ.①城市化—研究—中国

Ⅳ.F299.21

中国版本图书馆CIP数据核字（2013）第038434号

书　　　　名：城镇化改革的地方实践
著作责任者：李　铁　乔润令等
出 版 发 行：中国发展出版社
　　　　　　　（北京市西城区百万庄大街16号8层　100037）
标 准 书 号：ISBN 978-7-80234-905-6
经 　销 　者：各地新华书店
印 　刷 　者：北京科信印刷有限公司
开　　　　本：700×1000mm　1/16
印　　　　张：28
字　　　　数：416千字
版　　　　次：2013年3月第1版
印　　　　次：2013年3月第1次印刷
定　　　　价：65.00元

联 系 电 话：（010）68990646　68990692
购 书 热 线：（010）68990682　68990686
网 络 订 购：http://zgfzcbs.tmall.com/
订 购 电 话：（010）88333349　68990639
网　　　　址：http://www.develpress.com.cn
电 子 邮 件：cheerfulreading@sina.com

总　序

　　中央政府又一次把城镇化作为拉动内需和带动经济增长的引擎，使得城镇化问题再次成为社会关注的热点。巧合的是，两次提出城镇化问题都和国际金融危机有关，上一次是亚洲金融危机，而这一次是全球金融危机。作为长期从事城镇化政策研究的团队，我们的研究积累对于中国的城镇化问题应该有着清醒的认识，但是对于社会，对于各级政府、企业家、学者和媒体人来说，如何去理解城镇化问题，就涉及将来可能出台什么样的政策，以及相关政策如何落实。因此，我们决定把多年的研究成果公诸于世，以"城镇化与社会变革"系列丛书的形式出版。丛书之所以以改革为主题，就是要清楚地表明，未来推进城镇化最大的难点在于制度障碍，只有通过改革，才能破除传统体制对城乡和城镇间要素流动的约束和限制，城镇化带动内需增长的潜力才能得到真正释放。

　　丛书出版之际，出版社邀请我作序，一方面希望从宏观的角度来评价十八大以来的城镇化政策要点，另一方面希望对国家发改委城市和小城镇改革发展中心（以下简称"中心"）从事城镇化政策研究的历程做一个简要的回顾。毕竟我全程参与了中心的组建和发展，也基本上经历了从城镇化政策研究到一系列政策文件出台的过程。其实，我内心的想法，无论目前把城镇化政策提到怎样的高度，毕竟与可操作的政策出台以及贯彻落实都还有很长的距离。我能更多地体会到，这项研究，凝聚着许多长期从事农村政策研究和城镇化研究的领导和专家的心血，也汇集了一些地方基层政府的长期实践。我们只是作为一个团队集中了所有的智慧，利用我们的平台优势把这些成果和资料积累下来。

　　1992年，我在国家体改委农村司工作，有一次参加国土经济学会在新华社举办的关于小城镇问题的研讨会，原中央农研室的老领导杜润生先生发言，提到小城镇对于农村乡镇企业发展和农村资源整合的重要意义，回来后感受颇深。在年底农村司提出1993年度研究课题重点时，把小城镇和城镇化问题作为六个重点研究课题的选题之一，报告给了时任国家体改委副主任马凯同志。我记得其他选题还有农村税费改革、城乡商品流通和土地问题等等。马凯副主任只是在小城镇这个课题上画了一个圈，要求我们重点进行研究。这一个圈就决定了我后半生的命运，至今已经20年了。当时马凯同志分管农村司工作，他之所以要求我们从事小城镇和城镇化问题的研究，他的基本论断是"减少农民，才能富裕农民"。

在后来的城镇化研究中，很多人不理解，为什么当时中央提出"小城镇，大战略"？特别是一些经济和规划工作者，他们认为城镇化政策重点不应该是积极发展小城镇，而应该是发展大城市，可是谁也不去追问。当时城镇化的提法还是禁忌，户籍问题更是没人敢提。几千年来确保农产品供给问题似乎成为一种现实的担忧；已经形成的城乡福利上的二元差距，更是各级城市政府不愿意推进户籍管理制度改革的借口。只有在小城镇，因为福利差距没有那么大，基础设施和公共服务条件没有那么好，与农村有着天然的接壤和联系，而且许多乡镇企业又直接办在小城镇，在这里实现有关城镇化的一系列体制上的突破，应该引起的社会波动比较小。1993～1995年，在马凯同志的直接领导下，我们开始了小城镇和城镇化的研究。马凯同志亲自带队到各部委征求意见，1995年4月，协调国务院十一个有关部、委、局制定并印发了《全国小城镇综合改革试点指导意见》，这是第一个从全方位改革政策入手，以小城镇作为突破口，全面实行综合改革试点的指导性意见。其中涉及的内容包括户籍管理制度、土地流转制度、小城镇的行政管理体制、地方财税管理体制、机构改革和乡镇行政区划调整、基础设施的投融资改革、统计制度等多方面。

1998年国务院机构改革，国家体改委和国务院特区办合并为国务院经济体制改革办公室，原来的16个司局缩编成6个司局，涉及大量的司局级干部重组和自寻出路。为了坚持小城镇和城镇化的政策研究，把试点工作持续下去，在各方面的支持下，我放弃了留在机关内工作的机会。1998年6月，经中编委批准，以原国家体改委农村司为主体成立了小城镇改革发展中心。从此我开始了漫长而又寂寞的城镇化政策研究之路。

1997年的亚洲金融危机，我国的外向型经济受挫，很多专家提出扩大内需的思路，城镇化和小城镇终于第一次走上了政府宏观政策的台面。

1998年十五届三中全会开始提出"小城镇，大战略"。1999年，时任国务院副秘书长的马凯同志和中农办主任段应碧同志，把起草向中央政治局常委汇报的"小城镇发展和城镇化问题"的任务交给了国务院体改办。之后，我们又在国务院体改办副主任邵秉仁同志的领导下，直接参与起草了2000年6月中共中央、国务院颁布的《关于促进小城镇健康发展的若干指导意见》。这个文件下达之后，户籍管理制度原则上在全国县级市以下的城镇基本放开，农村进城务工人员只要在城里有了住所和稳定的就业条件，就可以办理落户手续，而其在农村的承包地和宅基地仍可保留。根据中央有关文件精神，2000年第五次全国人口普查后，我国把进城务工的农民第一次统计为城镇人口，我国的城镇化率一下子从原来的29%提高到36%。

2002年，党的十六大报告第一次写进了有关城镇化的内容，其中把"繁荣农村经济，加快城镇化进程"写到一起，这充分说明了城镇化对于"三农"问题的重要性。值得特别提出的是，我们的城镇化研究也从小城镇开始深入到进城的农民工，中心全体研究人员就农民工问题进行了大量的调查研究。2002年，根据马凯副秘书长和段应碧主任的安排，由中心组织人员起草了2003年国务院办公厅1号文件《关于做好农民进城务工就业管理和服务工作的通知》。

2003年，中心被并入了国家发改委，城镇化的研究工作转向了深入积累阶段。原来曾经全方位开展的改革试点工作虽然还在进行，但是实质性内容越来越少。在这一阶段反思城镇化，站在农村的角度去推进城市的各项相关改革，看来是越来越难了。中国的体制，城市实际上是行政管理等级的一个层面，而不是西方国家那种独立自治的城市。中国城市管理农村的体制，使得从农村的角度提出任何问题都是带有补贴和扶助的性质。而实际上，由于利益格局的确立，城市仍然没有摆脱依赖于从农村剥夺资源，来维持城市公共福利的积累和企业成本降低的局面。原来简单明了的城乡二元结构，已经被行政区的公共福利利益格局多元化了，因此要改革的内容已经远远超出了20世纪90年代凸显的城乡二元结构的范畴。原来长期研究农村改革、试图解决农村问题，现在成为城镇化出发点的思路，肯定也要相应地转型，使我们的研究团队站在城市的决策角度考虑问题。2009年，我们开始把中心研究的重点彻底地转向城市，单位的名称也同时作出了调整，改为"城市和小城镇改革发展中心"。这种转型的最大效果就是可以更多地偏重于决策者的思维，了解决策阶层所更关注的城市角度，有利于提出更好的政策咨询建议。

中心成立 15 年来，我和同事们到 20 多个省（直辖市、自治区）的数千个不同类型、不同规模的城镇调研，积累了大量的材料，并为一批城镇特别制定了发展规划。

我们所理解的城镇化政策是改革，这也是我们长期和社会上的一些学者，甚至包括政府决策系统的部分研究人员在观点上的一些重要分歧。因为城镇化要解决的是几亿进城农民的公共服务均等化问题，关系到利益结构的调整，所以必须通过改革来解决有关制度层面的问题。仅靠投资是无法带动城镇化的，否则只会固化当地居民和外来人口的福利格局。只有在改革的基础上，打破户籍、土地和行政管理体制上的障碍，提高城镇化质量，改善外来人口的公共服务，提升投资效率才能变为可能。

幸运的是，从 2012 年起，中央领导同志对于城镇化的重视达到了前所未有的高度。在国家发改委副主任徐宪平同志的支持下，我们终于把多年的研究积累作为基础性咨询，提供给政策研究和制定的部门。虽然关于城镇化所涉及的改革政策的全面铺开还需要时日，还需要观点上进一步的统一，但无论怎样，问题提到了台面，总会有解决的办法，任何事情都不能一蹴而就，但毕竟有一个非常好的开始。

同事们提议，是不是可以把这些年我们团队有关城镇化的研究成果出版成书？我同意了。2013 年是全国深入贯彻落实十八大精神的开局之年，是一个好时候，全社会都在关注城镇化进程。此举可以把我们的观点奉献给社会，以求有一个更充分的讨论环境，寻求共识，推进城镇化改革政策的持续出台。

国家发改委城市和小城镇改革发展中心主任

李铁

2013 年 3 月

目录 >>> CONTENTS

第三篇　行政管理体制

第四篇　土地问题

第五篇　应对金融危机与扩大内需

第六篇　城市与小城镇发展

第七篇　产业发展

第一篇
户籍制度改革与
农民工住房问题

户籍制度改革中的几个问题

孙方明等

我国现行的户籍制度，形成于20世纪50年代，其后日趋刚性，成为铁的制度，是维系城乡二元结构最根本的措施，也是改革开放前各项制度措施中执行得最坚决、最有效的部分。改革开放30年来，特别是随着亿万农民离土离乡进入城镇就业，现行户籍制度受到了巨大冲击，在一些局部与一些环节出现了松动。但是，总体上说，这项制度及其相关联的体系至今没有根本性的改变。

2008年春节前后，我国南方地区普遍遭受严重的冰雪灾害，亿万农民工有家不能回，牵动了全国人民的心。表面上看，是交通受阻问题。实际上，它与现行的户籍制度息息相关。正是因为这一制度造成了就业与居住地的长距离分隔，使得年复一年的春运潮压力越来越大，并在特定情况下可能酿成社会危机。

很清楚，现行户籍制度已经成为推进城镇化进程的一大障碍，与发展上的机会均等原则和分配上的公平正义原则相违背，进而影响到统筹城乡发展目标的实现。改革现行户籍制度，势在必行。

常识告诉我们，凡是不断成为社会议论焦点而又有待改革的体制性问题，必然是改革的难点。户籍制度改革，是真正意义上"牵一发而动全身"的大问题，它既是深化改革的重大举措，又是异常复杂的大难题，绝不是发个通知、颁布一个法令就可以一蹴而就的事。试问，我们

孙方明：国家发改委城市和小城镇改革发展中心研究员。
李　铁：国家发改委城市和小城镇改革发展中心主任、博士生导师。
袁崇法：国家发改委城市和小城镇改革发展中心原副主任。
何宇鹏：国家发改委城市和小城镇改革发展中心原副主任。
窦　红：国家发改委城市和小城镇改革发展中心研究员、硕士。
范　毅：国家发改委城市和小城镇改革发展中心政策研究处处长、副研究员、博士。
张同升：国家发改委城市和小城镇改革发展中心原政策研究处干部。

的实施方案准备好了吗？我们的各项配套改革、配套措施能够跟进吗？可能涉及几万亿的改革成本和施政成本安排好了吗？

可以简单地回顾一下实施全面义务教育的历史：20世纪80年代，出于急于办一件大好事的用心，我国用法律形式公布在全国实行九年制义务教育。当时并没有周密考虑实施这项法律的执法成本，限于财力、人力、物力及各方面的配套措施，没有可能公平执法，引发了一系列的社会问题，使各级政府长期陷于被动。在国民经济快速发展、财政收入持续高速增长的前提下，用了二十多年时间，直到最近两年才初步实现了该项法律的公平执法，且城乡间在教育投入上依然存在巨大反差。可见大的好事、大的举措、大的改革，必须谋定而后动，循序渐进，量力而行。

我们有两个基本看法：其一，现在是着手全面改革现行户籍制度的最好时期，我们有日渐提升的国力，有一批励精图治的党和国家领导人，有较为安定的国内政治环境；其二，此项改革涉及重大利益分配与调整，是关乎民生和社会和谐的全局性问题，必须审慎行事，有时还要清醒冷静地面对巨大的社会压力。

现就相关的几个问题谈谈我们的意见。

一、户籍改革与财政体制改革的配套问题

目前，社会上议论的户籍改革多是身份制度的改变，因而把关注的焦点集中在公安部门何时出台取消农业和非农业的二元户口登记制度上。殊不知户籍制度背后，更深层次的矛盾是以户籍人口为依据的各项公共服务配套措施，所有这些措施是要通过财政体制来支持的。

随着改革开放的深化，农民可以通过流动就业进城务工来增加收入，但是却很少享受到在就业地政府所提供的各项公共服务。虽然各级城镇政府的财政体制本身也经历了多次改革，以便于更好地解决所在地城乡居民的公共服务。但是，很显然，还没有真正地做好准备来面对日益增长而且已经成为城镇主要居住和就业群体的广大农民工的公共服务需求。当人们开始日益关注户籍制度改革时，而忽略了对人口管理和服务与现行的财政制度之间的关系。

随着数以亿计的农民工进城就业，城乡差距和农民工所受的差别待遇，成了眼见为实的事情，并屡屡通过各种传媒渠道，加深了人们的印象，引起了人们的关注，并一再成为近年的热点公众话题、群体性事件的诱因乃至可能危及社会稳定的导火线。尽管各级政府采取了一系列措施，在改善农民工待遇和统筹城乡发展上取得了显著的成效，但长效的、制度化的、主要靠以财政税收体制为主的国民收入再分配来实现城乡公平的稳定政策机制还没有建立。这个问题不解决，户籍制度改革就没有经济基础。因此，在进行户籍制度改革时，必须对公共财政分配体制做出重大改革，而这样的改革，短时间内是难以完成的。

1. 户籍改革的推进要充分考虑改革成本和施政成本

前几年，许多地方都相继放开城乡间户籍限制，宣布要实行一元化的户籍制度。到2007年底，全国已有12个省宣布建立了城乡统一的户口制度。但由于没有相应的配套改革，没有充分考虑改革成本及施政成本，户改没有现实的支撑点，在实现均等化服务上也难以有实质性进展。

广东省早在2001年就提出全面启动一元化户籍管理制度，也较早提出了户籍改革与一系列相关政策措施之间存在的矛盾，并选择在经济比较发达的佛山、深圳、珠海、中山等地进行试点。佛山市为落实与户改相关的配套措施，从2004年7月1日到2006年3月，花了12.07亿元。但是，这项户籍改革还只在佛山市的户籍人口中进行，并不包括大量农民工在内的非佛山市户籍人口。其他地区率先推动户改的城市，虽然在户口形式上都统一为"居民户口"，但一到落实相关社会福利待遇时，差别就浮现出来。城乡户口差别背后隐含的社会不公，诸如子女入学、劳动就业、医疗卫生、社保福利、住房、高考、培训等等差别并没有完全消除，这些壁垒制约着户籍管理制度改革的进程。如果这项改革再包含大量的外来农民工，对人口按常住地不分城乡均实现一体化，政府的财政压力会成倍增大。例如，郑州市在2003年宣布入户政策完全放开，但一年之后却以"暂缓人口激增带来的城市压力"为由，踩了急刹车。因而，进行户籍制度改革，没有财政体制的配套改革，不认真测算改革成本（转轨期的支出）及施政成本（长期支出），做到量力而行，是很难将这项改革进行到底的。如果在相关配套政策没有逐一落实之前匆匆宣布改革，户改就极有可能成为一纸有名无实的空文，影响政府的公信力。

2.目前各级政府间的财政分配体制，不利于户籍改革的推进

1994年实行分税制改革，先后确立了中央、省级政府、地市级政府和县市级政府的分税体制，省以下各级政府间的分税制基本上是在有利于上级政府的多种形式的"讨价还价"式体制，对于同样容纳外来人口较多的乡镇级政府，县市级政府基本上采用统收统支或包干分成的财政体制。这种体制的结果是，基层或下级城镇政府，没有能力根据自己管理的人口规模，建立相应的公共财政的服务体制，因为，自己所创造的财政税收，绝大部分上缴给上级政府了。

例如，长三角、珠三角、京津地区的各级城镇都有大量农民工流入。许多城镇的常住人口规模远超过了户籍人口规模，广州、苏州的外来人口都占到了40%左右。在一些小城镇，农民工数量远远超过本地人口，已经出现了一批相当于中等城市乃至大城市人口规模的超级镇。目前人口超过20万以上的镇有43个，30万以上的镇10个，50万以上的镇有3个。如东莞虎门镇的户籍人口11万人，外来人口已达53万人。在这些小城镇，事权和财权极不对称，它们创造的公共收入绝大部分上缴给上级政府，上级返还给它们的却仅够机构人员开支和少量的公共服务开支。农民工创造的社会财富，与他们应享受到的公共服务不成比例。在这些小城镇，我们看到工厂林立、人口集聚，但治安、教育、卫生、环境等问题日益突出。它本质上反映了财政体制的历史惯性，即注重行政级别的属性和上级政府对财政及行政管理权限的支配权。然而在更多的人关注户籍改革的同时，当财政权力没有下放，这些容纳如此之多的外来人口的城镇，有多少财政能力来满足对这些庞大的农民工群体的公共服务呢？

二、户籍制度改革与城镇管理体制改革的配套问题

我国正处于工业化、城镇化的快速发展阶段，城镇的人口形态同样也处在一个快速变动时期。但是目前的660个城市和数以万计的小城镇仍是按它们的历史人口状况划分行政级别。行政级别一旦形成，就具有不可更改的刚性，严重制约了那些具有人口规模经济潜力的城镇发展。一

方面，特大城市因资源环境容量要限制人口发展；另一方面，一些有活力的中小城市和小城镇又因为行政级别的问题，不能定义为大城市和特大城市。因此和户籍制度改革相联系的就是，与行政级别对应的改革和机构设置和公共服务能力的提升。

1. 城镇管理面临的人口压力要求政府行政资源的重新配置

我国现存的大中型城市，其城市管理的功能是比较健全的，但管理机构、人员编制，基本上是按照一定历史时期所确定的行政级别设置的。可是改革开放之后，市场配置要素的流动，造成了各个城镇人口的数量已经远远超过了当时确定行政等级时的规模。一些原来的中等城市（地级市）加上就业的外地农民工，人口已达几百万，一些县级市，人口已经达到了数十万或者近百万。一些小城镇，人口从原来的2万~3万，达到了数十万或者十几万。但是由于行政级别没有发生变化，机构设置远不能满足管理和服务的需要，因此，只能把有限的精力和资金用于当地的户籍人口。对于外来人口大多以管理为主，采用聘用或者是编外的协管人员，费用从外来人口中收取。劳动部规定每1万人配备1个劳动监察人员，深圳按900万外来劳动者计算，则应配备900人的监察队伍，而实际上只有43人。例如，在一个30万人口的小城镇，机构设置只能设派出所或公安分局，如此庞大的人口治安管理，这样小的机构编制如何解决问题。教育、卫生等机构配备也存在类似的问题。适应这种人口转变，不仅需要城镇在管理机构和人员配置上进行大的调整，实现有效管理，同时需要极大地强化服务功能。而新增加的管理和服务功能，其中一方面要通过转变政府职能节约出的巨大管理能量来实现。另一方面，还需要通过行政资源的重新配置和调整来解决。因此，城镇的户籍制度改革如能与管理体制的改革相配套，在成效和进展上将相得益彰。

2. 户籍改革的前提是公共服务的均等化

最近几年，在中央决策引导下，各级政府对民生问题日趋重视，这是深得民心的大好事。改革户籍制度，核心要求是提供渐趋均等的公共服务。但是提供均等的服务，不能降低城里人的公共福利水平，否则，城里人就会不高兴，会产生新的社会矛盾。反过来，在维持城乡二元结构的现状条件下，公共福利增加，继续主要向城市居民倾斜，会进一步导致城乡差距扩大，给户籍制度改革增加难度，农民和农民工也会不高兴，同样会诱发新的社会矛盾。因此，在制度设计上，既不能拆东墙补西墙，也不能无所作为。按公平正义原则，关注民生时，对城市的步子可以稳一点，以改进为主；对农民工和农村的步子应该大一点，以增长为主。通过增量改革促使落差减缓，这也是我国改革可资借鉴的主要成功经验。所谓增量改革，对于户籍制度改革而言，就是加大对农民工管理和服务的支持力度，进一步取消城镇政府在公共服务方面对农民工的各种限制。虽然这是一个漫长的过程，但是会逐步地减少各种社会压力，降低户籍制度改革的难度，而且有利于稳步操作和各项有关政策的逐步落实。实际上，当城镇的公共服务在居民和外来群体中趋于均等时，户籍改革已经是水到渠成。

三、户籍制度改革和农村土地制度的配套问题

土地问题历来是改革的焦点问题，我国土地制度与户籍制度之间存在着紧密的联系。户籍制度改革对土地制度势必带来很大冲击，需要配套改革与之适应。

1. 对农村以集体土地为基础的社会保障体系的冲击

由于历史的原因，集体土地不但承担了生产要素的职能，还承担了公共财政中社会保障的职能。这样，当农民工大量进入城镇时，就业和收入的职能从土地上实现了空间分离。但由于土地的不可流动性，它所承担的住房、养老、失业保险乃至社区福利功能却不能实现空间分离。随着新型农村合作医疗、农村社会养老保险事业、农村义务教育事业的发展，农村的公共服务通过财政政策取得了显著的进步。但是，这些公共服务的提供，依然是基于土地所有制形态和农村集体经济组织的，而非基于就业和个人居住形态。土地的社保功能，对于流动人口的积极意义是明显的，因为农民一旦遇到就业障碍，就可以很自然地回到自己的家乡，返回到原始的就业和生存形态，而不至于流离失所，也不至于给城镇带来巨大的无法承受的就业压力。但是，当户籍制度改革使越来越多的农民工从城乡双向流动向城镇单向迁移发生转变时，是否要考虑集

体土地保障功能的有效"退出"机制和易地"转化"机制。因为这些城乡两栖就业和生存的农民，也在面临着城乡两种形式的公共保障。我们在制定有效的公共政策时，特别是要提出大胆的户籍制度改革的设想，是不是应该考虑到，这些在城镇打工的农民，是否愿意放弃承包地和宅基地，是否通过物权的形式，置换出相应的保障权利，顺利地完成具有根本意义的户籍制度的变革。

2. 对农村土地为基础的固化集体利益的冲击

农村土地是一项实实在在的资产，改革开放后，为乡镇企业的迅猛发展奠定了要素基础。特别是在沿海地区，无论通过何种方式，集体土地通过由农业向非农产业用途的转化，将所带来的级差收益留在自己的社区内，形成固化的集体利益，并为其成员提供丰厚的福利。在长三角、珠三角地区和京津等大城市的近郊和一些村庄，农村居民甚至不愿转变户口。同样在这样的村庄，人口的集聚超过了许多中西部地区的县城。然而，一边是当地农民的规范社区，其环境及居住条件超过了许多城市；一边是外来打工农民的居住区，其环境和条件与前者相比天差地别。农村集体财产权利形成了农村以集体为单位的封闭性，集体以外成员很难加入到集体当中。在这里，户籍制度改革如何实施？因为这里不涉及城乡关系问题，户籍制度改革面对的是原有的建立在土地公有制基础之上的农村集体经济组织的利益。这里没有城镇政府的公共服务，只是存在着排他性较强的集体经济组织利益。事实上我们在研究户籍制度改革的时候，应该了解这样一个现实，户籍制度的障碍不仅仅是城镇对农村，城镇人口也很难进入到农村落户，农村集体经济组织之间的户籍流动也是十分困难。因此，在户籍制度改革中，我们不能不忽视上千万的在村一级企业打工的农民工群体，他们的户籍问题是否也应该引起我们的重视。然而，这里需要面对的是，必须在实践中找到一种有效可行的"进入"机制，前提是要在农村集体的土地所有制上进行相应的变革。

3. 户籍制度改革对农业生产的冲击

出于我国的特殊国情，严格保护耕地，促进农产品的稳定增长是基本国策。涉及户籍制度改革，一是要面临着农村的承包地是不是要根据户籍制度改革的方向进行调整。这里的争论是，转变户籍关系到底是自动放弃承包地，还是在承认物权的基础上，允许有偿流转。二是大批的农民工举家进城，会不会影响到农业劳动力的流失。观点也是多重的，但是基于国际上的经验看，农村人均占有耕地的增加才有助于提高规模效益，关键是流转的形式是否被农民接受。当然还有观点认为，正是农民就业的两栖行为，才导致了农田使用的效益下降。但是，在进行户籍制度改革方案设计的时候，要认真考虑农村承包地关系的调整，或者是从物权或财产权的立场出发来解决问题。但是难点是，这样户籍制度改革就要面临着是否和农村土地制度改革同步，好处是我们终于可以考虑如何在城镇化进程的基础上，推进农村土地制度的变革了。

四、几点建议

综上所述，户籍制度改革综合性强，难度大，对诸方面的配套要求高，改革的经济成本高。为了避免改革走弯路，诱发新的社会问题，应尽可能有序进行，牢牢把握"先易后难、取消门槛、稳步推进、逐渐均等"的原则。改革本身具有探索性，在定规矩的时候，要给地方留下充分的弹性空间，让一些好的办法、好的方式从实践中创造出来，逐步规范化、制度化。具体有以下几点建议。

1. 要研究户籍改革的配套措施

要认真研究按照人口规模来确定公共服务标准，并以此为基础的财政制度改革。一是要研究财政制度改革，如何在相关各级政府现有的财政盘子中，逐步地增加对外来就业人员的公共服务支出，支出比例要逐年加大，直至和城镇居民的公共服务支出水平相等为止。二是要改革现有的各级政府的财政分配制度，并涉及分税制度的改革。要从管理和服务的人口规模出发，来确定地方财政支出的基数，而不是以行政级别为主要依据。要把分税制建立到镇一级。特别是在经济发达地区，镇一级上缴财政较多的地方，要率先改革。

2. 要研究地方政府的行政资源配置的改革

改革户籍管理制度，重要的是改革政府的公共服务体系和加强政府的公共服务能力。在农民工人口较多的地方，要根据人口规模来设置政府的管理机构和人员编制。对于一些人口已经达到一定规模的城镇，要重新考虑设置城市的标准。要弱化城镇管理的行政级别。对于一些发达地区和省份，在过渡过程中，可以考虑县级市由省级政府直接管理，发达的小城镇可以直接由地区级政府管理。在此基础上，进一步研究设市和设镇标准以及行政管理等级制度的改革。

3. 要通过城镇公平服务为主，逐步取消户籍制度改革门槛

要通过分期分批解决已进城的农民工的相关问题为切入点，逐步缩小农民工及其家人在教育、医疗卫生、住房、社会保障方面与城镇居民的差距，使他们融合于城镇中，以城镇平等的一员，去分享改革开放和经济增长的成果。一旦差距缩小到可以接受的水平户籍改革就成为水到渠成的事。从改革的有序性考虑，尽快着手解决中小城镇的配套措施及户籍改革，似乎更具可行性。

4. 要研究农村集体土地所有制的改革

要在现有的物权法和土地承包法的基础上，进一步尝试集体土地所有制的改革。重点是解决农民在农村集体土地的财产权和抵押权以及处置权问题。要对农民的宅基地和承包地采取不同的方式测定价值标准，允许外出进城就业的农民在已经得到了城镇社保待遇之后，可以有偿流转宅基地和承包地。

5. 要通过试点的方法，进行户籍管理制度改革的试验

可以选择一些地区和城市，由中央政府或者省级人民政府主导改革的试验，特别是在配套的财政体制改革和行政管理制度改革，包括机构的设置、行政级别的重新确认、各级政府之间的管理关系等方面大胆进行改革的试验。确保在户籍制度改革上，各项政策可以有效地配套实施，各项公共服务的水平能够深入到外来务工就业人员，各种制度性的障碍和歧视性的政策可以顺利地取消。这也是改革开放几十年来最有效的政策的尝试，并在此基础上总结经验、逐步推广。

可以说，户籍制度改革代表着中国城镇化历史进程的重要一步，但是，户籍制度改革并不是这一历史性转变的源头，而是这一历史性转变的催化剂和对这种转化的确认。

（2008年3月）

稳步推进公平的公共服务
才有助于户改的顺利实施

李　铁　窦　红

　　户籍管理制度的改革已经势在必行，但是改革的步子到底要迈多大，是否能够真正解决我国目前存在的城乡和城镇之间人口迁徙的矛盾，是否能够通过户改，解决城镇外来务工农民进城落户，实现城乡统筹，推进城镇化进程。这都迫切需要对我国的现有国情更进一步地了解，分析在户籍管理体制背后深层次的社会矛盾，理清城镇政府公共服务的目标和对象，以及其背后关联的各种复杂的利益关系问题。

一、我国户籍迁徙的限制已经超越了城乡的范畴

　　一般认为，造成我国户籍迁徙的限制主要是城乡之间的矛盾，如果取消了城乡户口的身份界限，事情就迎刃而解了。实际上我国的户籍迁徙限制，不仅仅局限于城乡，也不仅仅是限制农村人口向城镇的流动。主要表现在以下几个方面。

1. 城镇间人口的流动也受到严格限制

　　因为我国的城镇规模大小的差异，在发展水平上处于不同的阶段，在不同的城镇居住，所享受到的公共服务水平也不同，所以在很长时间以来，城镇之间的迁徙有着严格的限制。一般来讲，从大城市到小城市和小城镇比较容易，反过来则难。如北京和上海之间的城市人口迁徙相对容易，但是一般的省会城市向这两个直辖市迁徙就比较困难，更不用说地级市、县级市和小城镇了。

李　铁：国家发改委城市和小城镇改革发展中心主任、博士生导师。
窦　红：国家发改委城市和小城镇改革发展中心研究员、硕士。

2. 农村和农村之间人口的户籍迁徙也十分困难

我们最近的调查表明，在农村之间人口的迁徙也受到了十分严格的限制。尽管没有文件规定迁徙和落户条件的限制，但是由于农村集体所有制条件下，户籍的迁徙要涉及宅基地和承包地的分配，而目前由于耕地保护等原因，农村也无地可分。在农村之间人口的户籍迁徙除了婚姻等特殊原因，基本上无法实现。而在经济发达地区，新进入人口要面临着共享集体经济的红利时，迁徙就变得更加困难了。

3. 城镇人口也很难向农村迁徙

城镇人口到农村落户的意愿近些年也在增加，这主要是在发达地区和大城市郊区。一方面是原来的农民为了获得原居住地农村集体土地和财产的收益，希望户口回迁。另一方面是城镇居民为了躲避城市拥挤的生活环境，打算在郊区的农村购买农村的集体土地生活和居住。前一种情况，因为涉及利益关系，已经成为工作的难点。后一种情况则受到了政府政策的限制，担心农民的利益受损，并防止滥占集体土地。

4. 农村人口到城镇落户的限制逐步在放宽

虽然以往我们关注的城乡分割户籍制度造成了城乡户籍人口的利益分化，但是随着户籍制度改革的逐步深入，这种限制也在逐步地减少。从2003年开始，公安部就已经下发文件，允许农民向县以下的城镇迁徙落户，在一些地方和中心城市，也放开了农民进城落户的限制。但是，经济发展水平较快的地方、沿海发达地区和大的中心城市郊区，当地农民进城落户的意愿也在明显降低。因为，农民从集体土地上获取的收益远大于在城市就业的收益。这里农民进城的矛盾不表现在当地农村人口中，而更多地集中体现在外来人口和本地户籍人口的关系中。

5. 有强制性推进户改的现象

一些地方政府，为了实现所谓的全面城市化的目标，通过政府的强制性措施，把当地的农村户口全部改为城镇户口，把原来的农村的行政管理方式，改为城镇的街道办事处的管理。还有一些地方为了减少征用集体土地的障碍，也通过整体户籍划转的方式，把原来的农村集体经济组织的农业人口全部划转为城镇户口。

二、户籍人口和非户籍人口在公共服务上存在的差别

目前除了粮食部门已同户口脱钩外，诸如计划生育、升学、就业、社会保障、土地以及城市居民最低生活保障金、优抚等工作，依然与户口性质有连带关系。在绝大部分城镇，当地户籍人口和非户籍人口在享受政府公共服务方面依然存在着不同的待遇。

1.城乡低保政策上虽有差别，但对外来务工人口吸引力不大

农业户口与非农业户口的划分，是城市低保制度工作界定补助对象、补助标准的依据。在城镇，非户籍人员无法享受当地城市的低保。而且，目前城乡低保标准以户口划定，差距巨大。2006年，城市平均保障标准是人均每月169.9元，而在农村，已建立农村低保制度的县（市、区），人均月保障标准为70.3元。即使城市之间标准也不同。需要说明的是，在沿海经济发达地区和大城市郊区，当地农民可以享受村庄提供的集体经济福利，对于低保的兴趣不大。而外来务工人员大部分正处于最佳的就业年龄，基本上有就业的保障，低保远远满足不了他们在城镇的消费需求。

2.计划生育服务方面农村人口享有优惠政策

我国现行的计划生育政策，对农业户口和非农业户口制定了不同的生育政策、技术服务政策、奖励扶持政策、社会抚养费征收政策等。相比之下，农业户口在计划生育的条件优于城镇户口，基本上可以生两胎，而且在超生的处罚力度上远远小于城镇居民。许多已经在城镇定居的外来务工人员不愿意轻易在城镇落户，从生育政策方面考虑是一个重要的前提条件。

3.义务教育差距有所改善，高考升学是重要的门槛

在中小学教育方面，城镇教育设施比农村优越得多，这是城乡差距的一个重要表现。近些年，由于国务院出台了一系列政策，鼓励公平对待进城务工就业人员子女的入学问题，在全国一些地方已经得到了改善，但是还是有相当一部分外来人口子女特别是农民工子女，被排斥在城市公立学校之外。其中有学费高昂的原因，也有当地学校接纳的愿望和能力的原因。据调查，近几年，广东省非户籍义务教育学生一直呈快

速增长趋势，2005~2006年度达到180万，其中来自外省的有74万，85%集中在珠三角的7个大城市中，他们一半以上在公办学校就读，其他在民办学校就读。而户籍人口在教育方面的最大优势，是可以在本地参加高考，越是发达的地区，大专院校招生的条件越比较宽松，而对于外来非户籍人口，只能回原户口所在地报考大中专。

4. 就业在大部分层面已经放开，但关键岗位歧视依然存在

近年来随着中央对农民工问题的高度重视，一些针对进城农民就业的不合理限制正在逐步取消，但是"先城镇，后农民，先本市，后外地"的现象依然存在。例如，目前许多城镇的政府机关、事业单位、会计等行业，还只招收有本地户籍的城镇人口；2006年4月北京市劳动和社会保障局、北京市财政局联合发出《鼓励用人单位招用本市农村就业困难人员岗位补贴试行办法》的通知，从财政上对招收本地农村劳动力的用人单位进行补贴；2006年，广东省政府就建立城乡一体化的劳动就业管理制度作出规定，本省城乡户籍居民到非农产业求职就业，可凭身份证到户口所在地劳动保障部门进行求职登记，享受免费职业指导、职业介绍、政策咨询等公共就业服务，并在签订劳动合同和工资分配等方面一视同仁，而没有提及对非本省户籍的农民服务问题。这些规定无疑反映了地方政府的"先本市，后外地"地方保护主义，不利于就业市场一体化的形成。

5. 在政府公共服务方面，住房信贷等服务方面差别较大

在城镇，非户籍人员不能购买经济适用房，不能租赁政府提供的廉租房。根据《住房公积金管理条例》第二条规定，住房公积金的缴纳仅限于城镇户口的职工，农村户口是不需要缴纳的。因此，非本地户籍的农业户口人员，无法缴纳公积金，也无法取得低利息的公积金贷款。在汽车和各类住房的消费信贷方面，对于没有本地身份证的外来人口，也没有鼓励和支持政策。

6. 公共卫生服务领域还没有完全深入到外来人口群体

目前，城镇尚未把农民工完全纳入城市公共卫生服务体系，农民工的城市公共卫生服务享有率明显低于户籍人口。例如，在农民工服务工作比较好的上海，2004年外来儿童的免疫接种率也只有65%左右，远远低于当地户籍儿童99%以上的接种率。再有，环境卫生条件差也导致农民工传染病的发病率比较高。在广东省，1997~2001年的统计调查显示，城市农民工的麻疹病例占全省总病例数的比例由34.3%上升到53.0%。

7. 没有建立针对外来进城务工就业的社会保障

关于外来农民工进城就业能否享受就业所在地城镇的社会保障制度，各地存在着很大的区别。虽然在中央政府颁发的一系列文件中，已经明确指出要求给进城农民工至少提供工伤和医疗保险。但是从目前的实际情况看，在社会保障水平方面，进城就业的农民工与城镇职工有着很大的差别。所有的城市职工包括下岗职工在政策上，普遍享受着养老、医疗、失业、生育和工伤五大保险，当然对于一部分破产企业实行买断工龄之后，社保的待遇和在岗职工不同，但也有城镇低保作为补充。但是，外来就业的农村劳动力则大多数不享受任何保险待遇（部分从事高危工种的外来工有工伤保险的除外），农民工社会保障参保率仍很低。劳动保障部统计，截止2006年底，全国农民工参加基本养老保险的人数达到1417万人，参加工伤保险人数达到2537.9万人，采取大病医疗保险统筹基金的办法来解决农民工大病医疗保障问题，共有2367万农民工参保，分别只占2006年农村外出务工劳动力的10.7%、19.2%和17.9%。而且，在有些城镇，非户籍人员的医疗保险、养老保险与户籍人员的标准还有差异，工伤、医疗保险扩面和养老保险关系转移难问题亟待解决。

8. 在管理和服务观念上的认同还有较大的差距

在户籍人口和非户籍人口的管理上，目前存在着较大的差别。一是统计上，除了在城镇化水平和人均GDP等不影响政府公共支出格局的计算上，把非户籍人口统计在当地人口之内，而涉及政府公共服务支出范畴的统计，则把非户籍人口排斥在外。二是在公共管理上非户籍人口并没有纳入城镇居民管理的格局。各级城镇政府并没有根据外来人口的数量来设立相应的政府居民管理服务机构。三是绝大部分地方政府对于外来人口的管理，基本上还是从治安、安全和就业等方面来考虑。纳入就业管理已经是一个重要的进步，而重点放在综合治安管理方面，说明政府对于外来人口的认识还仍然处于防范的阶段。

三、户籍管理体制改革工作的难点

如何从实质上解决迁徙带来的增加公共服务范畴的矛盾。户籍人口和非户籍人口在迁徙上面临着公共服务的差距，很难在一次户籍管理制度改革中，得到实质上的改变。因为绝大部分地方城镇政府并没有充足的思想准备，大幅度地提高公共支出来解决人口增加的压力问题。而对于发达地区的小城镇，建立在集体经济福利基础之上的镇级政府的公共支出，在外来人口数量接近或者已经超过本镇人口的状况下，更不情愿在降低已有户籍人口福利水平的条件下，加大对外来人口的公共服务力度。

如何解决户籍迁徙引发的土地承包权归属问题。城乡分割的户籍管理体制对于农民来说，最大的实惠是在农村拥有一块承包地和宅基地。如果在完成了身份的变更之后，是否也要放弃自己的承包土地和有偿转让自己的宅基地，是户籍管理制度改革不可逾越的一个难题。如果在转移身份之后，可以享受城镇的各项社会保障，再加上农村还有一块土地的保障，则意味着农民在进城落户之后，享有了城乡提供的两块福利，甚至优越于原城镇居民。在大城市郊区和发达地区的小城镇，农民则没有兴趣放弃自己原来的土地和集体财产的权益，也会影响到户籍管理制度改革的实施。

如何解决在农村的计划生育的优惠政策问题。目前在调查中反应比较强烈的是计划生育政策对于户改的影响。其实对于自愿转为城镇户口的人，放弃计划生育优惠政策可能影响并不会很大。一般来说，已经在城镇定居或者工作一段时间的外来人口，大部分已经享受到了农村计划生育的优惠政策。难度大的是在城镇郊区和经济发达地区，政府希望整体划转为城镇户口的农村居民，他们对失去计划生育的优惠政策的抵触情绪不可忽视。

如何解决进城落户涉及的稳定的就业和住房标准问题。我国的城镇就业已经逐步市场化，就业的流动即使对于城镇居民甚至白领来说已经十分普遍。对于外来进城就业的务工人员来说，流动性强并不等于没有稳定的就业，因此，很难界定稳定的就业概念。而绝大部分在城镇就业的农民工就业年限都已经超过数年甚至十数年，基本上符合稳定就业的标准。而涉及住房的标准也是一个难以界定的问题。在广东，一般结婚的农民工都已经在出租屋定居了许多年，出租屋的条件比20世纪80年代以前的筒子楼要好了很多，甚至超过了香港的一部分廉租屋的标准。在北方，例如北京的出租屋条件就是很差，都是在居民楼的地下室或者城乡结合部的农村院落的偏房一间。如果按照是否具有房屋的产权作为标准，可能对于城里人来说，没有产权房的人也不在少数，是不是意味着门槛偏高？从改革的方向上来看，是不是鼓励所有的居民都要买房？而现在理论界普遍呼吁要转换观念，鼓励租房，而且租房也是国际上城市比较普遍的居住办法。

四、户改应分步实施，逐步解决公共服务的扩展问题

综上所述，户籍管理体制改革的实质，是已经形成固定利益格局的城镇和社区的公共服务政策，是否能够真正延伸到已经在当地就业多年的外地流入农村人口（包括部分城镇之间流动的人口）。也就是说，这些外来务工就业人口是否能够平等地享受当地人的公共服务水平，这是大部分发达地区城镇政府迟迟不愿意全面推进户籍管理制度改革的根本原因。

因此，户籍管理制度改革面临着两难。一方面促进城乡统筹和社会和谐，推进中央制定的城镇化发展战略，必须要加大户籍管理制度改革的力度。另一方面，大量外来人口在城镇落户，必然要增加城镇管理的难度，并要把公共服务的支出，从原来只针对原户籍居民的服务，切出较大部分解决新的城镇移民，势必要降低原户籍居民的服务水平。而且大量的新移民的存在，也在很大程度上对已经形成的城镇景观带来一定所谓负面的影响，也直接影响到政府在城镇发展和建设思路上急功近利的政绩观。具体建议如下。

1. 应稳步推进，不宜过快过急，改革权限可以下放

因户籍管理体制改革更多地涉及到地方政府的利益，可以把决策权下放给地方政府。中央有关部门可以提出原则性意见。这样可以给地

政府更多的决策弹性，使一些希望加快户籍管理制度改革的地方城镇政府可以迈出更大的步伐。

2. 应以取消限制为主，防止强制性农转非

在外来人口较多的沿海发达地区的城镇政府，应鼓励稳步推进，率先解决本地城乡户籍管理制度改革。改革的内容应重点解决减少或者取消当地农村户口转入城镇户口的政策限制。应防止少数地方政府为了征用集体土地，或者不顾当地的经济发展水平，盲目追求提高城镇化水平等政绩，采取强制农转非的做法。应在取消限制农民进城落户限制的同时，把落户迁徙的选择权交给城乡居民。

3. 应制定长远规划，逐步增加对外来人口的公共服务支出

在沿海发达地区，应在推进户籍管理制度改革时，制定长远规划，逐步解决外来人口落户迁徙的问题。应从增加政府的公共服务支出入手，采取渐进式的方法，加大对外来人口的管理和服务。应针对外来人口的数量，建立相应的社区管理和服务机构。应在规划中逐步解决对外来人口集中区的基础设施、农民工子女的教育、公共卫生防疫体系等建设问题，并逐步建立适合外来人口的社会保障体制。应逐步取消针对外来人口的一些服务性限制政策，例如把外来人口纳入经济适用房和廉租房的供给范畴，取消消费贷款和就业的歧视性限制等。当城镇政府对外来人口的公共服务水平已经等同于原户籍居民时，户籍管理制度改革的所有障碍也就不复存在，户改也会水到渠成。

4. 应转变观念，从管理向服务过渡

建议各地结合户籍管理制度改革，把对外来人口的管理从治安管理向社会管理过渡，寓管理于服务之中。应把外来人口管理纳入社区街道管理，由综合部门制定管理和服务以及公共支出的长远规划。针对外来人口中出现的治安等犯罪问题，应根据外来人口的数量从编制上大幅度地增加警力的配备。

（2007年6月）

户籍制度：从封闭走向开放

顾惠芳

户籍制度是政府职能部门对所辖民户的基本状况进行登记（包括常住人口登记、暂住人口登记、出生登记、死亡登记、迁移登记、变更更正登记等）并进行相关管理的一项国家行政管理制度，其目的在于维护社会治安和提供人口统计资料。我国现行的户籍管理制度是新中国成立以后，为适应计划经济体制而逐步建立起来的，主要由三部分组成：一是户口登记制度。规定城市和农村人口实行常住、暂住、出生、死亡、迁入、迁出、变更更正等七项内容的户口登记制度。二是户口迁移制度。我国户口登记制度实行在常住地登记户口的原则，公民常住地发生变化后，应将户口迁移到现住地，即进行户口迁移。三是居民身份证制度。为16周岁以上的公民颁发身份证，16周岁以下的公民可自愿申领身份证。

当今中国的户籍制度，有狭义、广义之分。狭义的户籍制度，专指以1958年颁布的《中华人民共和国户口登记条例》为核心的限制农村人口流入城市的规定以及配套的具体措施；广义的户籍制度还包括定量商品粮油供给制度、劳动就业制度、医疗保健制度等辅助性措施，以及在接受教育、通婚子女落户等方面衍生出来的具体规定，组成了一个包含社会生活的多个领域、措施配套、组织严密的体系。本文中所讲的户籍制度，就是指广义的户籍制度。

我国现行的户籍制度是计划经济时代根据当时的经济发展现状和发展战略所逐渐建立和完善起来的，这一制度为当时的经济发展和社会稳定起到了非常重要的作用，但同时也造成了城乡之间完全封闭的城乡二元结构的形成。随着我国改革开放的逐渐推进和市场经济的逐步建立，这种户籍

顾惠芳：国家发改委城市和小城镇改革发展中心总经济师、副研究员、硕士。

制度的弊端逐渐显现，户籍制度改革的呼声越来越高。为适应时代发展的要求，中央及地方各级政府开始推出各种户籍制度改革的政策，放开城乡之间人口流动的限制，户籍制度开始从封闭逐渐走向开放。

一、户籍制度的建立与强化——城乡二元结构的形成

新中国成立初期，国家并没有限制不同区域人口的自由流动，没有限制农村人口向城市的流动，人们迁徙比较自由，城里人、乡村人都可以在城乡之间和城镇之间自由迁徙。但是由于长期饱受内忧外患之苦，以及受到苏联发展模式的严重影响，我国制定了用农业为工业"输血"，保证重工业优先发展的战略。正是基于加快工业化进程的需要，我国相继制定和出台了以城乡分离的"二元"户籍制度为核心的一系列限制农民进城的政策制度，对人口的自由流动和迁徙进行了极为严格的控制与限定。

1958年1月9日，全国人民代表大会常务委员会，通过了《中华人民共和国户口登记条例》，并以中华人民共和国主席令的形式正式公布实施。该条例的实行，标志着新中国户籍制度的框架基本形成。在此之后的二三十年，关于户籍管理的规定不断有更详细的内容补充，最终形成了在我国历史上，也是世界上最严密的户籍管理制度体系。该管理体系最核心的特点是全面规定了全国人民在居住和迁徙上所必须遵守的法律性规定。其基本精神是：公民从大城市往中、小城市迁移基本自由，小城市往乡镇迁移基本自由，但反过来，则要受到十分严格的约束，其中特别是城乡之间的迁徙权力受到严格限制。其第二方面的特点是：把户口管理与城市居民的粮油关系死死地结合在一起。这种办法，实际上已经远远超出了一般户籍管理的范畴，而是把公民吃饭的生存权也纳入到了户籍管理的权限中来。

经过20多年的发展，我国城乡分割的二元户籍制度正式形成并不断完善，全体公民被人为地划分为不可逾越的"农业户口"和"非农业人口"，城乡壁垒日益森严，二元社会结构逐步形成和凝固化。此时期最大特点是严格限制农民向城市转移。直到20世纪80年代，中国户籍管理

的基本方针仍然是控制大城市规模，合理发展中小城市，严格控制"农转非"，二元户籍制度的内容并未发生变化。

严格的户籍制度在客观上保证了中国用不到30年的时间就完成了资本的原始积累，加速了工业化进程，同时在城市和农村形成了相对稳定的社会环境。但这也造成了我国城市和农村之间逐渐走向封闭，两者之间缺乏有效沟通，客观地造成了农民利益权利的长期缺失，并且给我国经济社会的可持续发展带来了巨大的负面影响。

二、户籍制度的改革探索——从封闭走向半开放

1978年"文化大革命"结束以后，中国开始实行改革开放政策，原来的计划经济体制开始向市场经济体制转变。随着改革开放政策的不断推行以及社会主义各项事业的不断发展与进步，划分"农业户口"和"非农业户口"，实行城乡分割的户籍管理二元结构，严重阻碍了人力资源的优化配置和地区间的合理流动，不利于城市化建设和农村经济的发展，已经越来越不适应国家经济社会发展的现实需要与要求。因此，为了适应时代的要求，中国政府先后对户籍政策进行了一些必要的调整和改革，出台了多项户籍新政策，如表1所示。

表1　　　　　　　　户籍政策调整和改革的相关重要政策

时间	政策文件	主要内容
1984年	《关于农民进入集镇落户问题的通知》	允许务工、经商、办服务业的农民自理口粮到集镇落户
1997年	《小城镇户籍管理制度改革试点方案和关于完善农村户籍管理制度的意见》	从农村到小城镇务工或者兴办第二、三产业的人员，小城镇的机关、团体、企业和事业单位聘用的管理人员、专业技术人员，在小城镇购买了商品房或者有合法自建房的居民，以及其共同居住的直系亲属，可以办理城镇常住户口
1998年	《关于解决当前户口管理工作中几个突出问题的意见》	提出四项重大改革：婴儿落户随父随母自愿；放宽夫妻分居问题的户籍政策；60岁以上老人可以到子女所在的城市落户；在城市投资、办实业、购买商品房的公民及其直系家属，凡在城市有固定住所、稳定职业或者生活来源、居住有一定年限的，符合当地政府规定可准予在该城市落户
2001年	《关于推进小城镇户籍管理制度改革的意见》	对办理小城镇常住户口的人员，不再实行计划指标管理。全国小城镇全面开展户籍管理制度的改革，农业人口和非农业人口的管理结构被打破

以上各个政策的相继出台，标志着城市和农村之间完全封闭的户籍制度开始出现松动，城市和农村之间由封闭开始逐渐走向开放。1984年，国务院下发的《关于农民进入集镇落户问题的通知》，是自1958年实行限制自发性人口迁移政策以来对户籍迁移所进行的最重大调整，政府对若干户口迁移以及"农转非"问题放宽了政策，农民开始被允许入集镇落户。这可以看做是户籍政策开始松动的一个标志，随后，一些类似的放宽人口迁徙的政策开始相继出现。从1998年开始，在加速城镇化的背景下，由中央政府推动，我国开始了一轮较大规模的户籍管理制度改革。在这一轮户籍制度改革当中，1998年国务院批转了公安部《关于解决当前户口管理中几个突出问题的意见》，使户籍制度改革有了一些实质性的突破。2001年国务院批转了公安部《关于推进小城镇户籍管理制度改革的意见》，小城镇户籍管理制度改革全面推开。这一轮户籍制度改革的实施范围主要是包括县级市市区在内的全部小城镇。首先在这一层次上打破了城乡分割的户籍管理体制。

小城镇的户籍管理体制变革，对大中城市也产生了积极的共鸣效应。从2000年到目前，已有广东、江苏、湖南、福建、四川等省区明令取消了农村户口和城市户口，统称居民户口，以具有合法固定居所、稳定的职业或生活来源为基本落户条件，建立城乡统一的户口管理制度；安徽、吉林、广西、河南等多个省区将小城镇户籍制度改革的措施扩大到全省所有的城市；10多个省会城市也采取了相应的开放措施，取消进城落户的指标限制，降低引进人才的制度门槛，社会性移民的口子基本放开，对投资移民、技术移民的政策有所放宽；北京、上海这样历来控制很严的城市也有限度地放宽了准入条件。

从各地户籍制度改革的情况来看，改革是自上而下的，中央政策的推动是重要的动力。虽然各省市改革的侧重点和政策调整的力度不同，但改革的共同特征则较为明显，各地都开始给户籍制度松绑，对城市的户籍管理都有所开放，但并不是完全放开，从指标控制转向条件控制，从户籍制度的刚性约束转为一种货币化代价。从实际情况看，大中城市实质上只是面向特定目标人群开放。

从上面的分析可以看出，我国户籍制度虽然经过了一些局部的政策调整和放开，但其核心特征没变，仍然是城乡分割的二元户籍体系。户籍制度仅仅对部分人有条件地开放，户籍制度开始由城乡完全的封闭状态走向半开放状态。

三、户籍制度改革的必然方向——从半开放走向全面开放

现行户籍制度原本就是计划模式与计划思维的产物，与计划经济体制有高度的适应性，但离现在的市场经济的基本要求却有很大的距离。现行户籍制度造成城乡二元对立，阻碍基本公共服务均等化；阻碍人力资源合理流动和优化配置，导致城市化滞后；在城乡社会成员的经济交往、教育、工作、生活、婚姻等等方面都存在着许多不利的影响，不利于社会主义和谐社会的建设。在改革我国现行户籍制度的问题上，不论是学界还是民间早已达成共识。从前面的分析我们可以看到，无论是中央还是地方，都在积极地探索和推进户籍制度的改革，但是改革的效果非常有限，户籍制度的大门并没有完全开放，以户籍制度为根基的城乡分割体制依然存在，城乡之间的人口流动依然受到限制。

其实从法律上废除户籍制度，允许公民自由迁徙并不太难，但是切断户籍背后的利益脐带却是难上加难。户籍制度不是一个简单的孤立的制度，以它为中心集结了各项配套制度。附加到户口上的各种利益、隐藏于户籍制度背后的各种制度才是户籍制度改革的真正障碍。户籍制度改革的关键在于打破现有的利益格局，剥离附加在户口背后的公民政治经济文化权益。

中国现在的户籍制度改革之所以进展不是很顺利，不能实现完全开放，主要存在两个方面的难题：一是与户籍相关联的各项权益剥离难度大。现行户籍制度已经实行了很多年，它与教育制度、劳动用工制度、社会保障制度等密切相关，附着在户籍制度之上的利益众多。完全开放户籍制度会增加大量的社会成本以及触动既得利益集团的利益，剥离户籍相关联的各项权益难度较大。二是城乡之间以及各地区之间的发展不均衡。当前中国的社会经济发展极不均衡，这种不均衡不仅仅是城乡发展的不均衡，还包括城市与城市之间、东部与中西部之间、大城市与中

小城市之间的发展不均衡。这种不均衡造成了各个地区之间存在不同的收入水平和福利水平，完全开放户籍制度可能会导致人口过度地向大中城市聚集，从而产生一系列社会问题。

由此可见，中国的户籍制度改革不仅牵涉到各种错综复杂的利益和制度，而且还受到当前经济社会发展水平的制约。但不可否认的是，现行的户籍制度阻碍农业剩余劳动力的转移和流动，加剧城乡差别和城乡居民不平等，严重制约社会分工和城市化进程。因此，从长远来说，实现户籍制度的全面开放，允许公民自由流动，是户籍制度改革的必然方向。但考虑到户籍制度改革所面临的不可逾越的障碍，进行户籍制度改革绝不能贸然进行，搞"一刀切"，而是要循序渐进，逐渐打破城乡之间封闭的状态，最终实现完全开放城乡之间的人口流动。

（2009年12月）

成都户籍制度改革的调研报告

范　毅

2010年11月9日，成都市颁布了《关于全域成都城乡统一户籍，实现居民自由迁徙的意见》，开展了户籍制度改革的探索，并提出到2012年实现全域成都城乡统一户籍的改革目标。为此，国家发改委城市和小城镇改革发展中心调研组到成都市进行了专题调研，现将有关情况整理如下。

一、成都户籍制度改革的基本情况

成都市已经提出了户籍制度改革的基本框架，但是各部门的配套落实政策还在制定之中，实施细则暂未出台。从已经推出的各项具体政策来看，成都户籍制度改革主要是针对成都市域范围内现有户籍居民开展的一项改革，对成都市域内的外来人口涉及较少。这项改革寄希望通过逐步实现城乡居民基本公共服务的均等化和平等地参与社会管理的手段，达到统一城乡户籍的目标。成都市户籍制度改革主要包括以下内容。

1. 实行居住登记制度

成都户籍制度改革文件中提出建立户口在居住地登记、随居民流动自由迁徙的统一户籍管理制度，实现居民户口登记地与实际居住地一致，并且建立以身份证号码为标识，集居住、婚育、就业、社会保险等一系列人口相关基本信息的人口信息管理系统。通过改革，户籍成为居住登记管理的一种手段，城乡居民可以根据合法固定住所证明进行户口

范　毅：国家发改委城市和小城镇改革发展中心政策研究处处长、副研究员、博士。

登记，户口登记时不但购房可以落户，而且租房同样可以落户，早在 2008年4月成都市就已提出租住私人住房也可实现落户。这样农村居民可以通过在城镇购房或者租房的方式落户城镇，同样城镇居民也可以迁徙到农村。户口也随着居民的居住地变动而变动，实现了居住和户口登记一元化管理的目标。

2. 统一了部分城乡公共服务政策

成都户籍制度改革文件中提出建立城乡统一的就业失业登记管理制度，统一失业保险待遇标准；并提出统一中职学生资助政策，对就读中等职业学校的本市所有户籍学生统一助学标准。要求各区（市）县对城乡居民符合住房保障条件的家庭，统一纳入城乡住房保障体系。并要求各区县首先统一城乡"三无"人员供养标准，对有条件的区县，建立城乡统一的低保标准；对暂不具备条件的区县，要求在2015年之前实现统一城乡低保标准。在社会保险方面，进行了较大地改进，将已有的非城镇户籍从业人员综合社会保险并入城镇职工社会保险。

3. 统一了部分城乡管理措施

成都市户籍制度改革文件在计划生育、义务兵家庭优待和退役安置、政治权利等方面进行统一管理措施。在计划生育方面，实现独生子女父母奖励政策城乡全覆盖；要求各区县实现统一城乡义务兵家庭优待紧政策，并对入伍前没有土地承包经营权和林地使用权的退役士兵享受同等安置政策；并提出城乡居民在户籍所在地享有平等的政治权利和民主管理权利，平等享有选举权、被选举权和民主管理权利。

二、对成都户改的几点思考

1. 成都户籍制度改革是一项积极的探索

成都市户籍制度改革的突破体现在两个方面：一是农民进城落户可以继续保留农村的土地权利。成都市在本次户籍制度改革中明确提出农民进城落户后可以继续保留其在农村的承包地、宅基地及其他土地资产。自2008年初开始，成都市就通过农村产权制度改革，将农民的承包地经营权、林地使用权和宅基地使用权基本确权到户。农户的土地权利也不会随着居住地的迁徙和就业状况的改变而改变，农民在城镇所享受的诸多基本公共服务，也不以放弃农村土地财产权利作为基本前提。二是全面放开了本地农民进城落户的限制。改革后，成都市户籍农民进城落户的限制已经基本取消，居住地登记将会取代户籍管理。

当然改革中也有一些问题需要突破，主要有两个方面：一是对解决外来人口的问题还没有明确的政策。从调研了解情况来看，成都市户籍并未对外来人口放开，相关落户政策并未提出，各部门也未就放开外来人口落户问题做好充分的准备，特别是对大量举家迁徙的外来人口没有提出针对性政策。二是改革没有完全摆脱对农村土地的依赖关系。在城镇保障性住房和失业保险等方面，还是根据居民是否拥有农村土地进行了区别对待：比如居民如果在农村仍然拥有宅基地和相应的房产，那么在城镇就不能享受保障性住房；居民在农村仍然拥有承包地和林地，就不能享受到基本的失业保险。

2. 户籍制度改革不会带来农民大规模进城落户

放开户籍制度会不会引起大量农民涌入城市，从而造成城市政府公共服务的巨大压力，一直以来这是城市政府对深化户籍制度改革的主要顾虑。成都的经验显示，农民做出离开农村落户城市的决定必然是理性的，他们不仅需要考虑在城市的就业和生活等多方面的实际问题，还需要对城市生活的成本和原来的状态进行仔细对比，才会有做出自己的决择。例如，2003~2009年，成都市温江区开展了一项农民以放弃农村宅基地和承包地换取城镇户籍、住房和公共服务的一项改革探索。在这项改革中，第一批自愿报名参加的农户多达4300户，但经过反复比较，很多农户还是选择了退出，到最终实施时，参与的农户仅有257户。另据成都市的调查，不愿放弃农村资产移居城镇的农民工和农村居民分别占到了总数的65.99%和64.15%。

城市生活成本也是影响农民工做出落户城镇选择的重要因素。数据显示，离城市主城区越近，生活成本也越高。以住房为例，成都市一圈层的购房平均价格约为8000元/平方米，租房价格为500~600元/间·月，而在二圈层分别约为5000元/平方米，200~300元/间·月，在三圈层价格又进一步下降约为3000元/平方米，100~200元/间·月。在城市主城区较高的生活消费、居住等方面的成本支出将直接降低农民工落户的意愿。综上所述，放开户籍制度限制，并不会引发大量农民涌入城镇的现象。即使农民愿意进城，他们也会选择生活成本较低的城镇。据成都市调查，在愿意移居城镇的农民和农民工中，58.02%的选择愿意移居到小城镇。

3. 逐步缩小城乡公共服务差距是户籍制度改革的前提

成都市作为国家综合配套改革实验区，在推进城乡一体化方面进行了一系列重要的探索，"三农"投入资金逐年递加。2009年市县两级财政对"三农"投入达192.3亿元，较2002年增长了26倍，6年来累计投入达594.8亿元。随着对"三农"投入的增加，城乡之间基本公共服务差距在逐渐拉平。一是完善城乡基本公共服务供给体制。比如成都市率先在全国将新农合、城镇居民基本医疗保险、市属大学生基本医疗保险合为一体，实现了城乡居民医疗保险制度一体化；推动城乡教师、医务人员互动交流，促进优质教育、卫生资源向农村倾斜，逐步缩小了城乡之间在教育、医疗卫生等公共服务方面的差距。二是促进城乡公共服务设施一体化建设。成都市实施了410所农村中小学、223个乡镇卫生院、2396个村卫生站标准化建设，全面推进广播电视"村村通"工程、信息网络"校校通"工程和乡镇文化活动中心建设，构建了覆盖城乡的文化设施网络。三是建立村级公共服务管理的财政保障机制。成都市把村级公共服务和社会管理经费纳入财政预算，按每个村年均不少于20万元水平拨付，形成了公共财政投入机制。随着对"三农"投入的增多，农村发展速度增快，农民收入增长开始快于农村，城乡收入差距开始慢慢缩小，已经从2002年的2.66：1变为2009年的2.62：1，这为户籍制度改革奠定了基础。

4. 推进户籍制度改革需要积极稳妥

2009年中央经济工作会议提出深化户籍制度改革以来，如何从实际层面推进户改已经成为各级政府面临的一项重要任务。当前，我国外出农民工总量已达1.45亿，如何更好帮助这些外来人口融入城镇，事关整个国民经济的基本面的改善。另外，随着"民工荒"的出现也迫使城市政府重新审视农民工问题，因此当前推行户籍制度改革符合经济社会形势发展的需要，要适应发展需要，积极推进。推进户籍制度改革，在大城市和特大城市的难度相对要更大一些，因此在成都这样一个特大城市推行户籍制度改革对全国也具有重要的借鉴意义。

当然我们也应当看到，成都市在当前阶段提出实现城乡统一的户籍管理方式还具有不少理想主义的色彩，改革中也还有不少问题需要进一步深入探讨。比如，如何妥善解决外来农民工融入成都市的问题还需要有前瞻性的考虑。目前成都市有150万左右外来人口，根据成都市有关部门的测算，城镇人口增加所带来的社保成本是0.84万元/人·年，如果全部解决外来人口的问题，需要政府每年需要增加投入126亿元，这无疑会给成都市政府带来较大财政压力。再比如，如何在户籍制度改革过程中妥善处理农村土地的后续问题也必须慎之又慎，一旦处理不当，很有可能影响农村社会的稳定。我国宪法规定农村土地归集体所有，如果统一了城乡户籍，那么农村集体以何种形式存在，农村土地归哪一级集体所有等问题都需要进行仔细地研究。因此，当前阶段推行户籍制度改革，必须稳妥有序，切忌盲目冒进。

三、完善户籍制度改革的政策建议

1. 允许进行户籍制度改革探索实验

户籍制度改革涉及长期二元分割累积利益矛盾的调整，不可能一蹴而就，不同类型地区所面临的问题也不一致，需要分类解决。当前宜于允许各地根据自身不同的情况针对户籍制度进行探索实验，不断总结各地改革中的经验，逐步规范，最终上升为指导性的政策意见。

2. 要把举家迁徙农民工作为户籍制度改革的重点

大量举家迁徙在城市就业的农民工，他们在城市一般具有稳定的就业，已经具备了城市生活的能力，成为城市人口的有机组成部分。放开他们的落户限制，对城市的冲击很小，甚至不会带来任何冲击。然而目前各地在户籍制度改革中并没有明确针对举家迁徙农民工的专门政策，建议当前各类城市在户籍制度改革时，应该明确针对举家迁徙农民工制定专门政策，全面放开举家迁徙农民工的落户限制。

3. 放开大城市周边中小城市和小城镇的落户限制

虽然大城市在吸纳就业、集聚经济方面具有优势，承担了解决农村人口进城就业的重要职能，但是生活成本也更高，农村人口难以完全融入其中。而且大城市中心城区人口集聚的增多，也带了交通拥挤、房价高企等"城市病"，然而特大城市和大城市周边的小城市和小城镇并不存在这些问题，要创造条件促进大城市周边城镇产业的发展，全面放开落户限制，分流大城市和特大城市中心城区的人口。

4. 要充分尊重农民意愿

户籍制度改革中要充分尊重农民的意愿，严格坚持农民自愿原则，循序渐进，逐步推进；政府主要是为农民进城落户提供条件，绝不能采取强制性措施来转变农民户口，避免通过行政性"村改居"等手段实现"农转非"。户籍制度改革中，要切实保障农民的基本权益不受损害，特别是要保护农民的基本土地财产权益，在进城落户农民的农村土地如何退出的问题上一定要谨慎。

5. 加强对户籍制度改革的规范

户籍制度改革的核心应该在于逐步消除城乡居民的公共服务差距，各类城镇要放宽对自愿进城落户农民的限制，降低农民落户门槛，而不在于形式上是否取消农业和非农业户口。当前户籍制度改革的重点在于两个方面，一是进城就业的本地农民，需要完全放开对他们的落户限制；二是举家在城镇就业生活的外来农民工，需要中央和省政府负责解决其落户的问题。

（2011年1月）

放开我国城乡户籍限制不会导致贫民窟

黄　跃

一、什么叫贫民窟

　　虽然贫民窟（slumdog）一词早在19世纪20年代的英国就已经出现，却始终缺乏较为明确的定义。早期的人们将贫民窟定义为那些最恶劣的住房条件、最不卫生的环境、犯罪率和吸毒盛行的穷人避难所[①]。2002年联合国专家组会议（EGM）对贫民窟给出了较为正式的定义，该定义认为贫民窟是指综合了以下五大特征的地区：1. 不充足的安全饮用水；2. 不充足的卫生和基础设施；3. 房屋结构质量差；4. 贫困人口过度拥挤；5. 没有保障的土地使用权[②]。由于这些指标仅仅停留在定性层面，我们很难对全世界范围内的贫民窟给出精确的数目统计，而只能粗略地识别那些在感观上较为符合上述五个特征的片区。

二、城市化加速背景下容易产生贫民窟

　　如果我们暂且接受上述关于贫民窟的描述性定义，那么在世界各国的发展历史上，高速城市化进程下容易产生贫民窟的现象已经是个规律了，虽然数目很难统计。比如，1820年代的英国伦敦、1815~1851年间的法国巴黎、1900年代的美国洛杉矶都曾遭遇过这样的问题[③]。现在的大多

数新兴国家如墨西哥、印度、巴西等国也正面临着这个挑战。据了解，2009年全世界可能有20多万个贫民窟，人口规模从几百人到上百万人不等，单是南亚最大的5个大都市（卡拉齐、孟买、德里、加尔各答和达卡）就包括将近1.5万个确认无误的贫民窟社区，其人口总数超过2亿[①]。2001年印度的加尔各答市有150万人生活在总计5511个贫民窟里[②]。根据巴西地理统计局提出的"有50户以上的家庭聚居在一起、房屋建筑无序、占用他人或公共土地、缺乏基本卫生等服务设施的生活区"的贫民窟标准，2000年巴西共有贫民窟3905个，遍及巴西所有的大城市，其中圣保罗是巴西贫民窟最多的州，共有1548个[③]。在新中国成立前的中国，老上海和老北京等特大城市也都曾出现过不少贫民窟，只是在新中国成立后进行了相应的改造。

贫民窟的现象其实也不难理解。城市化进程的核心就是大量人口的转移和农民进城，而农民进城面临的首要问题就是移居成本的选择。为降低成本，绝大多数外来人口不得不暂时拥挤于那些空间不是那么大、房屋质量不是那么有保障、卫生和基础设施还不那么完善的城市郊区。当越来越多的外来人口大面积地集聚于这样的区域时，就形成了我们通常看见的贫民窟。

中国目前暂时还没有出现大规模贫民窟，其中一个非常重要的因素是我国长期隔绝的城乡体制限制了人口的自由流动。没有大规模人口向城市迁移的压力，贫民窟就丧失了赖以形成的人口基础。中国在20世纪50年代末就否定了人口的自由迁徙权，虽然后来经过一系列改革，逐渐给予了数以亿计的农村劳动力自由进入城市务工和就业的权利，但以户籍管理制度为核心的旧体制仍然顽固地牵绊着人们自由迁移的意愿。准确地说，我国目前的城市化是以进城农民工的公共服务缺失为代价的，包括子女教育、社会保障和公共医疗在内的公共服务缺失，潜在的提高了农民进城定居的成本，这就使得很多农民不敢轻易地离开农村。

---

① 见迈克戴维斯著，潘纯林译《布满贫民窟的星球》P32，但作者并没有交待得出这一结论的计算方法和数据来源。

② 见联合国人居署编著的《贫民窟的挑战—全球人类居住区报告2003》P275中关于印度加尔各答贫民窟的介绍。

③ 见韩俊、崔传义、赵阳（2000）著的《巴西城市化过程中贫民窟问题及对我国的启示》。

三、放开户籍限制后我国仍然很难出现大规模贫民窟

如果现在改革原有的户籍制度，允许农民工自由落户于城市给他们提供相应的基本公共服务，还会不会出现像巴西、印度、墨西哥等国那样的贫民窟现象呢？

这取决于几个前提：一是户籍制度改革后是否会出现大规模的外来人口迁入；二是迁入的人口是否会形成类似西方国家贫民窟那样的大面积聚居区；三是各级政府是放任不管，还是愿意主动改善外来人口聚居区的基础设施条件和社会管理水平；四是当地政府是否有足够的财力和能力解决外来人口的基本公共服务问题。

1. 在我国当前的形势下，出现外来人口的大规模迁入是不可能的

主要的理由是：第一，我们的户籍制度改革强调了稳定有序，政策的释放是渐进的，先是解决已经在城区安家落户、有稳定就业和固定住所的农民工，然后再逐步解决后进入的农民工，这样有利于在时间上分散迁入人口的压力；第二，农民是理性的，出于对就业的稳定、住房及日常生活的成本、土地增值的预期、公共政策的保障以及生存退路的考虑，他们会谨慎地选择是否彻底移居城市。如果农民确切地知道在城市里很难找到稳定的工作，或者即使能找到，但在城市就业所能赚取的预期收入远低于在农村租田种地时的收益，他们必然不会一股劲地还往城里挤。2009年，我们在湖南省浏阳市阳潭村调查时了解到，有不少年轻人在家承包土地搞规模化种植或养猪一年所挣的净收入高达8万元以上，远高于外出打工所得，这些年轻人表示开价过低是不愿意轻易外出务工的，更别说永久定居于城市了。也是2009年，我们在四川省成都市的农村了解到，该市所有的农民不仅可以购买到与所在区县城镇居民差不多的社会保障服务，种地的农民每年还可以领到300~400元的耕地保护基金，较高的政策性收益已经慢慢地提高了农户进城务工的机会成本。这些都还只是远郊农村的情况，在那些集体经济实力较强、土地增值预期明显的近郊农村，农民们更是不愿意放弃这越来越值钱的农村户口了。在2003~2009年成都市温江区开展了一项农民以放弃农村宅基地和承包地

换取城镇户籍、住房和公共服务的一项改革探索中，第一批自愿报名参加的农户多达4300户，但经过反复比较，很多农户还是选择了退出，到最终实施时，参与的农户仅有257户。可见，如果进城落户有可能失去自己在农村的土地和集体福利，从而在进城后很难退回老家从事原来的农业生产，愿意进城落户的农户数量会大大减少。

2. 单个城市也不可能形成大规模的农民工集中聚居区

主要的理由有三个：第一，与其他国家不同，我国大城市郊区农村的土地已经在事实上被多个集体经济组织细分掉了：每个乡镇的土地由若干个行政村给分割了，每个行政村的土地又由若干个村民小组或社给分割了，在每个村民小组或社的内部，土地又被一个个分散的农户给细分掉了。为什么我们在北京、上海等特大城市看不到大规模成片的外来人口聚居区？就是因为这些外来人口都被城市周边无穷多个分散的角落给吸纳了。以深圳市为例，该市规划2010年人口规模为430万人，而到了2007年，总人口已超过1200万人。这"规划外"的800万人，不是住在城区，而是进入了320个大大小小分散的村庄了[①]。

第二，在每块土地事实上已经有了较为明确的主人的前提下，外来人口是不可能像巴西或其他国家的人那样，轻易占用城市郊区的土地的。事实上，就算是拥有合法强制力的地方政府，想要取得城郊农村的土地也都得付出不菲的征地补偿费，更何况两手空空进城的外地农民工了。外来农民进城后必须向这些分散的本地农民付价才能租赁到房屋，为了尽可能降低租赁房屋的成本，进城务工的农民不得不依据各自的经济条件有选择性地在特大城市、大城市、中小城市主城区以及小城镇之间做出差异化的定居选择。如果就业机会或收入水平相当，哪里的生活成本更低就会选择在哪里定居，这就在空间上分散了迁入人口的压力；第三，诸如巴西、印度等国贫民窟的很多资料显示，目前称之为贫民窟的区域在人们聚居之前都属于城市公共土地。在拉美的一些国家，涌入城市的农村居民随便往无人的地方一蹲，围上几块铁皮，就划地定居

---

① 见"深圳不可缺少城中村？"，21世纪经济报道（2010-12-29），原文链接是http://www.21cbh. com/HTML/2010-12-30/5NMDAwMDIxMzU5NQ.html。

了①。这样的情形在中国是很难出现的，因为中国的地方政府对土地的管理是相当强有力的，任何在城市公共土地上乱搭自建的行为都会在较短的时间内被政府拆除掉。

第三，从公共服务看，只要城市政府主动面对问题，政策到位，农民工聚居区的居住条件和社会治安等问题也应该是可以解决的。虽然中国不可能出现大规模集中连片的贫民窟，但在我国大城市郊区的城乡结合部和已经纳入城市版图的"城中村"里头，不少农民工聚居的地方实际上已经近似于贫民窟了，只不过规模很小罢了。我们经常可以在诸如北京、上海、成都、深圳等大城市的郊区村庄里看到这样的聚居区：十几户农民工同时挤住在一个破旧的院子里，共用一个自来水龙头和厕所，聚居区内的排水排污设施严重缺乏，垃圾、污水横流。如果政府继续放任不管，这些农民工聚居区就有可能演变成一个个小小的贫民窟。为避免此情形的出现，城市政府必须得有所作为。城市政府应当从规划的角度出发，允许农民改造自有住房进行出租，应当鼓励他们发展农民工出租屋市场。城市政府还应当主动出资将相应的市政基础设施和公共服务延伸至城郊的农民工聚居区域，及时改善他们的公共卫生条件和社会治安状况。

3. 当地政府的财力和能力问题

不容否认，大量农村人口自发地涌入城市肯定会增加城市规划和管理的困难。外来人口越多，要求的公共服务供给也越多，社会管理的难度也就越大。有两个途径可以解决这个问题：第一，中央政府可以对涉及跨区域调整的事项给予政策支持，通过财政体制和行政体制的相应改革，提升地方政府在人力和财力，从为改善进城农民工聚居区的公共服务创造条件；第二，城市政府可以充分调动本地城郊农民或集体经济组织的力量。事实上，只要政府合理地引导出租屋市场的发展，那些位于城郊的本地农民为吸引更多人租赁房屋，也是有积极性改善相应的公共服务设施和出租屋条件的，关键是城市政府要懂得放权让利。在某些农民工聚居的区域，一些集体经济组织已经开始自发地提供治安巡逻、环

---

① 见韩俊、崔传义、赵阳（2000）著的《巴西城市化过程中贫民窟问题及对我国的启示》。

境卫生等公共服务，有些功能甚至部分地替代或超越了政府的服务。以深圳市的某个城中村为例，该村原住居民1800人，常住人口8万多人，村集体经济年收入3000万元。该村为了吸引更多的企业和劳动力进入，每年拿出年收入中的2000万元用于雇请保安、保洁员、计划生育等管理支出，虽然当地政府给这个村庄配备的正规民警只有200人，但村集体自己雇用的巡防队员、民防队员、企业内保员等，却几十倍于公安干警的力量①，有效地弥补了公共安全服务的供给不足问题。

综上所述，改革现行的户籍制度后，如果中央政府能够适时调整政策支持力度，督促地方政府有所作为，积极主动地改善城市郊区和城中村农民工聚居区的市政基础设施和公共服务条件，贫民窟在中国是很难存在的。

（2011年1月）

---

① 见"深圳不可缺少城中村？"，21世纪经济报道（2010-12-29），原文链接是http://www.21cbh.com/HTML/2010-12-30/5NMDAwMDIxMzU5NQ.html。

城镇化的门槛：从户籍制度到就业和收入

——宁波和石家庄户籍制度改革调研报告

乔润令

加快农业人口向非农产业、农村人口向城镇人口的转移，是我国城镇化的目标。近几年，随着我国小城镇户籍制度的放开，一些大中城市相继在户籍制度改革上迈出重大步伐，在社会各界引起强烈反响。我们就宁波和石家庄市的户籍制度改革进行了专项调研，现将情况报告如下。

一、户籍制度改革的效果

宁波市户籍制度改革的范围是除中心城区之外的县市区与建制镇；石家庄市则把改革的范围扩大到整个城区范围。两城市改革的主要内容是，取消农转非的指标控制，大幅度降低了由各种政策限制形成的城市门槛。

石家庄从2001年8月1号开始实行新的户籍迁移政策。新政策规定：有合法固定住所并拥有常住户口的职工、居民可以申请其配偶、子女、父母与其共同居住生活；外地公民被市内机关、团体、企事业单位、工商服务业聘用为管理人员或专业技术人员、工作满一年以上者或招聘为合同制工人就业满两年者，可以凭单位证明迁入本市；凡在市区购买商品房者可以进本市；在市区投资兴办实业及经商者均可将户口迁入石家庄市；大中专毕业生，只要是本科以上师范类毕业生，大专以上非师范类毕业生，特殊专业的中专生，在本市有接收单位的均可办理进市手续。

乔润令：国家发改委城市和小城镇改革发展中心副主任、硕士。

宁波市规定：全日制本科生以上的人员可以先落户后就业；大专生只要企业招聘、国家分配，都可依合同入户；市区购房100平方米以上者，可以落户三人，购房100平方米以下，取得房产证两年以上，可使同一家庭成员入户；三投靠政策无指标限制，结婚即可，只要是直系亲属父母、子女都可以投亲靠友落户；投资入户也放宽限制，凡在市内投资50万元，即可三人入户。比起石家庄来，宁波市的规定在购房和投资方面的条件要高一些。

制定政策之初，石家庄与宁波市对于吸引大批农民进城期望很高，但对大批农民进城会对城市造成冲击也有过不少的担心。

但实际情况如何呢？据石家庄市公安部门介绍，从去年8月份到今年6月底，共办理各类户口36万多人。但其中有26万多人属于建成区内的农民的"农转非"。（属成建制整体转移，政府统筹安排）也就是说，实际上外来人员从2001年8~12月办理了8万多人。2002年6个月共办理24000多人，加起来仅10万多人口。整个宁波市"八五"期间共办理农转非83776人，"九五"期间共办理167786人，两项合计，约为25万人，占宁波市所属城镇总人口的5%左右。

从石家庄市情况看。户改后外地迁入者有102811人。其中务工人员68550人，占66.7%，直系亲属投靠18191人，占17.9%，非本市人员7234人，占7%，兴办实业者4316人，占4.2%，购买商品房4274人，占4.2%。

改革力度最大的石家庄市在制定户籍制度改革方案时，市长的预期目标当时是30万人入户石家庄，但从去年8月到今年6月一共才有10万人入市。宁波市当地农民则根本不愿意进城，据宁波市的调查，以原本可以无条件农转非的建城区农民为例，仅有1%的人愿意农转非。宁波市老三区去年下达农转非指标523个，实际只转27人，占5%，今年上半年指标数为2317人，实际仅办理107人，占4.7%。

二、户籍门槛降低后对城市的影响

户籍制度改革，城市政府各个部门所担心的无非是认为：人口的增加会给城市就业、治安、教育、人口素质、城市低保等带来压力。但实际情况怎么样呢?

1. 户籍改革主要解决了一部分已经进入城市的农民的入户问题

据统计局介绍说,石家庄市的常住人口是189万人,2000年11月第5次人口普查得出的数据是218万人。石家庄市有30多万在本地生活工作的外来人口。

石家庄市公安部门介绍,现在申请落户省城的人大多数是在石市工作生活居住多年的"准市民",而根据新的户籍政策,在省会买房者、打工两年以上者都可以落户,实际上具备这些条件的人大都已经在省城居住,所以申请落户是顺理成章的事。

2. 外地迁入人员素质并不低

石家庄外地务工人员(68550)迁入者的学历情况,小学文化占4.6%,初中文化占46%,高中中专学历者占42.4%,大专以上占7%;宁波的余姚市户改后进城的主要有四种人,一是外地人嫁给当地人,约占2%左右;二是大中专毕业生落户,约占10%左右;三是农村和外地在当地做生意和务工的人,约占55%左右;四是农村富裕户为其子女落户者(主要是为了在余姚市为子女上学、子女结婚买房子入户者),约占20%左右;五是投靠入户的,约占10%左右。整体素质不低于当地的下岗职工。

3. 给城市低保带来的压力不大

石家庄市迁入人员的收入情况,以户为单位的人均月收入1000元以上者,有2户,28人,占3.8%;人均月收入超过182元最底收入,不足1000元者,432户,667人,占89.5%,人均月收入不足182元,需要低保者仅16户50人,占6.7%;

宁波奉化市户籍制度改革的8个月时间里,领到城市户口的1.3万农民中,有60%是踩三轮车的农民和做各种小生意者,10%是富裕的农民企业家,20%是投靠入户(妻子投丈夫,子女投父母,父母投子女),在13000已入户的农民当中,有80%是通过购房入户的。可见,有钱才能进城是转户者的特点。

4. 受影响的是个别部门的利益

从石家庄市的情况看,户籍制度改革中,公安部门积极支持,阻力主要来自教育部门。为了减少市区教育的压力,户籍改革政策增加了一条限制，只准许外来人口的直系亲属迁入，但实际情况是：入户的人口当中，18岁以上有77809人，占75.7%，6岁以下6629人，占6.4%，小学年龄段的9379人，占9.1%，初中年龄段的4974人，占4.9%，高中年龄段的4000人，占3.9%；处于学龄段的人口不到2万人。石家庄市教委副主任说：石家庄市区原有几万流动人口，他们是最先落户的人群，其中受教育适龄人口2.1万，这些人多数已经以借读生身份就学，此次放开户口，只不过使借读身份变为正式身份，学校整体的班容量没有增加多少。今年初中上学正处于高峰期，加上4千多人，只是略显紧张而已。

真正的影响是大幅度减少了学校以前所收的借读费和赞助费。石家庄火车站东北边的南三条批发市场有几千个外来经商者的摊位，坐落在市场中间的正东路小学，是外来经商者子女上学的集中地。全校有240名学生，其中80%为借读生，借读费每人每学期200元，学校一年的借读费和赞助费收入有10万元。户籍制度改革之后，学校少了这笔收入。

三、户籍制度改革后，农民进城面临的新问题

从石家庄和宁波的情况来看，农民愿不愿意来城镇居住，来后能否留下来，不仅取决于户籍门槛的降低，更重要的取决于进入城镇的经济成本是否与他们的经济收入相适应，能否在就业机会和社会保障等方面同等对待。

1. 稳定的就业机会

现在的农民进城已经并不希求过去计划经济下户口的好处，工作和就业机会是他们最大的进城愿望。石家庄桥东区桃园乡三个村的约5000口人刚刚集体转为城镇户口，但没有人认为这是一件"大事"。乡长张海涛的说法是这是上面的要求，一位老太太的话说出了大多数人的心态，"城里也有不少人下岗，在城里生活就容易吗？"

石家庄市长臧胜业说："一些外地的投资兴办实业者，你想让他落户石家庄，他都未必愿意。"在石家庄南三条经商的温州等外地人有1万多，他们对户籍制度改革无动于衷。省下每人每月交的15元暂住费，为孩子上学每年交的几百元借读费，对他们来说，并不能构成迁户的吸引力。

　　一位在房地产公司做销售的小伙子说，"他的户口在秦皇岛，很难说今后在石家庄发展，而单从户口所在地来说，也很难讲石家庄比秦皇岛更有吸引力。"能否进城取决于城市提供的发展机会。石家庄市长臧胜业的话说到了关键处："石家庄对外来人口的吸引力，不完全取决于户籍制度，而是取决于有没有经济效益、有没有事干、有没有钱赚、有没有饭吃。"

2. 学历、文凭、技术证书的限制

　　户籍制度是一种根据人们先天指标确定人们地位的制度，学历、文凭、技术证书则是人们后天努力所得。后者比前者公平的多。但由此而形成的城镇就业门槛却不比政策门槛低。在石家庄和宁波市，出台户籍改革的政策目标之一就是引进人才。大中专毕业生入户条件非常宽松，实际找工作也比较容易。相反，农民进城就业则比较困难，几乎所有的招工广告都有文凭和学历的要求。这样就使得人口向城镇转移呈现出了明显的素质梯度关系，素质越高转移能力也越强，也越走向大中城市。学历、文凭、技术证书，对素质较低的农民来说，仍然是一种进城就业的限制。

3. 进城的经济成本高

　　主要体现在购房价格上。宁波市房价根据地段的不同，3000元到5000元不等。宁波余姚市泗门镇的商品房约1000元/平方米，三口之家买70~80平方米的住房连装修费用共10万元左右。一般的打工者月收入1000元左右，年收入1万元到1.5万元。石家庄市的人均工资是7000元左右，商品房的价格为2100~2300元/平方米。这样的收入和房价，对于尚未完成资本原始积累的农民，是难以支付的。

4. 一些政策和体制的制约

　　土地承包权问题。国家虽规定了土地二轮承包期30年不变，但村里5年一次的微调却往往把户口转出去的农民的承包田收回，或者其承包的土地或山林只有其他人的一半。那些外来民工的选择也很慎重，迁户城市，就意味着失去家乡的承包地，如果他们在城里没有一份相对稳定的工作与收入，是不会轻易冒这种风险的。

　　村集体资产收益问题。有集体资产的行政村大多都有数额不菲的集

体资产，村民的福利待遇和保障水平并不低，在村集体资产的收益权和所有权没有清晰至折股量化到人的前提下，农民不敢轻易地农转非，或向城镇迁移。

宁波有许多农民对进城期望很高，但进城之后后悔者甚多，奉化一村民转出户口2人，结果村里土地卖给企业，村集体收入大增，分配给社员每人2万元，结果转出去的村民少收入4万元，后悔不已。石家庄一些在当地已经"非转农"的前农民甚至要求"非转农"，如位于石家庄二环路以里的南王村。近年来，该村随着城市的扩张，土地租金上涨，集体收入增加，年底分红收入颇丰。一些前几年花了几万元转为城镇户口的人由于在城里就业很难，又打算把户口迁回来。村民们说："除非与村干部有特殊的关系，村里人也不傻，早先都出去了，现在又想回来分钱，谁肯？"

计划生育政策。城镇居民生育一胎，农民可以生育两胎。虽然省市政府规定农村居民农转非后3年内，仍可享受农民的计划生育政策，但这一政策的覆盖面很窄，对大多数农民没有吸引力。

兵役政策不同。主要是在服兵役及其退伍安置问题上，城乡不同，一是对城镇居民和农村居民的文化程度要求不同，前者要求高中程度，后者要求初中文化。如按户改后的身份划分"农与非农"，在浙江一些地方，征兵任务就难以完成。二是在退伍安置上，县市民政部门只负责对原为城市居民的退伍兵给以2至3万元不等的货币安置。三是原城镇居民与近年来农转非的居民在服役期间的优抚标准不同。

农保与城市社保不衔接。近年来的农转非人员，原来大多数参加了农村养老保险，或者根本无险可保，如今身份变了，但农保如何向城镇社保过渡的问题，仍然悬而未决。

（2002年8月）

苏州市居住证制度调查

黄　跃

苏州市位于江苏省东部，东临上海、南接浙江、西抱太湖、北依长江，是长三角重要的中心城市之一，2011年全市GDP达1.15万亿元，地方一般预算收入1100亿元。高速发展的外向型经济和不断改善的城市人居环境，吸引着越来越多的人来到苏州，从2002年开始，苏州市的外来流动人口就以每年100万的速度增长，到2011年12月底，全市外来人口已达648万（其中在本地居住6个月以上的约65%），超过户籍人口642.3万人。

2011年3月29日，作为江苏省唯一确定的居住证试点城市，苏州正式发布《苏州市居住证管理暂行办法》，开始探索建设流动人口居住证制度。2012年2月7~8日，国家发改委城市和小城镇改革发展中心对苏州的实践进行了跟踪调研，现将所了解的情况整理汇报如下。

一、苏州市居住证的含义及功能

苏州市的居住证，是指苏州市政府对在本市居住、就业、生活的外市籍人口所颁发的一种"准城市居民"身份证明。从外观上看，居住证是与普通身份证同样大小的卡片，其上注明了持有人的姓名、出生年月、性别、身份证号、原籍所在地、现居住所在地、颁证日期等信息。

1.居住证的用途

居住证持有者可以部分地享受苏州市的公共福利。

一是可在苏州市政府指定的500多所公办学校和125所由政府补贴的

黄　跃：国家发改委城市和小城镇改革发展中心发展改革试点处副研究员、硕士。

农民工子弟学校里免费享受义务教育；

二是可按本地城镇职工标准开立"五险一金"账户，正式纳入苏州市的社会保障管理系统，且可在全省范围内转移接续；

三是可享受免费就业培训；

四是可以花更少的钱游览苏州的园林和景区（办理年票后1元/次），也可以用居住证办理苏州市公交卡，享受折扣；

五是可在当地考取驾照和上车牌；

六是可享受计划生育、优生优育、生殖健康等服务，比如到定点医院分娩顺产可享受800元定额限价、剖宫产可享受1500元定额限价；

七是可为将来永久落户提供连续居住证明。居住证制度下，持有人必须每年到居住地公安机关签注一次，这样政府部门就可以计算持有者在苏州连续居住的时间，从而为将来落户提供证明。

2. 居住证和暂住证的区别

据江苏省公安厅的同志介绍，居住证和以往的暂住证有三个不同。

一是居住证与城市的公安、社会保障、园林、公交、教育等部门进行了功能对接，居住证持有人能够逐步享受到部分城镇居民所享受的城市福利，而暂住证则仅仅是公安部门为了方便人口监管单方面发放的管理证件；

二是居住证可在江苏全省范围内通用。以前的暂住证是以省辖市为单位发放的，外来人员在苏州办暂住证后再转到无锡就需要重新申办，而居住证持有者只需要注册登记，不需要重新申领，这极大地方便了人口流动；

三是提法上给外来人口更多归属感和认同感。

3. 居住证的申请条件

申请居住证需要提交五项证明：① 出具居民身份证或者其他有效身份证明；② 固定居住处所证明材料；③ 在居住地就业或者就学的证明材料；④ 不满49周岁的已婚女性需提供《婚育证明》或《苏州市非户籍人口和计划生育管理服务卡》；⑤ 携带未满16周岁子女的，应出示子女户籍证明或者户口簿。

对苏州市的外来人口而言，最大的困难是第2条和第3条，因为苏州市对固定居住处所的要求是：具有本人姓名的房产证；没有自有房产的，要求出具住房租赁合同或者单位租房的证明，且房屋租赁合同必须是半年以上期限。就业证明需要提供正式劳动用工合同或工商业经营执照，那些工作不稳定或自主创业的小摊小贩，取得这些证明比较困难。

自2011年4月1日开始在全市发放居住证开始，到2012年1月底，苏州全市1240个居住证受理点已累计受理申请242万人，219.5万新市民领到了居住证，占外来总人口的37%。据苏州市公安部门介绍，申请失败的主要原因是申请者无法提供连续居住满6个月的证明，有不少人的工作很不稳定。

我们也了解到，全市648万常住外来人口中仍有400多万人没有申请居住证，主要原因是：一是宣传力度不够。有不少外来人口实际上还不知道居住证，也不了解它和暂住证到底有何区别。二是在苏州务工的外来人口流动性比较大，很多人这个月在苏州，过几个月又跑到浙江、上海去寻找工作机会了。据2011年3月苏州市公安局的一份统计资料显示，在苏州市暂住半年以下的流动人口占总数的35.09%，居住半年到一年的人数占50.54%，居住一年以上的人数占14.38%，居住半年以下人数比2009年增长26.44%，这说明苏州市外来人员的流动性比较大。三是农民工基本处于工厂和宿舍两点一线的生活状态，居住证所提供的有限城市福利吸引力不强。

二、居住证转为正式户籍的条件及两者的福利差距

持有居住证并不等于真正落户，根据苏州市目前尚在实施的落户办法，外来人口落户的具体条件是：① 有合法稳定住所；② 有稳定职业或生活来源；③ 连续居住满3年以上；④ 按规定纳税和缴纳社保超过一定年限（需提供相应的纳税和社保缴纳证明）；⑤ 遵守计划生育及其他国家和地方政策。

对于外来农民工而言，这样的落户门槛是很高的，其中最难满足的是前两条。按苏州市的规定，合法稳定住所，是指在苏州市拥有属于自己的产权房屋或者租住属公有产权但已取得使用权证的房屋，且房屋的

面积不得低于75平方米以下；稳定职业和生活来源，是指申请者在苏州市区内要签订长期的劳动用工合同、缴纳至少3年以上的社会养老保险、月收入（来源可以是退休工资）稳定且不得低于苏州市的最低生活保障线500元。据苏州市公安部门统计，2001~2011年以来的11年里，完全在苏州落户的外来人口总计有80万，平均每年仅有7万人顺利落户。

是否跨过落户的门槛，由居住证持有者转变为苏州市民，人们所能享受到的城市公共福利差异较大，目前看主要体现在如下几个方面：① 本地户籍人口可按属地就近享受免费义务教育，而居住证的持有者只能在指定的学校内享受免费义务教育，其他外来人口还得缴纳数额不等的赞助费；② 本地户籍人口可在苏州市参加高考并按当地标准录取等等，居住证持有者和其他外来人口就不行）；③ 本地户籍人口可在更多行业就业，比如出租车司机、城市小区的物业管理员等职业是不对居住证持有者开放的；④ 本地户籍人口可参加城市居民低保（苏州市的标准是每人每月500元），但居住证持有者和其他外来人口享受不到；⑤ 本地户籍人口可以申请城市廉租房、经济适用房等。

三、政策建议

建议各地结合实际，继续因地制宜、稳步有序地推进户籍管理制度改革，进一步促进长期在本地就业生活的外来人口融入城市福利体系。改革中要注意，绝不能以居住证制度提高外来人口融入城市的门槛，更不能让居住证制度演变成类似"绿卡"一样的封闭福利体系。

1. 进一步扩大居住证覆盖范围

建议进一步降低申请门槛，允许外来人口根据其所持有的暂住证作为连续居住证明免费换取居住证；同时也应当建立完善的房屋租赁和就业劳动合同管理体系，强化政府和企业的责任，为外来人口提供更加方便的居住和就业证明。

2. 进一步放宽由居住证转为正式户籍的条件

前面提到，居住证持有者必须在苏州市买房才能正式落户，在房价不低的苏州，这样的落户门槛实际上是非常高的。建议进一步出台由居住证转为正式户籍的过度条件，放松落户申请条件：对于事实上已经长期在苏州市居住、就业和生活的外来人口，应当允许其直接在苏州落户；只要居住证持有者在苏州继续居住一定年限比如3~5年后，也应当允许其落户。

3. 逐步缩小居住证与正式户籍的福利差距

要在全面推行居住证的基础上，进一步增强居住证的公共服务功能。比如社保，苏州市政府要出台强制性的规定，要求企业为居住证持有者按法定比例缴纳社保。对于自由就业的，可采取由居住证持有者自缴、政府补贴的方式完善社保。同时，要将居住证持有者纳入政府的住房保障范围，允许居住证持有者申请公租房。

4. 中央和省要对地方吸纳跨市、跨省农民工提供政策支持

目前，像苏州市这样财力比较雄厚的地级市政府，对于缩减本地农民和城镇居民的公共服务差距这类问题已经比较重视，也正通过各种城乡一体化的政策措施逐步解缩小城乡之间的某些差距，这是值得提倡和肯定的。但我们在调研中也感觉到，地方政府对于本市行政辖区之外的农民工问题并不积极仍是较为普遍的现象。地方政府的管理者们认为，如果不对现行税收分成体制、行政管理体制、转移支付政策做出调整，完全由地方本级财政来解决外市农民工的公共服务问题，不仅心理上觉得不公平、财政支出方面的压力也较大。建议中央和省分别对跨省、跨市农民工公共服务条件的改善承担更多责任，按照地方吸纳外来人口落户定居的数量，上调人口流入地的税收分成比例、计划内用地指标额度、银行抵押贷款额度以及各项转移支付，并依据常住人口规模适当调整城市行政级别，以增加政府的机构人员编制和管理权限。

（2012年4月）

农民出租屋解决城镇化进程中农民工居住的有效途径

——北京市昌平区北七家镇的调研报告

范　毅

解决好进城农民工的定居问题是实现我国城镇化健康发展的关键性问题，在农民工集聚区充分利用农民宅基地发展出租屋是解决进城农民工居住问题的一个有效途径，也可以提高土地集约化利用程度，有效增加本地农民收入。针对这个问题，最近国家发改委城市和小城镇改革发展中心对北京市昌平区北七家镇进行了专题调研。

一、北七家镇农民工及其居住情况

北七家镇位于昌平、顺义、朝阳三区交界处，南依北京最大的社区之一天通苑，户籍人口3.1万。据北七家流管办登记数据，北七家镇现有流动人口12.7万，其中92.54%为农业人口，农民工是流动人口的主体。

1. 农民工已成为北七家人口的重要组成部分

从调研的情况来看，农民工对北七家镇过去的建设和发展作出了重要的贡献，未来农民工仍然是维持北七家镇活力的基础，农民工已成为北七家人口的有机组成部分。北七家农民工具有以下特点：一是农民工总量基本稳定。2007年以来，北七家镇的外来人口总量分别为15.3万、13.9万和12.7万人，流动人口下降主要原因是建筑工程减少和对低端产业的清理整顿，如2008年清理废旧再生资源回收市场，废旧回收点从175个减少到22个，从业人员也相应减少5000多人。二是家庭化迁移特征逐渐显现。举家迁移的流动人口总量为23367人，占流动人口总量的18.4%。0~14岁的流动儿童达8533人，占农民工总量的6.7%。三是迁移呈现长期

范　毅：国家发改委城市和小城镇改革发展中心政策研究处处长、副研究员、博士。

化特征。在北七家居住半年以内的农民工仅占6.12%，居住1~2年的占44.4%，2~5年的占33.67%，5年以上的占15.9%。从农民工的居住期限来看，已经有部分农民工开始沉淀下来，并成为北七家人口的重要组成部分。农民工在就业地长期居住的趋势已不可改变。

2. 出租屋是解决农民工居住的主要途径

据镇流管办登记数据，目前70%流动人口居住在出租房屋中，12.4%居住在单位宿舍，17.6%通过其他途径解决居住问题。目前全镇共有出租屋38642间，面积46.75万平方米。北七家镇出租屋的发展得益于以下原因：一是流动人口聚集的增多。随着朝阳、海淀等地旧村改造和城市建设的发展，之前聚集在其间的农民工失去了低廉生存空间，逐渐向外扩散，北七家开始吸纳从主城区分流出的农民工。如燕丹村在2007年流动人口还不足1万人，目前已达近3万。随着外来人口的增多，仅靠平房已不能满足新增外来人口的需求，本地农民开始将原有平房翻建为楼房，楼房的层数也在逐渐增高，2006年前后建造的楼房一般为3层，现在新建楼房多为6层。二是本地农民获取利益的冲动。农民从出租屋上获取的预期收益主要有两块：一块是房屋租金收入。流动人口增多促进了出租屋市场的发展，房屋出租收入刺激了农民建房意愿。另一块是预期的拆迁补偿。随着城市空间拓展，农民预期宅基地会被拆迁，为了获得更多拆迁补偿，农民开始建造楼房。从周边拆迁补偿经验来看，建筑物无论是合法还是违章，都可以获得拆迁补偿，而且每平方米建筑补偿价格要比建筑成本高200~300元，大约是建筑成本的40%~50%。拆迁的高额回报率，刺激本地农民建造楼房。我们所调查的农户都或多或少借用外部资金来建造楼房。三是政府对农民自建楼的默许。随着农民自建楼的发展，在维稳和拆违之间，北七家镇村两级选择了前者，对农民自建楼既没有明确鼓励，也没有加以禁止，在外来人口集聚的村庄，农民自建楼迅速发展起来。

二、农民出租屋取得的几个效果

北七家以农民自建楼形式的出租屋是在政策缝隙中得以生存和发

展，抛开这种形式与现行政策之间存在的冲突来说，农民出租屋在实践中取得了以下几个显著效果。

1. 农民获得稳定租金，增加农民收入

农民宅基地的面积一般180平方米，一些老宅子面积可达300平方米，农民自建楼大多为3~6层，除去自己居住部分，可以有20~30间房屋用于出租，居住房屋的出租价格在200~350元/月；临街房屋的一层还可以作为底商出租，每间底商价格要1000元左右/月。在外来人口集聚区，如燕丹村、东三旗村等，本地农民出租房屋收益每月少则几千元，多则高达上万元。农民通过出租屋，充分发挥了宅基地的资产属性，获取资产性收入，租房收入已经成为当地农民收入的主要来源。

2. 满足农民工居住需求，改善农民工居住条件

从调查农民工来看，月收入一般在1500~2000元之间，租房支出占农民工收入的10%~15%；对以家庭为单位的农民工来说，租房支出在家庭收入的10%以内。出租屋在农民工经济可承担范围之内，满足了农民工的居住需求。出租屋条件的改善带来农民工居住条件的改善，新建出租屋内一般都配备了厨房、洗手间，即使是几年前的出租屋也不比城市中一些"筒子楼"的条件差。由于出租屋之间也存在着竞争，基础条件差的出租屋并不容易租出去，因此每个出租屋主同时要承担物业管理员的职责，会尽量去改善出租屋的内部条件，以避免出租屋的空置，比如出租屋主每天都要打扫公共空间的卫生，以保持出租屋内公共空间的整洁。因此当我们进入农民出租屋，并没有看到像一般城市中"筒子楼"那样，公共空间杂乱无序，看到的却是公共空间的整洁有序。

3. 保障了城市发展劳动力资源，促进城市发展

城市发展离不开广大农民工，但并没将农民工居住问题纳入到城市规划范畴内。农民利用集体建设用地在城市规划范畴之外发展了出租屋，满足了城市建设者——农民工的居住需求，保障了城市发展对劳动力资源的需求。北七家居住的流动人口的就业范围主要在北京市区。另外，随着农民工集聚的增多，增加了城镇人口密集度，并衍生了相应的服务业就业机会。比如燕丹村，村域建设面积2115亩，集聚外来人口达到21581人，人口密度达1.6万人/平方公里；在燕丹村，为广大流动人口

服务的各类小型服务业达数百家，从业人员已有上千人。

三、农民出租屋发展中存在的问题

农民出租屋是对现行制度框架的有效突破，它的存在为改善农民工居住条件、增加农民收入、促进城市发展作出了重要的贡献，但是由于出租屋是在现行规划体制之外发展起来，也带来了诸多问题。

1. 基础设施建设不能满足人口增长的需求

农村基础设施主要是按照户籍村民由村庄自行配套建设。随着出租屋的兴建，外来人口的增多，户籍居民和外来人口出现了严重的倒挂现象，基础设施已远不能满足增长的需求。比如燕丹村水塔由原来1座，增加到3座，仍然不能满足需求，在顶层还经常会出现断水现象，许多村民为应付随时出现的断水在家中自备了水泵。在用电方面，变压器也由原来2台增加到6台，但跳闸现象时有发生，电压不足是经常现象，为此村民家中不得不配备稳压器。

2. 农村社区管理模式难以适应人口快速增长对环境的压力

城乡二元管理体制下，在宅基地上兴建的出租屋仍然按照农村社区模式进行管理和市政配套，这已不适应人口增长的压力，特别是对环境的压力。在环境卫生方面，按照农村社区建设模式，很少或者是根本没有建造用于丢弃垃圾的垃圾箱和垃圾站。许多村民抱怨没有地方可以扔垃圾，只能四处乱扔，环境卫生条件极差。事实上，许多村庄配备了大量人力物力来打扫卫生，比如东三旗村配备了70多人的环卫队，但这并不能从根本上解决问题。在供暖上，没有纳入统一市政供暖体系，每栋出租屋单独成为一个供暖单位。为了节约成本，许多出租屋主使用不达标的煤，严重污染了空气。在排水上，主要采取明沟排水，部分出租屋主直接将厕所排水口对着排水沟，气味难闻。

3. 公共服务不能满足人口增长的基本需求

公共服务供给不足已经开始影响到居住在其间的农民工。以农民工子女教育为例，北七家镇现有5所公办中小学，但这远不能满足农民工子女的需求，公办学校也采取考试和缴纳赞助费的方式来筛选学生，赞助费最高可达3万元。在公办学校不能满足农民工子女教育需求的情况下，全镇共兴建打工子弟学校14所，但打工子弟学校和公办学校在办学条件上存在着较大的差距。治安问题也在困扰着农民工，据北七家镇派出所的数据表明，近年来流动人口作案率和受侵害率均在75%以上，改善治安问题也是调查中农民工集中反映的问题。

4. 出租屋发展受到一些体制性因素的制约

一是出租屋不能得到规划的认可。根据北京市有关文件规定，农民宅基地建房不超过2层，造价不超过30万，否则需要到区建委立项，然而区建委立项时间周期较长，且立项条件较苛刻。事实上，自2001年以来北七家镇并没为农民宅基地颁发过规划许可证。农民建造出租屋并不按照实际建造面积进行申报，因此也不能得到规划上的认可。二是现行土地制度限制了出租屋发展。我国法律规定城市土地归国有，"征地-拆迁-建设"是城市发展的固有模式。农民也预期未来会被拆迁，因此建设也尽量采取简易方式，调查中农民坦言出租屋实际上就是简易建筑。集体所有土地注定了出租屋不能进入市场交易流转，也不能获得正规金融服务，这也限制了出租屋的发展。

四、思考和建议

城镇化是经济社会发展的必然趋势，也是工业化、现代化的重要标志。当前我国正处于城镇化加速发展时期，解决进城农民工居住是当前城镇化发展阶段的重要任务。农民出租屋不失为市场力量解决农民工居住问题的有效探索，可以让本地农民获得了城镇发展带来的收益，增加农民收入，同时改善进城农民工基本居住条件，提高集体建设土地集约化利用程度。

1. 将农民出租屋纳入城市规划体现了科学发展观的基本要求

一旦将农民出租屋纳入城市规划中，实现城市基础设施向农民出租屋延伸，农民出租屋发展中存在的诸如水、电、供暖等方面问题将会迎刃而解，也体现了"以人为本"科学发展观的基本要求。将农民出租屋纳入城市规划中，还可以在一定程度上减缓人口增长对环境带来的压力。比如，将供水纳入市政，可以解决完全依赖自取地下水造成对地下水资源的不合理利用；将出租屋纳入供暖市政规划体系，可以改变以出租屋为单位的分散取暖方式给环境带来的巨大压力。通过将农民出租屋纳入城市规划对相应问题的解决，也体现了全面协调可持续的基本要求。一旦将农民出租屋纳入城市规划中，本地农民会改变建造简易住房获取拆迁补偿的预期，将更有利于出租屋的长期发展。

2. 农民出租屋是城市住房的有效补充

农民自建楼从严格意义上来说，都是违章建筑，但却有效解决了大量进城务工农民的居住问题。当城市发展和人口集聚带来农民自建楼的兴起时，每栋出租屋都要面临其他出租屋的竞争，这种竞争关系驱使出租屋主不断改善出租屋内部条件，改善了农民工的居住条件。缺乏有效管理是公共廉租房所面临的主要问题，然而在农民自建出租屋内，这个问题却得到有效解决，出租屋内部管理井然有序，从价格上来说，也并不比廉租房高太多。当前农民工已经成为城市人口有机组成部分，农民工在就业地长期居住的趋势业已呈现，农民出租屋已经是城市住房事实上的补充，关键在于政府如何去面对这一现实。可以说，正是农民出租屋的存在使中国城市发展避免了"贫民窟"的出现。

3. 要允许本地农民按统一规划和标准在自家宅基地上自建出租屋，并做好相关服务

首先，政府不要限制农民利用自有宅基地发展出租屋，关键是要做好相应规划，规范建筑质量和安全。要允许当地农民按政府统一规划要求在自己的宅基地上建设出租屋，并允许其将出租屋用于出租或者从事相关服务业。对在城市有稳定住所、稳定收入来源的业主可以允许其出售。其次，要切实解决好农民住房改善中的金融服务问题。

4. 政府要为农民出租屋发展做好基础设施和公共服务工作

首先，要做好基础设施建设。在流动人口集聚的城乡结合部和"城中村"，政府可以尝试在不改变产权关系前提下，加大对上下水、供电、供气、供暖、道路、污水处理、垃圾处理、通信、网络等基础设施建设的投入力度，改善流动人口居住的基本条件，做好流动人口集聚区与主城区道路联络线建设。其次，要改善公共服务网点布局。要做好相关社会公共服务网点的布局，加大对文化、教育、医疗卫生等公共服务网点体系建设的投入，完善社会服务网点，确保农民工病有所医，解决好农民工子女上学问题，为农民工提供必要的娱乐文化休闲场所等。

5. 建议搞好农民工出租屋试点

农民出租屋是解决进城农民工居住的一项有效探索，事关我国城镇化健康发展。当前在一些地区已经进行了有益的探索，由于未纳入政府规划，也造成一些问题，但并非不可解决。可以通过试点方式逐步将农民出租屋纳入规划中，不断探索解决方式。建议结合国家主体功能区规划，在已经形成城市群的京津塘、珠三角、长三角等区域及具备形成城市群区域的中心大城市郊区选择部分农民工密集的小城镇进行相关试点，深入探索，总结经验，不断完善，逐步规范。

（2009年9月）

解决农民工住房问题的思考

范 毅

农民工住房问题是政府在推进城镇化进程中重点考虑的问题，更是推进城镇化的主要难点。当前，很多专家学者和政府官员都认为必须通过政府提供保障性住房的办法来解决农民工住房问题，中央政府也要求有条件的地方把进城农民工纳入城镇保障性住房的覆盖范围。然而我们的研究表明，保障性住房并非解决农民工居住问题的最有效途径，积极鼓励农民和集体经济组织建设公租房和出租屋，才是解决问题的根本之道。

一、把农民工纳入保障性住房在财务上是可承受的，但工作开展难度很大，不适宜作为解决农民工住房问题的主要途径

根据保障人群收入水平的高低差异，我国的保障性住房大体上分为限价房、经济适用房、公租房和廉租房等几类。考虑到经济适用房和限价房存在一定的盈利空间，廉租房和公租房则需要更多的政府补贴，而且近年，中央政府有关部门先后发布了廉租房建设规划，制定了加快公租房发展的政策，廉租房和公租房是当前政府关注的重点，因此我们重点分析廉租房和公租房。公租房有两种建设模式，一种是完全由政府主导建设，比如重庆市的公租房，我们把这类公租房建设模式合并到廉租房中分析；另一种是由市场力量主导的建设方式，比如北京在集体建设用地上进行的公租房建设试点，这与广东沿海一带农民修建的出租屋类

范 毅：国家发改委城市和小城镇改革发展中心政策研究处处长、副研究员、博士。

似，我们可以一并加以分析。

将农民工纳入廉租房保障范围在财务上是可承受的。根据《2009~2011廉租住房保障规划》，我国廉租房的保障范围约为5%，我们按照5%城镇困难户的劳均月收入是1100元的标准进行测算，2009年全国1.45亿外出农民工中，仅有4500万（占外出农民工总量的31%）的农民符合这一标准[①]。根据全国人大调研数据，每套廉租房的建设成本约为7.9万元，折算下来政府为每个农民工大约需要投入1.1万元，而这投入又是可以分摊到多年的。因此，仅仅从财务数据来看，保障性住房的支出并不算高。

但是根据全国人大的调研数据显示，在保障性住房建设支出中，地方政府支出占70%，这增加了地方政府财政支出的压力，也影响了保障性住房工作的开展。

用地矛盾增加了廉租房住房工作开展的困难。从建设成本来说，每个农民工的成本大约是1.1万元，单纯的建筑成本并不高，但这其中并没有考虑地方获得土地的机会成本。如果考虑土地问题，保障性住房建设难度将大大增加。首先，要建廉租房就得征地，而征地就面临着征地成本的问题，如果是征用城市内和城市周边的土地，那么所涉及的征地补偿费用是相当高的。据了解，北京市通州区的一个公租房项目的综合成本合每平方米6000元，其中有一半就是取得土地的成本。而如果利用离城市较远的地区搞廉租房，虽然可以降低部分土地成本，但那会失去对被保障群体的吸引力。其次，在中央坚持18亿亩耕地红线不被突破的既定约束下，用地指标的日益稀缺势必需要地方政府在促进城市发展和保障民生之间进行综合平衡。由于保障性住房的用地实行行政划拨供应，所以地方政府可能因此失去土地出让收益，比如，重庆市公租房建设中的土地划拨和税费减免共计500亿元，这对地方政府的财政收入来说是一笔不小的数目，土地收益的减少势必会削弱了地方政府将土地用于保障性住房建设的积极性，特别是在一些财政收入水平不高的地区。

[①] 据国家统计局监测数据显示，2009年月均收入在600元以下的农民工占2.1%，600~800的占5.2%，800~1200元的占31.5%，我们假定收入在800~1200元的农民工均匀分布，经测算在800~1100元的农民工比例约占23.6%，综合计算月收入低于1100元的农民工家庭所占比例为30.9%。

廉租住房工作开展实际效果并不理想。全国人大常委会调研组报告显示，截至2009年8月底保障性住房建设完成投资394.9亿元，完成率仅为23.6％，保障性住房投资是各项重大工程中进展最为缓慢的项目；2010年全国城镇保障性住房建设项目开开工率也仅为70％。当前如果将农民工纳入的话，廉租房的建造数量将扩大约5倍，能否及时建设完工是一个大问题。虽然中央做了廉租住房保障规划，从财务角度来说虽然有一定困难，毕竟还是可承受的，但是工作开展效果并不理想，这需要引起我们反思。保障性住房是否能准确地为外来农民工所用仍需探索。事实上，就连现在为城镇低收入居民所提供的廉租房分配也都还面临着资格筛选和认定、确保资产的可持续利用等管理方面的问题，短期内也还不太可能覆盖进城农民工。

综上分析，将农民工纳入廉租住房的保障范围在财务上是可承受的，关键是难以通过有效途径解决保障性住房落地问题。解决这些问题的根本出路在于改变政府包揽保障性住房的供给方式，让市场力量参与到保障性住房的供给中来。

二、农民出租屋是解决农民工住房问题的有效途径

出租屋使我国外出农民工的居住问题得到了有效的解决。据国家统计局的监测数据显示，2009年居住在出租屋的外出农民工占42.2％。从我们调研的一些基本情况看，在大城市农民工居住在出租屋的比重还要更高一些。比如，2009年我们对广州市番禺区和北京市昌平区北七家镇的调查显示，番禺区农民工居住在出租屋的占70.48％，北七家镇70％的流动人口居住在出租屋。从广东沿海和一些大城市的长期实践来看，出租屋是有效解决农民工居住的途径，主要具有以下优势。

1. 出租屋低廉的租金适应了农民工收入特点

我国外出农民工的总体收入水平还不高，2009年月均收入仅为1417元，而出租屋的租金价格也不高。统计局监测数据显示，2009年租房农民工的月均租房支出为245元。2009年我们对广州市番禺区和北京市昌平区北七家镇的调查发现，广州番禺区的围院式出租屋租金一般是

300~350元/月（30~50平方米），本地居民改造的套间一般是150~250元/月（20~30平方米），租金价格不高。北七家镇出租屋的价格为200~350元/月，对以家庭为单位的农民工来说，租房支出占农民工收入的10%以内。出租屋较低的租金价格适应了农民工的基本收入条件，降低了农民工在城市的生活成本，为农民工在城市生活提供了有保障的落脚点。

2. 出租屋符合农民工的流动性特点

未来中国农民工的总量将会继续增加，农民工的流动性特征将会长期存在。随着市场经济的深入发展，就业导向的农民工将会随着就业机会空间的变化而流动。农民工一般在农村都还保有宅基地，这会加大农民工的流动性，并使农民工不符合保障性住房申请的条件。在农民工流动性较高和政策瓶颈的约束下，需要一种更为灵活的住房保障方式来适应农民工的特点。从实际过程中看，农民工出租屋更能适应这一特点，因为出租屋大多规避了房屋中介，采取屋主和农民工直接交易的方式，交易方式灵活；出租屋更没有政府廉租房等保障性住房繁琐的手续和长时间的审核等待，更适应农民工流动性的特征，也规避了政府的政策瓶颈。

3. 出租屋能够缓解用地矛盾

土地从哪来是保障性住房建设中最主要的难题，现实中大量农民工居住在建设在宅基地上的农民出租屋内，如果将农民利用现有建设用地建造的出租屋纳入保障性住房范畴，相应的用地矛盾也就迎刃而解。毕竟出租屋已经成为解决农民工居住的既定现实，如果忽视这一现实，一味去拆迁重建，显然不是解决问题的有效途径。将农民出租屋纳入保障性住房体系，当地农民不仅可以通过出租屋分享城镇化发展收益获得财产性收入，还可以通过为农民工服务解决了就业的问题。我们调研发现，在大城市郊区外来人口密集的区域，出租户最高月收入可以达数万元，一般每个月也有几千元收入。

4. 出租屋能够缓解地方政府的资金压力

从各方面的反应来看，资金是保障性住房建设的主要问题，特别是对地方政府，不但要承担建设资金的绝大部分支出，还要承担土地成本。通过出租屋来解决外来农民工的居住问题，政府不必再去征用土地，征地成本可以节省，而且也有利于耕地保护，缓解征地带来的社会矛盾。出租屋的建设是由农民自发建造的，政府并不需要为出租屋建设支付任何费用，因此建设成本也节省下来了。我们对农民出租屋的调研发现，农民出租屋投资的回收周期较短，一般可以在5~7年内回收投资成本，农民有较高的自建积极性。

为了解决用地和投资问题，北京市推行了集体建设用地兴建公租房的试点，昌平区北七家镇海鹃落村等5个村正在积极筹备试点。通过试点可以实现政府不花一分钱，不用征地拆迁，不用建设投入，完全靠农民自建自租来实现住房保障目标，既给城市低收入群体提供了住房，也为农民提供了一个稳定的就业和收入渠道。

综上所述，通过更加市场化的手段，鼓励和完善农民工出租屋市场可以有效解决政府保障性住房建设中的一系列难题。

三、改善进城农民工住房问题的建议

不容否认当前农民工出租屋还存在一些问题，比如基础设施条件较差、公共服务设施不完善等，造成这些问题的关键是政策上的瓶颈限制。这需要政府深化改革，加大投入，不断改善进城农民工的基本居住生活条件。但是相对住房建设来说，这些投入要少得多。因此，资金不是制约住房问题解决的主要因素，用地矛盾也可以有效化解，关键是解决的思路是否对头。

1. 出租屋纳入保障性住房规划体系

现有保障性住房要逐渐对外来农民工开放。要承认出租屋对解决农民工居住问题的现实作用，制定出租屋建筑质量和安全标准，逐步将符合条件的农民和集体经济组织自建出租屋纳入城镇保障性住房规划体系。通过规划主动引导出租屋建设，做好相关服务，而不是一味禁止。

2. 允许农民和集体经济组织利用集体建设用地建设出租屋

政府不要限制农民和集体经济组织利用集体建设用地发展出租屋，要允许农民和集体经济组织按照规划自主建设公租屋。允许农民和集体经济组织按政府统一规划要求在自己的宅基地上建设出租屋，政府在城市规划中也要预留出租屋（农民和集体经济组织自建公租屋）的空间，对规划在远郊区县建设的公租屋，政府要做好轻轨等公共交通基础设施配套建设。

3. 政府为出租屋建设做好相关服务和支持

首先，加大对出租屋周边基础设施和公共服务设施建设投入。政府可以尝试在不改变集体土地产权关系前提下，加大对供排水、垃圾处理、电气路等基础设施建设投入力度，改善与主城区道路联络线建设；做好相关社会公共服务网点的布局，加大对文化、教育、医疗卫生、通讯等公共服务网点体系建设投入。其次，探索允许相关金融机构为农民和集体经济组织建设公租房提供金融服务的方式。再次，加强在治安、消防、公共卫生防疫等方面的管理。

4. 允许地方开展多种形式探索实验

中国是一个人口大国，同时又面临着城市化的快速发展，如何解决进城农民工的居住问题，国际上没有现成的经验可以借鉴。需要各地根据不同实际情况，有针对性地开展改善农民工居住问题的探索实验，并建议结合城镇化发展情况，选择不同类型城镇开展相关试点工作，加强对地方实践的指导。

（2011年2月）

胶州市保障房建设与住房市场供给的分析

徐勤贤

为了解地方保障性住房工作开展情况、主要做法以及存在问题，国家发改委城市和小城镇改革发展中心调研组赴青岛胶州市，就胶州市保障房建设等相关问题进行了专题调研。现将保障房建设与住房市场供给的有关情况报告如下。

一、胶州市经济发展和人口构成情况

1. 从GDP和财政收入来看，胶州市经济发展在青岛处于中等偏上水平

2010年胶州市GDP为557.06亿元，占青岛市的9.8%；地方财政一般预算收入26.4亿元。2010年胶州市的城市居民年人均可支配收入22184元，农民年人均纯收入10433元，较青岛市分别低2814元和117元，但较山东省分别高出2238元和3443元。

2. 胶州市人口结构

2010年胶州市总人口110万人，其中，户籍人口80.3万人，外来人口近30万人。户籍人口中，非农业人口为38.45万人，农业人口仍有41.86万人。

总人口中有两个群体必须特别关注：一是占总人口27%的外来人口，他们主要居住在企业职工宿舍和出租屋。据调查，胶州开发区3万多外来务工人员，有75%以上居住在出租屋[①]。二是城镇低收入人口，他们是住房保障的重要对象。据胶州民政局推算，2010年胶州城镇低收入人口约2463人，城镇低收入家庭约1355户。随着经济发展水平和人均收入

徐勤贤：国家发改委城市和小城镇改革发展中心政策研究处助理研究员、博士。

[①] 孟祥飞：胶州开发区创建"以房管人"模式，2010年7月22日《青岛财经日报》.A18版（链接：http://epaper.qingdaonews.com/html/cjrb/20100722/cjrb117037.html）。

水平的提高，城镇低收入标准也将逐渐提高，那么低收入人口的范围也将逐步扩大。

二、胶州市保障房基本情况

1. 胶州保障房主要有廉租房、经济适用房和公租房

胶州市住房保障体系包括廉租房、公租房、经济适用房、限价房、棚户区改造和旧城改造等，但棚户区改造和旧城改造没有统计在保障房中，而限价房还没有开始建设。截止2011年8月，胶州保障房共933套，其中：经济适用房749套、廉租房84套、公租房100套，面积分别为49400平方米、4500平方米、4200平方米。2011~2013年还将筹建廉租房130套、公租房250套和经济适用房300套，建设规模分别约5200平方米、1.5万平方米和1.95万平方米[1]。

2. 胶州保障房基本满足城镇低收入人口的住房需求

胶州市以摸底调查情况为依据确定保障房建设任务。根据住房需求摸底调查，2010年胶州市城市居民家庭人均月收入620元以下，人均住房面积15平方米以下的低收入家庭约730户[2]。据此，除去实行廉租房补贴的50户，2011~2013年胶州市还将建设保障房680套。那么，到2013年底，胶州市将建成保障房1343套，基本能覆盖到1355户的城镇低收入家庭，不过，农村最低生活保障家庭8042户却不在保障范围内。

3. 本地农民和外来人口难享受保障房

根据胶州住房保障政策，廉租房要求申请人"取得本市非农业常住户口超过5年"；经济适用房和市政府投资建设的公租房都要求申请人"具有本市非农业常住户口，其中至少1人达到5年以上"。虽然按规定"市政府投资建设的公共租赁住房在满足本市符合条件的低收入住房困

---

① 《胶州住房市住房保障发展规划（2011~2013）》。

② 《胶州市住房保障发展规划（2011~2013）》。胶州市对低收入住房困难家庭有两个判断标准：一是城市居民低收入家庭收入线，廉租住房为620元/月/人，公共租赁住房为城市中等偏下（由市房产管理局依据政府标准具体确定）的低收入住房困难家庭，经济适用住房为当年政府规定的收入标准。二是低收入住房困难家庭住房面积，家庭人均住房建设面积不高于15平方米，申购经济适用住房的人均住房面积不高于17平方米。

难家庭需求外，可安排符合公共租赁住房申请条件的新就业职工和外来务工人员入住"①，但是很难落实。可见，占总人口达65%的本地农民和外来人口仍被挡在保障房申请条件之外。

三、保障性住房与市场上其他住房供给形式的比较

除了保障性住房以外，对应各类人口的住房需求，市场上还有出租屋、商品房销售、"小产权房"等其他的住房供给形式。

1.廉租房、公租房与出租屋的比较

（1）廉租房价格低廉，但只保障少数住房困难家庭。根据《胶州市廉租住房保障办法》，廉租房的租金标准是每月2元/平方米，但是廉租房要求申请人具备"取得本市非农业常住户口超过5年"、"享受城镇低保（已在民政部门登记备案）的人员或家庭人均月收入不超过620元的低收入困难家庭"以及"无房户或拥有私有住房和承租公有住房的建筑面积不超过人均14平方米"等条件。因而，廉租房仅是少数低收入和低保户家庭可享受到的住房保障形式。

（2）公租房和出租屋相比，租金优势并不明显。2011年4月，胶州公安部门排查登记出租屋有5600余户②。市场上的出租屋主要有三类，一是商品房出租（主要是楼房），户型为套二、80平方米的房子平均月租10元/平方米；二是老城区出租屋（主要是平房），平均月租7~10元/平方米；三是农民出租屋，月租不到7元/平方米。农民出租屋一般距离工业园区较近，价格也较城区租房便宜，所以农民出租屋格外受到携家眷的外来务工人员的青睐。

胶州新向阳广场小区正在建设100套公租房，但项目尚未竣工，因此公租房租金等方面还没有明确，但周边商品房（户型为套二的楼房）的租金平均约为每月10元/平方米。根据规定公租房的价格不超过同地段住宅市场租金的70%，那么，据此推算公租房租金不超过每月7元/平方米。

---

① 参见《胶州市人民政府关于公共租赁住房建设和管理的实施意见》。
② 王翀：《市公安机关加强出租房管理，月登记暂住人口10万》，2011年4月8日《都市便民报》（链接：http://www.0532bm.com/news/qingdao/shizhengyaowen/2011/0409/9599.html）。

可见，公租房租金比商品房租金、老城区出租屋略低，但比农民出租屋租金稍高，价格上并没有明显优势。

表1　　　　　　　　　　　　房屋出租价格比较

	月租金	说明
商品房租金	7.5~12.5元/平方米	二居室约80平方米的房屋，大多数月租600~1000元不等，平均约为每月800元
老城区出租屋	7~10元/平方米	平房两间约30平方米，月租200~300元
农民出租屋	不到7元/平方米	一间15平方米约100元（视房子情况租金不等）

2. 经济适用房与周边商品房、"小产权房"房价的比较

（1）商品房和"小产权房"的价格。胶州市商品房售价平均为5000~6000元/平方米。2009年云溪城小区商品房售价为2600~2900元/平方米，目前约3300元/平方米；2010年和谐陆港小区商品房售价为2880元/平方米，目前约3000元/平方米。

据了解，胶州市在城乡结合部、城中村也存在为数不少的"小产权房"，价格约为2000~2500元/平方米，比同地段商品房售价要便宜不少，所以，"小产权房"的销售也不乏人问津。因为"小产权房"涉及比较敏感的问题，所以其存量及销售数量也无法统计。

（2）经济适用房的价格。经济适用房的价格设置有两个环节：一是政府先从开发企业中购买经济适用住房，全部以公开平均销售价格的95%购买；二是经济适用住房的购置费用70%由申购人承担，30%由政府承担，由政府承担的费用在开发企业以后的开发中予以抵顶。胶州市的两个配有经济适用房的小区中，和谐陆港小区的经济适用房价格为1780元/平方米，而云溪城小区的经济适用房价格为1600~1850元/平方米。

表2　　　　经济适用房与周边商品房、"小产权房"价格比较

	和谐陆港小区	云溪城小区
经济适用房	1780元/平方米	1600~1850元/平方米
周边商品房	3000元/平方米	3300元/平方米（9月售价为3294元/平方米）
周边小产权房	没有	2000~2500元/平方米

从表2可见，经济适用房价格约为商品房价格的66%，为小产权房价

格的75%。以和谐陆港小区为例,按70平方米计算,经济适用房较商品房能便宜8.5万元。但和"小产权房"相比,价格优势并不明显。以云溪城小区为例,按70平方米计算,经济适用房价格较"小产权房"便宜1万~4.5万元。

3. 小结

通过上述租金和房价的分析比较,我们总结如下。

（1）廉租房量少且只针对少数群体,公租房虽然量较大,且也扩大了保障房申请范围,但是对于本市农村人口和外来人口来说,仍然无法享受到廉租房和政府投资建设的公租房,目前他们租房只能依靠市场上的各类出租屋以及企业宿舍。

（2）出租屋市场承担了部分住房保障功能。出租屋的价格虽然较公租房要略高,但是对于企业务工人员来说,租一间30平方米的房子,每月约300元房租,在经济能力上还是绰绰有余,而且还省去了繁复的审批程序、严格的申请条件等。可见,市场上的出租屋解决了部分住房困难家庭、外来务工人员的租房需求。

（3）虽然"小产权房"依然在争论之中,但是它能满足拆迁农民、城市中低收入者、外来务工人员的基本住房需求。尤其是对于无法享受保障房政策的本地住房困难农民家庭来说,"小产权房"在一定程度上的确发挥了经济适用房所起的住房保障功能。然而,"小产权房"却因严格的政策限制难以真正在市场上发挥作用。

（4）虽然市场上的住房供给能满足部分住房困难家庭的住房需求,但是却没有得到很好的重视和利用。一是住房存量情况无法摸清,最近胶州市的城区住房调查显示,胶州市城区有78000户家庭,有82300套房子,但既没有详细结构,也未能将镇统计在内。二是老城区出租屋受到棚户区改造和旧城改造的影响正在逐步减少,在一定程度上削弱了出租屋的保障功能。

（5）像胶州这样经济发展水平和人口结构的县级城市,完全依赖政府提供住房保障是不可能的,也是没有必要的。市场上就存在着与公租房、经济适用房功能相当的住房解决渠道。虽然保障房的确改善了城镇低收入家庭的居住条件,但是,如果能完善出租屋的配套设施,能适度给"小产权房"一定生存空间,那么,完全可以充分利用市场来分担部分住房保障的功能,将这些出租屋、"小产权房"作为住房保障体系的补充。

四、政策建议

完善住房保障体系是一件民生工程,但是保障房建设必须考虑到住房市场的供给情况。一味推行大规模保障房建设,反而会扰乱住房市场的秩序。

1. 充分利用市场上已有的住房资源,发挥市场提供住房保障的功能

一是加强各类出租屋的安全和规范化建设,改善出租屋周边的设施配置水平,以"价廉房美"的出租屋来解决外来务工人员的居住问题,使得出租屋成为公租房的有益补充。二是住房保障政策逐渐向农村延伸。从规划上、土地制度上突破原有桎梏,鼓励农村集体经济组织在集体土地上建设保障房,可以考虑逐步吸纳一部分在农村集体土地上建成的合法"小产权房"作为保障房。

2. 开展住房市场调查,建立起动态的住房市场和人口信息管理系统

一是摸清住房存量、结构等情况,并且住房信息要和人口信息结合起来。二是根据市场供求情况来确定保障房建设数量。三是掌握中低收入住房困难家庭对保障房面积、配置的需求,保障房的建设要考虑到保障房申请家庭的住房需求。

3. 降低户籍门槛,逐渐将符合条件的农民及外来农民工纳入住房保障范围

对于本地农村低收入住房困难家庭以及那些已经在城市稳定就业、尤其是举家迁徙的外来农民工,只要符合低收入住房困难家庭的标准,也应该逐渐纳入住房保障范围。

4. 加快完善与住房保障相关的政策体系

一是户籍管理中关于户籍登记的规定,低保政策中对低收入家庭的标准等,与住房保障政策的规定要相互衔接。二是加大中央及上级政府对保障房建设的支持力度,尤其是针对外来人口建设的保障房要加大财政和政策支持。

(2011年10月)

第二篇
农民工问题

推动城镇化的主要力量是农民工

何宇鹏　　张同升

最近，我们利用2005年1%人口抽样调查数据和户籍人口统计数据，对中国城镇化的空间分布进行了研究。研究发现，农民工跨城乡的流动就业对2005年全国43%的城镇化率支持了11个百分点的贡献。各省（市、区）城镇化水平的提高，基本上得益于农民工的城乡流动。农民工的跨省（市、区）流动主要流向是沿海各省市，推动了沿海地区城镇化水平的提高。

一、我国城镇化的空间分布

2005年，我国城镇人口5.6亿人，城镇化率43%。其中非农业人口4.2亿人，占32%，乡村流向城镇的农业人口1.5亿人，占11%。分省（市、区）来看，京津沪三大直辖市的城镇化率在70%以上，广东的城镇化率在60%以上，苏浙和东三省的城镇化率在50%以上，闽鲁蒙渝琼鄂六地的城镇化率略高于全国平均水平，其余16省（区）的城镇化率均低于全国平均水平。

二、农民工跨省（市、区）流动对人口空间分布的影响

农民工的流动就业打破了地域限制，使得各省（市、区）的人口空间分布发生了变化。12个省（市、区）成为人口输出省（市、区），其他19个省（市、区）成为人口输入省（市、区）（表1）。2005年，跨

何宇鹏：国家发改委城市和小城镇改革发展中心原副主任。 张同升：国家发改委城市和小城镇改革发展中心原政策研究处博士。

省（市、区）流动农村人口为3215万人①。其中，9个省（市、区）即河南、四川、安徽、重庆、湖南、湖北、广西、贵州、江西的跨省（市、区）流出人口在百万人以上，占跨省（市、区）流动人口的98%。其中，四川、重庆、湖北、湖南、安徽、江西6省（市）占到了跨省（市、区）流动人口的64%。而广东、上海、北京、浙江、江苏、云南、福建、天津吸纳的跨省（市、区）流动人口在百万人以上，占跨省（市、区）流动人口的92%。其中珠三角占40%，长三角占28%，京津占14%。农民工跨省（市、区）流动影响到了一些省市人口数量的排序的变化，如广东的人口数量由第四位上升到了第三位，四川的人口数量则由第三位下降到了第四位，同样，浙江和广西、黑龙江和贵州的排位也因人口的流入或者流出发生了变化。

三、农民工在城乡之间的流动就业提高了各省（市、区）的城镇化水平

人口流入省（市、区）通过吸纳外省（市、区）农村人口进城就业，直接提高了本地的城镇化水平。而人口流出省（市、区）则通过输出农村人口，降低了本地农村人口比重，也实现了本地城镇化水平的提高。这在人口流入和流出的大省（市、区）中表现得非常明显（表2）。一是沿海经济发达地区的城镇化水平中，外省（市、区）农民工所占的比重较大。比如京沪粤各自的83.59%、89.01%和60.68%的城镇化率中，分别有22.68%、22.27%和13.74%是外地农民工进城就业所作的贡献。二是农民工在本省（市、区）进城务工就业，也提高了当地的城镇化水平。例如，在重庆、安徽、湖南、广西等省（市、区）45.19%、35.49%、36.99%、33.62%的城镇化水平中，本省（市、区）农民工进城就业所占比重分别为15.88%、13.05%、12.17%、14.02%。三是农民工输出省（市、区）城镇化比重提升的另一个重要原因是，农民工的流出降

---

① 2005年全国1%人口抽样调查跨省（市、区）流动人口数据为4779万人。由于数据接口和抽样调查漏失率的原因，我们计算出的跨省（市、区）流动人口数据为3215万人，可以理解为农村向城镇的人口的跨省（市、区）迁移人口，丢失部分为城镇向城镇的跨省（市、区）迁移人口。

低了本省（市、区）农村人口的数量，通过农村人口分母下降，带来了城镇化水平的提高。例如，重庆、安徽、湖南、广西等省（市、区），如果没有农民工的跨省（市、区）流动，则这些省（市、区）的城镇化水平会分别降为39.77%、33.21%、34.93%和31.88%（表3），分别降低了5.42、2.28、2.06和1.74个百分点。

四、农民工是我国城镇化进程的主体

从沿海发达各省（市）的情况看，外来人口和本省（市）农村进城务工就业人口，构成了提升城镇化水平的主要力量。提升幅度较大的京津沪粤浙等省（市）（城镇化率分别为83.59%、75.11%、89.09%、60.68%和56.03%），农民工分别贡献了25.94、20.93、24.28、16.10和30.06个百分点。

2005年和1999年相比，按城镇化口径计算的城镇人口增加了2.5亿人，其中，因城镇人口自然增长和城镇扩大户籍变动增加的人口为9655万人，约占39%；因农民工流动增加的人口为1.5亿人，约占61%。

综上所述，我国近些年城镇化水平的提高，基本上依靠进城务工就业的农民，可以说他们是未来城镇化的主体。党的十六大报告提出，全面繁荣农村经济，加快提高城镇化水平。从推进城镇化进程的战略意义上出发，通过减少农民、富裕农民的过程，完成城乡统筹，建立和谐社会，重点的工作是要进一步完善对农民工的服务和管理，把他们的生活和就业逐步纳入城镇居民管理和服务的轨道。只有这样，才能扩展我国城镇化增长的空间，并使城镇化的水平提高具有真实意义。

（2007年6月）

表1 各省（市、区）常住与户籍总人口 单位：万人

地区	各省（市、区）常住总人口	各省（市、区）户籍总人口	跨省（市、区）流动人口
河南	9547.49	10228.87	−681.38
山东	9413.01	9413.83	−0.82
广东	9357.99	8072.34	1285.65
四川	8362.59	8831.08	−468.49
江苏	7608.65	7411.44	197.21
河北	6972.90	7014.73	−41.83
湖南	6439.03	6819.69	−380.66
安徽	6229.15	6657.95	−428.79
湖北	5814.49	6114.88	−300.40
浙江	4986.17	4702.72	283.45
广西	4742.67	5001.17	−258.50
云南	4526.11	4363.67	162.44
江西	4387.75	4479.38	−91.63
辽宁	4299.48	4280.77	18.71
黑龙江	3889.91	3850.60	39.31
贵州	3795.16	3952.29	−157.13
陕西	3788.02	3785.27	2.76
福建	3598.52	3458.95	139.57
山西	3414.98	3366.45	48.53
重庆	2849.68	3238.44	−388.76
吉林	2766.13	2727.73	38.41
甘肃	2640.53	2656.93	−16.39
内蒙古	2431.04	2403.33	27.71
新疆	2045.97	2005.22	40.75
上海	1811.49	1390.00	421.49
北京	1564.93	1210.03	354.90

续表

地区	各省(市、区)常住总人口	各省(市、区)户籍总人口	跨省(市、区)流动人口
天津	1062.16	963.61	98.55
海南	841.87	836.94	4.93
宁夏	606.21	601.40	4.81
青海	552.72	514.92	37.79
西藏	281.20	273.40	7.80

表2 各省（市、区）城镇化率构成的分解

地区	城镇化率	本地城镇户籍人口	外地流入城镇人口/流入外地城镇人口	本地乡村流入城镇人口
北京	83.59%	57.65%	22.68%	3.26%
天津	75.11%	54.18%	9.28%	11.65%
河北	37.70%	27.05%	−0.60%	11.25%
山西	42.11%	30.24%	1.42%	10.45%
内蒙古	47.20%	39.37%	1.14%	6.69%
辽宁	58.70%	48.24%	0.44%	10.02%
吉林	52.52%	44.56%	1.39%	6.57%
黑龙江	53.10%	47.92%	1.01%	4.17%
上海	89.09%	64.81%	23.27%	1.01%
江苏	50.11%	42.20%	2.59%	5.31%
浙江	56.03%	25.96%	5.68%	24.38%
安徽	35.49%	22.44%	−6.88%	19.94%
福建	47.31%	30.15%	3.88%	13.28%
江西	37.00%	26.83%	−2.09%	12.26%
山东	45.00%	34.16%	−0.01%	10.85%
河南	30.65%	22.75%	−7.14%	15.04%
湖北	43.19%	41.92%	−5.17%	6.44%
湖南	36.99%	24.83%	−5.91%	18.08%
广东	60.68%	44.57%	13.74%	2.36%

地区	城镇化率	本地城镇户籍人口	外地流入城镇人口/流入外地城镇人口	本地乡村流入城镇人口
广西	33.62%	19.60%	−5.45%	19.47%
海南	45.20%	38.08%	0.59%	6.53%
重庆	45.19%	29.31%	−13.64%	29.53%
四川	33.00%	24.61%	−5.60%	14.00%
贵州	26.87%	16.42%	−4.14%	14.60%
云南	29.50%	15.85%	3.59%	10.06%
西藏	26.81%	15.67%	2.77%	8.37%
陕西	37.22%	25.33%	0.07%	11.82%
甘肃	30.02%	23.51%	−0.62%	7.13%
青海	39.24%	27.59%	6.84%	4.82%
宁夏	42.35%	35.66%	0.79%	5.90%
新疆	37.15%	41.89%	1.99%	−6.73%

表3　　　　不同人口流动状态下的分省（市、区）城镇化率

地区	没有流动人口的城镇化率	只有省（市、区）内流动的城镇化率	加上跨省（市、区）流动人口的实际的城镇化率
北京	74.56%	78.78%	83.59%
天津	59.72%	72.57%	75.11%
河北	26.88%	37.47%	37.70%
山西	30.67%	41.28%	42.11%
内蒙古	39.82%	46.59%	47.20%
辽宁	48.45%	58.52%	58.70%
吉林	45.19%	51.85%	52.52%
黑龙江	48.41%	52.62%	53.10%
上海	84.46%	85.78%	89.09%
江苏	43.33%	48.78%	50.11%
浙江	27.53%	53.38%	56.03%
安徽	20.99%	33.21%	35.49%
福建	31.37%	45.18%	47.31%

续表

地区	没有流动人口的城镇化率	只有省（市、区）内流动的城镇化率	加上跨省（市、区）流动人口的实际的城镇化率
江西	26.28%	36.24%	37.00%
山东	34.16%	45.00%	45.00%
河南	21.23%	28.61%	30.65%
湖北	39.86%	41.07%	43.19%
湖南	23.44%	34.93%	36.99%
广东	51.67%	54.41%	60.68%
广西	18.58%	31.88%	33.62%
海南	38.30%	44.88%	45.20%
重庆	25.79%	39.77%	45.19%
四川	23.30%	31.25%	33.00%
贵州	15.76%	25.80%	26.87%
云南	16.44%	26.88%	29.50%
西藏	16.12%	24.72%	26.81%
陕西	25.35%	37.18%	37.22%
甘肃	23.36%	29.83%	30.02%
青海	29.61%	34.78%	39.24%
宁夏	35.94%	41.89%	42.35%
新疆	42.74%	35.87%	37.15%

关于四川省江油市农村劳动力输出的调查

邵　晖

近日，我们在四川省江油市就劳务输出问题进行了调查。2003年，江油市对外输出农村劳动力11.1万人，占农村劳动力总数的29.4%。2003年劳务总收入5.7亿元，农民人均实现劳务收入885元，其中外出打工收入716元。另外，近些年江油市每年农村外出务工人员都以几千人的速度递增，反映出当地政府在促进农民增收，鼓励农民外出务工方面的工作取得了一定的成效。

一、加强培训，提高劳务人员的素质和竞争力

外输劳动力文化程度大多为小学、初中水平，且普遍缺乏专业技术，迫切需要提高文化素质和专业技能。为此，江油市利用江油工业学校等7所劳务输出培训基地学校，开展职业、技能、择业培训，仅2003年就培训中高级技能人员和初级熟练技工人员2万多人。在我们调研的江油市武都镇也有一所培训农民工的学校，培训对象是农村初中毕业的劳动力，培训内容有建筑、养殖等，分长期和短期培训，结业时发给有关部门认可的培训证书。政府为使学校降低对农民工的培训收费，参与投资了学校的硬件设施。

二、开拓劳务市场，扩大劳务输出

西部大开发为江油市开拓新的劳务输出市场提供了契机。到2003年

邵辉：国家发改委城市和小城镇改革发展中心原政策研究处硕士。

底，江油在新疆的务工人员达到1.1万人，并且基本形成了组织化、有序化输出的形式。江油在西藏从事建筑施工的企业有4家，2003年创产值4000多万元，带动输出农村富余劳动力1500余人。

三、扶持和培育劳务开发龙头企业

对能够吸纳劳动力、带动能力强的企业，政府通过资金信贷、税收优惠等政策措施进行扶持和培育。如江油市康大建筑有限公司通过政府的扶持发展，不断发展壮大，江油市百人以上的大小建筑工程队共37个依托该公司在新疆各地从事建筑工程施工，带动输出农村剩余劳动力6000余人。又如江油城建集团作为江油市培育的在京劳务开发龙头企业，带动输出7000余人。通过这些龙头企业带动输出，大大提高了对外劳务输出的组织化、有序化程度。

四、发展劳务中介组织，提高劳务输出的组织化程度

当地政府很重视劳务中介机构和中介人的作用，他们门路宽、信息灵、渠道畅，是用人单位、劳务人员和政府之间的桥梁和纽带，对开辟输出渠道、壮大输出规模、有序组织劳务输出起到重要作用。政府加强了对中介组织者的管理和相关法律知识的培训，规范中介组织行为，在办证、注册登记等手续办理上，予以优先、优惠，在资金信贷上积极帮助协调，在开展中介组织活动中，给予扶持和鼓励。在江油市，涌现出了一批中介组织和中介人。如双河镇有中介人21人，他们每年组织到疆务工人员都在2000人以上，实现劳务收入600多万元。规范的劳务中介组织，既降低了农民外出务工风险和成本，又大大提高了劳务输出的稳定性和组织化、有序化程度。

五、加强对务工人员的服务，维护务工人员的合法权益

一是充分发挥部门职能作用，加强劳务市场规范化、制度化建设，

依法规范和整顿了各类中介职业机构，从严处理各种乱收费和欺、哄、骗行为，以创造安全、有序的就业环境。二是建立长期的维权机构，为在外务工人员提供法律援助服务，维护农民工合法权益，协助处理好劳资纠纷、工伤事故等。2004年上半江油市通过维权服务，解救在外务工受困民工56人，处理工伤事故和纠纷12起，挽回民工经济损失118万元，维护了民工的合法权益。

六、实施回引工程，促进外输人员回乡创业

江油市注重吸引外输人员回乡创业，为此制定了具体的文件，在征地、建房、工商登记、税收等方面给予优惠，包括招商引资和农业产业化发展的政策优惠。外输人员的回乡创业促进了当地农村经济发展和农村劳动力的再就业。如河口镇一位广东打工青年，回乡投资300多万元发展獭兔养殖，带动了周边农户的发展。永胜镇回乡民工积极参与小城镇建设，投资2000余万元在集镇建成了三条"打工一条街"，新建农贸市场2处，为当地的经济发展和社会进步作出了贡献。

由政府引导的有序劳务输出在一定程度上提高了农民的素质，保护了农民的利益。目前，江油的有序劳务输出占到50%。

劳务输出在增加农民收入，转移农村剩余劳动力的同时，也带来了一些负面影响，主要表现在土地撂荒问题和计划生育的管理问题上。2003年，江油市因举家外出务工而撂荒的土地近1万亩，其中20%的土地纯粹荒芜。在计划生育上由于外出务工人员流动性强，活动范围大，使计划生育管理难度加大。

七、对农村劳动力输出和转移的建议

1. 加强劳动力市场的建设，构筑农村富余劳动力就业服务平台

建立市、县、镇（乡）、村四级贯通的农村劳动力转移的资源数据库和劳动力供需信息系统，掌握农村剩余劳动力数量、素质、构成、分布、流向等情况，并为农村劳动力提供劳务市场需求信息；建立以政

府为指导、市场为导向，以企业、中介、农民为主体的农村劳务输出机制；对劳务中介组织进行相关的法律知识、职业道德培训，提高服务水平。同时加强劳务中介组织的清理整顿，规范劳务中介市场，保护农民工的权益。

2. 加大培训资金投入，鼓励金融组织贷款支持各类培训活动

建议各级政府安排专项资金用于农村劳动力培训补助，减免农民工的培训收费。充分利用现有各类学校、培训场所、设备、师资等资源，进行农村劳动力就业培训，为农民进入非农行业创造条件；培训机构应根据市场对劳动力的需求，有针对性地开展培训，主动与劳务市场和用工单位签订合同，定向培训；政府引导培训机构做好相关政策和法律法规的培训，并帮助务工人员了解就业形势。发挥金融组织的作用，对中介组织或者受培训人员提供小额贷款支持，并建立还款机制。政府还可探索各种培训资金的支持方式，如向务工人员发放培训券等，确保政府的支持落实到农民手中。

3. 发展农业多种经营和小城镇二、三产业，促进农民就地转移

利用当地资源优势发展农产品加工企业、规模养殖业和经济作物种植业，城郊可发展观光农业和都市农业，在农村内部解决农民就业。加快小城镇建设和二、三产业发展，吸引东部的劳动密集型企业来小城镇落户，吸纳农村劳动力，推进城镇化。

（2004年12月）

到长三角去

——农村劳动力外出务工流向变化之一

窦 红

2005年5月，我们在广东、浙江、江苏、湖北、安徽、四川、江西省，对近年来农村劳动力转移情况进行了调研。调研发现，农民外出务工的流向发生了显著的变化，近几年，东部地区仍然是农村劳动力转移的主要地区，2004年农村常驻户中外出务工劳动力流入东部的占69.81%。但农民工的流入地开始分散，2004年流入原来6个东部主要流入地的比重下降，流向其他地区则增加14.3个百分点。农民外出务工的流向由原来的"孔雀东南飞"，向长三角地区、甚至是一些中西部地区扩散。

目前，从流向看，全国农村外出务工劳动力中，流向广东、上海、北京的比重在减少，流入浙江、江苏的比重上升。根据国家统计局农调队的统计，2000年流向广东的比重高达41.39%，2004年则下降到28.4%，流向浙江、江苏两省增加，分别从2000年的7.5%和5.6%，上升到2004年的8.1%和6.8%。

我们调研的几个主要农村劳动力流出省的情况也是这样。四川省现在在广东打工的有320万人，占四川农民工流向省外部分的2/5，而原来一直占1/2，大概有360万人，出现的差额40万，到了天南海北。2000年以来，安徽省流入广东的农村劳动力占全部流出农村劳动力的比例没有增长，但流入浙江省的由2000年的12%增加到2004年的15%。湖北省流入广东的比例由36%下降到33%，流向上海的由8%增加到10%。江西省反映，该省的劳动力现在正在逐渐流向长江三角洲，江西劳动力在江苏昆山几乎占了半壁江山。

窦红：国家发改委城市和小城镇改革发展中心研究员、硕士。

我们的调研数据显示，广东、浙江、江苏三个主要农民工流入地，在2000~2004年间，暂住人口的平均增长速度分别为15%、28%和25%，也反映了农村外出务工流向的分散化。据广东省统计，2000年前，外省人员在广东就业比例占全国的1/3，现在降到1/5。深圳市反映，从2000年开始，外来务工人员的增长速度在10%左右，每年增加几十万人，务工人员中流动替换率10%左右，使整个劳动力的供给量在总量上受到一定影响。现在从农村出来打工的人，一部分分流到长三角，一部分分流到西部地区。

很多在珠三角的农村外出务工者转而流向长三角地区，主要是因为长三角不仅经济发展较快，劳动力需求量大，而且工资收入、劳动条件等方面都更有吸引力。

据国家统计局农调队统计，2004年从东部各主要省市看，北京、上海、江苏、浙江、福建的农民工月均收入高于东部地区平均水平，而河北、山东、广东则低于平均水平。其中，在广东务工农民工月收入702元，比东部地区平均水平低96元。

深圳市反映，目前深圳特区外最低工资标准480元/月，靠这些工资吸引外来人员是比较难的。据广东省2004年对1138家企业的一项调查，2004年7~8月，有300多家企业缺工，缺工面达到30%多。这300多家企业中，工资在600元左右的占70%。如果工资在600元以下的（含住房和吃饭），基本上找不到工；800~1000元的工资即可以很快找到工人；1000元以上的，除非个别特殊的人才，基本上不会缺。而在长三角，许多企业给务工人员提供了合理的报酬。我们在浙江调研的一家名叫达利中国有限公司的服装厂反映，服装业利润低，只能提供给员工社会平均水平的工资，职工人均年收入15800元。外来员工能留到1年以上的，一般月工资能达到1000元以上（含加班费），最好的能达到3000元。为留住外来员工，员工实行工龄工资，分不同档次，1~2年工龄的每月15元，2~3年每月30元，3年以上每月60元，厂里最长的工龄有10多年的。

现在的农民工，越来越看重企业对其生产、生活环境以及权益的保护，有些员工看重企业是否把其看作一个真正的员工。比如深圳有个几千人的大鞋厂，工资大约1000元左右，但从来不缺工，关键是企业善待员工，年流动率不超过5%。浙江省达利中国有限公司反映，他们企业缺工的感觉不是很明显，他们最主要的工人来源是员工带人进来，这是考虑到让现有员工感觉心情舒畅非常重要。为稳定员工，达利中国有限公司提出公司首要目标是提高员工和顾客满意度。只有员工满意才能制造客户满意的产品，因此他们把内部所有员工都看成公司内部的顾客。这些观念使外来员工感到亲近，有了受尊重的感觉。该公司还建立了一系列的制度进行保证，一是制定了对待员工的行为规范，使用农民工和其他人一视同仁，对其和本地员工有一样的工作安排、工资待遇，改善外来员工的工作生活环境。公司厂房安装了空调，每个集体宿舍都配了空调、彩电、电话机。外来人员平时家里有事也可以请假回家。在员工看病方面成立了医疗互助组，每人每月4元钱，企业出4元，统筹后解决员工的门诊费用。二是加强管理，为留住员工，对小组长也进行考核，员工流失率必须低于5%，否则要扣奖金，层层把关。三是给员工一个发展的空间。农民工的素质参差不齐，鼓励员工进行自学，不管是初中到高中，还是高中到大专的，只要读上去都给予奖励。给农民工进行技术培训，对技术好的人拍下录像，把技术比较差的人组织起来看。内部建立竞争上岗机制，面对所有人员，甚至一些统计岗位也是在公司内部公开招聘，工厂的组长、组检也是统一招聘。1993年安徽来的一个农民工，经常写稿、投稿。1997年办厂报时公开招聘，他作为厂报编辑中选。现在这位民工已经成为公司中层管理者，其户口也已经落户杭州。

（2005年11月）

在自己的家乡打工

——农村劳动力外出务工流向变化之二

中西部省份历来是我国农村劳动力流出的主要省份，但2000年以来，从中西部流出的农村富余劳动力人数虽然在上升，但中西部流出的劳动占全国农村流出劳动力的比重在下降，由2000年的89.7%下降到2004年的66%。特别是2004年，从安徽、湖北、四川等中西部一些省份农村劳动力流出的流向上看，与跨省流动相比，省内流动比重开始上升，说明这些地方既是农村富余劳动力的流出地，也日益成为流入地。

农村外出劳动力的流向在一定程度上代表了流入地的经济发展状况。近几年来，中西部省份经济发展和城市发展，为农村劳动力在当地提供了新的打工机会，我们的调研显示，主要有以下三种情况。

1. 中西部地区城市的发展，吸引了本省和外省的打工者

湖北农调队2003年的数据显示，全省农村富余劳动力跨地区流动就业人数660万，其中省内流动220万，占总流动就业的33.3%，省内流动的流向主要是武汉和周边地区，占了省内流动的80%。武汉市登记的流动人口已有120万，其中2/3来自省内。与武汉市邻近的仙桃市是湖北县域经济发展最好的地区，也发生了缺纺织女工现象，政府专门召开会议，组织活动，打出了"仙桃样样有，何必到汉口"的宣传口号，希望留住当地劳动力。

四川省2004年底，农村劳动力转移1490万人，其中省内流动664万人，省内流动比例比2003年上升。在省内流动的人员集中在成都、攀枝花、绵阳、德阳等大中城市，占了省内流动的80%。打工者现在主要向县城和地级市流动，如绵阳、德阳、内江、乐山等平原地区地一些城市，

窦红：国家发改委城市和小城镇改革发展中心研究员、硕士。

甚至一些丘陵地区的城市。邛崃市原来是劳动力输出的地方，现在由于发展快，出去打工的人都回到市里打工。都江堰市经济发展好，农民工就近就业，许多工作岗位在本地都招不到人。四川的大中城市也吸引了100多万外省人，集中在成都、攀枝花、绵阳、德阳等城市，其中成都占了大头，占60%~70%。

2. 产业的梯度转移，使中部地区一些沿江和交通便利的地区吸纳了大量农村劳动力

从2003年开始，浙江等东部地区产业梯度转移的迹象已经出现苗头。当时的主要原因是土地紧张、电力紧张等，这些导致了企业的生产成本提高，企业需要进行转移。如这些年，浙江的对外投资比较多，尤其是在温州和台州地区，大量的资金流入到其他地区。我们调研的湖北、江西、安徽等中部省份兴办了很多工厂，吸引了一批打工者就近实现就业。

安徽巢湖市无为县，是安徽较早的劳动力输出大县，以输出保姆而出名。该县占据114公里沿长江地段，靠近沿海，到南京1小时，上海4小时，棉花产量占全国第六，可以接受棉花加工等农副产品加工项目，也可以接受一些低污染的行业。2003年前外省投资项目主要是农业产业化项目，2003年开始，纺织、建材等工业项目、房地产项目等开始进入，如浙江温州的企业前来投资纺织业有6家，2005年上海焦化厂准备投资36亿元，在无为建立煤化工基地。无为县能建深水码头，上海、芜湖的造船业也开始向无为县转移。无为人乐观地相信，未来10~15年，将是无为县的高速发展期。

东部沿海地区的产业转移，使中部省份沿江地区和交通便利地区，吸收了大量劳动力，甚至开始出现招工难。

安徽省经济发达的马鞍山、芜湖等沿江地区出现了招工难，尤其是缺经过培训的劳动力。在巢湖地区的无为县，浙江投资的一家纺织厂也出现了招工难，缺的是普通工人。开始该厂计划招工800人，实际只招到了200人，经过两个春节，才招到了600人，人员来源是县城的人和县农村的人。目前还是缺工200人，如果扩大再生产，还需要工人500~800人，但是由于没有人，只能停止了扩大计划。

无为县的一家羽毛加工厂，已经开始从贵州等边远外省招工。无为县最近每年都增加外来人口，目前有1万人在公安登记，估计实际有2万人。这些人从事的职业，工业占14.5%，建筑业占15%，商业服务业占51%，其他占19%。

3. 农民工回乡创业

在安徽无为县，现在很多外出的人都在外面办企业。近年来，他们回来在芜湖、巢湖一带创业。2001~2003年，无为县连续召开了孔雀返乡创业表彰会。2004年，无为县的40万外出务工经商人员中，已有1万多人回乡创业，独资或参股兴办起1000多家各类企业。该县的高沟镇靠打工农民回乡创办了几个电缆设备厂，成为有名的"电缆之乡"，又带动了一批企业发展，就地吸纳了14000多农民进厂务工。据安徽有关部门统计，全省返乡民工创办的企业，吸纳了全省50多万剩余劳动力。

在四川金堂县官仓镇，种植蔬菜，把蔬菜运到成都市，就可以吃一定的差价。前几年主要是外省人从事蔬菜贩运，现在本地人做得多。镇上一些外出务工者挣到了钱，就回来做菜贩子，现今镇上有100人从事蔬菜贩运。该镇的蔬菜可以种三季半，一季的收入就够一年的打工收入，生活稍微好一些的人就不出去打工了。

中西部劳务输出省份的一部分农村外出务工人员选择在省内离家近的地方打工，主要原因是，沿海经济发展快，但工资增长不同步，而中央的三农政策、西部大开发等，促进了内地的经济发展，农村劳动力在省内、省外流动就业的收入差距减小了。据安徽省统计，外出务工农村劳动力在外省的月平均工资是700~1200元，在本省是600~900元，一般比在外省少200~300元，尤其是省内、省外从事服务业的工资差不多，所以省内的大中城市吸引了一部分农村外出劳动力。四川金堂县反映，沿海的路程远，路费和安全保障有问题，在内地打工收入与在沿海的打工收入差距不大，因此有一部分农民工回流。

另外，在本省打工，离家近，权益保障比较好，农民宁愿少200元，也愿意到本地打工。四川一部分人认为，本地经济发展了，就不用舍近求远去打工了，还可以照顾家庭和农业生产，每月有300~500元打工收入就够了。四川五粮液集团招工，每月工资500元，结果是从300人中挑1

个。四川金堂县反映，该县引进了福建人投资的工厂，就招收了1000工人，还有发电厂、纺织厂，都在使用本地的劳动力。在该县有3000个农民工参加了综合社会保险。安徽无为县的浙江老板反映，在温州，每天工人工作12小时，可以实行计件工资制，而在这里执行8小时工作制，工资是少些，但比较起来，工资是差不多。

从农村外出劳动力的流向看，2003年以来，中西部地区本身吸纳劳动力能力有增强的势头，但这种势头能否延续？有待我们进一步研究。

（2005年11月）

到西部淘金去

——农村外出务工劳动力流向变化之三

窦 红

在湖北、四川省调研中,我们发现,劳务输出大省的农村劳动力现在很多人到西部地区去打工。国家统计局统计报告也显示,2004年,流入东、中、西部的农村外出务工人员分别占70%、14%、16%。

据湖北农调队的统计,2004年湖北农村外出劳动力,从地域分布上看,去东部的占63%,去中西部地区的比例在提高,中部提高0.8个百分点,西部提高0.2个百分点。临近西藏和新疆的四川省,农村外出劳动力流向长三角、珠三角、福建、北京几个地区的占了外出流动的75%,其余主要流向了西藏和新疆。四川农民工去新疆从2001年就开始了,主要从事建筑、服务(宾馆和餐饮)和运输业,现在新疆的建筑企业很多是当年的打工仔成立的,目前在新疆有30万人;去西藏的人增加很快,2004年四川、西藏两省(区)签了28万人的劳务合同,实际去了的有20多万,加上原来的10万,现在四川在西藏打工的有30万人。

2000年以来,国家西部大开发战略的实施,带动了劳动力往西部走。在四川金堂县官仓镇,镇里主要是就近转移农村劳动力,近几年每年也有6000多人外出打工,数量比较稳定,主要是男性,流向主要是新疆、西藏、山西,镇上的小老板在外面搞建筑,带动这里的乡亲出去做工。四川农委反映,国家在"十五"期间对西藏投资很大,青藏铁路的建设吸纳了大量劳动力,而且西藏第三产业发展快。四川民工在西藏主要从事三产和建筑,西藏建筑业的80%是四川人办的企业,而四川的企业再带四川的人去西藏打工。估计青藏铁路修好后,火车一开通,将促进西藏地区城市的繁荣;现在四川人已经在西藏办房屋装修用的地砖厂

窦红:国家发改委城市和小城镇改革发展中心研究员、硕士。

了，服务业也会增加新的就业岗位，吸纳的劳动力也会更多。

　　在西部地区打工收入高，是一部分农村劳动力流向西部的主要原因。据湖北农调队的统计，本省外出民工，去西部地区的工资最高，年平均工资为8051元，东部地区为7928元，中部地区为6608元。四川官仓镇农民外出务工去西部，打工一年仅带回的现金就有1万元，而在东部打工，年收入年只有7000~8000元。镇上的人说，去西部打工挣钱多，现在能拿得到工资还是有些保障的，尽管在煤矿等行业有些危险，但还是有人去。

　　从他们的话中，我们也体会到，在去西部打工获得高收入的背后，农民工劳动权益保障方面存在的问题。2005年春节前，山西省总工会对全省经依法登记注册的正规企业单位100多万农民工的生存状况进行了调查，调查状况显示：矿山采掘业、建筑业、中小型餐饮服务企业农民工生存状况最为艰难。拖欠农民工工资，生产没有劳动保护，加班没有工资，休假、社会保障免谈……所有这些全部集中于这"三大行业"。据湖北劳动局反映，许多外来的单位未备案，直接进农村乡镇招工，许多打工者进了国家明令禁止的小矿山、小煤矿。在湖北十堰市的农村，出省的男劳动力去山西、陕西，主要从事采矿业等脏、累、险的行业，而女劳动力则多去南方做工，当地流行着"壮士西北行，孔雀东南飞"的说法。现在农民工更多是到西部淘金，但生命财产难以保障。

（2005年11月）

提高工资、技术升级和产业转移

——农村外出务工劳动力流向变化之四

窦　红

近几年，农村外出务工劳动力流向的分散化，开始在以下几个方面产生影响。

一、迫使一些农民工流失严重的地区提高最低工资水平

广东省2000年前全省外来工平均工资450元，2004年外来工的平均工资达到800元左右，2005年的平均月工资上涨了150元。据东莞市的一项调查，2004年7~8月，调查的1138家企业，当时缺工的有300多家。11月又回访原来缺工的企业，有90多家已经得到缓解，118家正在缓解，主要是因为采取了工资调整的措施。

一些企业对农民工的福利待遇也开始重视起来。越来越多的企业开始对农民工采用一些人情化的管理措施，如加强劳资沟通，增加企业的文化娱乐设施，开展体育、联谊活动，春节放假时由企业集体购票、集体包车等，努力留住人才，稳定职工队伍。我们在四川金堂县遇到一位在广东外资企业打工的女工，她在广东生的小孩，工厂给了她3个月的产假，这期间每月工资450元。现在孩子已经8个月，她准备把孩子放在四川老家，自己再回广东打工。

二、加快了企业的技术改造步伐和技术升级

广东方面反映，工人短缺有积极一面，可以促使一些企业升级调

窦红：国家发改委城市和小城镇改革发展中心研究员、硕士。

整，比如，一些利润低的企业工资提不上去，招不到工，所以就办不下去了。深圳龙岗、宝安地区的外来工加上加班工资才到600元/月左右，有些甚至达不到最低工资。对外来务工人员和本市务工人员除了医疗保险不同外，其他都一样，找一个外来工，仍然要缴纳各种保险，这相当于提高了企业的成本。据我们在深圳调查，现在用一个农民工，按最低工资480元看，和过去相比，企业要额外缴纳140多元的保险。企业付出的比以前多了，但农民工实际拿到的，没那么多，再想提高工资就不可能了。许多三来一补企业拿到订单后，扣除成本几乎没什么能力提高工资。许多企业都采用大量加班来涨工资的方式来维持生存，但这些企业留不住人，也不好招人。

这些地方人工成本的提高，同时也增加了企业进行产业升级的压力和动力。2003年，广东全年签订各类技术合同1.19万份，比上年增长44.3%，技术市场出现了可喜的局面。2003年，广东全年规模以上工业经济效益综合指数为152.1，比2002年提高10.8个点。其中全员劳动生产率8.42万元/人年，增长14.2%。

三、加剧了局部地区缺工和产业转移

一些企业为了自身生存，开始到其他企业或周边地区挖工，使一些企业甚至出现一条流水线或一个班组工人整体出走的现象，从而使缺工问题由个别企业扩散开来，造成局部地区缺工矛盾激化。广东东莞市近几年每年企业员工流动率是10%~15%，许多劳动密集型企业都离开，产业开始调整。如果企业短时间内订单徒然增加，就从其他地方或企业挖人。这种情况对整个行业生产都产生了一定影响。一些企业因缺工导致生产规模下降，对送上门的订单也不敢接受。一些与当地产业关联度不强的企业正在考虑将生产基地迁往别处，以保持现有产品的低劳动成本优势。

（2005年11月）

农民进城务工就业的政策"门槛"

——农民进城务工就业调研之二

调研组

"先城镇，后农村，先本市，后外地"，是不少城市的用工基本原则。在此原则下，城市对农民工进城务工就业都有程度不同的限制性的政策。

一、对外来工进城就业岗位的直接限制

一些大城市，在就业政策制定中，明确规定外来工允许和限制的就业岗位。北京市劳动局1996年曾制定了《1996年本市允许和限制使用外地人员的行业工种范围》（北京市劳动局通告第2号），明确规定了允许使用外地工的行业是12个，共204个工种。这些工种基本上都是城市人不愿从事的脏、苦、累、险、毒活，比如，民政行业的尸体整容工、尸体火化工、墓地管理员；建设行业的钢筋工、混凝土工、架子工；环卫行业的下水道工、道路养护工、道路清扫工（初）、粪便净化处理工（初）、公厕保洁工（初）、垃圾处理工、粪便净化处理工、环卫机动车驾驶员等；化学工业的硫化物焙烧工、氯化氢合成工、纯碱碳化工、重碱煅烧工、纯碱石灰工、变电整流工、烧碱电解工；公路、铁路、粮食及运输部门的各类重物、危险品装卸搬运、倒码工。直接限制使用外地人员的行业和工种有：金融与保险业的各类管理员、业务员、会计、出纳员、调度员；星级宾馆前厅服务员、收银员、话务员、核价员；出租车司机；各类售票员、检票员、计算机录入员，办公室文秘等。同年，北京市劳动局又发出了《北京市劳动局关于用人单位招用外地务工人员有关问题的通知》（京劳就发〔1996〕74号），明确要求用人单位

招用外地人员应严格坚持"先城镇，后农村，先本市，后外地"的原则。下岗待工人员较为集中的系统，要严格控制外地务工人员的使用数量，按市劳动局1996年2号《通告》精神，属于限制使用外地人员的行业、工种，必须招用本市人员；对未经明确的行业、工种，需招用外地务工人员的，必须首先招用本市常住户口的劳动力，如招用不足，凭市、区（县）劳动部门职业介绍服务机构开具的证明，向市、区（县）劳动部门申报，经批准后，方可招用外地人员。

上海市劳动和社会保障局在2001年提出的单位招用外来人员须知中，明确禁止五类岗位使用外来人员：一是党政机关、企事业单位、社会团体的各类工勤人员；二是社会公益性保洁、保绿、保养、保安人员；三是物业管理从业人员；四是各类商店营业员；五是机场、车站、码头清洁工。并要求上述五类岗位已经使用外来人员的单位，于6月30日前予以清退。对于用工单位未经批准使用外来人员，一经查实，劳动和社会保障部门将责令其在限期内清退，并补缴管理基金，另按每一人500~2000元的标准处以罚款。

二、通过规定用工单位使用本地工与外地工的比例或规定外来人员的准入素质要求，来间接限制农民工的进城

1999年底，北京市劳动和社会保障局发布了《2000年北京市允许和使用外地来京人员的行业、职业及文化程度、职业技术能力》的通告。该通告中允许外地人在京务工的工种有三大类，全部为垃圾清运工、尸体接运工、农艺工等体力型工种，允许使用人员的文化程度为初中。限制使用外地人员的行业有：金融、保险、邮政、房地产、广告、信息咨询服务、计算机应用服务和旅行社等8个行业，全部为专业技术人员、办事人员、商业、服务员业人员和生产与运输设备操作人员。通告规定，用工单位不得招用外地人员从事以上行业、职业，但如生产经营有特殊需要，需招用外地务工人员的，其文化程度必须在高中或高中以上。用工单位必须经北京市劳动和社会保障局批准后，在《北京市劳动就业报》上刊登招聘本市人员信息，15日内未招到本市人员的，方能去管理部门办理招聘外地人员的手续。通告还规定，其中未明确提到的职业为

调剂使用外地人的职业，但其招用本市人员的比例不得低于使用外地人数量的30%。

三、农民和城市居民都不"买账"，限制政策成为"一厢情愿"

政府制定对外来工进城就业的"允许和限制"政策，是解决城市的下岗工人就业。事实是，当地居民很少与流动人口竞争工作岗位。据中国人民大学李路路对北京、无锡、珠海三地的问卷和入户调查，只有18%的城市当地居民感到流动人口的威胁。在具有较高教育水平的当地居民中，很少有人认为流动人口对城市人的工作是一个威胁。对城市居民具有吸引力的是国有部门，尤其是政府机关和收入较高的私营企业，最不愿意从事制造业和建筑业。在成都市，政府安排给城市人员的环卫工作，出现转包给农民工的现象。据《中国质量万里行》记者曲哲涵的调查，1999年北京市政府曾通过对外来工就业的岗位限制，"调剂"出了5万个岗位给下岗工人，但结果只有1.2万人到岗。即是说，有76%的人没有"领"政府的这个情。此中原因有二：一是他们已有了比政府"调剂"给的更好的工作，不需要政府的"帮忙"。值得一提的是，他们中的好多人，就工作在外地人开办的公司或工厂里。二是这些人无法满足用工企业的需要，上岗后很快又下岗。

同样，"允许和限制"对于控制外来工进城的数量和择业，也没能发挥多少作用。据国务院发展研究中心的一项抽样调查显示，在北京的外地工中，只有十分之一是在各地和北京市劳动管理部门的视线之下进京的，另九成则是邻里乡亲"携带"来的，根本不在管理部门的"掌握"之中。每年新增加的"外来工"们找工作更多的是通过互相推荐介绍而非管理部门和社会中介。清华大学李强在对四川省及重庆市十余个县的外出农民工家庭调查中发现，农民进城找工作绝大多数不通过政府。他们中自己找到工作的占51%，亲朋好友介绍的占39%，政府组织的占3.8%，用工单位前来招工的占3%，其他渠道的占2.5%。

政府制定的"允许和限制"政策，实际上并不能达到预期的效果，在农民看来，它反映的只是一种歧视态度。

（2002年5月）

办不完的证，交不完的费

——农民进城务工就业调研之三

调研组

一、进城办证何其多

打工农民出门时，除了身份证，还要带上"婚育证"，办理"外出就业登记卡"。到了务工所在地，要到公安机关办理"暂住证"，到劳动行政机关办理"外来人口就业证"。如果到北京市，还要到医疗卫生机构办理"健康凭证"，甚至还有一些上岗培训证等。

在北京地区，暂住证还有等级之分，实行A、B、C三种证件。根据这一分级管理规定，对来京三年以上、暂住就业正当合法、无违法犯罪问题的将发放A证；对符合上述后两个条件，但来京时间一年以上不足三年的，发放B证；对来京时间不足一年符合办证条件的，发放C证。持C证者是审查、防范和控制重点。政策初衷是为了方便管理，但对打工者来说，形成了不公平的心理压力；而对于具体承办单位，则是增加了寻租的机会。如丰台区，在尚未开始正式办理之前，打工族中就广泛传言全区只有80个A证指标，几十万个打工者为了争得这80个名额，只得找关系多方活动。据北京市外来人口管理处介绍，目前已办理的暂住证80%以上为C证，A证不到2%，B证在18%左右。这样的比重很难说就是北京外来人口的真实反映。

各种证件都规定了一定的有效期，需不断地年检、更换，即使是在北京购房的外来人口，拥有了自己的商品房，也还得每年去办暂住证。

二、收费何止境

据我们2001年10月底的调查，涉及到农民工进城务工就业的收费项目名目繁多，有暂住证工本费，外出就业登记卡工本费及管理费，外来人口管理费，外来人口就业证工本费，婚育证的工本费、管理费、检查费，子女教育的借读费、赞助费，健康凭证的工本费、检查费，培训费，租赁私房合同备案手续费，城市生活垃圾处理费，社会办学发展督导费，房屋交易费，咨询费，介绍费，车船票服务费，城市增容费，劳动力调节费等等。

一手交钱，一手拿证。办就业证不给安排就业；办"健康凭证"，医院一般不给任何体检。农民想不通，认为种种办证，一是为卡人，二是为收钱。

"如果办证后，在权益上能得到一定保障，我们愿意办证，"一位已来京10年的打工仔感慨地说，"问题是办不办证，都是一样的结果，办证除了交费外，没有其他任何用途。" 这位曾评为优秀外来打工青年、现有幸获得A级暂住证的小伙子，每年都在办证，每次办证也都购买了10元一本的《外来人口须知》，甚至一年一次的30元义务献血费也在交。

三、办了证，交了费，依然不得安宁

"我在北京做工就像做贼一样，别说晚上，就是白天也不敢上街，来京五年了，连天安门都没去过，"这是一位在丰台的打工仔的悲哀之声。该办的证件，他都办了，但是他还是怕碰上联防队员，怕被送到某个地方去挖沙，然后被遣送回老家。在联防队员眼里，外来人口是"违法乱纪者"的代名词，没有任何争辩的余地。

碰上心情不好的工作人员，即使手续齐全，办证也不那么容易。调查中一位姓白的打工妹，就曾三次到外来人口管理办公室办暂住证，均以没人办公为由拒绝给予办理。在浙江村打工的林先生把60多岁的老父亲接来北京住，本想给老父亲办个暂住证，但外来人口管理办以没有

"婚育证"为由拒绝办理。60多岁了还需要"婚育证",谁能想得通?

外来人为了尽量减少办证的麻烦,常以各种借口搪塞,为此也留下不少后遗症。在大红门镇经商16年的浙江人卢老板,在购买商品房登记户主及家庭成员时,因没有"婚育证",就谎称尚未结婚进行登记。结果女儿在利用自购房申请开办美容美发室的营业执照时,工商部门以无营业用房为由拒绝办理。因为这房主"未结婚",不能有女儿,卢老板只好与女儿办了一个出租协议,以出租的形式为女儿提供营业用房,并交付一定的房屋租赁税,才把营业执照办好。卢老板开玩笑地说,"到了北京,连亲生女儿也变得不合法了。"

(2002年5月)

附:关于农民进城务工经商收费简表

收费名称	收费标准	文件依据	收费期限	收费部门	备注
暂住证 工本费 管理费	8元 180元/年		年检	输入地流动人口管理部门	
外出就业登记卡 工本费 管理费	2元 48元/年	劳动部:劳办发[1996]99号	年检	输出地劳动管理部门或政府驻外办	
外来人员就业证 工本费 管理费	2元 180元/年		年检	输入地劳动管理部门	
婚育证 工本费 管理费 检查费	5元 12~60元/年	国计生委[1999]66号《流动人口计划生育工作管理办法》	一年检查2~4次	计生管理部门检查医院	在办法释义中允许"统一领导、统一管理、统一收费"但未制定标准
子女教育 借读费 赞助费	600元/年 2000~30000元			学校	
健康凭证 工本费 检查费	7元 30元左右/次	京价(收)字[2000]63号	服务行业要年检	制定检查医院	北京要求所有外来人口,而一些地方只要求服务行业

收费名称	收费标准	文件依据	收费期限	收费部门	备注
培训费	50~800元			培训部门	部分地方由输出地组织收
租赁私房合同备案手续费					
城市生活垃圾处理费	24元/年				
社会办学发展督导费	学杂费收入的3%	京价（收）字[1996]156号		市教委	
房屋交易费	交易额的3‰				
咨询费	10~100元			中介组织	
介绍费	10~100元			中介组织	
车船票服务费	20~50元			票务服务组织	
城市增容费				输入地政府	
劳动力调节费				输入地政府	

说明：1. 涉及流动人口收费项目共16项，其中涉及证卡办理的收费5项；

2. 各地在收费项目和标准上存在较大差别，表中收费标准主要是对北京市的调查；

3. 在办理暂住证和外来人口就业证的文件中只规定了收取工本费，但实际上把流动人口管理服务费附在一起收；

4. 除了正常收费外，几乎每个流动人口相关的管理规定或办法都有涉及对流动人口罚款的条文。

关于建立农民工失业和养老保险的调查

——农民进城务工就业调研之八

调研组

在北京实行的农民工养老、失业保险，广东推行的养老保险中，都引起了企业和农民工很大的抵触，使政策执行难度相当大，如2001年，北京失业保险登记的农民工只是8万左右，这对于380万农民工总量来说，数字实在太小。为此，就农民工的失业和养老保险问题，我们对劳动和社会保障部门、企业和农民工进行了调查。

一、企业：这无异于变相的收费

调查中的四家企业中，没有一家企业愿意如实按要求缴纳，都在想方设法地拖欠。要么是隐瞒职工数量，不为农民工办理就业证、暂住证；要么以自己的亲戚、朋友名义充数；要么就以城镇退休人员充数（因为退休人员已享受了退休保障，不由企业负担）。

失业和养老保险投入对农民工无实际意义。企业认为，在目前的条件下，为农民工缴纳失业和养老保险毫无实际意义，得不到没有任何回报。如果这些钱能真正落到农民工身上，企业还值得，问题是农民工并不能从中得到好处。企业增加了投入，并达不到凝聚员工的效果，因为农民工流动太快。一方面是农民工自身的流动。一位拥有100多名农民工的食品公司老总告诉我们，每年都有60~70个农民工的更换，因为不少农民工"上有老，下有小"，老人生病、亲戚结婚、农忙时期，都要回家。广东东莞的一位制衣厂的厂长也说，我们这里都是年轻农民工，年纪大的农民工，跟不上年轻人的工作节奏，工资低，自动被淘汰，一般

国务院体改办小城镇改革发展中心"农民进城务工就业"调研组。

做3年、5年就走了。即使年轻人也在流动。这个月，我这个厂订单多，工人数量就多，可下个月订单少，职工就少了，因为我们是计件工资，工作量不饱和，工资就不高。厂里每天有哪些人，我这个厂长，也不能明确无误地告诉你。另一方面，是企业运作的需要。为了降低成本，国内不少企业借鉴国际经验，采用了管理层与劳务层剥离的企业运行模式，即保持相对固定的管理人员负责业务联系，而具体操作的体力劳动工则根据业务量的大小，临时招聘农民工，使得这些农民工流动性很大。

虽然按广东和北京的政策设计，农民工辞工不干时，可退回一定的费用，但实际上在政策设计中，农民就不能全部得到应有的保障。以北京市的农民工养老保障为例，要求每月按上一年最低保障工资为基数（2001年为435元/月），企业交19%，个人交7%（2002年计划提高到8%），建立个人账号，如累积交满12个月后，辞工不做时，可退还个人交的7%和企业交的4%，即还有15%归入了统筹。按此计算，2001年企业要为每个员工缴纳991.8元养老保险，农民工自己要缴纳365.4元。若是明年辞工，可退回574.2元，还有783元是归入城乡养老统筹，并没有落到农民工身上。实际上，农民工能否真正退到钱，退钱的运作成本有多高，还是一个未知数。即使能按规定退，也已失去了养老保险的功能，养老应是用于将来防老的。如果是这样，倒不如现在企业直接把钱给农民工，其效果会好得多，能真正体现投有所报。

增加了企业的成本，企业难以负担。大量使用农民工的企业基本是劳动密集型企业，劳动力成本占企业生产总成本的相当大比重。保险投入是按劳动力数量成正比增长的，增加保险必然导致劳动力成本的增加。北京市一公司经理介绍说，全公司70人左右，技术工种工人是1500~1600元/月，一般工人是600元/月，每年的工资是70万元左右，要占整个企业总成本的80%。如果按规定，以最低保障工资为缴费基数下限，企业要交养老保险19%，失业保险1.5%，基本医疗保险9%，工伤保险0.7%，则今年要为每个农民工缴纳1576.44元，实际上养老保险7%、基本医疗保险2%的个人缴纳部分也要企业负担（因为农民工要按实际到手的工资计报酬），这样实际企业为每个农民工缴纳总保险费用为2046.24

元，70个员工就增加了14万多元成本，使劳动力成本提高了20%以上，生产总成本提高了16%以上，这还是以缴费基数下限计算。按规定农民工一上班就要交保险，可没几天人就跑了，所以在一般情况下，公司维持70人左右的规模，但一年下来，进进出出的人总计在100人以上，因此，实际上企业缴纳的费用要比70人的规模要多得多。

不利于企业的发展。首先是面对着各种处罚。如在北京，不按时缴纳农民工的社会保障，则不给予企业年检；或是在统计部门审核职工工资发放时，只按缴纳保险的审核，没有缴纳保险的银行不给提取现金，等等。其次是不利于企业的公开竞争，因不同区域对此政策的执行力度不一致，用工成本不一，使企业的生产利润出现较大差异。调查中就有一个位于东城区的一个企业告诉我们，他们正在计划把企业搬出东城区，以维持企业的正常利润和生存。不少企业瞒报用工数量，结果是老老实实经营的企业反而吃亏，这其实是在鼓励企业去弄虚作假。另外，对农民工也无法交代。说是给每个农民工建立个人账户，但给农民工本人并没有任何凭证。北京一餐食店今年前两个月曾在职工工资中扣取个人缴纳部分，由此引发了职工的不满情绪，纷纷提出要辞职不干，结果个人部分也只能由企业承担了。

二、农民工：我们不能从中得到真正的养老或失业保障

那些掌握了一定技术或举家搬迁到城镇的农民工，表示出了对失业和养老保险的极大欢迎，因为他们有望获得这些保障。但对于绝大多数农民工而言，对此却表现出一定的不满。调查中发现，相当部分农民工对这项政策的具体操作很不了解，有的人认为是强制存款，每年年底就可退回提走，甚至有人认为是变相的"打工税"，不指望能退回。

农民工需要的是真正实惠。大部分农民工到城镇打工最主要的目的是赚钱回家，而不是在城市成家立业。大量吸纳农民的企业，都是苦、累、脏的劳动密集型产业，利用的是农民工的勤劳、体力和吃苦精神。当农民工超过一定年龄后，自然而然地找不到工作，就要回到老家。即使像餐饮服务这样的行业，也是青春行业，35岁以上基本就难以适应

了。农民工对这些情况都有一个非常清醒的认识。一位农民工告诉我们：我们现在需要的是实惠，是能到手的现金收入，根本没想过要到城市来养老。

交钱容易，退钱难。北京某公司的一位农民工去年已交了一年的保险，现准备回家，办了三个月，到现在还没退回。位于丰台某村的食品厂经理也认为，他们厂去一次丰台区劳动和社会保障局很不容易，要退钱可能还要跑上好几回，其成本不会比退回的钱少多少，企业和农民工对退钱都没抱多大希望。在农民工相对集中的广东东莞，每到年底农民工返乡高峰期，为了退回每月扣去的39元钱，社会保障所就人山人海，因为要赶车回家，不少人干脆放弃了"本已属于自己的钱"。为此，有些打工者把这个社会保障制度称为"对农民工的又一次剥夺"，是利于城乡社保统筹，以农民工的社保名义去弥补城镇社保的不足。

增加了农民工的负担。大部分农民工认为，现在这种农民工养老和失业保险，不仅不是提高农民工的待遇，而是增加了农民工的负担。一位从事搬运的农民工告诉我们，目前他一个月工资是300元（包吃、住），如按要求每个月要上交30多元，是工资的10%以上，使本已很低的工资变得更低。据北京市劳动和社会保障的一位同志介绍，当初政策出台除了要提高农民工的待遇外，还有一个目的就是要促使城镇职工和农民工在同一个起跑线上竞争，缩小城镇工和农民工的用工成本差距。如果从另一个角度去理解，这不就是在抑制廉价农民工劳动力的优势发挥，提高农民进城务工就业的门槛吗？

三、把农民工纳入城镇养老、失业保障体系的时机尚未成熟

受各种条件的制约，在相当长的时期内，农民进城务工就业的流动性特征不会变。流动，养老、失业保险就要能随之进行转移。我国农村目前基本是农民家庭自筹保障，当农民工返乡时，其失业、养老保障没有地方能够接受。从另外一方面看，根据农村土地家庭承包经营的基本政策，外出务工农民还拥有自己的承包土地，这些土地在发挥着最基本的失业保险和养老保险功能。

如果强行把农民工纳入在城镇社会保障体系，其后果可能是企业对农民工吸纳的数量下降。调查中，北京丰台区的一位人事经理告诉我们，明年该厂的招收农民工计划将由现在的100人下降到50人左右，农民工用工成本的增加就是其中一个重要原因。大量农民工使用成本的提高，还会使我国的劳动力优势受到削弱，可能使企业投资的增长势头受到抑制，使农民工进城务工就业的机会减少，使农民增收将变得更加困难。

（2002年6月）

防止利用居住证制度，抬高农民工进城落户和享受公共服务的门槛

解决农民工在城镇落户问题，缩小进城农民工与城镇居民的公共服务差距，是促进人口城镇化的主要措施。一些地方利用居住证制度探索了外来人口落户办法和改善公共服务，取得了一些经验。但是我们最近在浙江、上海等省市的调研发现，由于对农民工办理居住证设置了门槛，使居住证成为变相抬高农民工进城落户门槛的手段，亟待规范居住证实施办法。

一、居住证的主要功能

调研了解到，上海、浙江和江苏等地已实行了居住证管理办法。居住证是流入地政府对本地外来人口的居住登记和居住证管理的一种手段。居住证除对外来流动人口进行居住登记管理之外，还主要具备以下两方面功能。

1. 将居住证与公共服务项目相挂钩，作为享受公共服务的依据

上海市居住证分为人才居住证、就业居住证和临时居住证。人才居住证除不能享受低保、经适房和父母投靠外，其他与户籍相同。持就业居住证，子女不能参加中高考，其他与人才居住证相同。临时居住证则比就业居住证少享受居转常和公租房政策。目前上海市共有41万人才居住证、7万就业居住证和700万临时居住证。

杭州市居住证分为临时居住证和居住证，临时居住证可以享受就业服务、儿童免疫、计生服务等7类服务内容；居住证则在临时居住证的

范毅：国家发改委城市和小城镇改革发展中心政策研究处处长、副研究员、博士。

基础上可以增加享受住房公积金提取、生育救助、保障房申请等6类服务内容。

2. 将居住证与在当地落户相挂钩，作为申请入户的渠道

上海市规定持人才和就业居住证满7年，参加上海城镇社会保险满7年等5项条件，可以申请入户。除此之外，上海市还研究对从事卫生清扫等艰苦行业的外来农民工落户的奖励政策。杭州市萧山区规定持萧山区居住证在萧山购买商品房（人均不少于15个平方米），可准予在购房所在地落户。

二、居住证制度有成为农民工落户和享受公共服务门槛的倾向

通过居住证增加外来人口享受公共服务范围，缩小了持居住证的外来人口与本地户籍居民的公共服务差距，并与落户政策挂钩，为农民工提供了明确的落户的渠道。从这两个方面来说，居住证制度探索是有意义的。但是，由于居住证制度设定上的问题，使居住证成为一些地方解决各类人才的公共服务和落户的手段，并没有真正服务于外来农民工。

1. 居住证一般都设立申领门槛，已将大多外来农民工排斥在外

居住证所享受的公共服务水平越高，那么申领条件越苛刻，比如上海市人才居住证的主要条件为学历和职业技能，要求的最低学历为专科，或者具备高级技工以上职业技能；而就业居住证的要求为缴纳社会保险。杭州市居住证具体规定了7项具体申领条件，分别为持有《浙江省临时居住证》，且连续居住满3年；有固定住所，稳定工作；具有高中以上文化程度；已在本市市区缴纳社会保险费3年以上等。而据统计，初中以下文化水平的农民工占70%以上，因此仅学历条件就已将绝大多数农民工排除在外。

2. 居住证作为享受公共服务的依据，不利于公共服务均等化政策落实

由于居住证制度设立了学历和职业技能门槛，且将居住证与公共服务相挂钩，因此随着居住证制度的实施，就变相地为公共服务设置了学历技能门槛。通过居住证将城市的外来农民工区分为居住证持有者和临

时居住证持有者，对一部分学历相对较低的农民工来说，他们已经被限定在临时居住证持有者的范围内，也意味着城市部分公共服务将不会对其开发，这不能体现基本的社会公平，不符合以人为本的发展理念，不利于社会和谐稳定和公共服务均等化政策的实施。

3. 居住证作为落户前置条件，提高了落户门槛

随着居住证制度的实施，在上海和浙江，居住证作为农民工落户的一个前置条件，一般在外来人口持有居住证的基础上再规定其他落户条件。而由于居住证在学历、职业技能方面设立的门槛，已经将大多数农民工排除在外，因此居住证实际成为农民工落户的新限制。

三、思考和建议

从调研来看，将居住证与学历和技能相挂钩，实际上是城市政府对外来人口"嫌贫爱富"的表现，不符合缩小外来农民工与本地城镇居民公共服务差距的要求，是城市政府不愿背负解决外来农民工公共服务包袱的实际做法。出现这个问题，既有体制方面因素的制约，也有地方政府观念方面的原因，这需要中央从全局层面统筹考虑，下大决心，果断决策。

1. 居住证、落户等申请条件要与学历脱钩，应以农民工在流入地就业时间为主

农民工从事就业门类很多，并不一定都需要学历。例如经商办企业，包括一大批在城市从事小商小贩的人员，并没有高学历，但是已经成为城市商业活动的主力军。他们已经在城市生活十几年，甚至更长，已经成为实际的市民。对于这批人的落户，涉及人口多，启动消费意义大。从政策层面上和目标上考虑，应该取消居住证申领条件中对于学历、职业技能的要求。

2. 中央层面要尽快出台规范居住证制度实施的意见

虽然地方在居住证方面进行了较多的探索，但是中央层面一直缺乏明确的实施意见，这带来一系列不规范的问题。当前中央要及早总结各地的经验和问题，尽快出台居住证相关实施意见，明确居住证的公共服务功能、申领条件等基本事项，加强对各地在居住证制度实施的规范。

3. 明确各级政府在户籍制度改革中的责任

中央政府要尽快制定政策，明确各级政府在解决农民工落户方面的责任，建立相应的成本分摊机制。全面放开长期举家在城镇就业的农民工在就业地落户的限制，中央政府承担解决跨省域举家迁徙农民工落户的责任，省域内举家迁徙农民工的落户问题由省级政府统筹。允许地方政府在符合中央政策精神条件下，针对本地农民进城落户问题进行探索。

（2012年6月）

农民工进城，有利于解决城市人口老龄化和初等教育资源过剩问题

何宇鹏

人们对城镇化进程加快的担心，往往是认为农民进了城，会占用更多的公共资源，会造成就业形势的恶化，会对城市的生活产生巨大的冲击。根据我们的调查，反而得出了相反的结论。加快城镇化进程，也是城市发展的必然需求。因为城市人口老龄化之后，面临着就业以及社保资源的不足，需要外来人口来补充。城市的初等教育资源过剩，已经由于外来农民工子女的入学得到一定缓解。

一、城市人口老龄化和初等教育资源过剩

实行计划生育政策，加快了中国人口结构老龄化的趋势，同时也造成了在计划生育人口高峰期时投资的初等教育资源的严重过剩。

1. 城市老年人口比重不断上升

1999年，我国进入老龄化社会。2008年，我国60岁以上老年人口已占12%，达1.6亿。据推算，从现在到2020年，人口老龄化进程将明显加快，年均增长速度将达到3.28%，大大超过总人口年均0.66%的增长速度。据推算，2007年，城市60岁以上老年人口比重为13.3%。大城市老龄化趋势更为突出。上海于1979年第一个进入老年化社会。2007年，老年人口287万，老年人口比重20.8%，老年抚养系数29.4%。北京2007年老年人口210万，比重17.3%，抚养系数23.6%。

2. 城市劳动力供给减少

城镇劳动力供给增加到2006年已经结束。北京城市居民劳动年龄

何宇鹏：国家发改委城市和小城镇改革发展中心原副主任。

人口在2001~2005年的五年间仅增加16.9万人,在2006~2010年的五年间将减少26.3万人,在2011~2015年的五年间将再减少52.9万人。上海城市居民劳动年龄人口在2001~2005年的五年间仅增加13.7万人,在2006~2010年的五年间将减少55.4万人,在2011~2015年的五年间将进一步减少94.0万人。

3. 城市学龄儿童数量下降

从招生数量看,小学招生数从1994后年开始减少,初中招生数从2000年后开始减少。从在校学生人数看,小学在校学生数量从1997年后开始减少,初中在校学生数量从2003年后开始减少。大城市更是如此,以北京市为例,1994年小学在校生数量102万,此后逐年下降,2006年下降到47.3万。2001年中学生在校生数量98.9万,此后逐年下降,2006年下降到79.9万。

二、农民工进城务工对就业的影响

1. 对城镇就业和增长的贡献

根据国家统计局的有关数据推算,2006年,外出的农民工二产业就业7474万人,占二产业就业比重的38.9%,三产业就业5338万人,占三产业就业比重的21.7%。农民工已经成为城镇经济不可或缺的组成部分。其中北京市2007年在业农民工377万,占全市就业人数的41%;上海2007年在业农民工391万,占全市就业人数的43%。外来农民工对两个特大城市的就业贡献率占接近一半,可见农民工进城对城镇就业的影响。

2. 对城镇教育的影响

迄今能找到的官方正式公布的随同父母进入城市的6~14岁义务教育阶段农民工子女数量,为2003年的643万人。根据国家统计局一项抽样调查推算的2006年进城就读农民工子女为2375万(这个数字似乎偏大)。按照中小学生师比20:1计算,643万农民工子女进城就读,可解决32.2万个教师就业岗位,如按2375万计算,则可解决118.8万个教师就业岗位。另外,据中国农业大学的调查,农村现尚有2000万留守儿童,如果能够随父母进城就读,约可解决100万教师就业岗位。据估计,如果没有农民工子女的进入，上海有1/3的中小学教育资源将闲置，北京将有34%的小学资源闲置，9%的中学资源闲置。以北京为例，小学在吸纳农民工子女入学后，2007年增加到66.7万，一年增长19.4万；中学在吸纳农民工子女入学后，2007年增加到83.9万，一年增长4万。

3. 缓解城镇养老保障的压力

农民工进入城市，优化了城市人口年龄结构。如果能够将他们融入城市社会，在城市稳定居住并纳入社会保障，将缓解城市的老龄人口负担压力。以北京市为例，2007年，如果将420万农民工计入，则老年人口比重和抚养系数将分别为12.9%和16.0%，分别比按户籍人口计算的低4.4和7.6个百分点。再看上海，2007年如果将479万农民工计入，则老年人口比重和抚养系数将分别为15.4%和19.7%，分别比按户籍人口计算的低5.4和9.7个百分点。这样，上海将从3个劳动人口养1个老人变成5个劳动人口养1个老人，养老保障金入不敷出的局面将得到改观。由于农民工的平均年龄只有29岁，加入社保后养老金的领取是31年后的事情，可以缓解当前城镇养老现收现支出现的矛盾。

三、应逐步通过户籍制度改革，解决农民工进城落户问题

1. 逐步使农民工身份由农民变市民

按照国家统计局2006年的统计，目前在全国城镇流动就业的有1.3亿农民工。如果按中国农业大学的推算，加上2000万留守儿童和4700万留守妇女，共计近2亿人，他们是未来可进城定居的主要人口也是城镇化进程的核心人口。一次性或者是在几年之内解决他们进城定居或者落户，因目前城镇的承受能力有限，有可能引发一系列不稳定因素。但是，在外出打工就业的农村人口中，举家迁移的有2600万，占20%。他们长期在城镇定居，已经基本上和城镇居民融为一体。解决这部分人的进城落户问题，已经具备了现实基础。可以在近期考虑逐步解决长期在城镇定居的携家眷的农民工分批落户问题。

2. 增加因吸纳农民工子女就读的城镇教育投入

农民工子女稳定进城后，就有了编制城镇中小学和中等职业教育

所需资源的人口基数，不会因波动而产生城镇教育资源闲置或不足的问题。更加重要的是，目前城镇安置的主要是农民工子女中的小学生和部分初中生，稳定后还可以扩展到高中和中等职业教育，从而带动教育投资和缓解大学生就业难，这也是政府职能向服务转变的要求。建议义务教育部分的投资，可以由中央和地方政府分担，带动地方政府的职能转变。

3. 将农民工纳入城镇社会保障体系

前述大城市养老负担系数的下降，必须建立在农民工纳入并成为城镇人口基数的情况下。在当前社会保障体系还存在许多问题的情况下，有关部门要尽快研究完善相关措施。同时，允许上海、北京这样的特大城市试点探索，探索将进城落户农民工纳入城镇社会保障体系。

4. 要研究城镇化进程中的中央和地方各级的财政分配关系问题

解决农民工进城，对城市有利有弊，利在于改善了人口和就业结构，缓解了资源配置过剩的矛盾，增加了城镇的人口活力等；弊在于增加城市财政负担，加大了城市公共服务和管理的矛盾等。这实际上也等于城镇接纳了农村人口，也为农村的发展作出了贡献。因此，要在以往的转移支付惯例中，考虑到人口迁徙的因素，合理地解决各级政府之间的财政分配关系。鼓励发达地区和城镇接纳农村人口进城落户，并一并解决增加人口所需的公共支出和相关机构人员设置及编制问题。

（2009年4月）

第三篇
行政管理体制

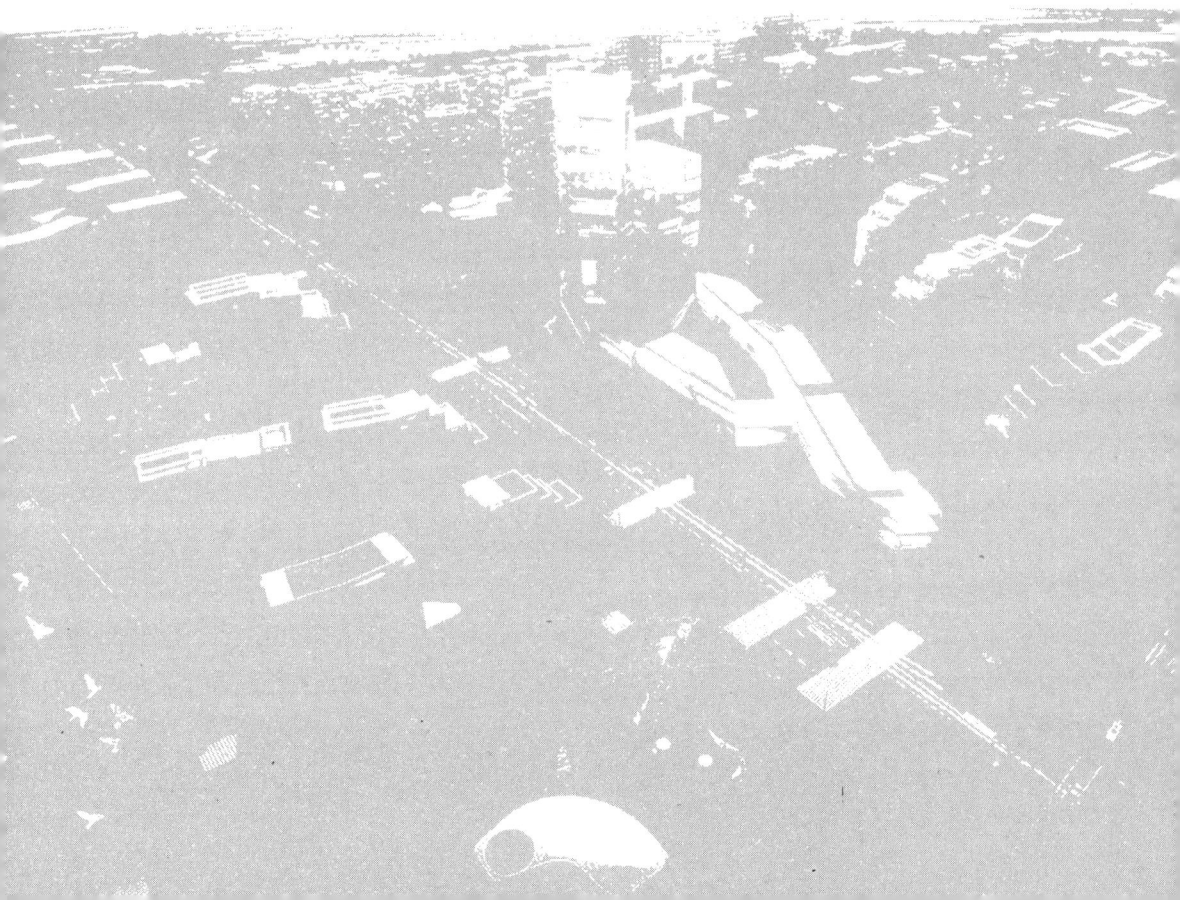

城镇化进程中的特大镇
行政机构和编制的改革势在必行

在城镇化发展过程中，许多发达地区的小城镇经过十几年发展，人口已达10万以上，全国千强镇2007年平均人口已经达到8万。超大镇甚至到几十万人以上，达到中等城市规模。这些特大型镇日益增长的公共服务需求，以及大量的流动人口所带来日益突出的社会管理等问题，已经对传统的按照农村城镇水平设置的行政机构编制和人员的规则构成了严峻的挑战。就有关问题，国家发改委城市和小城镇改革发展中心，最近对江苏省苏州市下辖的吴江市盛泽镇进行了调研，现将情况整理如下：

一、盛泽镇的基本情况

盛泽镇位于苏州吴江市南端，地处长江三角洲和太湖地区的中心，不仅是明清时期中国著名的四大古镇之一，也是中国乡镇企业重要的发源地，是乡镇企业支撑小城镇发展具有代表性的镇。根据我们的调研，盛泽有以下几个突出的特点。

1. 企业规模大、数量多，就业机会多

盛泽镇是"中国绸都"，丝绸业有千余年历史，历史上以"日出万绸，衣被天下"而著称。如今已发展为世界级的丝绸纺织业基地，共有各类企业2500多家，投资规模超亿元企业有25家，总产值280亿元。盛泽的中国东方丝绸市场是全国最大的丝绸市场，全国各地的5300家丝绸商行云集场内，2008年成交额581亿元，排名全国纺织服装市场第一，围绕丝绸业的从业人员达20万人以上。

乔润令：国家发改委城市和小城镇改革发展中心副主任、硕士。

2. 城镇建成区面积大，积聚人口多

盛泽虽非吴江的市府所在地，但2007年盛泽镇GDP占吴江全市的23.9%；全镇总面积150平方公里，其中镇建成区面积35平方公里；下辖2个街道办事处，11个社区居委会、35个行政村；城市化率超过70%；镇区常住人口超过30万，其中本地人口13万，占吴江全市70万人口的近1/5，2008年外地务工人员17万人以上。

3. 财政收入多，当地居民和农民人均收入高

2008年全口径财政收入27.5个亿，地方财政收入12.86个亿，镇里可用财力5.1个亿。2008年城镇居民人均收入25380元；农村人均纯收入14680元；外来就业人口平均收入达10000元；城乡居民储蓄存款余额达149.12亿元。

4. 第三产业发达，已经拥有了中等城市的各种功能

国内所有的金融机构在盛泽都设有分行，金融网点数十个；所有的大型超市、国内著名的商业零售企业都在当地设立了分店，盛泽人的消费能力和消费意识已经和城市无异；教育发达，有大小学校30余所，学前入园率在98%以上，小学、初中的入学率和毕业率均达100%；医疗事业发达，拥有小城镇鲜见的三等乙级江苏盛泽医院；有直达全国各大中城市的运输专线32条，城乡公交线12条，400辆出租汽车；全镇日供自来水达15万吨，实现村村通自来水，有7套污水处理设施，日处理能力达17.5万吨，污水排放达到国家一级A类标准；还有十几座星级大酒店，房地产业发达，住房价格已经高达5000元/每平方米。

二、目前机构编制中存在的问题

盛泽镇按城镇人口，已经是中等规模的城市了，但作为中国镇一级政府，机构、编制是按照最低层级安排的，因此面临着城镇人口膨胀的压力。机构设置不健全，政府工作人员编制过少，成为城市发展和公共服务完善的瓶颈，主要表现在以下几个方面。

1. 从事公共服务的机构层级低、人员编制少

盛泽镇内公安、环保、交管、国土、工商、财政、税务、司法、

城管、邮电、医疗等社会管理服务机构均是吴江市的派出机构，机构层级、人员配备、相应权能都受到制约。2008年，公安民警仅有65人，交通警察35人，环保人员市镇两级加起来才6人，经常在镇里的2人，工商管理25人，国税地税51人，国土管理9人。这些人除了一部分从事机关行政工作外，真正从事一线执法和服务的人员就非常有限了，社会管理和服务力量严重不足。

比如盛泽财政分局，作为吴江市财政局的派出机构，人员仅10人，应付每年几十个亿的各类收支，人手严重不足；城市管理执法大队只有23人，执法事项却有7大类188个小项，相当于一个人要负责超过45平方公里辖区内的一大类、若干小项的执法事项；许多如节能管理、清洁生产等政府重点工作，目前还没有专门机构和人员；以公安每500人口配备一个民警的标准要求，盛泽的警力缺少80%。

2. 正式机构公务人员匮乏，大量临时机构和自聘人员承担着政府的公共服务职能

盛泽镇法定的政府机构设置有7个办公室：即党政办公室、政法办公室、经济发展办公室、建设管理和环境保护办公室、民政和劳动保障办公室、教卫文体办公室、财经办公室。在上述7个办公室中，正式公务员总共86人，除了镇级领导、街道党工委、办事处占有19个人的名额之外，平均每个办公室的工作人员只有9人。9个人的法定机构人员为几千家企业和30万人口的城市提供公共服务。

由于公共服务的压力，特大型镇所采取的办法是设置临时性机构，聘用编外临时工作人员。比如：盛泽的经济发展办公室分化出了安全生产监督办公室、农村工作办公室；之后又演化出经济服务中心，随着企业的发展，经济服务范围的扩大，在这个经济服务中心之下，又演化出来招商中心、统计站和安全生产管理所三个机构，外聘管理服务人员37人。为了促进新农村建设，盛泽在经济发展办公室中的农村工作办公室的框架下又进一步繁衍出农业服务中心。前几年又根据需要，在农村服务中心下面成立了农技推广服务中心和农村经营管理指导站，整个外聘管理服务人员45人。整个盛泽为经济发展服务和管理工作的，几乎都是由编外机构和自聘人员完成的。

非正式机构和自聘人员行使政府职能从积极的一面讲，有体现"小政府，大社会"理念的一面，对于防止机构人员无限膨胀，减少财政负担有一定的积极意义，但是它所产生的问题也是明显的。

（1）机构的性质繁杂，有正式的，也有非正式的机构；有在编的，也有自聘人员。机构分政府、事业单位，事业单位又分全额拨款的、差额拨款的事业单位；人员分为三六九等，身份不同、职责不同、待遇也不同，素质参差不齐，无法用统一标准进行规范化的管理，在缺乏培训的条件下，导致管理和服务的质量良莠不齐，直接影响到政府的工作效率和政府的形象。

（2）这些机构的目标不尽一致，政府机构是非营利性的，但非正式和临时的机构就完全不一样了，他们对营利目标的追求远远大于服务目标的要求，使许多百姓抱怨的收费多收费高、管理多服务少、服务质量差的问题几乎无法避免。

（3）大量的非正式机构和自聘人员从事城镇管理与治安管理，执法能力与执法水平严重欠缺。该镇的城管办是政府编制，一名副镇长兼任主任，在编人员9名。此外，由财政供养的还有事业单位建设管理服务所，在编人员17人。上述两个机构和人员基本从事机构管理等工作。真正在城市里从事城市管理、行使执法权的是执法大队。执法大队一共有120人，其中有正式编制，拥有执法权的人员仅23个，占总人员的20%左右，其余90多名执法人员都不是正式在编人员，他们没有执法权，但却每天都在从事执法工作，包括从路灯管理到交通画线，从违章罚款到环境污染事件的处理。

治安方面也是如此，盛泽有三个派出所、一个交警中队、一个岔口中队，都是吴江市在盛泽下设的机构，拥有正式的编制，也有相应的执法权，当地称他们是维护治安的正规部队，但数量太少，总人数不足百人。真正在日常担当维护治安角色的是遍布城乡的"游击队"，自聘的联防队员，2008年人数达到900多人。这些联防队员在维护秩序、警卫、侦查、追铺等活动中，都是深度参与执法、帮助执法。

显然，自聘的或临时聘用的人员执法，无论是素质、责任心、专业水平，还是自身的法律意识、执法观念都难以保证，致使城市管理与治安管理中执法能力不高、执法水平低。这不仅削弱了镇政府维护城市秩序的能力，也是引发诸多社会矛盾的重要原因之一。在城镇拆除违法建筑过程中，经常发生的强行拆迁、武力威胁被拆迁人的现象，激化了政府和居民的矛盾；保安、联防队员在执行公务中伤人事件也不鲜见，这些都与执法者素质低、政策解释能力差、疏于沟通、不懂说服和教育、简单执法、粗暴执法、甚至野蛮执法不无关系。

在法制教育日益普及，百姓法律观念不断增强，维权意识高涨的今天，如果没有执法权的机构人员参与执法的现象继续下去，可能会造成行政复议、行政诉讼案件的增多，因此建议改进。

三、几点建议

政府机构的级别、编制、人员、职能的调整和变革，对于加快特大型小城镇的发展具有重要意义。如果能够从城镇化发展的趋势及时在特大镇改革机构设置和公务人员编制问题，可以作为推进城镇化进程的重要突破口，带动其他内容的综合配套改革。

1. 大胆探索，勇于创新

小城镇现行的行政级别、机构设置、人员配备和职能分配还基本上沿用着20世纪90年代形成的乡镇政府机构编制格局。对于特大型城镇不能用简单的精简机构的思路进行机构配置，而要从农村型机构配置转变为城市型的机构配置。从城镇化目标出发，超越现有模式，机构设置要与当地财政收入水平相适应，与城市人口规模及所需的公共服务要求相适应；要突破传统的城镇管理的行政层级，直接赋予一些重要的公共服务管理机构的机构设置权，例如公安局、规划局、财政局、城管局等，并按照中等城市的规模，确定相关部门的公务人员的编制。

2. 完善职能，强化服务

特大型小城镇已经发展成中等城市，它们有一个和传统城市重要的区别是，这里有大量的外来人口，因此要把对外来人口的服务纳入城市的正常公共服务范畴，要完善机构的公共服务职能；因此要在特大型镇完善医疗、教育、公共卫生和防疫等公共服务机构的设置，而且要解决好这些公共服务机构的设置和人员编制所涉及的财政支出问题。

3. 试点先行

解决特大镇机构设置和人员编制的改革，因为要涉及行政区划的调整和城镇行政等级所涉及的管理权限问题，所以需要先行试点。建议中央制定原则，给出明确目标，把探索创新的权利交给地方，由不同的地方根据自身不同的情况，先行试点，大胆进行各种探索试验和综合配套改革，然后总结经验，逐步规范、上升为指导性的政策意见。

4. 要进行配套改革

结合户籍制度、财政体制等改革，探索特大型镇变为省直管或者地级市直管，防止县级市政府因财政利益和管辖权限等问题，不支持有关改革。把特大镇的改革和省直管县的改革结合起来。在配套改革中，也要研究涉及有关财政分配和未来行政区划调整等重大问题的改革。因此，也需要在进行相关试点中，机构和编制主管部门应和有关部门共同协调，制订试点改革方案，使得各项改革政策落实到实处。

（2009年7月）

广东特大镇机构和编制的调研报告

范　毅　景朝阳

2009年7月，国家发改委城市和小城镇改革发展中心，对广东省部分特大镇行政管理体制下所涉及的机构设置、人员编制以及行政管理权限问题进行了专题调研。

广东特大镇具有两个显著的特点：一是经济总量大。比如，在我们调查的东莞市长安镇、佛山市顺德区北滘镇、南海区里水镇三个特大镇中，地区生产总值北滘镇高达210亿元，长安镇和里水镇分别达202亿元和165亿元。二是非户籍人口远远超过本地人口。比如长安镇户籍人口4.1万人，非户籍人口60多万人；里水镇户籍人口约11.93万，非户籍人口16万；北滘镇，户籍人口11万人，流动人口12.6万人。从经济总量、人口数量、城镇规模、社会管理等方面看，这些特大镇都称得上是中等城市甚至是大城市[①]。

一、特大镇机构设置

事实上，特大镇已基本相当于一个中等城市甚至是大城市的规模，但在行政管理级别上仍然属于镇级政府，在机构设置和事权配置方面仍然按照镇级政府或者户籍人口的标准，仅仅是县级党委、政府的办事机构或执行机构。为了适应人口集聚和经济快速发展的实际需要，特大镇进行了改革和探索。

范　毅：国家发改委城市和小城镇改革发展中心政策研究处处长、副研究员、博士。

景朝阳：国家发改委城市和小城镇改革发展中心原发展试点处副处长。

① 我国根据市区非农业人口的数量把城市分为四等：人口少于20万的为小城市，20万至50万人口的为中等城市，50万人口以上的为大城市，其中又把人口达100万以上的大城市称为特大型城市。

1. 政府机构设置基本情况

从特大镇的机构设置来看，机构设置主要包括三个方面。

（1）按照有关规定设置政府机构。主要将政府有关行政职能集中到几个综合性办公室，如经济发展办、社会工作办等。不同的镇设置数量略有不同，比如里水镇和北滘镇设置了9个，长安镇设置了10个综合性办公室。

（2）增设内部机构。为了缓解人口增长带来的系列问题，广东特大镇在机构方面进行了一些探索。如里水镇为加强治安管理，维护流动人口权益，专门成立了"综治信访维稳中心"。北滘镇设内设机构达15个，其中涉及流动人口的机构有流动人口和出租屋综合管理服务中心、农产品质量监督检测站、劳动管理所、环卫队等。

（3）设置协管机构。为方便开展工作，许多机构又设置了协管机构。比如里水镇设置综合整治大队来综合处理治安维稳、安全生产巡查、查处违章建筑等。协管机构和内设机构的不同在于协管机构一般是部门为了方便工作开展而设置，虽然有政府财政供养，但并不在政府正式行政事业单位序列中。

2. 权限不足是主要问题

调研中了解到，对特大镇来说，当前机构设置中存在的最主要问题就是权限不足。比如随着人口的增多，食品药品安全管理已经成为政府的职责，但是由于缺乏执法权，在查处假冒伪劣商品时，镇级政府连没收凭证都无权开具，管理难度很大。由于执法权的不足，也经常会遇到一些障碍，调研中有同志把此类工作形象地比喻为"替天行道"。也有同志抱怨说，政府庞大的各类协管机构实际上只有信息采集登记这一项合法职能，如果遇到相对人不配合的情况也没有办法。由于镇一级政府缺乏相应执法权和审批权，一定程度上也影响了政府公共服务的供给。如北滘镇为了完成一个社区卫生服务站的审批，共花费2年零10个月，主要原因在于镇级机构没有相应的审批权。

二、编制和人员："体制内不足，体制外来补"

随着特大镇人口增长和经济总量的膨胀，普遍存在人手严重不足、工作量大幅增加的情况。在这种背景下，一方面按照体制要求严格控制了公务员数量；另一方面政府通过体制外政府雇员和协管员方式来缓解人口增加带来工作量膨胀的压力。

1. 特大镇编制已不能适应实际需要

从政府行政事业单位人员编制设置来看，特大镇与一般乡镇区别不大。比如按照有关规定，镇级行政编制不超过65人，而北滘镇公务员编制仅67名，里水镇106名，长安镇138名。里水镇和长安镇编制稍微宽松的原因在于，里水镇是2005年刚刚由两个乡镇合并，因此编制稍多一点；长安镇是广东省6个乡镇机构改革试点单位，在试点前仅68名。即使将事业单位人员编制计算在内，里水镇226名，北滘镇367名，长安镇481名。

从人口公共服务需求来看，特大镇编制数是不够的，如果按照常住人口，仅计算政府公务员，里水镇、北滘镇和长安镇的"官民比"分别为1：2632、1：3522和1：4637，要远低于1：116的全国平均水平。长安镇仅为全国平均水平的1/40，即使情况稍好一点的里水镇也是全国平均水平的1/23。如果包括事业单位编制内人员，里水镇、北滘镇和长安镇的"官民比"分别为 1：1234、1：643和1：1330，而全国平均水平为1：33，三个镇分别为全国平均水平的 1/38、1/20和1/40。再以社会治安为例，发达国家警民比平均为万分之三十，我国全国平均为万分之十三，而以上三个特大镇不到万分之九，长安镇更不足万分之七。编制内的政府公务人员已经很难适应迅速增长的人口总量。

2. 政府雇员和协管人员成为政府公务人员的有效补充

面对日益增加的工作量和固化的行政事业编制数量，特大镇政府主要是通过体制外的方式来缓解矛盾：一是聘用政府雇员，比如长安镇事业单位实有工作人员623人，而编制只有343名，有近300人的编外人员。二是设立各类协管队伍，比如治安协管、交通协管、劳动协管、出租屋管理人员等。里水镇共有各类协管人员1700余人，长安镇政府财政共计供养各类协管约4000人。政府雇员和协管人员已经远远超过编制内公务人员数量。

政府雇员在职级晋升、工资待遇、社会保障等方面在制度上趋于健全，形成"地方粮票"性质的政府公务人员队伍。但是由于这些人员执法权的缺失，职业未来的非稳定性，以及同工不同酬等因素，因此政府雇员制度还有许多值得研究的问题。

通过协管队伍管理社会事务也存在缺乏相应执法权的问题，效果相对要差一些，效率不高，这也是社会治安等公共服务水平不高的重要原因。事实上，相应协管人员的配置比例并不低。比如，里水镇治安人员的配备比例是1∶200，而长安镇乌沙社区的治安人员配备比例高达1∶140。但社会治安方面仍然存在较多问题，比如里水镇1~4月份治安报警数仍达1805宗。对外来人口来说，社会治安状况要更为严重。长安镇乌沙社区2008年共发生3起凶杀案所涉及8人全部为外来人口。

三、经费来源："基层埋单"

体制内的公务员的经费上级政府会有拨款，但体制外的大量政府雇员和协管人员则需要基层政府来解决。从调查的三个特大镇来看，经费安排虽然有所区别，但主要是由镇级财政负担。如：里水镇治安人员各项费用合计要2.5万/人·年，镇政府要负担各类协管人员的全部社会保障开支，以及人员工资的一半，政府在协管人员经费方面每年支出超过2000万元。顺德区协管人员经费由区和镇财政各负担40%，北滘镇2008年仅治安联防大队经费支出达1591万元。长安镇政府雇用的各类协管人员的全部经费由镇财政来负担。

随着吸纳人口的增多，政府还要负担由于人口增多所带来的各类隐性支出，包括教育、卫生、环境保护等方面。比如，长安镇每天仅各类生活垃圾达880吨，北滘镇2008年的环卫队经费达1279万元。另外在教育方面，外来人口子女义务教育的责任也成为特大镇的责任。据里水镇政府测算，每个学位生镇政府要投入2000多元，据此测算，每年政府为外来人口教育投入要达2000万元。

从政府人员和事业经费来源看,特大镇政府承担了公共服务的主要经费。就特大镇政府财政收入能力来说,收入能力是非常强的,但是留存本级的财政比例太低。比如,北滘镇2008年国地税收入36.5亿元,但是镇级税收分成才2.34亿元,本级政府留成比例不足7%。里水镇税收留成比例相对要更高一点,但也不足17%。预算内收入已经不能够满足特大镇政府各项支出需求,不得不依靠预算外收入,如土地出让收入、镇级集体资产收益等。总体上来说,特大镇人口增多所带来的各项支出主要在镇以下消化掉。

四、思考与建议

特大镇之所以出现机构设置和人员编制不适应城市人口规模增长的需要,关键在于对日益增长的外来人口管理和服务的认识还有待提高。改革开放以来,大量的外来务工人员到珠三角地区长期就业,为珠三角地区的经济发展作出了巨大的贡献。但是由于户籍管理制度改革滞后,这些外来人员并没有享受到当地户籍人口所应有的公共福利待遇。在政府的管理和服务上,也把他们作为临时性的务工人口来对待。实际上,在我们调查的这三个镇,外来人口数量居高不下已经持续了将近20年。而且随着广东经济的发展,就业机会的增加,外来人口作为珠三角人口结构的重要组成部分将是一个长期趋势。作为国家的城镇化发展战略,解决外来人口从就业转为定居应该是未来一段时期内重要的改革目标。即使从当地经济和社会发展以及稳定的需要,把对外来人口的管理纳入户籍人口的公共服务和管理范畴,也对减少社会矛盾和治安隐患具有十分重要的现实意义。因此我们提出如下建议。

1. 要转变对特大镇行政体制改革的基本认识

对特大镇行政体制改革绝不能简单"一刀切","简编缩员"方式不适应特大镇发展的要求。为了应付外来人口增多对公共服务的需求,特大镇承担了部分人口输出地政府应该承担的公共服务职能,雇佣了一些临时性、事务性协管人员,事实上也没有带来机构膨胀。即使将各类协管人员计算在政府公务人员内,里水镇、长安镇"官民比"分别为

1∶121和1∶160，仅为全国平均水平的1/3.7和1/4.8。特大镇行政体制改革，首先可以选择部分地区进行试点，进一步总结试点经验进行推广。

2. 进一步推行特大镇机构设置和人员编制的改革

改革依据户籍人口和行政级别设置机构和人员编制的办法，把常住人口作为机构设置和人员编制的重要依据。对业已形成的政府雇员制度，应进一步探索和逐步完善。这些年，长安镇已经接待有关部门关于特大镇机构和编制改革的调研近20次，只是2007年底华建敏同志到东莞调研以后，给长安镇增加了一倍的人员编制，但是没有得到妥善使用。因为还要涉及现有已经长期从事行政工作的编外政府雇员，可能由于资格或者考试成绩等问题无法被录取为公务员，当地不好平衡。因此，机构设置和人员的编制改革要考虑到多重因素，一方面要有利于解决现实问题，另一方面要有利于符合行政体制改革的方向，同时要有利于现有队伍的稳定。建议在机构设置和人员编制上要尽量做到一步到位，并对遗留问题给予充分的解决空间。

3. 进一步赋予特大镇社会管理权限

十七届三中全会文件明确提出"依法赋予经济发展快、人口吸纳能力强的小城镇相应行政管理权限"，特大镇行政体制改革也不是简单增加机构和编制可以解决的，机构和编制的设置要与事权设置相匹配。可以下放的社会管理权限要坚决下放，可以委托镇级政府行使的行政权力尽量委托给镇政府。可以在治安、交通管理、规划、经济和社会发展等方面，结合机构设置和人员编制的改革，将相应管理权限下放给特大镇政府。

4. 要探索行政管理区划的改革，逐步推进城镇化发展战略的各项改革

特大镇的经济总量和人口规模已经超出了一些中西部地区的地级市或县级市。但是，在行政区划体制上，仍然停留在镇一级的管理层次上。改革行政区划，通过设市提升特大镇的行政级别，实质上还是担心机构和人员编制的膨胀。因此，当机构设置和人员编制问题以及行政管理权限问题都列入改革进程之后，行政管理区划的变革也就是势在必行。建议在机构设置和人员编制进行改革的同时，研究在特大镇设市问题。应根据镇区的人口规模，把特大镇划分为镇级市或县级市。并研究

新设市如何在完善功能确保公共服务的基础上，实行小政府、大社会的管理模式，同时探索相应的配套改革。

　　总之，机构设置和人员编制的改革，确实是牵一发而动全身的重大战略问题。从机构和编制改革入手，再进一步解决特大镇的设市问题，进而推进户籍管理体制改革，并且把外来农民工的公共服务转化为户籍人口的服务范畴，是城镇化发展战略需要突破的最为关键的几环节。

（2009年7月）

"强镇扩权"需要综合配套改革

李　可　范　毅

改革开放以来，东部沿海地区涌现出一批人口规模和经济实力都超过部分县级市，甚至是地级市的特大镇，但是仍然实行镇级管理机构和权限设置，"身子大，衣服小"已经成为困扰特大镇发展的主要问题，并且严重影响到镇级政府对新增人口提供公共服务的能力，成为当前推进城镇化政策面临的突出问题。针对这一问题，国家发改委城市和小城镇改革发展中心调研组，对浙江省诸暨市店口镇进行了专题调研，现将有关调研情况总结如下。

一、主要做法和成效

店口镇户籍人口6.2万，外来人口6万，2011年实现财政总收入13.4亿元，农民人均纯收入达30018元。全镇共有4000多家工业企业，其中规模以上企业300多家，6家上市公司。店口镇以不到诸暨市5%的面积、6%的人口创造了诸暨市1/4的工业经济总量，1/8的财政总收入。自2007年，店口镇开始实行"强镇扩权"改革，共向绍兴市和诸暨市申请下放225项权限，实际已下放157项权限。下放权限的运作主要有以下几种方式。

1. 委托

行政许可、行政处罚等需以市级相关部门名义做出的，由市级相关部门做出无责任签章。凡涉及行政审批、行政许可、核准、备案等由店口镇政府或各站所等经办印发的文件、规划等，按月报送市级相关部

李　可：国家发改委城市和小城镇改革发展中心政策研究处硕士。
范　毅：国家发改委城市和小城镇改革发展中心政策研究处处长、副研究员、博士。

门，如环境整治、招投标等。如市民政局委托店口镇经济发展办公室行使城乡最低生活保障待遇审批权，临时救助审批权，民办学校（包括学前教育）成立、变更、注销登记和组织协调社区建设，指导社区服务管理等职能。

2. 托管

调整机构设置后，将规划、建管、环保、安监、劳动保障等部门的下派人员纳入镇机关相应办公室。针对归并到镇政府里的部门，业务上受市局指导，日常管理、考核由镇政府负责，人员编制在市局。例如，设立店口规划分局行使市规划局在店口镇域内除需经市城市规划管理委员会及办公室讨论事项以外的一系列事项。规划分局设在镇城乡规划建设办公室，业务上接受市规划局指导，日常管理、考核由店口镇党委政府负责，人员编制在市规划局。

3. 延伸机构

明确了市级部门扩大店口镇所设站所的职能权限，主要涉及国土、公安、教育、工商、广播、卫生监督等6个部门。如将店口国土资源所更名为店口国土资源分局，在原国土资源所职权基础上，增加了农村私人建房用地审批、建设用地预审、临时用地审批等3项职能。又如设立店口交警中队和店口消防中队，分别行使店口镇域内交通管理和消防管理相关职权。

"强镇扩权"的实质是行政管理体制改革，有利于进一步调整理顺市、县、镇三级政府的权责关系，有利于提高镇级政府的行政管理水平。几年来店口的扩权改革取得了显著的成效：一是通过减少审批环节和程序，加快投资项目审批，完善了建设投融资体制，缓解了城市发展的融资难题，推动了项目建设进程。二是机构调整后，职权得到了扩大、延伸，增强了镇级政府管理能力。三是方便了百姓办事，以前要到市里去办的事，现在在家门口就可以完成。四是增强了政府的公共服务能力，财政留成比例从2007年的1%提高到2011年的10%，镇级可支配财力大大增强，进而增加了财政对公共服务的投入。

二、存在问题

店口镇的扩权改革对推动经济社会发展发挥了重要的作用，但是调研中也发现了一些不利于扩权改革的问题。存在这些问题既有体制方面的原因，也有观念和认识方面的因素。

1. 放权还仅作为一项临时性政策，没有形成稳定的制度化运行机制

2007年以来，店口经历了两轮放权改革。在第一轮放权时，诸暨市的主要领导高度重视，并在店口镇召开了现场会，也形成了《关于加快培育店口中心镇的若干意见》的文件。市级各部门也高度重视放权工作，并且在下放权力中需要以市级相关部门（单位）名义做出的，基本实现了"见章盖章"的运作方式，即只要店口镇政府盖章，则市级相关部门（单位）无责任签章。然而不久这种"见章盖章"的权力运作方式就出现回归，相关部门开始以"再研究一下"等理由为借口拖延签章，变相回收权力。而到2011年浙江省小城市培育试点启动以后，市主要领导重新重视该工作，而且店口镇领导也实现了高配，下放权力的运行又重新通畅起来。但仅仅5年时间，店口镇的扩权已经经历了"权力下放－变相回收－重新下放"的轮转过程，也就充分说明了"强镇扩权"只是一项临时性政策，下放权力能否有效实施还取决于政策导向和领导的重视程度。如果不能形成稳定运行机制，放权最终必将流于形式。

2. 镇政府人才队伍建设有待加强

店口的扩权改革是在原有政府人员编制和人才队伍基础上推进的，这带来的是两方面的问题：一是人才队伍的素质还不完全适应需要。现有政府工作人员还主要以过去的农村管理人才为主，随着权力的逐步下放，干部的素质与扩大的权限运行不匹配的现象日益突出，镇财政所现有的工作人员全是会计出纳出身，缺乏现代金融理财的知识，工程监理、城市规划、招投标等方面也都需要具备相应专业知识的人才。二是人员编制不足限制人才的引进。扩权改革没有与增加人员编制同时配套推进，权力下放必然带来事权的下放，工作量的增加带来了人手紧张问题，尽管新增加了26位政府雇员，人才仍严重不足。

3. 机构设置和职能以农村管理和经济发展为主，不适应转型的需要

从目前店口的经济总量、财政收入、建成区面积等指标来看，都与10年前的诸暨市相当，但是市级政府机构的设置，每个部门都有明确的责任分工，教育有教育局，医疗卫生有卫生局等。而目前店口镇政府机构设置尽管由"三局三办二中心"改为了10个综合办公室，如党政办公室、城乡规划建设办公室、经济发展办公室、公共服务办公室、社会管理办公室、农业农村办公室、公共资源交易管理办公室、行政审批服务办公室、综合行政执法办公室和社区服务管理办公室等，但仍是原来乡镇政府的管理模式。

4. 条块分割的体制制约着扩权改革

为配合权力下放，诸暨市对涉及店口镇的条块关系进行了调整，比如对工商、药监、质检等一系列垂直管理部门，实行"以块为主、条块结合"的"双重管理"模式。但随着工作对象、内容的改变，有的驻镇部门很难处理好对上级负责与对乡镇负责的"双重管理"问题，许多权力也就无法产生实际效用。即使是并入政府的几个部门，其人员编制和基本工资仍在上级政府，镇政府虽然对其有一定考核和建议权，但不掌管人事权，因此实际约束力仍然有限。

三、思考和建议

店口的扩权改革是一项有益探索，也取得了较好的效果，这项改革对全国推动特大镇向城市转化具有借鉴意义。但也要看到，强镇扩权改革仍处于从以管理农村为主向以城市管理为主的体制转型期，当前亟待完善一系列相关配套改革。

1. 将放权与编制增加结合起来

改革依据户籍人口和行政级别设置机构和人员编制的办法，把常住人口作为机构设置和人员编制的重要依据。为满足外来人口增多对公共服务的需求，店口镇也承担了部分人口输出地政府应该承担的公共服务职能，雇佣了一些临时性、事务性协管人员。目前店口共雇佣了117名政府雇员，与行政事业编制人员数量基本相当，并没有带来人员的膨胀。

对业已形成的政府雇员制度，应进一步探索和逐步完善。人员编制的增加要有利于形成城市专业管理人才队伍。

2. 将放权与科学设置管理机构相结合

特大镇的机构设置要适应从管理农村向经营城市的转变，要增加与城市管理相关职能机构的设置。进一步完善特大镇政府的公共服务职能，要将对外来人口的服务纳入政府管理职能，并设置专门机构进行管理。在核定人员编制的基础上，根据事权和责任相对称原则，可在编制内自行调整机构设置和人员安排。机构设置可打破"上下对口"的设置模式。

3. 建立稳定的强镇扩权的运行机制

以制度形式明确规定权力下放后的职能分工，权力下放后，要保持其不可逆性。明确划分特大镇与上级政府的基本事权和税收分成比例、基金收入分成比例，从财政体制上保障特大镇提供公共服务所必需的、稳定的资金来源。加大与特大镇城市管理与发展密切相关权力的放权力度，进一步理顺条块关系，设立延伸机构时，要将人事权一并下放。要将镇主要领导高配的做法作为制度固定下来，以保障权力有效运行。

4. 尽快探索实行多元化设市模式

设市可以为特大镇提供一个稳定的发展预期和转型渠道，但是也会面临诸多方面的难题，比如理顺店口与诸暨市之间的关系。目前店口的工业产值占诸暨的1/4，财政收入占其1/8，店口独立设市对诸暨的影响也是显著的，因此其面临的阻力也较大，需要创新设市方式。当前要研究设市标准和设市方式，设市要与未来我国行政管理体制改革方向保持一致，要探索实行城镇管理和农村管理分开的管理方式。要在完善功能和保障公共服务的基础上，实行小政府、大社会的管理模式，避免机构和人员编制的膨胀。

（2012年5月）

温州"镇级市"改革调查报告

乔润令

温州是改革开放以来，市场经济发育早、农村工业化、城镇化发展在全国具有标志性意义的地区。在发展非公经济方面形成了著名的"温州模式"。今年，针对特大镇面临的责大权小功能弱，严重制约经济社会发展和城镇化进程的问题，温州市又明确提出了"镇级市"改革目标，效果如何，前景怎样，我们对此进行了调研，报告如下。

一、温州特大镇的发展及面临的问题

改革开放30年来，以30个强镇为代表的强镇经济一直是温州经济的重要支撑，充分发挥着增长极的作用。通过农村工业化的强劲发展，有力地推进了人口和产业的聚集，以小城镇为主角的城市化进城随之加快。这其中尤以柳市、瓯北、龙港、塘下、鳌江5个镇最为典型。从区域位置看，这5个镇都不是县城驻地镇，但区位优势明显，面积最小的柳市镇达到49.88平方公里，而瓯北镇则高达136.3平方公里；5个镇建成区面积均在10平方公里以上。从人口规模看，这5个镇户籍人口总数79.6万人，平均每个镇16万人，龙港镇更是高达25.4万人；5个镇的外来人口总数64.6万人，平均每个镇近13万人，其中瓯北、柳市、塘下3个镇外来人口都已超过户籍人口，最多的塘下镇外来人口已经高达20万。

从经济发展看，这5个镇都是各自县域的经济中心，优势产业非常突出，柳市的电器、瓯北的泵阀和鞋服、龙港的印刷、塘下的汽摩配、鳌江的机械，都是温州产业集群的重要组成。2009年，5个镇的财政总收入

乔润令：国家发改委城市和小城镇改革发展中心副主任、硕士。

达到65.19亿元，平均每个镇达13亿多元，其中，柳市、瓯北、塘下三镇的财政收入高达17.37亿元、17.5亿元和12.95亿元。

尽管温州这几个强镇发展还算不错，但是这几年在浙江省的百强镇排名中却不断下降，与排名前列的浙北强镇差距越来越大，除了区位地理外，究其原因，也很简单，就是镇级建制责大权小功能弱，严重阻碍了温州强镇无法更好的发展。其中，从闻名全国的中国农民城到如今即便是在温州的小城镇排名中也不再靠前的龙港镇，就是一个典型例子。

二、镇级市改革的思路做法

为了加快改革束缚特大镇发展的行政管理体制，温州市最近实施了一系列的改革措施。主要包括以下内容。

1. 优先安排一定数量的用地指标

如龙港安排指标不少于全县的1/3，调整并降低柳市的土地农保率，扩大瓯北镇的建设用地预留空间，单独切快直接给塘下镇下达用地指标。

2. 扩大镇财政留存比例

预算内收入依然采取定死上缴基数，超收分成的体制，预算外的土地收入加大给镇的分成比例。如：瓯北镇以2008年收入为基数，超收部分县镇6.5：3.5分成；柳市的土地出让金80%留镇里；鳌江和龙港建立镇级金库。

3. 下放经济社会管理权限

在柳市镇下设公安、公商、国税、地税、国土资源、监察、规划建设、质监、环保9个分局；龙港13个分局，增加了司法、房管、法庭。县（市）职能部门充分授权派驻强镇的部门，扩大经济社会管理的权限。

4. 干部行政级别高配

党政一把手全面升级是"镇级市"改革的另一个焦点。5个镇的党政一把手为副县级，县（市）派驻柳市等5个特大镇的机构建立分局，分局正职由县（市）部门领导兼任或明确为副科级。人事任命需书面征得镇党委的同意。在核定的编制内，强镇还可以根据工作需要设置内设机构。

5. 下放部分审批权和执法权

建立行政审批服务中心、试点的强镇今后对企业投资项目、外商投资项目和技术改造项目的审批和核准权限将有所扩大。建立城镇管理综合执法大队，赋予相应的执法权，负责城镇综合性管理，统一行使镇辖区内市容市貌、园林绿化、市政工程和公用事业等方面的监督执法和社会事务管理工作。并设立土地储备中心、公共资源交易中心。

6. 整合扩充镇内机构设置

根据政府职能的增加，5个特大镇设有党政、综合治理、组织人事、宣传等5个管理办公室。增设了经济发展分局、财政分局、村镇建设分局、社会事务管理分局、安全生产监督管理分局等7个职能分局，1个行政服务中心、1个城镇管理综合执法大队，根据需要还增加了1个环境卫生管理所。

三、改革的利弊评估

1. 很显然，"镇级市"改革，在一定程度上扭转了权力集中到上层、责任集中于基层的不合理现象

扩权后，特大镇在工商、质监、规划建设、环保等方面拥有了部分县级经济社会管理权限，城市管理职能大为增加。镇级领导的职务高配，参加县常委会，住镇职能机构级别的提升，实实在在地增加了特大镇的调控能力。综合执法大队成立后，城市管理效果得到显著改善。财政上虽仍然维持"包死基数，超收分成"体制，但超收分成比例有所变化。如龙港改革后，财政收入比上年超收部分从奖励30%提高到奖励60%，土地出让金县镇分配由4∶6变为1∶9。柳市的土地出让金由原来县镇的对半分成变为80%留成柳市财政，公共服务能力大大增强。

2. 老百姓得到的好处

一是如果镇改成市，按照我国不少于10万人的设市标准，附之以户籍制度改革，原来从事非农就业、已经居住在城镇的当地农民就可以顺理成章的转变为城市市民，能够享受到子女就学、医保、经济适用房等社会福利和公共服务。二是政府有了相对独立的建设与审批权，不仅有

了建医院、盖学校、修马路的权力，而且也有了相应的财力，可以根据人口的增长和百姓的需要提供公共设施和公共服务。

3. 从温州目前改革的实际情况看，仍然是在县镇的行政框架内的放权让利

柳市等5个改革试点镇，虽然最终改革目标是要发展为镇级市，但目前仍然是镇的名称、镇的体制框架，上述改革对镇政府来说，实际获得的权力并不多，成为小城市需要的独立的财权、规划权、土地指标和开发等权限还没有涉及。放权主要是县（市）职能部门在强镇派驻分支机构，开辟政务点，解决镇级管理部门缺乏执法、审批等权力问题。下一步如何才能由镇变市，还需要解决许多问题。

4. 特大镇直接切块设市城市，可以成为解决农民工市民化的现实突破口

温州5个镇的外来人口总数64.6万人，平均每个镇近13万人，特大镇已经成了吸纳外来农民工就业居住的重要承载地。根据国家统计局数据，2008年，有206个镇外来人口占镇区总人口比重在50%~90%，从全国镇区总人口20万~50万的9个特大镇看，镇区总人口合计为227万人，外来人口占51.3%。镇区总人口在10万~20万的有142个镇，其镇区总人口合计185.2万人，外来人口占32.8%。如果我们适时推进改革，把100多家特大镇直接切块设市，而且将是否接纳农民工落户作为设市的先决条件，将会有几百上千万的农民工变市民，特大镇完全可以成为解决农民工市民化的重要突破口。

5. 小城镇最终发展成为小城市，是中央推进城镇化的重要目标

最早在1995年，由城市和小城镇中心指导的发展改革试点的前身，也就是国务院11个部委推出的全国小城镇综合改革试点政策中就已经实施。当时的龙港镇位列其中，曾先后在财政、户籍等10个方面进行了综合配套改革，对龙港当年的发展起了非常重要的作用。早在2000年《中共中央国务院关于促进小城镇健康发展的若干意见》中发〔2000〕11号文件中就已明确指出，"力争经过10年左右的努力，将一部分基础较好的小城镇建设成为规模适度、规划科学、功能健全、环境整洁、具有较强辐射能力的农村区域性经济文化中心，其中少数具备条件的小城镇要发展成为带动能力更强的小城市，使全国城镇化水平有一个明显的提高。"中央11号文件中提出的目标，现在看来，在温州的特大镇已经完全实现了。

6. 落实中央关于加快中小城市和小城镇的改革发展政策，需要探索特大镇行政管理体制改革

国家11部委20世纪90年代在龙港的综合改革随后几年出现了反复，苍南县几乎全部收回了下放的权限。据了解，在其他的试点进行的类似改革，最后也都无疾而终。虽然温州这次在推进城镇化的背景下，又开始进行了改革的探索，是否再次出现倒退，是否能够在政策上进行更大的突破，一方面需要经受时间的考验，另一方面也需要上级政府和各有关部门的支持。

2010年刚闭幕的十一届全国人大常委会第十三次会议指出，我国将积极研究完善设立县级市的标准，把人口、经济、财政、税收以及城市建设达到一定规模和标准的县（镇），适度改设为市。温州市小城镇的高速发展，导致县域经济中心与政治中心的分离，小城镇的发展对于当前的城镇行政格局是一个严峻挑战，迟早要引起小城镇行政体制的变革，需要加快探索。

四、政策建议

1. 试点先行

解决特大镇变小城市的改革，涉及行政区划的调整和城镇行政等级所涉及的管理权限问题，需要先行试点。温州上述几个小城镇从1995年开始就进行综合改革试点，创造了大量的发展改革的经验，为中央制定政策和小城镇发展提供了非常好的示范。现在，解决特大镇转变为小城市问题，也需要先行试点。建议中央制定原则，给出明确目标。把探索创新的权利交给地方，由不同的地方根据自身不同的情况，先行试点，大胆进行各种探索试验和综合配套改革，然后总结经验，逐步规范、上升为指导性的政策意见。

2. 重点探索利益补偿机制，确保特大镇设市后原县、市财政的平稳过渡

鉴于县财政大量抽调特大镇财政收入的现实，为了避免特大镇切块设市后所带来的财政收支失衡危机，应当鼓励地方采取一些过渡性的利益补偿措施，以减少县政府对撤镇设市的阻力，化被动为主动。按照浙江省发改委的想法，可以考虑新设市向原县政府以逐年递减的方式，支付财政收入补偿金。也可以考虑上级政府在3~5年内按逐年递减方式核减切块设市的县政府上缴税收额度，资金由新设市上缴的税收弥补。还可以探索改革现行财政体制，采取转移支付方式补贴原县政府。

3. 要进行配套改革

特大镇的改革一定要结合户籍制度、土地指标分配制度、财政、金融体制等方面的配套改革才有意义。比如，可以把特大镇的改革和省直管县的改革结合起来，探索特大镇变为省直管或者地级市直管，防止县级市政府因财政利益和管辖权限等问题，不支持有关改革。在配套改革中，也要研究涉及有关职能划分和未来行政区划调整等重大问题的改革。因此，也需要在进行相关试点中，机构和编制主管部门应和有关部门共同协调，制订试点改革方案，使得各项改革政策落到实处。

（2010年5月）

吉林省"扩权强县"调研报告

范　毅　许　锋

吉林省2005年开始实施"扩权强县"改革，通过两次集中放权，赋予县级政府地级市经济社会管理权限，共计下放县（市）876项经济社会管理权限，占到省级行政审批项目的60%，同时，在财政上实行"省管县"，完善省以下的财政管理体制。通过改革，吉林省县以下经济得到了有力的政策支持，发展潜力得到提升，增长速度明显加快。

一、基本做法

1. 权力下放的组织协调

省委省政府专门成立扩权领导小组，并在省委财经领导小组办公室设立扩权领导小组办公室，负责日常协调工作。

2. 权力下放的方式

权力下放区分不同权属，采取三大类共7种放权方式。

一是取消和暂停执行。取消就是省直部门不再行使该项行政审批权限；暂停是指对一些从未发生过或者是由于情况发生变化，继续执行不利于经济社会发展，而暂时不宜取消的权限实行暂停执行。

二是下放和改变管理方式。下放是指将原由省直部门行使的某项权力下放到县里自主行使，并承担相应法律责任；改变管理方式是指将原由省直部门审批的权限交由社会中介机构或行业组织进行自主管理。

三是委托、授权和分级管理。委托是指将省直部门行使的权限委托

范　毅：国家发改委城市和小城镇改革发展中心政策研究处处长、副研究员、博士。

许　锋：国家发改委城市和小城镇改革发展中心原规划处硕士。

县（市）以省直部门名义行使，省直部门对县（市）行为进行监督，并承担相应法律责任；授权是指将法律法规规定由省直部门行使的权限授予县（市）行使，并承担相应法律责任，县（市）行使权限同时需向上级行政机关备案；分级管理是指将原由省直部门全部行使的权限，分别由省、市、县分别行使。

通过两次权力下放，其中下放和改变管理方式权限412项；委托、授权和分级管理方式权限356项；取消和暂停执行权限108项。

3. 权力下放改革的主要内容

吉林省"扩权强县"改革的内容概括起来包括三个方面。

一是财权下放。在全省实行"省管县"财政体制，省县（市）共享的城镇土地使用税全部下放，增值税和营业税由六四分成改为五五分成，两个所得税由五五分成改为倒四六分成；对23个人均财力低于全省级平均水平的县（市），省共享收入全部下放；转移支付与地方财政增长挂钩。

二是项目行政审批权下放。将原来一些集中于省级部门的经济社会审批权限下放，比如发展改革部门的投资立项、国土部门的用地预审等。

三是进行人事管理改革。将县（市）党政一把手列入省委管理。对于成绩突出的县（市）党委书记，可提拔担任副厅级职务，并留任现岗职位工作。

4. 权力下放的监督落实

省政府专门出台文件具体规范权力下放工作操作办法，并且要求省直各部门制定放权实施细则。为此33个省直各部门分别制定了本部门放权工作实施细则。

二、工作成效

1. 提高政府工作效率，改善地方投资环境

通过放权，一些原来需要审批的项目现在不需要审批了，一些原来要到省里审批的项目现在县里就能够审批了，减少了行政审批的成本，

据匡算，仅放权半年就节省行政成本15亿之多。农安县政务大厅能够审批137个项目，省级下放的就有64项，占50%左右。随着政府工作效率的提高，投资环境得到切实改善，2007年民营企业数量达4.2万户，一些国内外知名企业如壳牌、华能、中粮等纷纷投资落户吉林。

2. 扩大地方项目审批权限，促进项目建设

扩权后县级部门的项目审批权限大幅度提高，非限制类项目审批权限从300万元提高到20亿元。2007年农安县投资2.2亿元的啤酒厂改造项目、投资1.2亿元的肉鸡屠宰项目和投资1.1亿元的建筑装饰材料项目都是由县里直接审批，报省备案。县级政府审批权限的增大，促进了县域固定资产投资增长，2007年，吉林省县域固定资产投资达1356亿元，增长50%。规模以上企业也得到迅速发展。比如农安县规模以上企业由2005年的64户增加到115户，产值由20亿元增加到45亿元。

3. 提高地方自主性，促进县域经济快速增长

省管县财政体制改革极大地促进了县（市）经济发展。2006年吉林省的县域经济增长速度首次超过了全省经济增长速度，2007年县域GDP总量达到2500亿，占全省经济总量首次超过50%。2006~2007年，吉林省县（市）级财政收入年增幅分别达到26.5%和27.4%。其中，2006年超过全省平均水平8.1个百分点。2007年，全省地方级财政收入超过2亿元的县（市）达到15个，比2003年增加11个；县（市）人均财力达到3.2万元，比2003年增长1.7倍。

4. 增强地方财力，加快社会事业发展

随着"扩权强县"改革实施，县级财力明显增强。仅省县（市）共享收入全部留成县级财政一项政策，2005~2007年全省县（市）就多得财力21.2亿元。随着地方财政实力的不断增强，县域社会事业发展取得一定成效，中央惠农政策资金配套也得到保障。比如九台市新型农村合作医疗参保率达92.8%，市财政就配套资金600多万元；农村"村村通"建设，市财政补助2000多万元。以前中央政策落实过程中存在的资金配套难问题，随着县域经济的壮大，也迎刃而解。

三、改革中存在的问题

1. 实质性权力下放不够

虽然目前已经下放800多项管理权限，但是这些管理权限不少是虚的，下放权限大多是审批次数较少，甚至"零审批"的权限，实质性权限的具体操作仍然在省级执行，进一步改革受部门利益化的阻力较大。

2. 与现行行政管理体制的矛盾

一是每一项行政审批权限背后都与国家的法律法规以及各部委的政策文件相关，这方面省里很难处理，国家层面不进行突破的话，进一步改革难度较大。二是基层政府对条条管理的垂直部门意见较大，要求改革的呼声很高。

3. 市县级关系有待进一步理清

虽然省级政府将部分行政审批权下放到县一级政府，但是地市级政府对县（市）的经济发展、行政事务、人事任免等管理权力仍然存在。在总体发展规划、区域布局调整、重大项目建设、副县级干部任免等方面，地级市政府具有更大的权力，而在一些需要配套的政策资金方面，市级政府又以"省管县"为由，拒绝进行资金配套。

4. 行政审批权的下放与行政资源配置结合不够紧密

随着行政审批权的下放，给县（市）政府带来了新的工作任务。由于县（市）条件不具备，很难实施。比如在放权改革中，要求公安厅下放车辆年审权限，但是由于许多县（市）不具备相应的条件，最终不得不保留在省里。从对省级各部门调查的反应来看，县（市）政府自身素质与执行新政策所需要的能力还有一些差距。

四、几点思考

吉林这样一个财政并不宽裕的农业大省进行的"扩权强县"改革，取得了显著成效，其意义是十分重大的。主要体现在以下几方面。

1. 在省级财政不富裕的条件下，吉林仍将地方分成的相当部分直接留给各县，并建立了相应的增收激励机制

这样做的时间并不长，但效果是明显的。县域经济增强了发展的活力及动力，初步呈现出加速增长的势头。这为改革财政体制促进经济发展提供了经验。

2. 吉林的做法是"扩权强县"

即把决策权、办事权更多地放到县一级，使县一级责、权、利尽可能配套，以促进县域经济社会的发展，使强县更强，弱县变强。这为全国农业主产区的发展提供了经验。

3. 改革并不是简单地在各级政府之间分权，而是界定政府、企业和社会的责任

在行政及事业审批权上，吉林省下了很大功夫，对各类审批权限进行了梳理，其中能够交给市场及社会中介组织办的，全部取消；能直接放到县里的权限尽可能放到县里；还有许多权限由法律及行政制度明确县一级不是施法施政主体的，则通过授权及委托的形式交给县里办。这对完善社会主义市场经济体制是有益的探索。

地方试点是改革的发端，但也要看到，有些问题仅靠地方是难以解决的。比如中央政府和地方政府的责权界定，象吉林这样的商品粮大省，许多县在保障国家粮食安全上都作出了很大贡献。但这些县多是财政穷县，如果不改变现有的财政管理体制和行政考核体制，那么地方就都会有发展工业、增加收入的冲动，与保护耕地、保障农业生产的国家目标有冲突。因此，在转移支付和目标考核上，需要中央政府有相应的配套政策措施。选择部分功能类似的县（市），作为国家进行中央和地方行政体制改革的试点，很有必要。

（2008年4月）

进一步推进省管县的改革探索

何宇鹏

从20世纪80年代，为了更好地发挥中心城市对农村的带动作用，中央政府在全国范围内推动了"市管县"的地方行政管理体制改革。之后，又放宽了"地改市"的标准。到了20世纪90年代，全国大部分原来的地区行政管理公署从外派机构直接转化为地级市。这一结果，使得中央政府在行政区域管理上形成了五级管理体制，即中央、省（自治区、直辖市）、地级市、县（县级市）和乡（镇）。我们从近些年的调研中看到，这五级管理体制，并不利于中央有关政策的直接传递。特别是在已经改市的地级市环节，由于各种复杂的城市发展的利益关系，一方面加大了县以下资源向地级市的集中，另一方面，也影响了县以下城镇发展的积极性和县级政府在统筹城乡方面的能力。进入21世纪以来，一些省级政府已经感觉到了这种矛盾的突出，开始尝试由省直接管理县级政府的改革，以便减少行政管理层次，更好地发挥县一级政府统筹城乡的积极作用。我们最近对吉林、安徽、浙江三省进行了调研，情况如下。

自2002年以来，从浙江开始，全国陆续有山东、福建、安徽、江西、湖北、河南、广东、广西、河北、辽宁、吉林、黑龙江等省份开始进行了"省管县"的改革试点探索工作（海南建省后已经完全实行了"县市分治"，加上4个直辖市，全国已有18个省、市、区试点或实现"省管县"）。各省改革试点工作进展如何，取得了什么样的成效，存在着什么样的问题，都对深化我国行政管理体制改革有着示范意义。最近，我们对吉林、安徽和浙江三省进行了调查。现将有关情况整理如下。

何宇鹏：国家发改委城市和小城镇改革发展中心原副主任。

一、思路和做法

到目前为止，各省都已进行了多轮改革。安徽和吉林进行了两轮改革，浙江进行了四轮改革，并且在今年都要继续扩大试点和深化改革。改革的目标，是要减少行政层级，提高行政效能。

1. 在财政上实行省直管县

吉林将国税地方留成部分实行省县五五分，地方税省县四六分，23个人均财力低于全省平均水平的粮食生产大县、资源县、少数民族县，共享收入全部下放，转移支付与财政增收挂钩。浙江除省保留电力、金融、保险税收外，其他省县共享税均实现属地管理，超收按1994年核定基数省分享20%，县分享80%。安徽省县共享税全部实现属地管理，增收奖20%，财政收入超10亿的县每年奖1000万。安徽和浙江在财政体制、转移支付、财政结算、收入报解、资金调度、债务管理等各个方面，全面实行了省对县直接管理。

2. "强县扩权"和"扩权强县"

目前，多数省赋予试点强县与设市部分相同的经济社会管理权限。安徽下放的主要是经济管理权限，12个试点县放权包括9个方面143条，其中下放审批权限和减少审批环节的事项占76.2%。2008年，安徽计划将试点扩大到30个县。

浙江开始试点时下放的是经济管理权限，后来逐步扩大到社会管理权限，20个试点县的扩权包括12类313项，其中经济管理权限占65%，社会管理权限占35%。2006年，又赋予义乌市与设区市同等经济社会管理权限，在推行省直管县上迈进了一大步。2008年，浙江计划在全省范围内推广20个试点县的经验。

吉林对全省范围所有县（延边自治州除外）进行扩权，对政府不该管的事情，交给市场或中介组织；对法律法规允许范围的审批权限，能下放的都下放；对法律法规明确规定设区市以上才能有的权限，采取授权或委托的方式进行下放。876项放权（占省管的60%）中，取消的108项，占12%，下放的412项，占47%，授权或委托的356项，占41%。2008年，吉林计划将剩余的40%权限再下放一半。

3. 行政管理

浙江和吉林都实现了县级党政一把手由省任命，吉林还规定县级班子保持相对稳定，届中不做调整，表现突出的县，党政一把手可享受副厅级待遇。

专栏1   **"市管县"体制**

    1982年，为了促进城乡经济共同发展，中央决定推行市领导县体制，发出《关于改革地区体制，实行市管县的通知》。从此，市开始逐步取代地区行署，省县之间的"地区层次"由虚变实，成为一级政府。市的重大决策、人事安排等都有人大的批准和监督，同时，其税收、财政也在一定的制度规定下实现了与省、中央的分割，形成了真正意义上的地方财政。到2004年底，全国334个地级行政区划单位中，已有269个"市管县"形式的地级市，"市管县"体制下的地级市所领导的县占全国总数的80%以上。

    "市管县"的本意是使中心城市有较大的发展腹地，通过区域经济协作，农村为中心城市保障"菜篮子"、"米袋子"，提供工业原材料，推动其工业化和城镇化。同时中心城市发挥经济的辐射带动作用，支持农村经济的发展。这种带有计划经济色彩的城乡体制安排随即遭遇到了市场经济体制逐步确立的资源配置关系挑战，并使县市矛盾日益突出。由于许多地市是有原地区行署所在县升格而成，并不具备中心城市的辐射带动作用。在市场经济条件下，它们试图以体制的行政力量来分配资源，从而造成所谓"市管县"的现象，严重影响了县域经济社会的发展，并在一定程度上对城乡差距的扩大起到了推波助澜的作用。

    据我们的调查，"市管县"主要体现在以下两方面，一是在项目申报和审批上，各种能够通过行政手段安排的项目建设，向中心城市倾斜。比如宣城市是由原来的县升格的，但经济发展和财政收入远不及下辖的宁国市和广德县，在这两个县进行"强县扩权"改革后，市里掌握的土地指标少了，通过体制干预发展的能力就减弱了。原来宁国每年的非农用地指标经过市里分配，只有200多亩，现在通过省里直接分配，增加到500多亩，翻了一番，相应市里掌握的指标就少了。原来市一级汇总项目筛选上报，有向中心城区调整和倾斜的余地，现在只能筛选不扩权的4个县，干预能力弱了。但是，宁国、广德却迅速跃升为全省排名第一和第十的强县。更加重要的是，市通过吞并周边县或乡镇，将发展快、税源多、土地价格高的地方，并入城区，形成行政区划上的xx大市，而非经济区划上的大xx市都市圈，造成了土地城镇化快于人口城镇化的弊病。以黄山市和歙县为例，黄山市先后将该县黄山南大门汤口镇、工业区岩寺乡和花山迷谷所在地篁墩乡划入市区，划走人口15万，划走财税1/3。现在这些地方产生的财税约3亿元，和50万人口的歙县财政收入相当。歙县的财政收入由曾经的全省第2滑落到33位。

此外，大量的理论研究成果证实，行政组织每多出一个层次，信息的失真率就会成倍增加。"市管县"体制人为地制造出一个中间层级，凡是县与省之间需要上情下达或下情上达的问题，本来可以直接沟通，但现在却不得不经由市一级中间层次，影响了信息传递速度，降低了行政效率。"市管县"体制还增加了"干群距离"，由于仕途层次多，管官的多，管民的少，导致基层干部对上不对下，下情又难到上，领导更换频繁，不利于县域经济的健康持续发展和民生问题的解决。

二、取得的成效

1. 县级财政实力明显提高，公共服务能力得到加强

在税收按属地管理的省，地方财政收入呈现向县倾斜的特征。安徽省的地方财政收入，经过调整后，省、市、县三级大体为1：2：2。浙江省的县级财政收入，已经超过全省的50%。即使在省县还有共享的省，例如吉林，经过3年改革，县级财政比改革前多得21亿元，平均每年多得7亿元，平均每县每年多得近1700万元。2007年，县级人均财力3.2万元，比2003年增加了2万元。浙江的财政体制改革，已经开始从初期的激励原则向均等化原则过渡，转移支付开始向欠发达地区倾斜。通过转移支付，2007年，全省发达县和欠发达县预算内支出已达到1.1：1。

2. 县域投资环境改善，经济发展活力增强

发展改革部门的审批权限的下放，是改革中另一力度较大的动作。吉林省将县级非限制类投资项目审批权限从300万元提高到20亿元，极

大地促进了县域经济的发展。2006年，县级固定资产投资1600亿元，比上年增长60%。县级亿元以上的投资项目达500多个，出现了前所未有的发展势头。如商品粮第一大县农安，2007年投资2.2亿元的啤酒厂改造项目和投资1.2亿元的肉鸡屠宰项目，都是由县里直接审批报省备案的。全省县域经济总量首次占到了地方生产总值的一半以上。安徽省2006年县域经济增长速度首超全省平均水平，县域经济对全省财政的贡献率超过30%。浙江省县域经济总量更占到全省的70%，成为全国县域经济最发达的省份。

3. 精简了办事程序，行政效率明显提高

以浙江义乌为例，省去地市一级中间环节后，审批时间一般可减少4~5个工作日。如省国土厅下放的5公顷以上具体建设项目用地审核报批，由义乌国土局直接审核后报省厅审批，中间减少7个工作日；省环保局下放的项目环境评估报告书，由义乌环保局直接报省审核，平均减少7~10个工作日。扩权改革不仅提高了办事效率，还降低了办事成本。如浙江人事厅下放的公务员考试等权限，当年免去义乌7000多人来回金华的奔波；公安厅下放的车辆年检等权限，方便了20多万机动车主，节省了群众的财力。据吉林省统计，放权半年节省的县跑省市的行政成本就达15亿元之多。

三、目前存在的问题

1. 改革的配套不完善，限制了下放权力的发挥

由于各部门改革的力度不一，造成配套措施之间衔接短路，不能充分发挥扩权的潜力。用地方的话说，就是"该快的更快了，该慢的更慢了"。突出的表现在发展改革部门行政审批权限下放了，但其他部门的审核权依然在地市一级，导致一些项目进展依然缓慢。像规划、环评等，要通过地市级行政部门的审批。审批前的项目评估，只有地市一级单位才有资质。这些单位通常是行政部门的事业单位，而非社会中介机构。它们通过行政权力而非竞争关系得到指定评估权，这样既降低了评估的权威性，又造成地市行政部门"运动员"和"裁判员"集于一身，

不利于项目审评。

2. 部门利益有强化趋势，不利于县级政府管理

调研中反应最大的问题，是部门垂直、利益固化。近年来，工商、质检、药检、技监、公安等许多部门都实行了垂直管理，且有强化趋势，县级政府权责不一问题越来越严重。在扩权中，垂直部门也是受到指责最多的，即部门以行政规章为由，拒绝放权，放权也是"放小不放大，放虚不放实"。核心问题在收费项目上，而收费对县级政府尤其是中西部地区来说，是一项重要的收入来源，用地方的话说，就是"财政保工资，收费保运转，项目保发展"。例如，安徽省的农村公路养护费，本是属于放权项目，由于17个地市交通部门没有落实，致使其成为最受诟病的典型。再如公安部门的驾照考试、技监部门的年检等，都成为县里反映比较多的问题。

3. 社会管理权限有待加强

目前各地执行的基本是激励为主的经济扩权政策。但是，随着政府职能向服务的转变，尤其是发达地区外来人口不断增加，公共服务需求压力增大，县级政府社会管理事务日益繁重。如县级政府没有中介机构审批、仲裁机构设立、伤残等级鉴定、医疗机构设置等社会管理权限，不利于提供服务。据诸暨市不完全统计，涉及这方面的权限多达190多项。沿海地区的许多县，包括乡镇，外来人口增加，有的已经超过当地人口，但在行政事业编制上，依旧按户籍人口设置，远不能适应经济社会发展需要。如义乌市，本地人口70万，外来人口104万，其中市区人口就达70万，完全是大城市的人口规模，但编制是按1991年63万人口时核定的，不得不临时雇佣8000多人，参与交通、公安、消防、安全等管理和服务。店口、钱清、杨汛桥等全国强镇，人口规模与内地的10多万人的小县差不多，经济规模甚至远超过内地的大县，城镇化的水平相当高，但行政编制只有几十人，与数千人的县级编制相差甚远。

四、几点思考

我们认为，各省进行的"省管县"试点改革，对垂直体系的行政管

理体制改革有着积极的探索意义。改革取得的成就,表明只有赋予县级政府更大的自主权,才能有效地转变政府职能,进而为缩小城乡差距提供政策工具。对此,我们有几点思考。

1. 要合理界定政府与社会、市场的权限

调查中发现,各地在清理政府各部门的权限时,列出的表格都有厚厚的一本书。政府管理的事情,还是太多了。所以,行政体制改革,首先并非权力在政府间和部门间的转移,而是要合理界定政府的权责。政府要承担的,是社会、市场管不了、管不好的事。政府必须渡让出那些利在部门的权力,才能更好地进行监管,进行服务。

2. 要合理界定各级政府之间的权限

财政直管和扩权强县的试点对扩大县级自主决策权、发展经济和加强服务起到了明显的激励作用。但是,目前由于各级政府的职责和权限的不对应,还是有很多应该下方的权限没有到位。例如,中央、省、市、县甚至乡镇在地方发展中应该承担哪些职能,哪些权责应该和利益、义务结合起来,确实还是存在许多模糊的边界,因此在进一步的改革中,要理清各级政府之间的职责和权限,

3. 用分类指导的办法完善县级政府的公共服务职能

允许农民工流入较多的大县按人口设置相关机构和行政岗位,修建学校、医院道路、水电等公共服务基础设施。对中西部地区的农业县、生态县等,要加强转移支付,确保县级政府的公共服务水平逐年提升,保证基本公共服务区域之间逐步实现均等化。

(2008年8月)

省管县体制改革的几点思考

孙方明

最近一段时间，我与何宇鹏副主任及范毅、许锋、张同升三位博士，先后到吉林、安徽、浙江三省调研省管县体制改革的有关情况。兴许是很长时间没有到下边调研了，我震惊于许多地方的巨大变化，震惊于生机勃勃的发展。同时，对改革与发展中的一些问题也引起了思考。鉴于三个省调研的基本情况，已由范毅、许锋、张同升写了4份专题报告，清楚地反映了调研涉及的基本情况和问题，大家可以参阅。我想讲的，是自己对相关问题的几点思考。

一、应积极推进省管县体制改革

1. 县是国家行政体制之本

我国行政层级系统中，县是基本单位。县级行政系统无论在功能及机构设置上，与省级行政系统、中央行政系统都具有同构性。县以下的乡镇，行政职能及机构缺失，经常不是施政及执法的法定主体。村历来是自治单位，不进入国家行政层级系统。

县级行政系统的重要性是经过长期历史检验来凸现的，即它的重要性首先通过稳定性来表现。至秦以降，两千年来，县以上的行政系统，可废可兴，变化非常大，名称不断变，机构不断变，层级不断增加。而"县"却始终如一，"我自岿然不动"，以不变应万变，表现出超越时空的适应性。县这个行政层级，凝聚了社会管理功能的基本方面，是国家行政系统中不可或缺的子系统，以至两千年来，连称谓的改变都没有

孙方明：国家发改委城市和小城镇改革发展中心研究员。

必要。

县首先是一个地域概念，然后才有人口概念、经济活动概念。这与"市"是不一样的，而经济概念及人口概念却是"市"的首要条件。西藏一个县，可以有几万平方公里，人口却很少，经济总量也很小，它依然是一个县，却不能成为一个"市"。"市"也离不开土地，但"市"是地块概念，不是地域概念。城市是不同功能地块的集合，而县的地域概念是固有的。所以，国与国之间，才会发生为一片不毛之地而大动干戈之争。这里争的不是经济学意义上的地块，而是疆域，即国土。有了国土，就要有机构去管理、治理，表示权属关系。在我国，这个最体现国家功能的基本单位就是县。

在日本，许多城市是县域中的"飞地"，"市"是县域内的自治体，但很多事情市都要仰县的鼻息，颇有"县管市"的味道。在一个地方设"市"，首先考虑是经济的合理性，它同时会给地方带来好处，比如就业、税赋等等。而不是相反，一旦设"市"，周边的资源却廉价的为"市"所用，用行政方式剥夺和掠取资源，人为造成巨大的城乡差别，这对县的发展肯定有不利的一面。

到目前为止，我国人口中70%左右依然生活在县及县以下的乡镇及村庄。随着工业化和城镇化的进程，这个比例应有一定程度的下降。但是，大城市不可能无限膨胀，中等城市向大城市的转化需要一个相当长的过程。合理的城市布局，没有那么大的随意性。县城及小城镇的发展，依然是工业化、城镇化这一历史进程十分重要的环节。从这个意义上看，县的重要性也是一目了然的。

中央政府要办的事，省级政府要办的事，最终绝大多数都要由县这个层面去执行、去实施。尤其当政府的职能，更多地从管制转向管理，转向服务，转向福利，县这一级承担的事务会更多、更具体、更面向公众。可以说，县这一级的事办好了，国家长治久安的基础就会更加坚实。县是国家行政制度之本，无论怎么去重视这一环节，都不为过。

2. 积极推进省管县体制改革

最近几年，一种带普遍性的现象引起了人们的关注：需要县一级办的事越来越多，而决策权、人事权、财权、监控权却日益上收，集中到垂直系统。县一级在整个国家行政系统中的权位似乎在下降。有人开玩笑说，按现在国家行政系统的层级推算，过去县官是"七品芝麻官"，现在九品都勉强，快成为"不入流"了。想想也真有点道理，在国家行政体制中，县长是处级，与部和厅局里的处长们相比，所承担的责任和事务真是不可同日而语。这仅仅是其中一个环节的类比，但它反映的含义，亦有深刻之处。

改革开放搞了30年，许多地方的省级领导突然发现，要县一级办的事这么多，而赋予县一级办事需要的权力却这么少，这么不配套。他们深切地感到，现在上级对县的管理体制，与县域经济发展的要求，与增强政府向公众提供更多社会服务的新施政理念，与公共资源分配上的公平正义原则很不适应。正是在这样的背景下，新一轮的改革探索开始了。

吉林省的动作最大，他们的做法概括起来称为"扩权强县"，即把决策权（审批权）、办事权更多地放到县一级，使县一级责、权、利尽可能配套，以促进县域经济社会的发展，使强县更强，弱县变强。全省对"扩权强县"的改革除延边自治州外，全面推开。改革集中于两个方面：一是行政及事业审批权。吉林省下了很大工夫，对各类审批权限进行了梳理，其中能够交给市场及社会中介组织办的，全部取消；能直接放到县里的权限尽可能放到县里；还有许多权限由于法律及行政制度明确县一级不是施法施政主体的，则通过授权及委托的形式交给县里办。二是在省级财政不富裕的条件下，仍将地方分成的相当部分直接留给各县，并建立了相应的增收激励机制。这样做的时间并不长，但效果是明显的。县域经济增强了发展的活力及动力，初步呈现加速增长的势头；仅行政费用一项，一年节约15亿人民币；关于民生的事，下边办起来也更顺利了。鉴于改革的实效，吉林省委省政府，正在启动新一轮的放权改革，准备把更多的决策权及办事权放到县一级。

安徽省对县级行政体制改革没有全面铺开，仅在部分条件较好的县试点，称为"强县扩权"，重点放在财政收益权的分配调整上。对试点县，省级财政直接对县级财政，绕过了管县的市。就财政这一点而言，步子似乎比吉林的还大，即一些强县，不是加大留给县里的分成比例，而是全部留给县里。这样做的结果，当然是锦上添花，强县的活力更强了。另一方面，在试点过程中，由于市县关系没有理顺，市县矛盾有激化的势头。这种情况，吉林、浙江也都存在。可以预计，别的地方也一样，只要进行省管县的改革试点，便与"市管县"体制相冲突。理顺市县关系的根本点在于实行更加彻底的省管县体制，让市县关系平行化。

浙江省的情况更具丰富性，特点有三：其一，始终坚持省管县的财政体制，全国独此一家；其二，高度重视县级行政系统的功能，强县扩权的试点开展得最早，并要求县向具备条件的小城镇扩权；其三，集中对义乌市（县级市，归金华市管）进行系统的放权、扩权试点，赋予义乌地级市的若干权限，并力图在义乌试点基础上，逐步将相关办法推向全省。改革开放之初，浙江省的经济底子并不厚，最多中等水平。改革开放以来，浙江省紧紧抓住两条，一条是县域经济发展，对县一级始终重视；一条是民营经济发展，弥补国资投资偏小的初始状态。30年过去了，浙江经济已经走在全国前列，社会事业的发展状况在全国也是最好的。全国百强县中，浙江最多，全国千强镇中，依然是浙江最多，这与浙江省始终坚持的省直管县的财政体制以及对县域经济的重视程度，是分不开的。

建国之后，我们在省县之间增加了一层机构，当时叫专员行署，后来叫"地区"。但"地区"不是一级行政组织，是省政府的派出机构，这在人口骤增、交通不便、信息传递困难的条件下是合理的。20世纪80年代后，多数"地区"纷纷变成"地级市"，地区指导的县纷纷变成了"市管县"。在我国行政系统的层级中，逐步坐实了"地级市"这一行政组织。"市管县"的初衷，一是希望"市"的经济发展，能把县的发展带动起来；二是限于当时的条件，省对县管不过来，"市管县"顺理成章。实施的结果，多数地级市的经济社会面貌有了较大变化，但对县的发展拉动作用不大，客观上扩大了城乡差别。

经过30年的发展，我国多数地区的交通条件和信息传递方式都有了革命性的变化，这是省可以而且能够直接管理县的基本物质条件。较长时间以来，我们较多地关注水平方面的机构精简和人员配置数量，较少关注纵向权力配置及层级的简化，致使很多事务的办理和职能的履行，对基层而言，越来越困难了。交通改善、信息科技进步的成果非但没有让基层办事更方便，反而使他们要跑更远才能把事情办下来。这种对社会进步的反向行为，值得深思。

各省纷纷在省-县体制上做动作，探索新的路子，绝不是偶然的。进行这项改革的时机已经来临，条件已经具备。如果说还缺点什么"东风"，那就是领导人的决心。实行省管县的体制改革，说起来简单，做起来却不容易，涉及行政权力配置的方方面面，甚至涉及不少人的切身利益。全国的发展不平衡，一下子全面推开，可能引起的震荡太大，风险也大。比较稳妥的方式是在中央指导下，先抓试点，有条件的地方步子可以大一点；同时与行政权力配置、政府职能转变、机构精简等改革配套进行。有人担心，一些省的县那么多，管得过来吗？这确实是个问题，按直线思维的逻辑，如果不能把省划小，那就想办法减少县的数量。总之，每个时代，都要找到适合时代条件的行政管理模式。两千年来，县这个基本单元没有变，但县域人口规模常常在变。结合地区差异，确定一个县的大体地域及人口的合理规模，应该还是办得到的，尤其在今天的交通和信息传递条件下。应该说，积极推进省管县的行政体制改革，是时候了。

二、按公平正义原则指导财政体制改革

1. 从县级财政做起，逐步改变现行财政体制的"两个倾斜"

各级政府的财政收入，无论其来源如何，都是公共资产，其分配和使用上的公平性，备受关注。较长时期以来，我国财政资源在分配上有两个方面的明显倾斜，即城乡之间，向城市倾斜；大中小城市中，向大城市倾斜。这种格局业已形成，改变起来很难，都必须加以改变，因为它的不公平性是明显的。地区经济发展有差距，城乡居民收入有差距都是事实，却不能据此认为财政资源分配上的上述倾斜是合理的。因为财政资源使用上承担着国民收入再分配的职能。其基本特征，不应当是锦上添花，而应当是阳光普照。

国家的财政资源从总体上说，除了保证国家机器的正常运转，保证

应付危机及各类大规模突发事件的战略性储备外，相当部分具有国民收入再分配的性质，即用于民众的社会福利、社会保障、义务教育等。在这方面，公平性是首要原则，即全体中国人，不论职业及居住地差异，享有同等的权利。现状同原则有差距，不妨从县一级做起。

我们调研的三个省，或在全省范围，或对其中的部分县，都通过提高县级财政的留成比例，使财政资源分配的天平，开始向县一级倾斜。分量虽然远远不够，却有了一个良好的开端。县及县以下，生活着全国人口的大多数，财政资源向县一级倾斜，有助于缓解向大城市倾斜的传统模式，肯定是趋于公平性的进步。我国2000多个县中，近一半要靠上级财政的转移支付过日子，但仅仅解决这些县的财政供养人口的吃饭问题是不够的。财政供养的目的是办事并提供公共服务。何况县及县以下的城乡居民，也有享受社会福利及社会保障的权利。因而，下决心逐步解决县级财政资源的配置问题，一是有利于扭转财政资源向大城市倾斜的问题，二是在此基础上逐步做到社会福利和社会保障的城乡一体化，扭转城乡间不公平的倾斜。要做这件事，光靠省级财政资源调整是不够的，需要中央财政体制做出相应的改革。下最大的决心，花最大的力气，从新设计财政资源的配置，真正充实县级财政。

2. 有所减少，才能有所增加

我国财政资源使用和分配上，经营性投资的份额依然太多，可以由市场作的许多事，仍由政府操刀。远的不说，新近成立的总资产1.5万亿人民币的中投公司，其实质就是拿财政资源作经营性的投资行为。拿银行的钱举债，银行的钱是储户的，出现风险最终还是财政买单。这种投资，用于二次分配，可以办许多事情。各级政府的经营性投资热情不受到根本性的制约，社会服务、社会福利的预算就始终紧巴巴。

财政资源的重要来源是税收，这几年税收总量的超常规增长，让很多人陶醉其间，丧失了危机感。这样连续的超常规增长，只可能有两种解释：一是我国统计的年GDP增长数字有问题，大大低于实际数据，否则难以解释何以能支撑税收年年能这样大幅度的超常增长。二是挖地方、挖企业太厉害了，征了过头税。难怪农民工进了城，却享受不了市民化的福利和社会保障，难怪中国企业的负债率这么高。现在不下决心，把税收增长降到适当的比例，以涵养税源，同时也是涵养今后的财政资源，日后就可能出现难过的"一年又一年"。这绝不是危言耸听，企业好，中国就有希望；地方好，中国就有稳定的基础。

有人会说，集中的财力，相当一部分都通过经常性转移支付及专项转移支付分给地方用了。这是事实，但经常性转移支付分配的合理性有待提高；由部门掌握的专项转移支付，在分清事权的基础上，应当减少，同时增加经常性转移支付的份额。专项转移支付，对地方来说，一是刚性太强，打油的钱不能买醋；二是需要地方按比例配套，常常破坏地方财政预算的严肃性；三是不要白不要，作假配套也要。总之，专项转移支付的随机性大，缺少分配的公平性，应尽可能减少。

再一个要减少的，是许多上级部门政策性法规中要求下级部门去做的"要这要那"。没有认真考虑施政成本和办事费用，出发点也许是为群众谋福利，想办好事，却往往是"要叫马儿跑，又要马儿不吃草"。这类要求的结果，常常使地方财政在资源分配上陷于被动。不办是不尊重上级，办又没有经费。千方百计筹钱，最终还是挤企业，挤百姓。应当打造这样一种职业道德，任何部门的领导，在向下级提出办事要求时，都要非常认真算算账，办这件事需要多少钱，这钱从哪项支出中安排。没有这个前提，凭空发指令，要求下级办这办那，是严重失职不负责任的行为，常常转变为对地方财政资源安排的干扰。

概括起来说，减少政府的经营性投资，适度减少税收增长的幅度，调减专项转移支付，减少没有预算来源的办事要求，都是下级政府、企业、公众的福音；是公共服务、社会福利、社会保障有可能较大幅度提高并日趋公平的重要物质基础。

3. 义乌的一项好措施

浙江义乌市（县级市）在县级财政体制改革中，坚持了一项很好的措施，即各项事业性收费，不给职能部门留成，全部集中到财政，通过预算统一安排使用。做这件事很不简单，它突破了许多部门内部制度的规矩，触动了不少人的"职业利益"，并引来较强烈的反对之声。至今，还有部分部门的上级机构，认为义乌的做法是越权行为。最终义乌坚持这样做了，并为此制定了若干得力措施。俗话说，"强龙不压地头蛇"，这事也就做成了。长此以往，反对声消停了，变成了通例。

义乌是以三产为龙头的经济强县，规模庞大的小商品市场能在义乌崛起，200多个国家的外国人、全国成千上万生产厂家都到义乌扎堆，不能说与义乌政府提供的社会服务毫无关系。政府提供的服务是由部门去实施的，由于没有收费留成，乱收费的动机消失了，部门利益弱化了，它很大程度上被发展带来的普遍收入提高替代。所以，义乌有今天，不敢贸然说政府的服务有多么出色，至少职能部门对企业、对公众无端的干扰会少很多。看来，在县一级财政体制改革中，这项措施极有推行价值。

三、改革也有难言之隐

1. 从审批及交办权的委托、授权谈起

在吉林、安徽、浙江调研时都碰到了这样一个雷同的问题：依照法律及中央政府有关部门的行政法规及制度性规定，许多审批事项及办事主体是省级部门和设区的地级市。而大量具体承办这些事务的，都在县或县级市。上述各省在进行省管县行政体制改革中，考虑到提高办事效率及县里相关部门施政的实际需要，将许多有明确规定只能由省级机构或设区的市级机构办的事，通过授权、委托等方式交给县里的相关部门办。这样"放权"的效果是明显的，县里办事方便了，办事效率提高了。企业、群众找到有关部门办事时，节省了费用，缩短了时间。但这样的做法，又显得不那么规范、不那么符合制度化的要求，有的明显是打"擦边球"。

上述几个省参与制定省级向县扩权、放权方案工作的同志都有难言的苦衷：一方面深感县级及基层办事的艰难，希望能把尽可能多的审批权、办事权放下去；另一方面也深知，上级制定的法规，也有不切实际之处，但不愿多说，就是说了，改起来也很难。既然这样，不如先找变通的办法干起来，采用"不改规则改办法"的方式。于是在给县级放权、扩权的过程中，有了大量的授权及委托这样的变通办法。

还有一些上级的规定太明确，连授权和委托都行不通，只好另找更

特殊的解决办法。实在找不到办法，只好让管事人受点苦、受点累了。例如按规定，商检部门最基层的单位只能设在设区的市（即地级市），义乌产业结构的特点决定了，对外商检的业务很多，但按规定只能到金华去办。义乌市找了国家商检局的领导，特别批准在义乌设立商检局，解决了这个问题，为需要办理商检的大批当事人提供了方便。而海关业务在义乌的工作量也很大，却只能设工作站，不能设关。于是义乌每天派车定时到金华接海关的工作人员到义乌办公。又例如，汽车进入家庭后，增长的速度很快，义乌市机动车拥有近20万台，加上外地的，近30万台，办理驾驶证必须要到金华。几经请求都没办通，据说是上级的刚性规定，只好让当事人自己去金华去办。再例如：到义乌做生意的外国人很多，发生合同和商务纠纷时，许多人不倾向找法院，而希望由社会中介组织仲裁。而按规定，仲裁机构只能设在设区市以上的城市。义乌有关部门只好尽可能用外国人不习惯的"调解"去缓和争议（有时有点作用），当事人不认"调解"，就还得跑金华。

类似的事遇多了，听多了，真是想破脑袋也不明白，问题到底出在哪里。法制化、规范化、制度化按理都是好事。但一经定下成为规矩，有任何一点脱离实际，改起来都很难；不改，实施起来更麻烦。

2. 一种值得关注的倾向

最近一些年来，不知出于什么考虑，随着财政管理权、分配权、使用权的集中，许多其他事务的决定权、调控权、监督权也在集中，表现为垂直领导的部门日渐增加。这一倾向，削弱了地方政府及相关机构的相应权力。这是利端，还是弊端，或是有利有弊，生活在北京，想也不想这些事，也没有感觉到垂直部门的增加算什么事。

这次到吉林搞调研，听到地方的同志发议论：说省要放权给县一级，许多事省里也定不了，现在垂直领导的部门越来越多，表现出中央对地方的不信任。因为第一次听到这样的议论，当时十分震惊。一时没有想通为什么垂直部门多了就是中央不信任地方。后来到安徽调研的同事，以及我们在浙江调研时，都多次听到类似的议论。听多了，不能不思考议论涉及的问题。想来想去，一时难下定论。有两点初步体会倒可以说一说：一是深感在一些权力向上集中时，以及一些部门由地方管理转变为由中央部门垂直管理时，其必要性及可能给该项事业带来的好处没有讲清楚，正面的宣传解释不到位；二是在中央有关部门及地方事权和责任划分不明确的前提下，争论权力集中在中央有关部门好，还是分散给地方好，似乎没有多大的实际意义。当然，有一点是可以确定的，即行政权力条块分割的关系处理不好，一定会给新一轮改革造成难点。

这次调研过程中，不断加强一种忧虑：现实生活存在的大量问题，需要进一步解放思想，通过深化改革去解决。但也有同样数不清的问题，是管理的问题。不能一遇到问题，就轻轻松松的将其装到改革的框子里。这是一种省事省心的办法，却极端不负责任。再好的体制，没有好的管理与之配套，事情仍然可能办不好，甚至办得一塌糊涂。例如，分清事权及责任的问题，在主要方面，就属于管理问题。让人忧虑的是，应当花大力气去做的管理工作，不认真去做，随便说一句是体制带来的问题，就听之任之。

3. 靠什么监督行政权力

在安徽和浙江调研时，鉴于部分行政权下放到县一级，弱化了地级市的部分权，市里常有同志严肃地指出，要加强对县一级行政权的监督。遇到这种情况，陪我们调研的省里的同志一定会私下补充：权力在他们手里时就不讲监督了。确实，对县一级的行政权力应当监督是对的，权力在自己手里时不讲监督是不对的。不受监督的权力必然产生腐败已经成为公认的常识。

靠什么来监督行政权力呢？无疑有不同的思路。一种思路认为，鉴于自己监督自己是不可靠的，只能靠上级专职部门来监督。这些部门必须是垂直的，才不受地方保护主义的干扰，真正起到监督的作用。对此，我有几分怀疑：其一，科学至今没有证明，"北京人"就一定比"南京人"智商高，更加聪明；其二，中国太大，要监督的行政权太多，靠一个部门或几个部门来监督，常常顾此失彼，鞭长莫及；其三，监督主要不是事情出来后去办案子，监督更重要的职能是预防出错或及时纠错，事后来查，然祸已酿成，而预防出错或及时纠错，靠上级有关部门常常都会靠不上，因为它常常不在事情发生发展的过程中。

那么，监督行政权靠什么，有几条是比较靠得住的：第一，进一步转化和削弱政府分配公共资源的职能，把一切能交给市场配置的资源交给市场办；第二，完善相应的法律法规，逐步实现司法独立，以司法权约束行政权，真正做到依法施政；第三，提高行政权行使的透明度，更好地实现权利人、当事人的知情权，提高舆论监督的有效性；第四，靠同级人大、政协这一民主制度来监督，使同级人大、政协对同级行政权力的监督措施更明确、更具体、更具硬约束性质。

因而，可以考虑，在进行省管县的行政体制改革中，把对行政权力的监督，应当做和可能做的事，在试点过程中作为配套措施逐步启动起来。在县这一级进行有益的探索，以渐进的方式逐步建立社会稳定、社会和谐的长效机制。

4. 适当加强地方立法权

我国宪法明确规定，地方各级人民代表大会均有相应的立法权。但在实践中，这项权力的运用并不充分。其中一个原因恐怕是全国人大在制定相关法律时，为追求法律的完备性及确定性，忽视了由于全国的实际情况差别很大，在作出一些具体规定时，应给地方立法留有相应的空间。因为一部全国性的法律，即使部分地出现不适应迅速变化的情况或不切实际，修改起来都十分困难，且时间周期很长。给地方立法以适当的空间，就可以使相关法律在不涉及国家安全的前提下（特别是民法类、商法类）使法律更完善，更结合实际。

同时还可以考虑，上一级行政机构制定的行政性法规，在什么范围内可由下一级人民代表大会作出有利于地方实施的修改。我国正处于社会经济快速发展的时期，同时处在需要继续深化改革的关键时期，各项事业日新月异，发展中不断涌现出新问题。法律法规局部出现不能适应新情况新问题的现象，是带有必然性的。为避免或减少这种"非故意性过失"，给地方立法留出相应的"修正"空间，既是可行的，也是必要的。它是完善法律法规、提高其适用性的重要环节。还要注意到，将地方政府的组成机构变动为垂直领导的部门，是需要经过同级人大批准的，除非上一级人大有专项决定。机构变动，隶属关系变动，也要有法律依据，也要通过法定程度，不是一件随意由上级部门就可以决定的事。

如果地方立法权得到适当加强，如义乌能不能设海关、设仲裁机构、发驾驶证这类十分具体的事，就有可能较好较快地解决，大大方便当事人，符合以人为本的宗旨。同时，许多现在要通过授权、委托方式，县一级才能办的事，就可以名正言顺地由县里去办了。

有人担心加强地方立法权会冲击法制化和规范化，使事情复杂起来。实际上，中国这么大，情况本来就复杂，试图用简单的办法去解决复杂的问题，常常是行不通的。加强地方立法，本身就是法制化的重要内容。这样做的结果，只会使法制更完善，规范更合理，如此而已。

四、上有政策，下有对策的另一方面

1. 执法机构的A章与B章

初看这个题目，不知底里的人是一团雾水，什么"A章""B章"？其实事情很简单，这是浙江省在"强县扩权"中的一大绝妙发明。如果说对明确不能放到县一级的某些决定权、审批权、承办权系用授权、委托的方式交给县一级办是一种变通性的"对策"。那么，"A章"与"B章"就更是这样了。即在放权试点中，因法规明确规定执法的主体是省及地级市的相应机构。为了方便县一级不是执法主体的部门办事，这些省市的机构经过批准而刻两枚公章，留在省市的称为"A章"，拿到县里去办事的称为"B章"，以至"C章""D章"等等。"A章"与"B章"，具有同等的法律效力。

这肯定是一种不规范的行为，但仅仅指出这点是远远不够的。为什么会产生这种现象，怎样去规避这类"合理不合法"的行为才最有利，是值得深思的问题。简单地禁止这么做，规范是规范了，但社会成本极高，基层、企业、群众办事就很不方便，行政效率就很难提高，以人为本就是空谈；提倡这种作法，就会使规范化的努力受到挑战。看来，通过合法程序使执法主体下移是唯一合理又合法的选择。做不到这一点，各种"对策"就会应运而生，层出不穷。

2. 从"协警"看编制问题

20世纪90年代以来，国家出于精简机构和人员的考虑，对财政供养的编制控制非常严，无疑，从主流方面看，这是有利于民生的好事，但在实际执行中，也有僵化的一面。即从统计学意义上，行政编制控制住了，但在实际中却常常不是这么回事，财政供养的人数似乎控制住了，靠各种"收费"供养的人数却大量增长，且多数是严峻的事态及上级对下级的工作要求逼出来的。仍以浙江义乌为例：改革开放前，义乌县城人口仅10万多人，现在近80万人，包括大量外来常住人口。义乌市公安局的编制仅900多人，其中还有200多人的编制是近年报请公安部特批的，其中交警编制100多人，要管理近30万台车，管不过来；消防武警编制30多人，要管理一个80万人的城市，20多万处出租房；警力严重不足是太明显的事。编制不能增加，事情要办，正道走不通，只好走旁道，真是"鸡有鸡的道，鸭有鸭的道"，于是雇了近3000多名"协警"。你说它是"下有对策"也好，你说它不规范也好，甚至指出"协警"不具执法资格也好，反正管理一个80万人口的大城市（尽管义乌只是一个县级市），就是需要这么多警力。

义乌佛堂镇，随着经济的发展，集聚的常住人口已近10万人，建成镇面积也已达到10多平方公里。其规模比全国许多县城都大。因为级别是科级，不能设公安局，只能设派出所，编制只有15人。靠这15人去管理一个人口近10万人的小城市，是"超人"也做不到的。变通的办法是，该派出所雇了150多名"协警"，是正常编制的10倍。这类的事听起来让人吃惊，看起来有几分可笑，想起来却有点悲哀。许多事都摆在明面上，却长期熟视无睹。

类似的事仅在义乌就不胜枚举，许多单位由于编制不够，就雇"协办人员"；行政编制不够，就用事业编制的人员办行政事务；固定人员不够，就请长期"临时工"。按保守统计，义乌各类"协办人员"总数在8000人以上。这些人，财政不供养，却总得有钱供养，难怪这费那费，税外加费，始终制止不了。象地方机构的人员编制问题，在政府职能转变期，在工业化、城镇化的高速进程中，是不是都要由中央的部门来管，有没有可能把一部分编制的决定权在配合预算硬约束的前提下，交给地方人大去决定。

3. 上有政策、下有对策的另一面

对审批权、决定权、办事权采取授权、委托的形式下放权力也好；使用A章B章的方式变更执法主体也好；用"协办人员"弥补编制的不足，用事业编制人员办行政人员的事也罢，都是下级应对上级某些规定的具体对策形态。

"上有政策，下有对策"已经喊了二十几年，谁都知道，是一句重量级的贬义词。泛指政令不畅，上边的好政策被下边执行走样了，甚至被下边用各种各样的"对策"歪曲、抵制，以至执行不下去。这种现象有没有，回答是肯定的。否则一种说法盛行二十多年就不可理喻。然而，实际情况绝不像一句高度概括的说法那么简单。"上有政策，下有对策"为什么屡禁不止呢？恐怕写几本书都未必能讲明白。无奈何，只好究其几点，谈谈看法。

任何国家、任何政体，都可能出现部分政令不畅的现象，这应该不是事情的主要方面。一旦成为普遍现象，问题就大了。上边的决策、政策、政令一到下边就走了样，甚至受到抵制。只能说明这个国家的决策和施政的大系统出了严重问题。我国肯定不在此列。由此推论，"上有政策，下有对策"必有好的一面。

依照"实践是检验真理的唯一标准"这个常识，上边制定政策，是一项社会实践；下边在探寻实施的具体对策时，也是一项社会实践。上边是较少人群的社会实践，下边是较多人群的社会实践。尽管对与错不是根据人多人少来区分的，但下边的实践性更强，面对的情况更复杂，具体的形态更丰富，应该是没有争议的。从正面理解，"上有政策，下有对策"带有必然性。上边的"政策"是指导全国的，一般只能高度概括、精炼、原则；遇到下边的具体情况，必须有实实在在的"对策"与之配套。反之，如果层层都不作"对策"，不制定实施的具体措施，完全照本宣科，"政策"确实不会走样，但再好的政策，也会变成一纸空文。

一项"政策"，下边千方百计寻找"对策"加以抵制，背后如果还是巨大利益关系没有协调好，就应当反省"政策"本身的问题了。下边会出错，上边同样也会出错。到下边走一走，看一看，认真做点调查研

究就会清醒地认识到，真理源于实践，"上有政策，下有对策"更多的是积极的一面，好的一面。这反映出千百万基层干部和群众的负责态度和实事求是的首创精神。这是社会进步之希望所在。

改革搞了30年，深化改革的历史任务仍然艰巨；实践是检验真理的唯一标准的讨论已成为定论也有30年了，进一步解放思想却依然必要。这应当成为我们纪念十一届三中全会的丰功伟绩，纪念改革开放30年取得的举世瞩目成就，纪念真理标准大讨论，应当首先要努力做的事。

（2008年5月）

完善城市规模划分，促进城镇化健康发展

徐勤贤

制定城市发展政策，首先需要弄清楚什么是大中小城市？城市规模应该如何划分？这对于积极稳妥推进城镇化健康发展意义重大。

一、城市快速发展迫切需要制定城市规模新标准

原有划分标准已被废止。目前的城市规模划分一直使用1989年《城市规划法》的标准，但是自2008年《中华人民共和国城乡规划法》实施后即被废止，再没有明确可依据的划分标准。

城市规模发展很大变化。改革开放以来，城市规模在快速壮大，城市数量也大量增长。2010年我国城市共657个，其中：城市市辖区人口400万以上的城市达到了14个，甚至还出现了5个1000万以上的城市；建制镇19410个，其中镇区总人口超过5万人的建制镇已达到740个。和1978年相比，2010年200万以上人口的城市增加了34个；100万~200万人口的城市增加了62个；50万~100万人口的城市增加了81个；20万~50万人口的城市增加了70个，而20万以下人口的小城市也增加了217个。

二、我国城镇规模划分中存在的主要问题

城市边界划定不清给城市规模划分带来难度。城市的行政地域范围与城市实体的地理界线不一致给城市人口的界定造成很大的困扰。城市的行政辖区要远大于城市的实体范围，而以市辖区作为城市范围无疑又

徐勤贤：国家发改委城市和小城镇改革发展中心政策研究处助理研究员、博士。

扩大了城市的边界。

以户籍人口和非农业人口来统计城市人口已经不符合我国城市，尤其是经济发达城市的实际情况。新世纪以来大量的流动人口进入城市，早已是城市中不可或缺的群体。此外，许多经济发达城市郊区的"农民"在就业、居住和生活等方面均已城市化了，完全具备成为城市人口的条件。

一批实质上已经是城市的特大镇被忽略了。如果按人口规模为划分依据，一些经济发达、人口早已达到中等城市、大城市标准的镇或者县城，早已符合城市的标准，理应纳入城市等级中去。但是，在统计和研究中，"城市规模"所指的"城市"却都只是"建制市"。

三、政策建议

随着城市化进程的加快，我国城市数量不断增加，迫切需要制定新的划分标准。

1. 尽快明确城市的概念，合理确定城市边界

由于我国的城市还管辖着其他城市（镇）。当前亟待明确界定城市概念，区分城市辖区和城市主城区概念。明确以主城区确定城市边界。主城区是指本级城市人民政府驻地建成区及其相连的集体建设用地区域。其他与城市主城区距离较远的、建成区和集体建设用地不直接相连的区县政府驻地及部分建制镇镇区，按此标准确定其城市边界。与城市主城区距离较远的、建成区及集体建设用地不直接相连的、主城区常住人口达到一定规模的区县政府驻地和建制镇，建议直接设市。

2. 重新界定城市等级标准

要将主城区人口作为城市规模划分的依据，同一行政辖区内不同城镇的规模划分也要以各自城镇主城区人口为依据。将城市主城区常住人口超过1000万的城市划分为超大城市；调整其他城市类别的人口数量标准。城市市区常住人口400万以上的为特大城市，100万~400万的为大城市，20万~100万的为中等城市，5万~20万的为小城市。

3. 调整城市设置标准

相应调整设市标准，重新启动设市工作。主城区常住人口超过5万的区县政府驻地和建制镇，建议直接设市，纳入城市的行列，并赋予它们城市的管理权力。

4. 启动城市规模的研究课题，为城市发展和城镇化政策制定提供依据

要将城市规模、数量、等级等问题列入重要研究计划，为我国城市发展政策和城镇化政策的制定提供依据。

（2012年6月）

甘肃省撤并乡镇情况调研报告

窦　红

自20世纪90年代末以来，从江苏、山东、北京开始的撤乡并镇工作的经验被推广以后，全国各地从精兵简政和合理配置行政资源的目标出发，纷纷开展了撤乡并镇工作。从1997年开始，全国乡镇总数从44891个下降到2006年的34675个。由于撤乡并镇工作的开展，大大减少了地方基层政府机构的设置，并杜绝了在已经撤并乡镇的地方，财政供养机构的滋生和行政人员的扩张，在很大程度上，减少了未来地方政府"吃饭财政"的压力。时隔几年，随着撤乡并镇工作的告一段落，重新审视撤乡并镇的效果，深入研究在撤乡并镇之后出现的新问题，为此，应民政部的邀请，我们参加了对甘肃省撤乡并镇情况的调查。现将有关情况介绍如下：

一、甘肃省撤并乡镇工作的主要做法

甘肃是一个自然条件差、经济欠发达、城乡二元结构突出、区域发展不平衡的农业省份。1999年底，全省共有乡镇1562个，全省1万人以下的乡镇达583个，占全省乡镇总数的37.3%。乡镇规模偏小，增加了行政管理成本，加重了财政负担和农民负担，不利于生产要素的合理流动和资源的优化配置，制约了农村经济发展和城镇化进程。因此，2001年以来，按照民政部等国家7部委《关于乡镇区划调整工作指导意见》（民发[2001]196号）的要求，甘肃省政府开始部署撤并乡镇工作。到2006年底，乡镇行政区划调整工作基本结束，全省共撤并乡镇342个，撤并幅度

窦　红：国家发改委城市和小城镇改革发展中心研究员、硕士。

达到21.9%。

1. 试点先行

如在定西市临洮县进行试点，提出了"撤小并大、撤弱并强、撤穷并富、方便群众、科学合理"的原则和撤并方案，全县34个乡镇，撤并了6个。在确保工作顺利的情况下，到2004年，又主动撤并乡镇10个，全县乡镇数减少到18个，撤并幅度达到47%。

2. 制定撤并目标和标准

甘肃省制定的全省撤并乡镇的总体目标是乡镇总数减少20%，撤并的重点是人口少、经济实力较弱的乡镇。具体标准是：

（1）人口少、经济实力弱、基础设施差、发展后劲不足的乡镇。除民族自治地方及少数边远山区外，原则上不再保留1万人以下的乡镇。

（2）两个乡镇政府驻地距离较近、管辖范围都不大的乡镇，乡镇分布过密、管辖范围过小的乡镇。

（3）铁路、公路沿线，同一山系或流域，交通便利，管辖范围不大的乡镇；资源分布相近或自然地理条件相同但被认为人为分割的乡镇。

（4）县城所在地、部分中心镇可并邻近的小乡镇，城镇化水平低的乡镇并入城镇化水平高的乡镇。市辖区内的乡镇可扩大规模，部分城市化水平较高的可改设为街道办事处。

（5）撤销区公所建制。对于边远地区，则酌情处理，不搞"一刀切"。例如，甘肃东南部群山连绵、地形复杂的陇南市两当县秦山乡人口仅为1300人，民勤县花儿园乡人口仅800多人，但考虑乡政府地处边远，仍予以保留。

3. 分步实施

具体实施分四个阶段进行，一是各县调查研究、制订方案。二是各县的撤并方案，经各地（市、州）政府审查上报省政府审批。三是各县按批准的方案组织实施，各地（市、州）具体指导；四是撤并工作结束后，各地（市、州）、县分别检查验收，省上组织抽查。

4. 处理好遗留问题

（1）妥善安置和分流富余人员。省政府研究决定，确定了原乡镇人员编制不收；被撤并乡镇富余人员可在全县范围内调整使用；降职使用人员工资待遇不变；动员有条件的干部到事业单位工作，确定辞退聘用人员的安置分流办法。各地均按照上述办法安置分流的富余人员，绝大多数干部是满意和理解的。

（2）完善乡镇驻地管理和公共服务。多数地方，特别是在合并过程中离政府驻地较远的被撤乡镇政府驻地设立了综合性办公室，协调处理各方面工作，管理干部由原乡镇干部担任，有的由现乡镇干部轮流担任，有的还在村委会派驻了管理干部，群众需要到乡镇政府办理的事，能代办的由驻村干部代办。在服务问题上，绝大多数地方保留了被撤乡镇驻地的学校、卫生院、兽医站等主要服务机构，有的还设立了综合性的服务机构，如，肃北县和阿克塞县原各有6个乡镇，撤并后各有3个乡镇，在被撤乡镇原驻地均设立了牧业生产服务办公室，群众牧业生产所需的物品均由办公室保障。

（3）转变职能，进行机构改革。甘肃省乡镇改革是按照中央关于县乡政府机构改革总体要求进行的，随着撤并乡镇工作的开展，为乡镇综合改革创造了条件。如临洮县根据乡镇撤并后乡镇区域面积、工作量大小不等的实际，把乡镇进行分类，分别按类对乡镇内设机构、人员编制、领导职数重新进行了调整。关于乡镇"七站八所"，目前有的地方仍保留着原有的机构设置，有的被撤乡镇的服务人员合并到新的乡镇，在新的乡镇政府办公。公安、工商、司法、税务等实行垂直管理的机构，由主管部门按照行业政策规定，结合实际提出调整意见。

二、甘肃省撤并乡镇工作的主要成效

通过撤并乡镇和行政区划调整，取得了较好的成效，主要体现在以下几个方面。

1. 优化了乡镇规模和结构

通过撤并乡镇，甘肃省全省万人以下的乡镇从1999年的583个，减少到348个，占全省乡镇总数比例由1999年的37.3%下降到2006年的29%，强化了中心镇特别是县政府驻地镇的实力，扩大了它们的地域规模和人口数量，增大了城镇容量，为整合经济社会资源打下了基础。

2.精简了机构，减少了人员，降低了行政成本

到2004年，甘肃共撤并乡镇314个，分流人员16859人，合并了5073个村组，减少村干部49720名。合并和撤并学校2585所，减少临时教师9876人，相应减轻了财政负担和农民负担，农民人均减负35元。到2006年，全省共减少乡级领导职数3900多人，年均减少行政开支经费2亿多元。如天水市精简了乡镇党政正职80余人，副职300余人，分流富余人员和清退临时工1000多人。特别是公务支出明显减少，按照一年每乡一辆公务车费用最低2.5万元，公用电话费2500元，公用水电费4000元计算，全市减少37个乡镇，仅此三项每年至少可以节约行政成本120万元以上。

3.带动了乡镇机构改革和职能转变

天水市根据发展经济、社会管理、公共服务和综合治理的乡镇基本职能，基本按照"一办两所三中心"（即党政办公室、财政农经管理服务所、人口与计划生育服务所、农业综合服务中心、社会事务服务中心、村镇建设服务中心）的模式确定工作机构，基本每个乡镇内设机构比撤并前减少3~4个，减幅一般在35%左右。通过内设机构的确定，领导职位的配备和人员编制的核定，基本把住了乡镇公务员和工作人员入口关，放宽了人员分流的出口关，形成了干部有进有退，能上能下的乡镇干部管理机制。

4.进一步完善了县区财政体制

如天水市普遍实行了"乡财县管"、"村财乡管"的财政管理方式，从而有效地规范了乡镇和村的各项收入和支出，保证了重点和生产性支出及时足额到位，从源头上有效防止了不合理开支和新债务的发生。

三、甘肃省撤并乡镇工作出现的问题

甘肃省撤并乡镇工作开展已有5年时间，总体比较平稳，得到广大群众的普遍认同，目前，一些后续工作仍在继续进行中，如撤并村组还在实施，一些富余人员要在3~5年分流完毕；撤并乡镇驻地的改造、利用和功能使用上仍在探索；一些旧的债务问题仍困扰着县区财政等等。

1. 政府对乡镇的政策性补贴明显减少

在农业各税取消后，从2005年起，甘肃省政府为缓解乡镇公用经费困难的问题，每年补助每个乡镇公用经费10万元，2006年又增加到每个乡镇13万元。"十五"期间，定西市共撤并乡镇43个，撤并行政村213个，撤并幅度达到26.5%和11%。按照定西市撤并43个乡镇计算，每年乡镇公用经费减少430万元。被撤乡镇的人员工作大部分进入了合并后的乡镇，但经费不足，影响了乡镇工作的正常运转。

2. 已撤并乡镇基础设施建设投资明显减少

乡镇精简后，由于农村道路、乡镇卫生院等方面的投资主要依据现有的乡镇数量下达投资计划，根据有关规定，今后对已撤并乡镇的道路建设不再纳入通乡等级公路改造项目和通乡油路项目范围，在教育、卫生等农村公共事业上的资金也将主要用于现有乡镇，所以已撤并乡镇这方面的资金投入明显减少。

如公路建设方面，定西市临洮县原已规划列入建设的7条约100公里的通乡公路，由于乡镇被撤，通乡公路降级为通村公路，无法享受到国家专项资金的扶持来改造成通油路。该县龙门镇的干部反映，由于公路降级，路的质量都降低了，原来通乡路的保养是用沙子，现在只能用土保养。边远地区群众出行难，农产品运输难的问题依然得不到解决。经测算，该县由于乡镇数量减少而直接缩减的国家投资公路里程数，按通乡道路国家每公里补助40万元计算，仅此一项，全县减少投资4000万元。

如卫生院建设，撤并前临洮县有34所，撤并后保留18所，对撤并的16个乡镇卫生院继续保留，作为新合并后乡镇卫生院的门诊部。虽然原有的服务人口和服务半径未变，但在申报卫生院建设项目计划时，上级部门对门诊部的建设一般不予考虑，致使这些卫生站点的危房状况和医疗设施无法得到根本改观。按2006年该县争取建设的同类乡镇卫生院国债项目投资标准计算，全县这方面直接减少投资540万元。

在学校建设方面，我们实地考察了陇南市康县阳坝镇，康县境内山大沟深，林草覆盖率高达70%，居民居住分散，是一个典型的山区农业县和国家扶贫工作重点县。2005年6月阳坝镇合并了托河乡和太平乡，现在面积504平方公里，人口13332人，有34个行政村，包括120个村民小组。农村公路村村通工程实施到2006年，有28个行政村通了公路（指农机路），6个行政村不通。其中，60个村民小组不通公路，涉及5000多人。从被撤掉的原太平乡政府驻地到阳坝镇政府驻地共27公里的山路，前一天下了小雨，由于道路没有硬化，有些泥泞，我们乘越野车走了1个小时10分钟。据了解，原太平乡最远的村距阳坝镇55公里。该乡的村小学是4年制，原太平乡中心小学是5年制学校，剩下的学年学生要到阳坝镇小学上学。如果不撤乡镇，原太平乡小学就有可能经改造成为6年制学校，但现在不行了，有些村民干脆到阳坝镇租房住，保证孩子完成小学学业。

3. 乡镇人员分流和人才引进困难较大

目前，撤并乡镇已基本完成，撤并村组工作还在实施，由于采取被撤乡镇不收编制的人员安置办法，因此，全市大部分乡镇存在核定的编制少，实有人员多的问题，由于核定的编制少，不仅超编人员分流困难，而且影响乡镇引进优秀人才。临洮县2004年乡镇撤并工作结束后，按照省上的乡镇类别划分和机关、事业单位核编的有关规定，于2005年核定该县18个乡镇事业编制（不含教育）925名，行政编制486名，而现实有工作人员1806名（含乡镇卫生院工作人员），两者相差395人，一方面形成超编现象，另一方面，又限制了县内大中专毕业生进入乡镇单位工作。

4. 乡镇办公用房和经费紧缺

定西市由于撤并力度较大，原来43个已撤乡镇的人员全部并入现有的119个乡镇，造成现有乡镇人员普遍增多，乡镇普遍存在住房、办公经费紧缺的问题。另一方面，现在许多被撤乡镇作为片区管理，片区也需要经费，如康县阳坝镇派在原太平乡片区有11名工作人员，片区的用房维护费和工作经费，县财政并不认账，只能从合并后的阳坝镇经费中支取。

5. 撤并乡镇驻地的改造、利用和功能使用上还需探索

我们在被撤的原太平乡看到，阳坝镇派驻11名镇干部，在原乡政府驻地办公，办公用房有20多间，而相邻的原乡中心小学，学生宿舍却是

30~40人住一大间，睡大通铺。被撤的原托河乡，原卫生院现只留有2人，一名医生，一名炊事员。医生外出门诊，办公用房约10间就炊事员一人看守，而该乡一个山村，农民下山租房供孩子在乡原来的学校上学。

四、我们对撤并乡镇工作的认识和建议

通过调研，我们感觉到，甘肃省撤并乡镇工作有效地减轻了县财政负担和农民负担，促进了政府职能的转变，拓展了重点小城镇的发展空间，为优化资源配置打下了基础。但是乡镇撤并不是简单地将一个乡镇撤销再并入另一个乡镇乡镇的问题，而是一个比较复杂，事关全局的系统工程，必须事先做到谋划在先、统筹考虑，妥善处理好撤销后涉及的所有问题，避免简单化，给人民群众的生产生活和政府工作造成不便和困难。我们建议：

1. 配置资源要打破行政区划的限制

现在，农村公路、学校等投入以行政区划来划分，一个乡镇，一个中心学校、一个中心卫生院，这个问题在交通发达的地区还不成问题，但甘肃许多地方山大沟深，过去撤掉的乡镇，也是当地人口集聚的中心，如果没有政府机构驻扎了，就没有投资了。因此，政府的公共资源要考虑服务人口数量、管理地域范围、地理环境，地理位置的重要性等综合性因素，来决定是否投入和投入多少。例如陇南市两当县，有一个乡被撤后，通乡公路建设纳入不了十一五规划，经调研确实需要修路，经地方发展改革等部门的努力和民政部门出具证明，通往原乡驻地的公路就纳入了实施国家十一五规划中通乡油路的规划。

2. 原有的资金投入渠道不能断和减

如加大对基层政权建设资金的补助，增加消化乡村债务的财政转移支付额度，统筹考虑被撤乡镇的道路、卫生院等公共建设，在制定政策、项目资金扶持等方面，加大对这些地方公路、电力、学校、医院、通讯等基础设施投入，以保证撤并乡镇工作的成果和长远目标的实现。如甘肃的基层干部建议，上级政府的投资政策，中间是否应有一个过

渡，如省里给每个乡镇的13万元，补助是不是还按以前的乡镇补助；在投资项目分配上，能否也按照原来的乡镇给，先给2~3年，让乡镇形成一个好的发展环境。毕竟公路是给老百姓修的，而不是给干部修的。

3. 转变乡镇政府职能，加大公共服务力度

要通过撤并乡镇，促进乡镇政府机构改革和职能转变，强化基层组织建设，并与建立农村公共服务体系相结合。如据我们了解，现在农民需要到乡镇政府办的事，主要有办理户口、居民身份证、申报宅基地、婚姻登记、申领计划生育指标、领取救灾款物等事项。因此要转变干部工作方式和工作作风，切实解决被撤并乡镇和边远地方群众办事难、办事远的问题。

4. 探索被撤乡镇驻地管理和服务新方式

要鼓励地方探索被撤乡驻地管理和服务新方式，探索闲置政府资产的有效利用。如天水市皂郊镇把合并的原店镇乡政府驻地——店镇村列为2007年新农村建设推进村，发展商贸业、服务业、加工业等第三产业，加强学校和卫生院建设，设立各种便民服务点，不断推进被撤乡驻地经济社会快速发展。地方政府的这些做法还需要上级政府的支持和投入。

5. 发改委要做好撤乡并镇的统筹规划

撤乡并镇虽然是行政区划调整的问题，但是随之而来的却是如何保障各级政府的公共服务如何深入到边远农村地区的事情。因此要至少在地县两级政府做好区域发展规划，有效地安排公共资源的配置，切实解决撤销了乡镇政府地区的公共服务缺位问题。建议发改委就撤乡并镇对边远地区农村经济发展的影响，确保公共服务在精兵简政之后更有效地发挥作用等问题进行调查，统筹规划，并提出切实可行的办法，使各项政策落实到实处。

（2007年4月）

第四篇
土地问题

"地票"对统筹解决农民进城落户的启示

范　毅

最近国家发改委城市和小城镇改革发展中心，对重庆市江津区、荣昌县和大足县农村集体建设用地制度改革进行了调研，调研时发现，重庆市在城乡统筹改革实验中，通过"地票"模式对城乡建设用地增减挂钩试点政策进行了探索，现将有关情况报告如下。

一、什么是"地票"

"地票"是重庆在进行"城市建设用地增加和农村集体建设用地减少挂钩"（以下简称"挂钩"）试验中进行的一次重要探索。所谓"地票"就是把要参加"挂钩"的农村集体建设用地指标确权量化后，以票据的形式通过重庆市农村土地交易所在全市范围内公开拍卖。

"挂钩"试点的基本做法是在项目实施期内把农村集体建设用地复垦为耕地，将新增耕地转化为挂钩指标，可在城镇项目开发区内占用等量耕地作为建设用地，以期实现耕地占用的动态平衡。"挂钩"试点中的一般做法是，拆旧和建新都必须限定在规定的行政区范围内，主要是考虑近郊区非农就业比重高，农民集中安置居住对就业的影响较小；此外在近郊区实施"挂钩"试验，也有利于解决旧村改造，缩小城市和郊区的反差。重庆"地票"交易和"挂钩"试验的区别是：

1. 交易范围扩大

重庆的"地票"交易则是超越了传统的"挂钩"试验的行政区界限，把远郊区纳入"挂钩"试验的范畴。而在全国其他地区的"挂钩"试验

范　毅：国家发改委城市和小城镇改革发展中心政策研究处处长、副研究员、博士。

中，一般都是在县域内或市辖区范围内。拆旧的范畴基本是近郊区。

2. 实现价格统一化

"地票"将不同区域的挂钩指标打包进行拍卖，然后按照面积分配拍卖收益。"地票"价格的高低与项目区无关，与级差地租无关，仅与拍卖价格有关，实现指标价格的统一化。比如，2008年12月第一宗"地票"交易指标就来于江津区、城口县、铜梁县等三个区县，但这一宗"地票"交易的价格是一致的。

3. 把土地的交易转化为票据化的模式

"地票"模式是把挂钩指标票据化。通过"地票"形式，土地从在空间上不可转移的实物形态资产转化为可交换的票据，使固化的土地资源转化为可流动的资本。特别是把土地通过票据化的方式，进行统一拍卖，把近远郊区的"挂钩"项目按照统一的票据模式处理，试图把具有强烈个性化的点对点的"挂钩"项目，以票据化的方式规范管理。

4. 先复垦后占地，减少了"挂钩"风险

常规"挂钩"试验需要使用周转指标，采取"先用后补"模式。一边在建新区将周转指标落地，一边在拆旧区复垦农村集体建设用地，三年项目期结束后，实现城乡建设用地总量平衡。"地票"模式是先对农村集体建设用地进行复垦，验收合格后增加的耕地指标，通过"地票"在交易所进行拍卖，实行"先造地后用地"的操作模式。

二、推行"地票"的利弊分析

1. 政府为什么推行"地票"

推行"地票"在用地方面对政府来说可以达到以下两方面效果：一是增加城市政府发展用地的规模。当前各级城市政府已经普遍感觉到发展用地指标不足。比如，重庆市江津区2009年的用地指标有7000亩，其中仅公路建设就要占用2000多亩；荣昌县总共仅有2000多亩用地指标，远远满足不了产业发展的需要。由于耕地保护严格控制用地指标分配的限制，寻找城市用地的新渠道成为城市政府的重要工作。因此，通过"挂钩"的方式解决用地，通过"地票"的方式扩大用地调剂的空间范

畴，是政府的初衷。二是降低拆迁成本，减少拆迁矛盾。"地票"模式实现了在远郊区县偏远地区进行拆迁安置，在近郊区县用地。在远郊偏远地区，农户对集体建设用地的增值收益预期不高，降低了拆迁难度。在城市近郊区，农民对土地，特别是对房屋的增值预期很高，政府和开发商不愿意面对近郊区对村庄和宅基地的高拆迁成本以及引发的社会矛盾。据荣昌县测算，在县城旁边，仅房屋拆迁补偿和住房货币安置费用就要超过30万/户。如果是重庆市城乡结合部，拆迁补偿价格更高。而"地票"价格平均在10万元/亩左右，最高13万元/亩，最低仅8万元/亩。

2. 远郊区农民从"地票"交易中获得的好处

远郊区的农民很难从土地级差地租中获益。由于有了"地票"交易，远郊区农民可以从城市发展的级差地租中获益。例如，江津区的李市镇孔目村，距离重庆有近一个小时的路程，即使距离江津区政府所在地，开车也要半个小时。村里的宅基地和建设用地，如果没有"地票"交易，几乎没有任何其他利用价值。但是，通过"地票"纳入"挂钩"试验项目，解决了新农村建设问题，补偿费用新建了农民的集中安置点，将水、电、燃气（沼气）、闭路电视、信息网络、污水处理、垃圾等基础设施进行了相应的配套，并配套了生产用房。据农民估算，安置点住房由农民分散来修建的话成本要在700元/平方米，而集中安置点农民因为通过"地票"得到了补助，每套住房的支付价格为300多元/平方米。

3. 有利于提升偏远地区农村集体建设用地价值

"地票"形式通过远距离、大范围的置换，提升了远郊区和偏远农村地区集体建设用地和宅基地的价值。"地票"收益90%用于返还区县，主要用来补偿农民、平衡复垦成本、支付集体经济组织收益等。从江津区的操作来看，参与"地票"交易农户一般可以获得3万~4万元的补偿。

4. 集约利用了土地

通过撤并、整合农村居民点，可以缓解农村集体建设用地浪费土地资源的问题，对于集约节约利用土地起到了促进作用。据调研三个区县测算，江津区原农村居民住户户均宅基地约1.2亩，通过集中安置，每户用地只需0.3~0.4亩，节地率达到60%~70%。大足县户均宅基地约1.5亩，通过集中安置，每户用地约0.7亩，节地率达到50%。荣昌县户均占地0.8

亩左右，实行集中居住后，户均仅0.3亩左右，节地率达到60%。

5. "地票"存在的问题

不能否认，"地票"是一次对农村集体建设用地改革的重要的探索。但是由于"地票"交易完全是在政府主导下进行，因此在利益的天平上，仍然是倾向政府。一是交易的透明度不高。我们对参与"地票"交易农户的访谈了解到，农户对"地票"知之甚少。特别是当不能实施项目点对点的置换时，农户对自己的土地实际市场价值并不清楚，因此影响到农民可能获得更多的补偿。二是农户获得的只是房屋补偿，土地的价值是否列入补偿的范畴还需要进一步明确。比如，按照江津区规定，农户按照80元/平方米的标准获得宅基地上建筑物的补偿，并根据购房区域的不同获得不等的购房补贴。这仍然是拆迁补偿的方式，只不过是将在近郊区的拆迁通过"地票"转移到偏远地区进行。补偿也是针对房屋，而不是农户宅基地，当然影响到拆迁农户不能分享拆迁后土地增值收益。三是"地票"升值后，补偿仍然按老办法进行。据在江津的调研，在已交易"地票"的生产成本约为7万元/亩左右，其中复垦成本约为1.6万，农户补偿约4万，集体收益0.66万，耕保基金1万。而到2009年底，"地票"交易价格已达13.58万，但对农户补偿仍然按照固定标准进行，农户没有充分分享"地票"增值收益。

三、户籍管理体制改革是否可以借鉴"地票"的做法

重庆市政府推行"地票"的出发点，固然主要是为了方便城镇用地，但不能否认这对于中国农村集体建设用地制度的改革是一次重要的探索。如果把"地票"的形式和农民进城落户的城镇化政策结合到一起，可能会对于解决进城农民的宅基地处置上带来十分有意义的尝试。因为这项政策的出发点兼顾了政府和农民的双重利益。

2009年底的中央经济工作会议、中央农村工作会议和2010年的政府工作报告都把深化户籍制度改革问题作为重要的内容。在当前阶段，推进户籍制度改革，是率先解决城乡结合部农民的户籍问题，还是率先解决进城农民工在城镇落户问题？两者之间哪一个更容易操作？从农民的意愿和解决难

易程度来看,城乡结合部的农民受土地升值预期的影响,并不愿将农业户口转为城镇户口;而对农民工来说,他们长期在城镇生活和就业,已经具备了在城镇生活的一切条件,他们对落户城镇的要求比较强烈。

2009年我国外出农民工1.45亿,其中举家迁徙农民工2966万。这些举家迁徙的农民工大多来自离城市较远的农业区。由于地处偏远,他们在农村的宅基地市场价值不高,很难成为他们进城定居的初始资本。我国农民人均集体建设用地在200~250平方米,即使按照人均200平方米计算,仅举家迁徙的农民工在农村就占用了近900万亩的集体建设用地。如果能将这些土地置换到城镇,既可以解决城镇发展的用地问题,也可以解决农民进城落户后土地的有偿退出问题,并为农民进城提供了初始资本。但是,通过点对点的置换方式,面对分散且距城市较远并不在同一个大行政区的农民,显然操作起来难度很大。如果由中央政府出资,结合户籍制度改革,统一购买进城落户农民的宅基地,通过"地票"的形式出让给用地的城镇,并把其中一部分收益补偿给原农村集体经济组织和进城落户的农民、农民落户的城镇政府,可能对中国未来的城镇化政策以及相关的农村集体建设用地制度改革具有十分重要的实践意义。

从全国数据来看,在务工地购房的农民工比重并不高,但从我们在重庆的调研来看,随着农民工外出的增多,收入水平的提高,在家乡城镇购房现象已经比较普遍。比如,大足县高升镇先进村不足50户的十一组已有10多户农民在城镇购置了住房;据江津区统计,江津城区每年30%的商品房是由农民购买。这些在城镇购房的农民,对农村宅基地的交易愿望较高。对江津区李市镇的调研发现,在第一批137户参与"地票"交易的农民中70%已在城镇购房。推进农民进城落户,"地票"是利用市场化手段激励他们彻底切断与农村联系的政策工具。

"地票"交易为我国户籍制度改革、农村土地制度改革和统筹推进城镇化政策的制定带来了许多重要的启示,如果操作得当可以达到"一举多得"的政策目标。但它也是一项改革的产物,还有一些配套制度需要不断研究完善,也涉及许多农村历史遗留问题。建议进一步加强对"地票"制度探索的跟踪研究,不断总结经验;并选择合适的区域有序扩大试点范围,深入探索,逐步规范。

(2010年4月)

天津市以宅基地换房建设
示范小城镇的调研报告

黄 跃

天津市自2005年下半年开始，积极探索以宅基地换房建设示范小城镇的新模式。目前，这项探索已初具规模。为总结天津市建设小城镇的有益经验，国家发改委城市和小城镇改革发展中心近日赴天津进行了专题调研，现将有关情况整理汇报如下。

截至2010年11月底，天津市先后共建设了四批宅基地换房示范区，累计使用挂钩周转指标52075亩，涉及全市范围内61.5万农村人口。表1显示了各批示范区的大致情况。

表1　　　　　　　　天津市宅基地换房各批示范区统计

批次	挂钩周转指标	指标下达时间	涉及乡镇和行政村	农村人口	目前状况
第一批① （5个示范区）	12405亩	2006.4	3镇42村	8.6万人	农户全部入住 完成复垦
第二批② （12个示范区）	9075亩	2008.6	9镇80村	11万人	农户全部入住 正在复垦
第三批③ （12个示范区）	19995亩	2009.7	11镇132村	22万人	新居正在建设
第四批④ （9个示范区）	10600亩	2010.8	9镇98村	19.9万人	前期规划编制

注：① 包括东丽区华明镇、津南区小站镇、武清区大良镇、南北辛庄村。
② 包括西青区张家窝镇，北辰区双街镇，津南区八里台镇、葛沽镇。
③ 包括东丽区金钟镇、军粮城镇，津南区北闸口镇、辛庄镇等。
④ 包括大港区中塘镇、小王庄镇，东丽区新立街，西青区中北镇、王稳庄镇、精武镇，武清区东蒲洼镇，宝坻区高家庄镇、静海县大邱庄镇。

目前，前两批15个示范区已基本建设完成，16.6万个农民已经住进了漂亮的小城镇。

黄　跃：国家发改委城市和小城镇改革发展中心发展改革试点处副研究员、硕士。

一、主要做法

天津市的宅基地换房，其最大的特点是将农民集中居住和新型小城镇建设有机结合起来。在大多数示范区，农村宅基地复垦后形成的建设用地指标全部用于新建小城镇内的工商业和公建配套设施建设。以下是天津市宅基地换房的主要做法。

1. 尊重农民意愿，尽可能满足老百姓的实际需求

天津市在确定示范镇之前，要求所有申请试点的村召开村民代表大会进行表决，只有拥护率超过95%，且村民自愿签订整理宅基地的法律协议后才能正式获得试点批准，由此较为充分地尊重了农民的意愿。此外，各示范镇在实际操作中也尽可能地满足老百姓的实际需求。比如，天津市静海县子牙新镇，仅就"享受宅基地换房人员资格的认定"这一条，负责具体操作的相关部门就在征求村民和村委会意见的基础上来来回回修改20余次，最终出台了共计13条认定可享受补偿人员的指导意见①，从而使得很多原本无法享受政策补偿的村民可以享受到宅基地换房的福利②。此外，为使来自9个不同行政村的村民在换房后仍能就近居住在一起，当地操作者不厌其烦地帮助农户调换他们随机抽到的还迁房。

2. 统一颁发大产权证，提高还迁农民房屋的市场价值

天津市将所有示范小城镇的建新区用地均转为国有划拨用地，集中居住的农民都可以领到类似经济适用房的房屋所有权证。根据相关政策，自住满五年后只要缴纳一定比例的土地出让金，就可以将现行分配所得的住房在市场上自由出租或出售。在东丽区华明镇，所有还迁农户已经领到大产权性质的房产证，当地房屋的私下交易价格已经达到每平方米6000~7000元的水准。在津南区辛庄镇尚未完全建好的农民安置区内，已经有人在楼道和居民户门口发布求租信息了。

3. 由村委会与居民社区并存到撤村建居，逐步改革农村基层管理制度

为平稳实现农村基本公共治理体制的变迁，天津市采取渐近式改革

---

① 参见静海政发［2009］68号文"静海县子牙示范小城镇宅基地换房置换办法"。
② 比如长期在村里居住生活但又没有本村或本组农业户口的人员，这批人在华明镇的建设过程中就无法获得相应的人均35平方米的房屋补偿，但在子牙的这个项目中就可以了。

方式：首先，在新建小城镇内部以3000户为单位设立社区居委会，以邻近的300户为单位设立邻里，以邻近的30户为单位设立居民小组，居委会、邻里和居民小组主要负责计划生育、社会保障、户籍管理等日常性事务。其次，暂时保留村委会，经营管理过渡时期的集体经济资产。最后，实行三改一化，完成全面转型。对村集体经济组织进行股份制改造，采取资产变股权、村民变股东的方法，将原来封闭的集体福利转变为开放的个人财产权。将农村改为社区，撤销村委会，建立起完善的社区管理和服务体系。将所有农民改为城镇居民，实行基本公共服务一体化。

4. 定位城市居民的新需求，积极发展现代设施农业

在华明镇的一块总计2126亩的宅基地复垦区域里（包括部分承包地），由华明镇农业投资公司投资1.29亿建起一批专业化有机蔬菜大棚基地。据该农场经营者介绍，一个已建成的占地8分的高科技农业大棚，年租金收入为6000元。目前，这家农场已注册"华明有机蔬菜"商标，产品主要销往华润连锁超市。此外，该农场还向城市中高收入居民出租大棚，代为租客耕种和管理3~4个品种的有机蔬菜，每年收取代管费2.7万元。由农场保证棚内卫生、产品的外观形状，保证质量，成熟的产品全部免费配送给租客。如果租客不想租整个大棚，还可以以畦为单位租用，代管费每年800元。

二、取得的成效

基于多年的扎实工作，天津市的宅基地换房在如下几个方面取得了较为明显的成效。

1. 促进了人口的集聚

据了解，2005年天津市的镇区人口平均仅7674人，其中5000人以下的镇区占60%，10000人以下的镇区占83%；村均人口仅1107人，其中500人以下的村占27.5%，1000人以下的村占63%。通过宅基地换房，极大地促进了人口的集聚。在前三批已经初步完成的23个示范小城镇和8个中心村，大多数示范小城镇的总人口数都不低于1万人，中心村的人口也都超过1000人。例如，天津市东丽区华明新镇就通过整合12个自然村总

计使得4.2万人聚居在华明新市镇。天津市津南区葛沽镇的新镇则集聚了13个村庄的4.6万人。

2. 促进了土地的集约利用

2005年,天津全市所有乡镇的人均建设用地高达247平方米;以村为单位统计的人均建设用地则更高,为256平方米/人。通过宅基地换房,也极大地提升了农村土地的利用效率。仅以第一批示范区为例,项目完成后,人均建设用地由原来的193平方米降至65平方米,节约土地66%用于小城镇工商业发展。另据统计,全市前三批的254个村原本占地7778公顷,集中居住后共可节约73%的土地用于小城镇的建设。

3. 复垦工作扎实,确保建设用地指标的及时归还

由于天津市委市政府的高度重视,全市率先启动的第一批示范区已全面完成土地复垦863.06公顷,全额完成了国土部下达的827.3公顷周转指标的归还任务。2008年启动的第二批示范区的土地复垦也已基本完成,正等待国土部的验收。2009年7月刚启动的第三批示范区也已经完成了绝大部分的土地复垦任务。

4. 农民的基本生活条件得到明显改善

在我们实地调研的几个示范小城镇里,各安置居民楼之间不仅比较宽阔,绿化条件也非常好,新建小城镇的道路管网、供水、供热和燃气管网设施也都非常完备,农民的居住条件明显比以前要好。此外,每个示范镇里都建设了中小学校、医疗卫生机构、街道办事处、派出所等非经营性公建设施,有效地满足了小城镇居民的公共服务需求,农民的生活也更加方便了。又由于大多数示范镇的管理机构利用集中经营后的土地收益支付了小城镇居民的物业管理费,并适当补贴了农民上楼后的水、电、气等费用,农民的生活开支压力还是比较小的。

三、仍需注意的几个方面

1. 土地权属调整

主要有三个方面:第一,宅基地复垦后新增的耕地到底归谁?我们在调研时了解到,部分示范镇将这些新增的耕地也在农民上楼的过程中

一道收走了。如果原住农户想继续经营这部分土地，还得向镇政府缴纳相应的租金。我们认为，这部分新增的耕地到底是归小城镇的资产管理机构、合并之后的新村还是原来的农户，必须在事前给出清楚地界定，否则会给侵犯农民利益留下空间。第二，农民原有承包地的权属。虽然天津市在2005年就提出要坚持承包责任制不变的基本原则，但在后续出台的《天津市以宅基地换房建设示范小城镇管理办法》（天津市人民政府令第18号，2009年8月）及其他重要的操作性文件中，并没有对宅基地换房过程中的承包地权属调整提出统一规范意见，部分示范镇在操作中也将农户的承包地收走了。像前面提到的华明有机农场，所有土地都由华明新镇经营和管理，农民想要租种农场大棚还得缴纳承包费。第三，进入小城镇的农村居民在转为城镇户口后，如何将这部分土地资产在现行的法律框架内予以保留，天津市还没有给出明确的指导意见。

2. 新建小城镇的产业发展

在我们调研走访的多个示范镇中，虽然政府的投入很大，各种设施也都应有尽有、非常齐全，但粗略感觉，整个小城镇的人气还是不够，工商业发展到底能否形成规模都还需要持续观察。我们担心，如果小城镇的产业发展不起来，不仅集中居住后的农民没有可持续的收入流量，整个小城镇在公共服务和基础设施维护方面的投入也就没有了可靠的支撑[1]。

3. 农民进入天津主城区或其他城区的需求

天津市目前建成的前三批示范小城镇全是在一个镇的区域内单打独斗，所有集中居住的农民也仅仅变成了新建小城镇内的城镇居民。这种方式容易忽略那些已经想要定居于主城区、获得相应公共服务的农民的需求。

四、政策建议

1. 加强对农民土地财产权利的保护

在以后的项目立项中，各乡镇必须出具得到村民认可的土地权属调

---

① 据了解，现在的小区中，物业费、取暖费、电梯费、村委会工资等都是由镇政府补贴的，如果政府的资金链紧张，整个小城镇的日常运营就很困难。

整方案，然后才能获得审批。宅基地复垦后形成的耕地原则上应当作为农民的财产权仍归原农户所有，绝不能由村、镇或新建小城镇的管理机构无偿收走。镇政府或村可以统一组织土地的规模化经营，但必须按时足额地向农户支付租金。在非自愿的前提下，也绝不允许以任何名义收回农民的承包地。新建小城镇内的农民转为城镇户籍后，原有承包地和宅基地复垦后新增的耕地仍应以财产权的形式给予保留。

2. 要注重挂钩新城的规划和建设质量，将新镇的建设与产业发展相结合

建议其他地方在开展试点时借鉴华明镇在规划和建设方面的经验，要通过高质量的规划和建设，完善基础设施配套，综合解决农民的绝大部分问题。在新镇的建设过程中不能只考虑住的问题，更不能盲目地搞宜居类型的小城镇，要通过商住结合、建设与就业相结合的方式解决农民的长期收入来源问题。应当给农户搭配一部分产业用房或商住用房，允许农户利用这部分资产出租或自主经营，大力发展服务业。

3. 挂钩地点的选取要考虑农民现有的就业状况

华明镇80%的农民已经从事非农产业，他们对土地的依赖性已经不像传统农业社会那样强，这是华明镇成功的一个重要因素。建议各地在开展挂钩时，要注意农民的非农就业状况，不能让仍然以务农为主的农民强制上楼，增加他们的生产就业困难。

4. 挂钩试点宜选取在级差地租高的地方

天津市华明镇及其他示范镇的成功，主要还是得益于这些镇处于特大城市郊区，具有较高的级差地租。建议其他地方在开展试点时也应当尽量选取级差地租比较高的乡镇，这样更容易开展工作。其他地方也可以在现行法律法规允许的情况下，适当扩大拆旧区与建新区的物理半径，将跨镇挂钩①和促进农民进城相结合，满足农民在不同区域定居的多

① 这一点在天津市的第四批示范区中已经有所体现。以西青区中北镇为例，该镇属于天津市的新城扩区，近几年发展很快，该镇的土地出让平均价约在每亩300万元以上，但由于土地指标的限制，该镇的建设一直难以推进。然而，出于对更高地价的反应，本镇很多农民已经私下将大批农地转为建设用地用于工业出租或房产开发，镇政府基本处于无法控制的状态。在第四批示范区中，天津市政府决定将中北镇与较偏远的北稳庄镇进行城乡建设用地增减挂钩，由中北镇以每亩60万元的价格收购北稳庄镇的建设用地指标，专项用于对原本在农地上建起的工商业房屋进行重新规划和布局，改造镇容镇貌。同时，较为偏远的北稳庄镇则可以利用这笔指标款对分散的宅基地进行整理和复垦，改善当地老百姓的生产和生活条件。

样需求。

5. 挂钩试点要注重各部门的统筹协调

城乡建设用地增减挂钩是一项综合性的工作内容，涉及方方面面，必须由综合部门牵头，整合专业部门的力量，才能处理实际过程中的各种问题。天津市就是由发改委牵头，综合了涉及国土、规划、建设、水利、环保、农业等各多个有关部门，集中协调解决问题，从而使得宅基地换房示范区的建设工作容易落实，工作也比较细致，建议其他地方在开展试点时要重视这一点。

（2011年1月）

宅基地固化

——顺德宅基地分配制度改革的尝试

黄　跃　易声宇

我国的城市化进程长期面临着城市不断扩大、农村却不缩小，城乡两头共同挤占耕地的尴尬局面。据统计，1978至2007年间，全国农村人口减少了1.23亿，但同期的农村集体建设用地总量（特别是宅基地）不但没有缩小，反而有所扩大。仅在1996至2006年这10年间，全国农村就增加了100万亩建设用地，其中新增的农民住宅用地就占了约80万亩，农村居民人均宅基地面积从0.29亩上升到0.34亩。在这一宏观现象的背后，还有两个细节值得注意：第一，这些新增的农村住宅往往缺乏统一规划和政府市政基础设施配套，整体布局比较混乱，楼层高低不一，外观各式各样，对土地的使用也不那么节约；第二，在农村住宅用地总量不断扩大的同时，却仍有不少被闲置的宅基地无人问津。

广东省佛山市顺德区也同样面临着上述问题。自1999年实行城市化战略以来，顺德中心城区和各镇区的城市建设步伐明显加快，但同期因农村分散建设而浪费土地资源的现象却未得到根本改变。村民的住宅用地量大且分散的现象十分严重，这不仅对顺德全区土地资源和用地指标形成了较大的压力，也严重地影响了顺德区土地利用总体规划和城乡规划的实施，加速了耕地总量的减少。为缓解这个问题，顺德自2001年开始着力对农村宅基地的分配方式进行调整和变革。

一、顺德的基本做法：宅基地固化

2001年10月，顺德区获得国土资源部和国务院法制办正式批准的农

黄　跃：国家发改委城市和小城镇改革发展中心发展改革试点处副研究员、硕士。
易声宇：北京大学国家发展研究院博士生。

村集体土地管理制度改革试点资格。同年10月23日，顺德出台《关于调整农村集体土地管理制度的实施细则》，提出了农村住房用地改革的具体操作办法："按照到某一时点的实有人口数，一次性下达村民住宅建设用地指标，并逐年安排建设；指标使用完毕后，不再审批单家独院式的村民住宅用地。"也就是说，通过由政府一次性提供一定批量宅基地的办法，把未来可能发生的、零星且很难管控的农民住宅用地需求纳入政府用地规划统一管理，并因此与农民达成如下约定：农户可以在一个公平、公开、合法的平台上满足自己在一定时期内的建房用地需求，但必须保证今后不再新占村里的土地私自建房。具体说来，这项改革的主要做法及特征如下。

1. 划定时限，确定总量，永久固化

顺德当时定下的可申请宅基地的截止时段是：尚未改为居委会的村，从2001年10月算起，到2008年12月31日止；已经改为居委会的村，从2001年10月算起，到2005年12月31日止。在这一时期内，按照符合分户条件的村民每人用地面积不超过80平方米（不含道路、绿化等用地）的标准，划定每一个村民小组的住宅建设用地总量，进行固化并具体到个人，由土地行政主管部门一次性下达建房用地指标，指标按年度需要分期实施。在该时期之后则一律不再新批任何宅基地，新增人口只能通过继承和购买的方式获得宅基地，或者自己到市场上购买商品房。为便于老百姓理解，当地简称这项政策为"宅基地固化"，新批下来的宅基地也被称为"固化宅基地"。

2. 政府划定总体原则，具体分配数量和方案由村自定

由于各村的实际情况不同，顺德区政府并没有对分户条件、每个人具体可分配固化宅基地的面积做出统一规定，而是交由村集体经济组织自行决定。最早一批实行宅基地固化的顺德区北滘镇碧江村，就自行定下可申请固化宅基地的条件是：第一，拥有本村认可的户籍身份且以前没有享受到分配的宅基地；第二，申请者不是计划生育超生人员；第三，申请者必须在2008年12月31日（村改居的地方为2005年12月31日）

前年满18岁；第四，申请者必须是家中的第二个儿子而不是女儿①；第五，目前申请者所在的家庭是一户一宅，只有一栋房子，总占地面积小于170平方米。对于符合上述所有条件的村民，碧江村规定新分户的村民可以获得80平方米的固化宅基地。在稍后进行分配的顺德区大良街道苏岗社区和南江社区，分配的方案却又有所不同：首先，可分配对象不以年龄为标准，而以是否是社区股份社认可的股民为标准，只要是在2001年10月至2005年12月31日期间由社区股份社认可的股民，就可以分得固化宅基地；其次，分配的面积不是80平方米，而是人均净用地24平方米（不含道路、绿化及公建）。

3. 分配方案和审批结果必须张榜公示

为了确保公开、公平、公正地分配村民固化宅基地，顺德要求凡符合申请固化宅基地条件的村民需要使用宅基地的，均需由村（居）委会在报送用地审批材料前，将申请人及拟使用土地的相关情况在本村（居）内张榜公示。经国土部门依法批准后，还要在村内再次进行公示，以增加审批的透明度。国土所执法监察员会负责收集对公榜内容有异议的村民意见，然后交由国土资源分局进行调查处理。我们在实地调研的苏岗社区旧寨小组的公示栏里就看到了该小组第三批固化宅基地分配的公榜，农户可以很方便地看到自己是否获得固化宅基地以及分配多少的信息。此外，村民还可以在顺德国土资源分局的网络平台上随时咨询与宅基地固化相关的政策和问题，对于因各种原因遗漏的还可以补充申请。

4. 固化宅基地的有偿取得和转让

我们在实地调研走访中得知，获取固化宅基地建房也并非完全免费，在顺德区北滘镇的碧江社区，必须一次性缴纳3万元（大致为土地补偿费和劳力安置补助费），才能获得80平方米的固化宅基地，约合每平方米375元；在顺德区大良街道的南霞社区则要更贵一些，村民须缴纳2万元固化宅基地使用费，才能获得人均24平方米的固化宅基地，约合每平方米833元。这些费用由政府再返还给村集体，主要用于本应由政府完

---

① 因为第一个儿子可以随父母住，而女儿将来会嫁出去，所以这两类情况不分配。

成的固化宅基地区域的水路管网等基础设施配套建设。此外，顺德区还允许新分宅基地的互相调剂和有偿转让，新分配宅基地后不打算建房的人，可由土地储备部门或集体经济组织统一作价收购，也允许村民之间协议转让。在南霞社区，2004年的时候村集体对固化宅基地的收购价为每平方米3000元，而到了2008年，收购价已经上涨到每平方米7000元。有不少农户因早年分地时没有要实地而拿了货币补偿，现在看到地价上涨后就有些后悔了。

5. 统一规划固化宅基地小区，实现集中居住

与以往分散批地、零乱建房不同，固化宅基地的地块不是分散的，而是由村民讨论决定，由村统一规划和集中布局的，政府在这个过程中也会提供相应的质量监管服务。我们实地走访时看到的地块一般都处于交通比较方便的公路甚至城市道路旁边，整个地块被若干条水泥路面隔成许多小块，四周的水路管网也都很齐全。在那些已建好的小区内，房屋统一规划为四层，楼与楼之间的间隔都是均等的宽度，整个小区干净整洁，道路绿化等基础设施完整，没有一般城中村那种散乱脏的感觉。

6. 存量宅基地的平衡与调剂

此次固化宅基地的分配重在通过制定一个规则长期解决未来增量宅基地的需求和供给平衡问题，但也有不少村组以此为契机，对本村内的所有宅基地进行了一次总体清算和再分配，在某种程度上解决了一户多宅、一户超占宅基地的问题。他们采取的具体办法是：① 先由各村民小组计算出本集体内原有宅基地总面积和旧宅基地平均数，超出旧宅基地平均数的住户，必须先按一定单价就超出部分向集体交钱，才能够再分到新地。② 按股民人均24平方米净用地面积计算出固化宅基地总量后，加上原有宅基地再除以本社区股民人数，计算出新宅基地平均数。③ 采用"多除少补"的办法进行总体平衡。村民已使用面积超过新宅基地平均数的，超出部分实行有偿使用，由村委会统一作价，该户以现金作补偿，补偿款归集体。已使用面积不足新宅基地平均数的，从新增固化宅基地总量部分中拿出一部分补足至标准面积为止，也可以直接补货币。

二、顺德区实施宅基地固化的效果

据统计，顺德全区符合宅基地固化条件的固化总人口为112583人，到2009年底时已获得固化宅基地的有35630人，占待分配人数总量的32%，待分配宅基地的还有76953人。从目前已经实施的这几批宅基地固化效果看，在如下几个方面取得了一些成效。

1. 在保证部分农民住房权益的前提下，对农民乱占、多占土地建房的现象起到了较好的约束作用

首先，当时确定的宅基地固化时限充分考虑了农村中现有的存量及未来4~7年间新增的建房用地需求，在一定程度上保证了部分新增家庭成员的住房权益，从而使得整个改革的进程有一个适当的缓冲期。其次，由于宅基地固化的政策从开始宣传直到具体实施，都确保了信息的充分公开，这就使得几乎所有村民都知道宅基地固化的政策细节和操作流程，降低了村民对政府和村集体经济组织进行监督的成本，确保了村民的权益不在改革中受到侵害。再者，由于具体的分配规则和方案充分尊重了村民的意见，村民之间已经形成了共识：宅基地固化之后，任何家庭有了新的成员都不得再向村集体或政府索要新的宅基地，而必须通过市场的行为去购买。通过这样一个过程，村民之间的相互监督也会开始发生作用。在我们调研走访的大良街道苏岗社区、大良街道南霞社区、北滘镇碧江村，几乎所有的老百姓不仅知道宅基地固化这件事，也对当时大家一起商量定下的分配规则表示赞成，同时也都愿意共同遵守今后不再向村集体索要宅基地的承诺。对于集体内余下的农用地，当地村民也坚决表示不会用于建房，更不会出售给村外的人。

2. 有利于引导村民集中居住，便于进行统一规划和管理

固化宅基地选址服从总体规划，按照"连片集中、科学合理"的原则，统一规划、统一管理，解决了原城乡结合部住房规划落后、城市基础设施落后、环境卫生状况落后的"三落后"问题，确实改善了居（村）民的生活环境和生活质量。例如，我们随机走访的大良街道永晖路，原本属于一个传统的居住较为分散的农村，在完成宅基地固化后，村民通过这一政策实现了集中居住，每户依据人口多少，分得70~120平方米不等的宅基地，并可在上面修建最高不超过四层的新房，内部结构可自行设计。这块宅基地固化的区域有着良好的城市统一规划，市政主干道构成社区外围骨架，市政次干道则将社区划分为数个整齐的街区，水、电、路灯、公共绿地等基础设施配套一应俱全，完全构成顺德主城区的有机组成部分，与其他所谓的城中村完全不一样。尤为值得一提的是，该社区北面紧邻顺德主城区最大的超市大润发，西面紧邻顺德重点中学梁开中学，西南则与顺德三甲医院大良医院相邻，配套公共服务在顺德主城是非常好的。另外，在我们走访之时，大良街道的苏岗社区和南江社区的宅基地固化区域也已经完成了填砂、下水道和道路、水管网的建设，各户的待分配宅基地与原村紧邻，不论是从布局还是从基础设施配套上看，都比原来的村落和其他地方报道的"城中村"要好得多。

3. 通过宅基地的固化量化农村集体资产，并将指标变为实地，实实在在地分给农民

农民可以申请建房，或者按规定进行处理，确保农民真正得到了应有的实惠。因为是在政府统一规划下建设的住宅，所以村民在固化宅基地上建设的住宅的产权有着充分的保障。此外，顺德区政府还规定，在那些已经"村改居"的地方，原村委会辖区内属集体所有的土地可以全部转为国有土地，转性过程中土地的使用权、收益权及土地用途不变。原已核发的集体土地性质的房地产权证也可以免费换发为国有土地划拨性质的房地产权证，这就为土地的入市流转奠定了基础。在大良街道永晖路附近的一个通过宅基地固化形成的居民社区里，约有八成以上的人都不是原住村民，这些人都是通过租赁、买卖等流转形式进入社区居住的。其中，平均为四层的楼房，设计为12平方米左右一室一卫的单间，房屋租赁价格大致是25~30元/平方米/月；设计为40平方米左右的一室一厅一厨一卫，租金大致是15~20元/平方米/月；设计为80平方米左右的一层商业门面，租金大致是10元/平方米/月。上面无楼房的固化宅基地买卖价格在2008年为每平方米4000元，2011年已上升至每平方米1.3万元。有一户正是通过购买原村民所分配到的100平方米左右固化宅基地而进入这个社区居住的。当时的购买价为4000元每平方米，在补交了1200元每平方米的土地出让金转为国有建设用地后，修建了总建筑面积300平方米的三层洋房，并进行了豪装。而对于那些尚未改为居民的地方，村民则可以利用分配所得的固化宅基地建房出租给附近的产业工人获取租金收入。在顺德区北滘镇的碧江社区，我们走访到一户人家，他家的小儿子分到了一块80平方米的宅基地后，花费30余万在其上修建了一套三层半总计280平方米建筑面积的新房，然后从这套房子里隔出了8间房全部出租给外来务工人员，月租每间200元，这样每月就可获得租房收入1600元。

三、启示和建议

1. 顺德的宅基地固化实践证明，通过及时有效的沟通、宣传，充分发挥村民对农村住宅用地分配的自主管理和相互监督作用，宅基地的有偿使用和管理完全有可能走上一个有序发展的轨道

目前我国很多农村的土地管理特别是宅基地管理非常困难，主要原因是地方政府一再地回避而不是正视农民在相对价格变化的刺激下占地建房分享土地增值收益的合理现象，更不愿意把稀缺的用地指标分一部分给农民用于其合法化，只是采取假装看不见的"鸵鸟加沓啬鬼"政策，长此以往，农村建设用地的盲目扩张势必越发难以控制。改革其实就是积极寻找新的利益平衡点，顺德宅基地管理改革的可贵之处就在于没有等农户违反农转用、私自建房已成燎原之势再去补救，而是早在2001年就开始主动出击，将一块新增资源——而非存量资源——与农转用计划任务不断被破坏的行为联系起来，建立"要得到新增资源就必须放弃破坏计划任务的行为"的激励约束机制，充分调动了村民相互监督的积极性，大大减少了非法农转用行为，将农村耕地总量维持在可控之中。我们建议国家及时出台相应政策，把农村住房建设用地作为专项规划统一纳入城乡总体规划中加以贯彻实施，通过一次性承认并预分配给农户一定数量的新增住宅用地，换取农民对占用耕地建房的自我约束和相互监督，并进一步促使农村土地走上有偿使用的轨道。

2. 应适当提高农民住宅区域的容积率，允许村民自主或集中合股修建高层农民公寓，在提高土地利用效率的同时降低外来务工人员的居住成本

目前在顺德已经实施宅基地固化的地块，政府都统一规定建筑最高不得超过4层，这既不利于土地的集约节约利用，也不利于缓解当地外来人口的住房压力。这一点在顺德区工业较为发达的南霞社区尤为明显，我们调研时了解到，南霞社区的周边有美芝、海信科龙、容声，以及专为海信、科龙和容声配套的海信电器配件厂等数家大型电器企业，仅美芝一个厂的职工就超过7000名，大量的产业工人必然需要解决住房问题。据我们了解，除了少部分产业工人居住在公司厂区自建职工宿舍外，其余主要是自行租赁工厂周边的村民房屋，但由于附近的村房最高不得超过4层，所以能够提供的租房数量有限，这迫使相当一部分产业工人不得不选择在更远的地方居住。如果南霞社区及附近的村庄可以修建容积率更高的住房，政府一方面可以通过对农民出租屋的管理获取相应的收入，另一方面也可以降低企业的人工成本，还可以提高附近农村土地的利用效率，集聚人气，进而促进当地餐饮和商贸的发展。

（2011年6月）

从"村改居"到"集体建设用地变国有划拨用地"的探索

——广东顺德城乡统筹的调查

黄　跃　易声宇

在我国现行法律框架下，政府征收或征用是集体土地转为国有，进入市场交易的主要通道。这一通道在过去相当长的一段时间内运行得还算通畅，也为国家早期工业化提供了所需的积累。但随着时间的推进，农民的权利意识逐步觉醒，由政府来主导的集体土地变性入市的成本已经越来越高，这主要表现在：首先，在不少经济开放程度较早的地区，即使政府不断提高征地补偿标准[①]，拥有土地的农民仍然力拒征地拆迁，致使很多地方政府根本无法落实已经批下来的土地指标；其次，因政府动用行政强制力进行征地拆迁所导致的维稳、纠纷矛盾处理等隐性成本，也因不断增多的群体性事件而显得越来越高。面对这样的困难，地方政府到底应该如何处理？近期，我们通过调研了解到，广东省佛山市顺德区通过有偿提供集体土地变性和主动完善土地转性区基础设施配套的做法，避开了原有体制下因征地拆迁所导致的各种麻烦，促进了社会的和谐稳定，提高了土地的利用效率，具有较强的超前性和借鉴意义。以下仅就其大致的做法和所取得的效果作简单介绍。

一、政府服务，私人有偿申请集体土地转国有

顺德位于珠江三角洲中部，毗邻港澳，是我国改革开放的先行地区

　　黄　跃：国家发改委城市和小城镇改革发展中心发展改革试点处副研究员、硕士。
　　易声宇：北京大学国家发展研究院博士生。
　　① 1999年以前，土地管理法规定征地补偿不超过原用途原产值的20倍，到1999年修订为30倍，且增加了必要时可超出的条款。而现在，来自社会各界的呼声又使中央开始提倡通过片区综合价等方式进行更高标准的补偿。

之一。自20世纪80年代以来，顺德推行"工业立市"和"城乡一体化"发展战略，至20世纪末已基本实现了初级工业化和城乡一体化的目标。但在经济快速发展和工业化的过程中，以城市为主体的城市化却未能同步推进，城市化水平远远滞后于工业化的发展水平，表现为"非城市化的工业化"和"非城市化的非农化"。为此，顺德开始转变思路，大力推进城市化和市场化的改革，最早的切入点是对"城中村"和城乡结合部的改造。

1. 村改居："城中村"和城乡结合部的城市化改造

早在2001年，顺德市委市政府在其出台的《关于进一步深化农村体制改革的决定》中就明确提出：要"对全市农村经济结构、行政架构、管理方式和运行机制等方面实行战略性调整，建立起适应城市化进程的农村基层新体制"。在这一思路的引导下，顺德就决定对市中心城区和各建制镇城市规划区内的"城中村"以及位于城乡结合部，人均耕地面积低于全市人均水平1/3的村进行城市化改造。具体的操作办法就是将村民委员会改为居民委员会，将原村民的农业户口转为非农业户口，将原属农民集体所有的土地转为国有土地。经过合并和调整，在2003年的时候，顺德全区共把50个村委会直接改为居委会，加上通过合并增加的7个居委会，全区共增加了57个居委会，居委会总数增至88个，辖区总面积281.88平方公里。按理说"村转居"后，原来的农村集体土地也应当随之转为国有，但在2001年出台的《关于进一步深化农村体制改革的决定》这份文件中，却并没有对到底应该由谁来把集体土地转为国有的具体问题讲清楚。当时的路似乎只有一条，那就是征地拆迁。

2. 征地拆迁征不了、拆不动

如果可以很轻松地通过征地拆迁的方式完成"城中村"和城乡结合部的城市化改造，事情也就好办得多，难就难在征地拆迁落不下去，尤其是在顺德这样一个改革开放较早、农民对土地的市场价值更敏感因而权利意识也更强的地方，要想按照政策规定的征地拆迁补偿价格征收农民的承包地、宅基地及其上的房产，更是难上加难。之所以这么说，主要的证据有：第一，在顺德，征收农民的承包地除了要支付相应的补偿费之外，还要逐年支付被征地农民的社保费直至达到支付年限；第二，政府征地要按征收土地面积15%的比例给集体经济组织预留相应的经营性发展用地，这样的征地成本远高于全国的其他地区；第三，在那些经济发展程度更高的乡镇，就连征地留成的办法也不管用，逼着政府不得不通过实行等面积易地置换土地的办法才能征收到相应的土地。而且，以上提及的调整征地补偿标准、按15%的比例提留发展用地、等面积易地置换的招数在离城市主城区较偏远的地方或许还勉强可用，对于"城中村"和城乡结合部这样经济活跃的地方还是不管用，因为当地农民不愿放弃现有的区位优势条件，力拒拆迁，这就造成了顺德每年都有相当数量的计划内农转用指标批下来却落不下去的尴尬局面①。

3. 新的利益平衡点：放权让利换取指标落地和城市化水平的提高

实在没办法，顺德市只好以退为进，在那些符合规划的地方，承认这些地方的土地权利并通过补交土地出让金的办法给予其办理集体土地转国有的手续。为此，2001年10月25日，顺德还专门争取到国土资源部和国务院法制办正式批准的农村集体土地管理制度改革试点，并把征地制度改革、集体土地转为国有土地、集体建设用地使用权流转作为主要改革内容。随后不久，顺德市人民政府在印发的《关于调整农村集体土地管理制度的实施细则》中提出对"村改居"涉及的72个村原属集体所有的土地（约200平方公里）通过换证的办法，全部转为国有土地。

在换证过程中，由居委会负责将辖区内已领取集体性质的房地产权证书的房地产逐宗登记造册，报镇、市两级规划部门核准后，直接在原房、地权属证书中加盖"集体土地转国有"的专用章。然后，户主再拿着这个盖了转性专用章的老房地产证，去政府相关部门换取国有土地使用权证和房屋所有权证，整个过程中除了要缴纳相应的宗地测量费外，不用再交其他任何费用，审核及换证全部免费。

对于在换证过程中或在换证后土地使用权发生转移的情况，顺德则按如下方式处理：对已经转为城市居民的原农村居民，其住宅用地使用权若发生转移，则对一户一宅用地面积在80平方米及以下的部分只缴纳土地出让金和开发金，免补地价款，对一户一宅或一户多宅用地面积合

---

① 实际上，目前顺德征地拆迁的农地补偿已经达到5.2万元每亩，并计划年内调整为5.4万元每亩，但相比土地农转用后的经济价值仍然非常低，所以农户根本不愿意被拆迁，很难拆得动。

计超过80平方米的部分，除缴纳土地出让金和开发金，还需补交相应的地价款；对原属集体所有的工业、商业和办公用地，则只需要办理出让手续缴交土地出让金和土地开发金即可，如不改变土地用途则免补地价款。同时，顺德还规定，在以上换证过程中，土地的使用权、收益权一律保持不变。

专栏　集体土地转国有的操作办法（摘自顺规土发〔2001〕99号）

（一）确定村委会改居委会的区域。对属村委会改居委会的辖区，由市测绘办在地籍图上用坐标标注，作为确定集体土地转为国有土地范围的依据，由市规划国土局发出关于居委会辖区内的土地全部转为国有土地的公告。

（二）今后因建设需要使用居委会辖区内的农用地，只需办理农用地转用手续。农用地转用上报材料中的权属证明内容改为"该地块的使用权属ＸＸ股份合作社，所有权已转为国有"；农用地转用的批文内容作相应的改变，并凭农用地转用批文办理国有建设用地的供地手续。办理农用地转用手续时，缴纳28元/平方米的新增建设用地土地有偿使用费（属原村民建房用地的除外）。

（三）对被确认为集约工业区和专业市场的集体非农建设用地，凭市政府的确认文件和农用地转用的批准文件，由集体土地所有者书面申请转为国有土地填写由市规划国土局统一印制的表格后，办理国有建设用地出让供地手续，并按规定缴交税费。

（四）村委会改居委会后，集体土地转为国有土地的房地产权证的换证工作。

1.属村委会改居委会辖区内的集体土地性质的房地产转为国有土地性质的房地产，按以下办法换证：

（1）在原房、地权属证书中注记。由居委会负责将辖区内已领取集体土地性质的房、地权属证书的房地产逐宗登记造册，填报《村改居已发集体土地使用证转国有用地审批表》，连同房、地权属证书报送镇规划建设办初审。镇规划建设办收到登记表册和房、地权属证书时开具收件收据给居委会。初审通过后，由镇规划建设办统一将登记表册和房、地权属证书送市规国土局核准。凡通过初审及核准的房地产，市规划国土局在原房、地权属证书中加盖"按顺发〔2001〕13号文集体土地转国有"字样的专用章后，发回给镇规划建设办，由镇规划建设办送交居委会发还给权属人。审核过程中免收任何费用。

（2）直接换发房地产权证。如权属人要求直接换发房地产权证的，在土地使用权属不发生转移的情况下，由居委会出具权属人的房屋坐落位置及是否属村转居范围证明，并附户口簿和身份证复印件，按正常的业务办理程序予以换证。市规划国土局在换发后的新房地产权证中注记："按顺发〔2001〕13号文集体土地转国有"换证时免收登记费。未经宗地测量（即原房地产权证中的附图为非电脑制作图）的须进行宗地测量并按规定收取宗地商量费。

（3）土地使用权属发生转移的，由居委会加具意见后，按正常程序办理。

① 对原属集体所有的工业、商业和办公用地按照国有土地使用权出让的有关规定办理出让手续，缴交出让金、土地开发金，如不改变用途的免补地价款。

② 对已由农业户口转为非农业户口的原村民，其住宅用地的使用权发生转移，按下述规定办理出让手续：对位于本村内的一户一宅用地面积在80平方米以下（含80平方米）的只缴交出让金和土地开发金，免补地价款；对位于本村内的一户一宅或一户多宅用地面积合计超过80平方米的，则对其中的80平方米只缴出让金和土地开发金，免补地价款，对超出80平方米（不含80平方米）部分，除缴出让金和土地开发金外，还须补缴地价款；办理住宅用地使用权转移手续时，业主须提交申请书，说明愿意在本次住宅用地使用权转移中享受80平方米免补地价的优惠，并承诺今后涉及土地使用权转让的，不再享受免补地价的优惠。

2. 属村委会改居委会辖区内的集体土地性质的房地产，办理初始登记和正常的变更登记发证，按以下办法办理：

（1）进行宗地测量，并由市测绘办在宗地图上加注特定的标记。

（2）由居委会加具权属人户口性质的意见，并连同户口簿和身份证复印件送镇规划建设办初审。

（3）镇规划建设办初审后，送市规划国土局终审发证。市规划国土局发证时须在产权证上注记："按顺发〔2001〕13号文集体土地转国有"。

（4）有关费用分别按初始登记或变更登记类收取。

4. 土地变性后的房地产交易情况

对于"村改居"后集体土地转为国有土地的房地产物业的转让，顺德也做出了明确的政策规定：由居委会预审，镇及区规划国土部门分别完成复审和终审后，居民只需补交相应的土地出让金、土地开发金以及部分地价及补办完土地出让手续后就可以转让给本村内的其他村民和市场上的其他人，这其中当然包括原本不属于该村民所在的集体经济组织之外的城镇居民。如果房地产使用权发生的转移是因原村民直系亲属间的房地产赠与和继承引起的，那么土地仍维持国有划拨性质不变，在房地产权证上注记"按顺发[2001]13号文集体土地转国有"字样，今后发生转让时再按照国有土地转让的方式补交土地出让金和开发金，应补地价的补交地价款。此外，在房地产使用权的转让过程中，原村民还可以享受到补交地价款的优惠政策。如果原村民的宅基地面积小于等于80平方米，则不需要补交地价款。如果原村民的宅基地总面积（适用一户多宅的情况）超过80平方米，那么村民只需对超过80平方米的部分补交地价款。

上述政策极大地刺激了国有划拨用地的交易市场，在顺德，已经完成"村改居"的地方，土地和房产的交易非常活跃。比如，在顺德区大良街道永晖路附近的居民社区，就是一个通过"村改居"形成的新社区，在这个新社区里我们随机走访到的住户中，有八成以上的人都不是原住村民，而是通过租赁原村民房屋或购买原村民土地直接建房等形式进入社区居住的，租赁和买卖的比例根据随机走访的情况大约是六四开。我们了解到，这个社区下面的土地已经全部转为国有了，土地的买卖价格在2008年的时候约为每平方米4000元，2011年4月份的时候约为每平方米1.3万元。买卖原住村民的国有划拨用地需补交土地出让金及开发金才可以过户，据了解，补交的单价在2008年时为每平方米1200元左右。有一户正是通过购买原村民的100平方米土地而进入这个社区居住的，当时的购买价为4000元每平方米，在补交了1200元每平方米的土地出让金转为国有出让用地后，修建了总建筑面积300平方米的三层洋房，并进行了豪装。现在，该户愿意以350万元整体出售该栋洋房及房屋所占用的国有建设用地，合每建筑平方米1.2万元左右。在顺德区大良街道苏岗社区苏龙街四巷，我们了解到当地的国有划拨用地的卖价在2011年4月份的时候价格大约为每平方米1.1万~1.2万元。购买土地的人只需要按每平方米2000元的标准缴纳土地出让金和开发金就可以顺利地完成过户，没有类似小产权房问题的困扰。在顺德市的北滘镇碧江村，如果村民不想在分配所得的国有划拨用地上盖房子，只需要按照每平方米1800元的标准补交土地出让金后转成国有出让用地，就可以自由过户和出售了。我们从北滘镇碧江村的一家名为美宏地产的房屋和地产销售中介那里了解到，碧江村的房屋均价大致在7000元每平方米左右，购买当地房地产，只需补交土地出让金以转为国有出让用地即可，补交的方式由买卖双方自主协商，成交价较低的，一般由买家支付，反之则由卖家支付。补交地价款之后，买家可以获得由佛山市人民政府、佛山市顺德区住房与城乡建设局加盖公章的房地产权证。这房地产权证里不仅注明了房屋和土地的面积等信息，还注明了土地性质是国有出让，出让期限为70年。

二、取得的效果

1. 缓和了因征地拆迁导致的社会矛盾

虽然这种允许农民将集体土地以有偿的方式转为国有的办法会使政府损失较大部分的土地增值收益，但也让政府可以获得如下几个方面的好处：第一，避免了因征地拆迁迟迟无法推进所带来的发展机会以及用地指标的损失，与其拆不动，不如把指标以有偿的方式分配给农民，让农民自己去发展；第二，在这种方式下，政府不用再像以前那样征拆农民的土地和房屋，免去了与农民利益发生直接冲突所引来的种种麻烦；第三，通过政府提供有偿服务的方式，政府还可以获得由农民补交上来的部分土地出让金和地价款，这也算是一种收益上的平衡。对于本地农民来说，则可以较之以往的征地拆迁获得更多、更为持久的土地增值收益，农民是不亏的。

2. 有利于集体土地及其上的房屋走上合法的交易轨道

因为转卖的土地实际上全是国有土地，而居民也可以通过补交土地出让金的方式转变为国有出让用地，这样的房地产交易没有类似"小产权房"那样的困扰。而且，由于这些区域的土地都是符合土地利用总体规划和城市建设规划的，无论是政府还是农民都没有违背现行《土地管理法》的相关规定。

3. 较好地改善了城市的面貌

政府在土地由集体转为国有的过程中，通过有偿地提供宗地测量及确权颁证、规划管理、基础设施配套以及社会管理服务，极大地改善了那些"城中村"和城乡结合部的城市面貌、社会治安状况和房屋建筑质量。在我们走访的多个社区里，无论是道路交通、排水设施，还是建筑质量方面，都与以往"城中村"的脏乱差现象明显不同，新的社区全是整整齐齐。大良街道永晖路附近的社区，原本为农村属地，也都有着良好的城市统一规划，楼与楼之间的道路整整齐齐，由市政主干道构成社区外围骨架，市政次干道则将社区划分为数个整齐的街区，水、电、路灯、公共绿地等基础设施配套一应俱全，完全构成顺德主城区的有机组成部分，与其他所谓的"城中村"完全不一样，除了房子比较矮（整齐划一的四层），根本看不出这里以前是农村。尤为值得一提的是，该社区北面紧邻顺德主城区最大的超市大润发，西面紧邻顺德重点中学梁开中学，西南则与顺德三甲医院大良医院相邻，配套公共服务在顺德主城可谓一流。

4. 为本地产业工人的居住提供了充分的保障，有利于人气的聚集

不管是原有村民建房自住，还是转卖后由集体经济组织之外的人建房居住，都可以将自有房源的一部分用于出租，这就在很大程度上解决了本地产业工人的居住问题，降低了在顺德入住的各大企业吸纳产业工人的成本。对于那些有了一定收入积累的外来人口或本地农村人口，则可以非常方便地从农户那里购买土地或房屋，而且各方面的法律保障也都可以随时跟上，这对于促进人口向顺德的集聚起到了非常重要的作

用。根据最新的第六次人口普查，顺德全区的常住人口数已经从2000年的106万人上升为246万人。

三、启示与建议

1. 顺德的经验表明，即使在不违背现行《土地管理法》的大前提下，也还存在着对征地体制进行弹性调整的空间

特别是在集体土地转变为国有这个环节，并不一定要通过传统的征地拆迁方式来完成，完全可以采用一种由农村集体申报、政府提供有偿服务的替代方式做好。

2. 如果政府在允许私人将集体土地申请转变为国有的基础之上，进一步有偿提高土地容积率，将会更有利于土地的集约节约利用和降低城市房价

目前来看，这些"农转居"的新社区，全部规划为楼房不得超过四层，这样就限制了土地上能够建立的房屋数量，从而约束了房屋的供给，也不利于土地的集约利用。这可能是由于顺德政府还对未来的征地拆迁抱有一定幻想，但现在的实际情况是，就连一两层的房屋都拆不动，更不用说将来要拆四层的房屋了。因此，我们建议，像顺德这样的地方应当允许农民通过合股经营的方式"化零为整"，把各自享有的集体土地统一起来，规模化地转为国有用地，然后自主建设高容积率的住宅并上市交易，政府则提供公共基础设施配套、房屋质量监管的公共服务，并通过引入诸如交易税和房产税的方式获得一部分流量收入。

（2011年6月）

从实践中寻找答案

——对都江堰市天马镇金陵村二组村民自主整理和拍卖集体建设用地的调研

党的十七届三中全会已明确提出要逐步缩减征地范围，允许集体经营性建设用地直接入市流转。但截至目前，关于征地制度改革的很多操作性问题在国家政策中都还处于空白状态。比如说，如何平衡原有征地体制下各方的既得利益，从而为推进征地制度改革找到一条长期可持续的路径？如何确保集体经济组织在土地流转过程中不侵犯农民利益？对这些问题的回答，不能通过空想设计来解决，只能从地方实践中寻找答案。

近日，国家发改委城市和小城镇改革发展中心调研组，在四川省都江堰市天马镇，对金陵村二组以农民为主体自主整理集体土地、跨县出让用地指标、直接拍卖集体建设用地的做法进行了专题调研，现将主要情况整理汇报如下。

一、金陵村二组的基本情况

四川省都江堰市天马镇金陵村二组位于天马镇以西，原有住户78户约300多人，土地面积282.4亩。2008年汶川大地震以前，金陵二组是一个普普通通的贫穷村庄：一是交通不便。虽然二组距都江堰市区仅12公里，但基本上是东绕西拐的土路，开车至少要45分钟。二是村民"活路"少。老百姓的主要工作就是种地，不仅累而且收入低（年净收入不到400元/亩）。2008年，二组人均年收入仅2000元。为此，很多年轻人都外出找活干。三是居住条件差。村民的旧村宅虽然占地很宽，但房屋

黄　跃：国家发改委城市和小城镇改革发展中心发展改革试点处副研究员、硕士。

却很破旧，"赤膊墙"和"泥巴墙"随处可见，村民取水得自己打地下井，用电也很不方便，做饭还得烧柴火。因为条件比较差，金陵村二组的一些小伙子都找不到对象，组里40多岁还打光棍的"老儿童"就有4~5个。四是土地不值钱。以前农民的承包地，差一点儿的根本没人种，一些农户退出的承包地也没人愿意接着种。宅基地普遍不如承包地值钱，近十年间仅有的两宗房屋和宅基地买卖还都发生在组内村民之间：一宗是在2002年，一块占地6分的宅基地连带其上的三层楼房仅卖了8000元。一宗是在2006年，一块占地1.1亩的宅基地连带其上的房屋卖了1.6万元。

2008年初，外出经商多年的阳通炳被推选为金陵二组组长。头脑灵活的老阳，带领二组村民走上了一条整理农村集体建设用地的发展之路。

二、金陵二组的基本做法

1. 争取试点机会，盘算经济账

汶川大地震后，金陵村二组的很多房子已无法继续居住，亟须重建。灾后不久，为加快重建，成都市和都江堰市出台了相关文件，提出以15万元/亩的价格收购灾区农村土地整理置换出的集体建设用地指标。通过积极争取，金陵二组获得了整理土地和出让指标的试点机会。

接下来，阳通炳仔细盘算了重建的经济账。受历史因素和人口变动的影响，二组内各户现有宅基地和林盘地（林盘地是四川居民住宅用地的一大特色，主要包括房前屋后的空闲院坝、竹林以及菜地）的面积并不均匀。如果按实际占地面积算，宅基地少的农户并不能从15万/亩的指标款中得到足够的建房资金。为此，他设计了一个平衡方案：村民从原有的地中节约出140平方米，免费获得人均40平方米建筑面积的新房；少于140平方米的，将自家的自留地交给组上用于补偿被占地的农户；多于140平方米的，由组里按5000元/亩的价款予以补偿。

尽管这有点"劫富济贫"的意味，但是出于让更多村民能住上新房的考虑，不少人还是接受了这一方案。对于那些认同这个方案的农户，老阳也专门在组员大会上表态："灾后建房采取自愿报名，不强迫，不劝说，来去自愿，仅在报名时交1000元房屋保证金，建房后退回。"现在已建成的集中安置小区叫金陵花园，金陵二组中共有60户参加，剩下的18户出于各种考虑没有参加。此外，金陵村一、三、四、五、六、七、十一等7个外组共计123户也参加了集中重建。因此，实际入住金陵花园小区的共有183个农户，约560多人。

2. 自行筹措前期投入资金

虽然政府有每亩指标15万元的承诺，但重建的前期投入却都是农户们自筹的，而真正面临这个压力的还是组长阳通炳。大致估算，整个项目的前期投入约2200多万元（见表1），这其中还没有包括对村民宅基地超标部分的补偿费用约10万元，以及一部分纠纷处理费用。从哪里找来这么多钱先垫资呢？据阳通炳反映，前期投入基本都是借来的（见表2）。

表1　　　　　　　　　　　　金陵花园建造总开支预算

项目类别	单 价	总开支（万元）
金陵花园建房（人均40平方米，共22680平方米）	每平方米850元	1921.8
基础、管网、道路、绿化	人均5000元	283.5
拆小区内原住居民，安置53人，迁坟20座		10
小区内土地开垦（金陵花园总占地46.13亩）	每亩3000元	12
工作经费		20
总　计		2247.3

表2　　　　　　　　　　　　金陵花园筹资来源

项目类别	金 额（元）
阳通炳个人垫支	约1000多万 （其中：自掏300万，向银行和他人借款700多万）
都江堰市国土资源局支借给金陵二组	300万
承包地经营权抵押贷款	300万
国家灾后重建补助款	约300万
入住保证金（现已全部退还给村民）	18万

对阳通炳来说，若政府的指标换资金政策不能兑现，自己垫入的资金就完全有可能"打水漂"，也有可能因此而背上一大笔债。截至笔者调研时，他尚有50多万元的债尚未归还。

3. 直接入市拍卖集体建设用地

据国土部门统计，金陵花园项目总计净节约出110亩集体建设用地。按照与都江堰市国土资源局最初达成的协议，金陵二组节约出的110亩建设用地指标将以15万元/亩的价格卖给成都市温江区。但阳通炳认为，若将用地指标全部卖掉，将来二组还是缺乏长期的产业支撑和收入来源。为此，他决定仅卖掉76亩多指标用于还账，保留34.04亩指标用于本组内搞集体产业。为了让34.04亩用地指标产生更高的价值，金陵二组通过努力，把原来规划中离金陵花园较远的一条快速公路向金陵花园方向移近，从而改善了金陵花园的区位条件。然后，借成都市进行集体建设用地直接入市拍卖的改革试验机会，金陵二组选择将34.04亩集体建设用地在成都市农村产权交易所公开挂牌出让。2010年12月25日，这块地以44.2万元/亩的价格成功出让，总成交价1504.568万元，土地使用权出让期限40年，土地用途为商业旅游，竞拍方为成都凯汇房地产公司。该公司决定学习浙江的经验，计划用这块地发展老年养生的物业。

4. 土地流转收益的分配

截至我们调研时为止，金陵二组还未进行财务总决算。从我们调研所了解的情况看，金陵二组外挂76亩指标的所得收入是1140万元，已全部用于归还重建过程中所欠债务。34.04亩集体建设用地拍卖所得的1504.568万元收益初步分配方式如下：第一，鉴于市国土局在拍卖过程中提供了不少公共服务，二组与国土局达成协议，按照约6万元/亩的标准对国土局进行提留。第二，按3万元/亩标准上交给都江堰市政府作为基础设施配套费。第三，按照都江堰市的政策，集体建设用地流转还需缴纳2%的耕地保护基金和3%的交易契税，这样算下来每亩需上交2万元。第四，按每亩17万元的标准上交给天马镇，作为青苗补偿和土地补偿费，由镇里统一支付给因土地被拍卖而失地的农户。第五，扣除上面的上交部分，金陵二组可供分配的收入约为16万/亩，总计544.64万元。经金陵二组组员代表大会讨论，这部分收益的分配方案是30%归组集体所有，用于发展集体经济；21%在二组内部按人头平分；49%在参与金陵花园项目的60户成员中平均分配。

三、金陵二组的变化

1. 与征地制度相比，农民分享到更多的土地增值收益，政府与农民之间的矛盾也大大缓解了

在金陵村，若耕地被征收，按现行标准只能得到每亩5万～6万元的补偿；若宅基地被征收，补偿仅有耕地的一半。而金陵二组的实践表明，由村民将复垦后的建设用地指标覆盖于同一块耕地上，每亩地竟可拍出40多万的高价，即使扣去各种税费，村民也能从中得到每亩约33万的收入，远高于土地被征用情形下的收入。重要的是，因为农户均是在自愿的前提下对集体的决议签了字，不愿参与的可自行退出，可能的矛盾已经在组内化解，所以也就不存在诸如因强征或强拆所引发的种种问题了。

2. 农民的土地和房屋等财产增值

首先，与搬迁前的村民房屋相比，金陵花园的房屋无论是交通区位、小区环境，还是房屋质量都明显改善了。我们调研时也走访了不少附近村组的农户，他们现在都想加入金陵花园了。其次，现在到金陵二组投资的社会资本越来越多，承包地的年租金也涨到了每亩1100～1200元，租期也从原来的短租变成了10年以上。第三，以前是宅基地不如承包地值钱，现在则相反，村民都知道宅基地比承包地更值钱。最后，现在金陵花园的房子至少为2000元/平方米，不仅比旧村宅贵很多，甚至比天马镇镇区的房价还要高。

3. 土地使用效率得到提高，乱占土地的行为受到约束

一是村民住宅用地明显减少，原来560多人需要住150多亩地，现在则只需40多亩地；二是新增了不少可供规模化经营的土地，复垦后的耕地可给农民带来一定收入，而所拍卖的集体建设用地一旦发展起服务业，村民的收入也会大大提升；三是通过集中居住，乱占耕地建房的行为在某种程度上得到控制。

4. 农民的人力资本得到提升

过去，人们对于土地的使用大多停留在传统农业种植上，现如今他们已受到启发。凯汇房产公司搞的是高端养老，金陵花园二期的三四层楼房计划搞中端养老，再利用村民的一部分自住房搞低端养老。虽然这些想法能否被市场认可还有待检验，但村民对如何更好地利用自己的土地有了更多的认识。

四、政策建议

1. 应当充分认识流转对于吸引更多对市场需求更加敏感的社会资金、提升农民的人力资本等方面的积极作用，继续鼓励以农民为主体自发进行土地整理和流转

金陵二组的实践证明，如果没有流转，农民的土地始终停留在自用层面，土地利用方式相对单调，再加上农民的信息量有限，土地的潜在价值就可能得不到充分挖掘。而如果一旦允许农民流转土地，则至少会带来三个层面的变化：一是同样的土地资源，其利用方式会更加多样化；二是以农民为主体进行土地流转，农民会充分考虑流转后自己的利益，在这种情况下，土地利用的经济价值和收益分配格局都将得到明显的改观；三是通过与市场上社会资本反复对接，农民获得的信息量增多，在流转本身所带来的启发下，会不断地发掘新的价值来源，也提升了他们的人力资本。

2. 政府部门要提供更加公开的流转平台，并使流转办理手续更加简捷、收费标准更加统一

在金陵二组的探索过程中，对政策信息反应灵敏的阳通炳起到了重要作用，但由于政府信息的公开程度还不够，阳通炳光是为了争取试验机会就花费了大量的精力和时间。为了使土地流转成功，他反复和国土、规划、建设等专业部门进行沟通，这其中的手续非常复杂，他也没少碰"钉子"。另外，在流转集体建设用地过程中，都江堰市国土局和市政府从中收取的费用完全是"新"的东西，缺乏可供参考的法律标准。这一点国家还需要在今后的实践中加以统一规范。

3. 在符合规划的前提下，应允许农民自主选择建造更高容积率的房子

金陵花园目前的格局全是两层的房子，现在二组组长阳通炳已经开始意识到，随着产业的进一步发展，房子可能不够，所以希望在二期扩建的过程中修建四五层的房子，既供村民自住又可用于出租，而且还可以让那些宅基地面积比较小而只能获得较少建房补助款的农户住进小区。希望国家在这方面给予农民更多的空间，鼓励他们进行这种探索。

4. 建议国家在集体建设用地抵押融资方面给予更多的政策支持

以农民为主体整理和流转土地，必然需要村民在前期垫支大量的资金。若不是阳通炳的个人资金实力和信用来源比较雄厚，金陵花园的完工还是非常困难的。我们在调研时也走访了附近的几个村组，其实很多村民都表示想要自己整理和流转土地，但苦于没有启动资金，所以建新房的愿望总是无法落地。如果国家能够加大农村房屋和土地的金融支持力度，大力发展农村金融市场，那么更多的农户就能够获得整理和流转土地的初始投入资金了。

（2011年11月）

土地整理与"挂钩"如何尊重农民的选择

——关于成都市农民自主整理集体土地的调研报告

黄　跃

近两年，成都市借助于对农村土地的全面确权、建立村民自主决策机构"村民议事会"等基础工作，开始出现以农民为主体引入社会资金、筹集启动资金、商讨补偿方案、自主使用集体建设用地的新做法，为在土地整理与"挂钩"项目中如何更好地尊重农民意愿提供了有益的经验。近日，国家发展改革委城市和小城镇改革发展中心与北京大学国家发展研究院组成联合课题组，对成都崇州、都江堰、郫县、邛崃等地在土地整理和"挂钩"过程中尊重农民选择的案例进行了专题调研，现介绍如下。

一、成都市农民自主整理集体土地的主要内容

成都市的土地整理和"挂钩"工作自2006年开始，早期操作中，包括项目的立项申报、筹集前期资金、制定农户补偿方案、统一规划修建置换小区等内容，全由政府提供一揽子服务。后来，随着土地整理和"挂钩"项目的数量进一步增多，规模进一步增大，成都市政府部门逐步意识到，在人力和资金有限的约束条件下，由政府包揽"挂钩"项目的所有工作并不能充分满足农民的多样性需求。成都开始明白，要在土地整理和增减挂钩中更好地尊重农民意愿，就得把本可由农民做的事情交给他们自己去选择。

1. 全面的土地确权和村民议事会制度为农户自愿提供制度保障

从我们实地走访的都江堰柳街镇鹤鸣村、邛崃市油榨乡马岩村等在

黄　跃：国家发改委城市和小城镇改革发展中心发展改革试点处副研究员、硕士。

内的多个集体土地整理项目看，农民的自主自愿性特征非常明显，这主要得益于两个方面制度安排：一是对农村土地全面确权，二是村民议事会制度。前期扎实的确权工作中发放到村民手里的集体土地使用权证有两大作用：一是作为说理的依据。政府正式签发的土地权证只要还在村民手里，就对村组干部乱来构成一定约束。二是获得公平补偿的凭证。村民依照权证上标注的面积领取各自的补偿，既清楚又公平。此外，由村中多位有威望的老人和乡贤组成的村民议事会，为确保农民自愿又增加了一道制度保障。议事会拥有明显独立于村组干部的自主决策权，征求村民意见、确定补偿方案、招聘施工队伍、土地权属调整、小区的维护和管理等方面都需由议事会的成员讨论通过后方可实施，这样就确保了村民的大部分合理意见得到重视。

2. 农民集体自行筹集前期资金

以村为单位自主开展集体土地整理，最困难的是几千万启动资金的筹集问题，这就涉及集体建设用地抵押贷款，这方面崇州市桤泉镇群安村的探索有重要参考价值，其主要的做法是：第一，由村民代表和社会资金（成都逸凡实业有限公司）签订投资协议，承诺将节余的159.64亩指标以每亩35万元总价5587.4万元转让给社会资金；第二，由报名参加集中居住的农户以其集体建设用地使用权作价入股，成立"荷风水村"土地股份专业合作社，并在成都银行崇州支行设立账户；第三，由土地专业合作社与崇州市国土局（确保项目合规并有相应的政策支持）、崇州市土地储备中心（防范财务风险）、成都银行崇州支行共同签订《农村集体建设用地监管四方协议》，并追加成都逸凡实业有限公司承担连带担保责任，以此获得期限2年、利率上浮20%的项目贷款3600万元；最后，凭借3600万元的贷款和部分自有资金，群安村土地专业合作社完成土地整理并向成都逸凡实业有限公司交付指标，然后利用指标价款偿还银行贷款。为防范债务风险，崇州市政府每年还从卖地收入中拿出10%作为土地整治风险基金，并委托土地储备中心在社会资金违约时以每亩25万元的保护价收购建设用地指标，由此确保土地股份合作社及时偿还银行债务。从群安村的探索来看，明确的指标流转收益、政府提供的财务保障、专业部门提供的政策支持是集体建设用地抵押融资成功的关键。

3. 农民自主讨论收入分配方案

与全国其他大地方不同，成都的农民有不少已经开始知道集体建设用地指标价格这一重要信息，这得益于政府交由村民自主包干"生产用地指标"制度的推行。例如，都江堰市柳街镇鹤鸣村与市国土部门达成以每亩30万元包干出售用地指标的协议后，村民共同讨论并公开的资金使用方案是"项目采取每亩30万元的包干制，其中15万元用于项目立项、规划设计、地形测量、土地复垦、权属调整、农户补偿；15万元用于集中小区的基础设施配套、房屋建筑立面装饰、两房及附属设施建设"。在议事会提出初步补偿方案后，前前后后共修改了7次，村民的实际情况和利益诉求得到充分体现。在崇州和郫县的多个村庄整治中，大多也都采取政府按每亩建设用地指标15万~25万元的收购价，包干交由村民自主整理和分配收益的方案进行。当然，这样做的基本前提是农村土地的全面确权和村民议事会制度所形成的民主决策氛围，没有这两条，"包干收购指标"的方式有可能带来村组干部侵犯农民利益的风险。

4. 农民参与集中小区的规划设计和修改

虽然政府对每一个集中小区有统一规划，但在具体的户型选择和建筑样式上，成都的农民已经有了更多实现自己意愿的途径。例如，我们在崇州市杞泉镇群安村实地调研时看到，村民们正在商量如何修改规划方案中对二楼阳台的原有设计，他们希望能够把这些原本开放的阳台进行封闭改装，以充分利用空间作为储藏室或其他用途。在都江堰市天马镇金陵村二组，由于村民认为政府提供的规划设计不符合自己的生活习惯，就要求规划设计单位按每户现有实际人口增加一人的标准重新设计户型，要求在一层增加一个车库以便于摆放摩托车、堆放农具或者晒谷物，要求房前屋后留出一小块空地便于村民种点蔬菜。通过村民议事会的争取，村民的这些意愿都在最后的实际修建中得到了体现。在都江堰市柳街镇鹤鸣村，由于血缘关系较近或平时邻里关系不错的农户不愿意在新的聚居区分散，后来就根据村民意愿，自组联合组团修建连体大院。以鹤鸣村11组为例，该组46户通过自愿组团总共形成了6个组团，最少的组团有5户人家，最多有12户人家，组团的房屋一般是紧密连接在一起的大院，院落中间留有环形的门前道路和一块公共菜地。

5. 农民自行利用所节约的集体建设用地

这是与以往以政府为主导的集体土地整理项目最大的不同,以天马镇金陵二组为例,该组通过整理共节约出110亩土地,除了将76亩指标按与政府约定的每亩15万元收购价交给政府外,还保留下了34亩多的集体建设用地指标用于本组发展乡村养老的产业。都江堰市柳街镇鹤鸣村的情况也类似,该村通过整理共节约出239亩集体建设用地中,经过商议,他们打算将其中的96亩指标以每亩35万元的价格外挂到柳街镇双凤村用于发展乡村旅游,而将余下的143亩集体建设用地实地以每亩40万元的价格作价入股与华西集团共同经营产业。崇州市桤泉镇群安村则直接和社会资金对接,以每亩35万元的价格出让159.64亩该村集约出的建设用地指标,给成都逸凡实业有限公司在本村搞产业。

二、农民自主整理的好处

与由政府主导的集体土地整理模式相比,农民自主整理有以下几个优点。

1. 农民多样化的需求能够得到更加充分的实现

农村的情况比较复杂,不同农户的基本情况也不尽相同,政府统一制定的置换方式和小区建筑标准往往仅能满足一部分人的需求,要再多样化就得花费政府更多的精力,与其这样不如交给村民自己去干,有什么需求村民共同讨论,大家都觉得有道理的就采纳,个别不合理的就不采纳。因为绝大多数可能的矛盾都已在村民内部以更具人情味和符合农村习惯的方式共同解决了,所以政府与农民的矛盾大大降减少。

2. 有助于利用价格机制来引导农民更加集约地利用土地

事实证明,只要价格信息能够比较清楚地被村民掌握,他们就会根据建设用地指标的价格算经济账,以此来节约更多的土地,而且也会以此为基础来考虑长远收益的问题。

3. 有助于提升农民的财产收入和人力资本

集体建设用地以更大的比例交由村民自主决定如何使用,可以有效地提高农民从集体土地中获得的财产性收入。通过与社会资本的独立合作，村民就有更多机会了解和掌握到更多关于如何更好地利用土地的信息，在某种程度上也为农民自主创业奠定了基础。

三、政策建议

1. 以农民为主体整理集体土地是一场还权于民的深刻变革

我们认为，成都近几年正在推进的农民自主整理和置换集体土地的做法，其本质的含义是要将原本属于农民的集体土地所有权以更加完整的方式归还给农民，是将更多事情交由农民自主选择、还权于民的开明之举。这类探索符合十七届三中全会中缩减征地规模、允许集体经营性建设用地直接入市流转的总体精神，也是实现国有与集体建设用地同地同权的应有之义。如果成都的这些探索能够以更大的规模，在更加多样化的村庄中发展下去，将会逐步地形成一条集体土地直接入市的新通道，从而为下一步彻底改革征地制度提供经验基础和操作契机。

2. 降低集体建设用地抵押融资的政策障碍

崇州市桤泉镇群安村的经验显示，集体建设用地抵押融资的问题其实并不难解决，关键有三点：一是做大集体建设用地交易的市场，这样就可以用明确稳定的收益预期来吸引社会资金，减少金融机构的经济顾虑；二是在政策还不明朗的前提下，与国土有关的专业部门要提供准确的政策导向和支持，要给市场一个稳定的投资环境；三是在起步阶段，需要政府以其财力提供相应的财务风险担保，以避免可能出现的财务违约情况。下一步应当参照国有土地在开发过程中的抵押贷款经验，允许农村以集体土地上正在修建的工程和项目整体为资产申请抵押贷款，扩宽村民的融资渠道。

3. 城乡建设用地增减相挂钩，不仅要包括土壤肥力，还应当包括城乡之间容积率的挂钩

集体建设用地的整理和置换最早于2004年提出，发展到现在仍然是物理面积之间的置换，我们建议进一步加入肥力和容积率的概念，因为我们的城市没有那么多平面空间用来吸纳农村，也没有那么多肥沃的耕

地用来被置换。建议考虑对肥力不相称的两块地，根据各自肥力的差异进行非对称挂钩。建议设计一个容积率奖励系数，从节地系数更高的项目所产生的建设用地指标，落地时可以获得更高的容积率奖励。

4. 集体建设用地的转让期限可否更长

我们在实地调研时了解到，为了让更多更好更长久的投资能够进入集体建设用地市场，很多村民都要求增加土地转让的期限。事实上，作为集体所有的村民宅基地，其使用期限是长久的，但当集体建设用地发生转让时，很多地方都参照国有土地商业用地40年、工业用地50年、住宅用地70年的期限进行规定，且不说这样做本身有什么道理，国有土地出让的期限问题已经开始出现：40年、50年、70年之后的使用权归谁？为此，我们建议，只要是以农民为主体自主自愿进行的建设用地流转，在符合规划的前提下，流转的期限应该由农民和另一方自由商定。

（2011年12月）

城乡统筹的姚庄实践

——浙江省嘉善县姚庄镇土地增减挂钩调研报告

黄　跃

位于浙江省嘉善县东北部的姚庄镇，东与上海市青浦区、金山区相连，西北与江苏省吴江市毗邻，是江浙沪两省一市的集中交界地带，距上海虹桥机场和杭州萧山机场仅1小时左右车程。全镇幅员75平方公里，现辖18个行政村、4个居委会，户籍人口4万，外来人口3.7万。

近十年间，姚庄镇的工业从几乎一片空白起步，发展为以光伏能源、精密机械为两大主导产业的现代工业格局，实现了跨越式的转变。2010年姚庄全镇实现生产总值45.02亿元，财政总收入3.6亿元；2011年1~8月已经实现财政总收入3.49亿元。在工业富镇的同时，姚庄也形成了颇具规模的黄桃、蘑菇、番茄、甲鱼等特色农业产业。工农业就业渠道的扩展，显著增加了当地农民的收入。2010年全镇农民人均纯收入达到15954元，高于浙江省11303元和嘉善县14383元的平均水平。

随着农民就业方式的变化和收入的快速提升，改善居住条件、获得更加便利的公共服务成为农村家庭的普遍需求，很多已将农地流转、以非农就业为主的农户都想在镇区或县城安家置业。与此同时，由于基本农田保护率很高，姚庄镇每年工商业发展所需的建设用地也变得日益紧张。农村的新需求与镇区工商业发展用地紧张，为以城乡建设用地增减挂钩为平台统筹城乡发展提供了可行的操作空间。

2008年6月，姚庄镇获得国家城乡建设用地增减挂钩试点。两年后的2010年7月，位于镇区总占地350亩、基础设施配套齐全的桃园新邨全面竣工，来自全镇8个村的869名农户顺利迁入镇区。近日，国家发改委城市和小城镇改革发展中心调研组，赴姚庄镇进行了专题调研，现将我们

黄　跃：国家发改委城市和小城镇改革发展中心发展改革试点处副研究员、硕士。

所了解的情况汇报如下。

一、姚庄镇城乡建设用地增减挂钩的总体情况

姚庄镇的"挂钩"工作简称一分（承包地与宅基地分开）、一换（以宅基地换镇区房产）、一流转（承包地由原农户经营或流转），其核心是农户以自有宅基地置换镇政府在镇区提供的新房。

1. 置换的具体方式

参加置换的农户可获得"两补两奖"：一是原有合法住房及地上附着物补偿。由专业房地产评估有限公司对农户的所有房产统一进行评估，然后按评估价的50%进行补偿。二是以成本价购买建于镇区的新房。一种是按1000元/平方米的成本价①和人均40平方米的标准，购买具有国有土地使用证和房屋所有权证的标准公寓房②；一种是按695元/平方米的成本价以及人均40平方米的标准，购买只有集体土地使用证、不可上市交易的复式公寓房③；户口早年已迁至城镇但仍保留着宅基地和农房的农户，只能按800元/平方米的价格获得宅基地补偿，但没有以成本价购买新房的权利。一种是参与奖励。包括腾空房屋至入住新房过程中的签约奖励④、率先腾空房屋奖励⑤以及过渡期间的租房补助⑥。一种是节地奖励。选择购买两证齐全的标准公寓房的农户，给予人均1万元的奖励；选择购买复式公寓房的农户，按照大户型6.6万元、中户型5.8万元、小户型3.6万元的标准给予奖励。

农户的主要义务是腾空旧房、将宅基地复垦后的耕地交还给村集体重新发包。进入镇区后，农民的户籍身份不变，原有承包地经营权以及其他集体福利也继续保留。

---

① 根据不同的楼层有调整。

② 五层高，分121平方米、82平方米、66平方米三种户型。

③ 四层高，大户平均占地85平方米、建筑面积340平方米，中户平均占地75平方米、建筑面积300平方米，小户平均占地60平方米、建筑面积240平方米。

④ 按原有合法建筑面积20元每平方米计算。

⑤ 按原有合法建筑面积30元每平方米计算。

⑥ 包括两大部分，一部分是一次性搬迁补助每户800元，一部分是过渡安置费每户每月200元、每人每月100元。

2. 土地与资金平衡

一期桃园新邨项目涉及869户，累计完成土地复耕820亩（部分是未利用地或农用地），经验收的集体建设用地指标700亩，净新增耕地120亩。700亩建设用地指标中，修建桃园新邨用掉360亩，余下的340亩用做工商业产业发展，建设用地的城市占用减少与农村垦复新增之间，不仅能平衡，且有48%的节余。姚庄镇对这340亩建设用地指标的使用计划如表1所示。

表1　　　　姚庄镇城乡建设用地增减挂钩一期项目土地平衡表

复耕土地总面积	净新增耕地	集体建设用地指标			
		合计	桃园新邨占地	8村预留	净节约建设用地
820亩	120亩	700亩	360亩	40亩	300亩（60亩用于工商业基础设施配套）

据测算，姚庄镇政府每获得1亩集体建设用地指标，总投资大约为57万元[①]，加上征地成本每亩18万元，获得并使用每亩建设用地的总成本约为75万元，这样算下来的总投入约2.55亿元。按照姚庄镇的用地方式和当前地价水平，可获得一次性工商业土地出让净收益2.52亿元。若嘉善县对姚庄镇的工业税收实行全额返还，那么工业项目产生税收后的当年即可实现资金平衡。可见，如果姚庄镇的工商业地价没有明显下跌，资金平衡不难做到。

表2　　　　姚庄镇城乡建设用地增减挂钩一期项目成本与收益测算

建设用地成本		建设用地收益		
建设用地指标	指标落地时的征地成本	工业用地出让价格	工业用地净税收	商业用地出让价格
57万元/亩	18万元/亩	20万元/亩	5万元/亩/年（镇级税收1万元/亩/年）	200万元/亩

表3　　　　姚庄镇城乡建设用地增减挂钩一期项目资金平衡表

总投入	商业用地出让收益	工业用地出让收益	工业税收（按全额返还给镇里计算）
2.55亿元	2.4亿元	0.12亿元	600万元/年

---

① 户均补偿25万元（包括所有的拆迁补偿、奖励以及8万元基建公配费用），户均节约0.44亩土地，依此计算，每节约出1亩指标，需投入约56.8万元。

二、姚庄做法的特点

1. 真实做到农民自愿

主要体现在如下几个方面：一是扎实调研，了解农户需求。在开展置换前，姚庄镇政府对全镇8个村2135个农户进行问卷调查和抽样上门核实[①]，深入了解农民需求。通过调查所了解到的农户旧宅状况、近期修建新房计划、希望置换的房屋产权性质等信息为更加合理地规划设计桃园新邨小区奠定了基础。二是深入宣传，使政策通俗易懂。每个农户家里都有一本政策宣传手册，其中清楚而又详细地说明了置换的标准和补偿条件。加上村组干部的宣传，每个农户都能明白补偿细节、置换方式以及参加条件。三是要求每个农户家庭内部意见必须统一。任何一位家庭成员有异议的，都无法取得置换资格。2008年9月，一期桃园新邨项目正式向村民公布置换办法后自愿报名参加的农户竟多达1230户，后通过筛选只保留了869户，这其中有不少就是父母同意置换、儿女不同意，所以没能通过筛选。

2. 设置三连户、五连户、十连户连片申请奖励，在坚持农户自愿的基础上降低土地复垦的困难

一些地方为了最方便的编制挂钩项目、最快实现成片复垦，出现了违背农民意愿的现象。而在成都市温江区的类似操作中，由于257个农户点位过于分散，由此造成土地复垦图斑的认定和事后监管的双重困难。姚庄镇的做法就比较灵活，他们规定申请的农户至少要在3连户以上，而且连片的户数越多，连片申请的所有农户得到的奖励也越多。这种经济引导的方式，较好地实现了以农户自愿为基础的规模化置换，方便了土地的复垦和指标认定，为今后的农业规模经营奠定了基础。

3. 留用40亩建设用地指标给参与置换的8个村集体，统筹报征、合建厂房、逐年出租、收益分红

经过村集体与镇政府之间的协商，姚庄镇给一期8个参与置换的村总

---

① 2009年，北部丁栅镇的10个村才并入姚庄，老姚庄就是8个村。

共留用了40亩建设用地。为避免村村分散利用土地的低效问题，姚庄镇与各村商议后决定将这40亩建设用地集中放在镇区的省级工业园使用。具体方式是，村集体与镇政府合建厂房、统一招租、租金分红：在8个村集资和政府提供补贴的基础上，合资3000余万元共建标准工业厂房对外招租，厂房租金和税收由镇政府与8个村协议分成。目前，这40亩土地上已经初步建成总建筑面积2.7余万平米的标准工业厂房，且已成功引来一家精密机械制造企业入驻，不久即可产生效益。

三、政策建议

1. 各地在试点过程中应提供多样化的置换方式，增加农户的选择空间

一方面是因为江浙一带的农民权利意识较强，另一方面是姚庄镇的领导班子对尊重农民意愿的坚持，姚庄在提供置换方式上比其他地方显得更有弹性，以特色农业经营为主的农户可以选择在中心村的聚居点进行置换；已经基本脱离农业生产的农户可以选择置换进入镇区；已经在其他城镇购房的农户还可选择直接领取货币补偿。而且，进入镇区的农户不仅可以选择价格较低、单套面积更大的复式公寓楼，还可以选择双证齐全、价格稍高但5年后可入市交易的经济适用房。建议政府主导实施土地整理和"挂钩"的其他地方，要借鉴姚庄的做法，要尽可能多的为农户提供更加多样化的选择。

2. 研究在增减挂钩项目中留用部分土地供集体经济组织使用的办法

姚庄镇留给8个村40亩建设用地指标、合资建厂房的做法值得深入研究：一是要研究通过构建什么样的利益平衡机制使得其他地方政府在整理集体土地时，也有动力自愿留给农村一部分集体建设用地，让他们自己考虑怎样使用；二是要研究建设用地指标是否可以在不同区域间以合资入股而不是一次性断卖的方式使用？断卖指标实际上是一次性出让未来发展权，而合资入股则可以保证多方特别是农民能够长期分享土地增值收益。

3. 建议逐步降低扩大指标交易半径的政策阻碍

在镇域范围内的不同行政村进行指标置换虽然好操作，但也有损失。我们观察到，目前姚庄镇的人气其实并不是很旺，在镇区工作的很多人（包括镇干部）晚上都回到嘉善城区居住，这导致从姚庄镇至县城的道路在上下班时间一度拥挤。其实姚庄镇最初就意识到镇区商业用地价格尚不够高，因而向县里建议将一部分用地指标落在县城，但不知什么原因没能获得批准。我们认为，要对地方的这些合理需求给予支持，只要土地复垦到位，就应当允许其适当扩大指标的落地半径。

4. 逐步探索由农民自主整理和交易集体建设用地指标

我们在走访中发现，农户对农村房屋置换城镇新居的概念普遍认可，但并不清楚在此过程中所节余出的集体建设用地指标的价值，他们普遍认为这种置换完全依赖于政府财政补贴。今后的改革方向，应当是由以政府为主体整理集体土地的传统模式，逐步发展为完全以农民为主体自主联合、引入社会资金或与政府合作整理集体建设用地。在改革过渡期，可考虑试行指标整理"包干制"，由政府提供一个指标收购价和收购量，然后将其余的收益分配、规划小区建设、前期资金筹集、土地权属调整等内容全部交由农民自主讨论决定。成都市在这方面已有不少探索，其中的主要经验是，由农民自己来操作，整理的成本可能更低，农民的多样化需求也能得到更加充分的满足，农民与政府之间的纠纷也更少。

（2011年12月）

吉林省英俊镇城乡建设用地
增减挂钩试点调研报告

吴　斌

　　为全面细致了解各地在土地挂钩实际探索过程中所积累的经验及遇到的问题，近日，国家发改委城市和小城镇改革发展中心，赴吉林省进行了为期4天的土地挂钩专题调研，调研组实地考察了长春市二道区英俊镇挂钩试点进展情况。总体上看，英俊镇土地增减挂钩项目区选择得当，实施条件较好；实施方案中制定了明确措施将保障农民权益放在首位；实施过程中较好地处理了农民权益、发展用地需求和土地规划之间的矛盾；在加快新农村建设、农业现代化和城镇化进程方面，已经初显成效。主要情况如下。

一、土地增减挂钩试点项目背景

　　英俊镇位于长春市近郊区的城乡结合部，是长春市东部交通枢纽的重要节点，镇域土地总面积116平方公里，辖10个行政村，一个街道办事处，71个自然屯。2009年，全镇总人口7.87万人，地区生产总值18亿元，全口径财政收入2.3亿元，农民人均纯收入6231元，耕地面积5027公顷，宅基地面积1333公顷。

　　由于英俊镇地处长吉图开发开放先导区的核心区域，吉林省政府已将其确定为"百镇建设工程"城镇，未来重点打造商贸、物流基地，使长春市得以纵向延伸产业链，并承接二道区"行政东移、居民东居"的发展战略。随着近几年工业化和城镇化的推进，现行的土地利用总体规划暴露出空间布局不合理的缺点，全镇用地的供求矛盾越来越突出，单

吴　斌：国家发改委城市和小城镇改革发展中心规划研究部助理研究员、博士。

纯依靠每年下达的用地指标满足不了用地需求①，规划的发展目标难以实现。与此同时英俊镇农民的劳动就业方式也发生了很大变化，大量农民进城务工务商，一些农民在市区购置了新房，并没有退出农村宅基地；许多农户建新不拆旧，一户多宅，农村宅基地超标现象非常普遍②。

为拓展城镇建设用地空间，有效缓解建设用地扩张对农用地的压力，英俊镇决定运用城乡建设用地增减挂钩政策，盘活农村存量建设用地。2006年7月英俊镇开始向我中心申请土地挂钩试点，中心随后组织人员进行实地调研、可行性分析以及方案的编制。2008年6月，国土资源部下发了国土资函[2008]357号文，正式批复英俊镇为全国改革发展小城镇中第一批土地挂钩试点镇。英俊镇项目区规划面积134公顷，拆旧区面积70.7公顷，建新区面积63.3公顷（其中农民安置区占地17.5公顷），涉及4村、12个自然屯，2956人，814户，实施后可新增耕地7.4公顷。

二、主要的经验做法

在增减挂钩方案制订和实施中，英俊镇政府始终坚持将土地开发增值形成的"级差地租"收益，大部分反哺给农村，改善农村生产生活条件，提高农村公共服务水平。利用建设园区的契机，为农民提供职业技能培训，提供就业岗位。由于建设用地增减挂钩措施将促进土地流转，大大加快土地的规模经营和农业产业结构的调整，加快农业现代化进程，使许多农民可以获得非农就业的机会，丰富收入结构，获取租金、分红和务工等收入，将为今后农民的持续增收创造条件。

1. 充分尊重民意，让农民享受到土地挂钩工作的成果

英俊镇在项目实施过程中，始终尊重农民意愿，坚持群众参与，以村民代表大会的形式广泛听取群众意见和建议，村民表决同意率达不到"90%赞成，10%反对"的村，不批试点。坚持让利于民，制定优惠政策，征地补偿分配、置换标准制定、房屋测量、房型选择等环节，让农民自主选择、自主决策。坚持公开、公正、公平，实施公示制度，让老

---

① 访谈了解，近几年英俊镇每年年度计划指标与实际用地需求的缺口为65公顷。
② 2009年，英俊镇农村居民点人均用地为270平方米。

百姓充分参与到挂钩试点工作中。目前拆旧区农户人均补偿为18万元，建新区农户人均补偿费达到23万元，确保了土地增值收益及时全部返还农村。投资1.3亿元的20栋农民回迁楼建设已经基本竣工，其中一期5栋回迁楼，272户农民已迁入新居，其余15栋正在进行室内装修，2011年上半年交付使用。

2. 坚持让利于民，充分保障农民权益

英俊镇挂钩试点实施中，为最大限度地改善农民生产、生活质量，保障农民的权益，制定了一系列相应的保障措施。一是"拆一还一"的还迁政策。对于人均居住面积不足30平方米的居民免费补到30平方米，对于高于30平方米的按照实际面积置换。农民的住房条件大为改善，还可以将闲置房用于出租，获取财产性收入也有了可能。二是免费为年满16岁以上的农民办理养老保险，将其纳入城市养老保险体系，基本解决了农民老有所养的问题。三是减免农民进楼后增加的生活支出，镇政府为进楼农民交付了10年的供暖费和物业费，减轻了农民的经济负担和心理负担。四是增加农民就业渠道，英俊镇依托工业集中区平台，优先安置农民到集中区内企业务工就业[①]，安排部分农民参与农民新居的物业管理，实现了从农民到工人的身份转变。

3. 创新农地经营方式，增加农业产出和农民收入

农民搬迁完成后，及时协调资金对宅基地和废弃工矿整理复垦，确保耕地不减少、质量不降低，到达占补平衡。英俊镇同时还积极探索集体土地使用模式，复垦出来的耕地归村集体，用于建设温室大棚，并且建立农业合作社，以公司加农户模式，发展高效农业，使农民持有股份，成为股民，按股份分红。土地流转集中到"大户"，统一管理、统一经营，每年收益按比例缴纳给村集体，统一用于基础设施建设和村民分红。目前复垦区一期工程已完成18栋大棚建设。挂钩实施后项目区粮食产量从2005年的1.5万斤/公顷，增加到2009年的2万斤/公顷，第一产业增加值从2005年的89.86万元，增加到2009年的137.72万元，农民人均纯收入从2005年的4219元提高到2009年6231元。

---

① 预计建新区入驻企业可安排1120名农民就业。

4. 多渠道筹措资金，保证挂钩试点的顺利推进

英俊镇在筹措资金方面，一是积极争取省、市、区政府和各部门对项目的政策支持，包括土地出让金①的返还，各种税费的减免，土地整治专项资金的投放②；二是积极争取贷款。吉林省人民政府和国家开发银行已经签订协议，贷款100亿支持省"百镇建设工程"，共同推进土地整治，英俊镇可获得专项贷款1亿元，用于城镇建设、社会事业和产业的发展；三是积极争取社会融资，英俊镇开发建设有限责任公司作为项目建设的投资主体和融资平台，吸引社会各项资本参与项目建设。

5. 坚持规划先行，做好和各类规划的衔接

英俊镇试点项目区前期结合土地利用总体规划、镇村规划，编制了详细的挂钩项目区实施规划和英俊镇总体控制性详规，对未来城乡增减挂钩总体规模、区域分布、目标任务、实施计划进行统筹谋划，并与未来产业发展、城镇发展相衔接，有利于村庄整理后的土地流转和耕地规模化经营，有利于改善农民生活、生产条件，增加农民就业，同时也可以避免农民的二次搬迁和农村基础设施大量重复建设、无序投入。

英俊镇以土地挂钩试点工作为龙头，积极与"长吉一体化"战略规划相衔接，积极推进区域基础设施的建设，投资3亿元的新镇区基础设施建设、雾开河环境治理也已完成，让土地挂钩试点成为地方区域经济发展的助推器。

6. 把土地挂钩和当前土地综合整治充分结合

当期土地整治是促进土地利用方式转变，推进新农村建设和城乡统筹发展的重要手段，根据《吉林省整体推进农村土地整治示范建设长春市二道区示范项目实施方案》（吉国土资发[2010]74号），英俊镇已被列为吉林省土地整治示范建设项目区，项目占地1536公顷，建设规模1178公顷，预计新增耕地115公顷，总投资达135亿元。在下步实施中将把土地挂钩纳入到整个土地整治项目区，通盘考虑，统一规划，集中建设基础设施，发展设施农业和高效农业，进一步做好田、水、路、林、村综

---

① 目前英俊镇城镇经营性用地价格为1625元/平方米，工业用地价格为384元/平方米。
② 由于英俊镇是吉林省土地整治示范建设项目区，省、市国土部分准备投放土地整治资金5000万专门用于该项目建设。

合治理，改善农民生活生产条件，增加农民收入，促进农业现代化，加速发展商贸、物流、新能源等产业。

三、挂钩实施中仍需注意的几个问题

1. 相关配套政策还未出台

虽然吉林省国土厅出台了《吉林省城乡建设用地增减挂钩试点管理办法（试行）》，但省、市政府相关配套政策还没有出台，尤其是省、市政府及财政部门对减免挂钩项目区各项税费，将项目区内土地出让纯收益部分返还镇里，用于项目区内农村和基础设施建设方面的政策还没有得到明确和落实。建议省政府尽快出台相关政策，开辟绿色通道，简便办事程序，使土地增减挂钩工作得到相关部门的配合支持，确保项目区在实施过程中有据可依。

2. 新区用地办理手续问题

土地增减挂钩实施进程是否顺利，很重要的环节是，在复垦拆旧前，能否把农民安置区建设起来。安置区建设迟缓，农民就会怀疑，甚至失去信心。如何尽快办理安置区用地手续，加快农民新居建设，使农民尽早搬进新居并拥有产权证，已成为当前土地增减挂钩工作的能否顺利进行的关键。

"先整理复垦、后建新使用"的要求，也延缓了开发项目用地手续的办理，使得地方政府无法先期从土地出让中收益，政府只能先期垫资，增加了财政压力，削弱了地方政府的积极性。另外区级设立的是国土分局，没有审批权，只有监管的权力，手续还需通过市级国土部门逐级向省里报，也相应延长了用地报批手续时间。

3. 资金回笼周期延长而带来的风险

资金落实是实施挂钩工作的关键，但资金闭合的周期一般要长于土地平衡的周期。2008年受全球金融危机的影响，英俊镇建新地块的招拍挂也受到影响，影响了资金按期回笼，增大了还贷的压力；另如目前英俊镇长青地块出售后，收益应及时返回镇内，用于农民新居及复垦区建设。但项目方与长春市政府签订了分期付款的协议，延缓了资金的投放;另外吉林省各银行对此项目都没有特殊优惠的贷款政策。银行认为挂钩项目投资风险过大,因此对于贷款条件要求苛刻。到现在为止近两年的时间各家银行仍无放贷意向。

4. 农民养老保险问题

解决农民长远生计问题是挂钩试点目标。英俊镇对于失地农民按《长春市新征地农民基本养老保险试行办法》(长府办发[2006]38号)规定,政府给农民缴纳了养老保险,缴费总额为男38700元,女51600元。新征地农民基本养老保险每月基础养老金是每人215元,而城镇企业职工基本养老保险金是每人每月600元。实施土地增减挂钩,农民的居住及生活配套条件开始接近城市水平,他们提出的进一步要求是能够获得城市一样的社会保障待遇。在和平村安置小区入户调研中,不少安置农户反映每人每月215元的标准偏低,希望补助标准能重新调整,能开开心心过上"城市生活"。

四、几点建议

1. 项目区指标归还的时间要因地制宜

相比较于南方,东北由于夏短冬长的特殊气候原因,每年最多只有7个月的施工期,施工期短导致建筑周期增加。农民居住地在冬季拆迁后,到第2年的5月中旬冰雪融化后土地松软才能进行整理。气候原因使土地复垦施工期短,建设周期延长,导致土地指标归还时间延迟。因此,应考虑对北方项目区完成土地归还的时间给予适当的延长。

2. 开展土地挂钩工作,农民利益要放首位

近年来,一些地方开展城乡建设用地增减挂钩试点,对统筹城乡发展发挥了积极作用,但也出现违背农民意愿强拆强建,侵害农民利益等问题。近期的国发[2010]47号文件也指出,开展土地挂钩工作,要以促进农民增收、农业增效和农村发展为出发点和落脚点,把维护农民合法权益放在第一位,要充分尊重农民意愿,涉及村庄撤并等方面的土地整治,必须由农村集体经济组织和农民自主选择、自主决策。应当鼓励各地积极探索农民自主决策、自愿参与甚至自行实施等土地整治和增减挂

钩的多种形式。

3. 将农村养老保险纳入城市养老保险的范畴

将农民基本养老保险金纳入城镇企业职工基本养老保险体系是解决农民长远生计问题的重要环节。农民已不满足能像城市人口一样有了"退休金"，更希望与城市人口拿到同等金额的"退休金"。虽然这已不属土地增减挂钩政策的范围，但项目区所在地的各级政府，应当对此能够有所考虑，早作安排，让农民源源不断地得到农村土地整治的实惠，真正分享工业化和城镇化的发展成果，从而支持工业化、城镇化和农业现代化的顺利推进。

4. 聚合各类专项资金，制定优惠政策鼓励金融部门参与

国家每年都有新农村建设的资金，以不同形式投向农村，大多是条条分管，投资的集聚效益不够明显。应鼓励相关部门通过挂钩整合各类专项资金，提高新农村建设的投入效益。在充分评估地方近期筹资潜力的基础上，以实行土地抵押，申请银行贷款，或是通过专门的融资公司融资等多种形式筹集资金，鼓励金融部门参与挂钩项目，既可减轻政府与农民的筹资压力，又能保障挂钩项目顺利实施。

5. 协调各部门制定综合配套改革方案

土地挂钩试点是一项城乡存量建设用地优化的积极探索，不同于以往在增量范围的土地占补平衡。试点镇开展此项工作，承担着推动城乡统筹发展和探索用地制度改革的重大任务，是一项非常复杂、非常艰巨的工作，要求有实施的领导和组织保障。必须在区县一级，成立政府领导小组，由主要领导牵头负责，通过协调部门、制定政策和安排制度，推进挂钩试点工作。

（2011年1月）

第五篇
应对金融危机
与扩大内需

加快城镇化进程有利于扩大内需

何宇鹏 李 铁

在改革开放的30年中，城镇化对中国经济增长的贡献是十分显著的。根据多项研究综合，在中国年均约10%的增长率中，城镇化的贡献率是3个百分点。但是，也应看到，由于制度上的限制，城镇化对保增长和扩大内需的潜能还没有完全释放出来。研究表明，如果这些潜能完全释放，则城镇化对中国经济增长的贡献还将增加至少1~2个百分点。这不但将对中国经济长期增长保八的基本目标提供有力的支持，也会对当前扩大内需有着十分重要的影响。

一、我国城镇化的特点和局限

我国的城镇化是以劳动力流动为主要特征，区别于其他国家的城镇化进程。主要表现在以下几个方面。

1. 在统计的城镇人口中，还有相当部分是农业人口

2007年，全国城镇人口5.9亿，城镇化率44.9%。但是，非农业人口4.3亿，只占32.9%。还有1.6亿被统计为城镇人口的农业人口，其中流动就业的农民工占88%，因行政区划调整纳入城镇人口统计的当地农民占12%。

2. 城镇管理还是按照户籍人口进行的，限制了城市投资和规模的扩大

尽管在城镇总人口中，当地农民和异地流动的农民工已经占27%，但是在一些城市和人口规模较多的小城镇，外来农民工和当地农民已经占当地城镇总人口的一半甚至更多。但是，城镇公共服务支出和公共服务机构及人员编制等，仍是按照户籍人口来安排的。因此，外来人口较

何宇鹏：国家发改委城市和小城镇改革发展中心原副主任。
李　铁：国家发改委城市和小城镇改革发展中心主任、博士生导师。

多的城镇面临着公共服务能力严重不足，社会治安和环境问题突出，也限制了农民工在城镇长期定居和消费的欲望。

3. 外出流动性就业，使得农民工消费行为偏低

农民工在城市的收入大都要寄（带）回家。根据国家统计局的调查显示，2006年农民工平均寄回家的收入为4485元，占年收入的40%。农民工消费水平低于城镇居民和农村居民，2006年农民工消费占收入的比重只有47.9%，分别低于城镇居民和农村居民平均水平26.1和31个百分点。农民工消费的恩格尔系数为50.8%，分别高于城镇居民和农村居民平均水平15和7.8个百分点。以恩格尔系数来观察农民工的消费方式，只相当于2000年时的农村居民水平。可以判断，流动性的就业使得农民工的消费行为不仅仅低于城镇居民，甚至低于稳定居住的农村居民。

二、城镇化对扩大内需的影响

我国的城镇化进程是一个长期的结构调整过程，为经济增长提供了稳定的驱动力。问题的关键是，我国城镇化的潜力尚未完全释放，对此要有足够的认识。

1. 从城镇基础设施投资看城镇化对扩大内需的拉动作用

长期以来，我国城市基础设施建设投资不足。2007年，城市基础设施投资6422亿元，只占GDP的2.6%或全社会固定资产投资的4.7%，低于联合国建议的占GDP3%~5%或占全社会固定资产投资9%~15%的标准。考虑到我国处在城镇化加速期和城市基础设施历史欠账多的特点，按联合国的高标准计算，则当年需要增加投资6152亿~14177亿元，并带来15000亿~34000亿元GDP的增长，可以达到2.4倍的乘数效应。

2. 从农民工的消费需求看城镇化对扩大内需的拉动作用

根据国家统计局数据推算，2006年，农民工年工资11352元，相当于城镇职工平均工资的54%。农民工的年均消费支出5556元，相当于城镇人口年均消费水平的64%。1.3亿农民工消费总额达7223亿元，占城市社会消费品零售总额的14%。但是，如果逐步使农民工在城镇定居，消费的恩格尔系数能从50.8%降到43%左右（当年城镇和农村分别为36%和43%），那么农民工

家庭的人均消费就可能增加到6500元左右，相当于城镇水平的75%。这是一个最低水平的判断，还没有考虑到定居后如果可以与城镇居民同样获得各种消费贷款，对房地产和大宗消费品以及其他工业制成品的消费需求带来什么样的刺激。

概言之，按照2020年比2000年翻两番的目标（按2000年不变价格计算），20年间我国GDP总量402万亿元，年均20.1万亿元。从投资看，满足城镇化需求，每年的城镇基础设施建设投资至少为1万亿元，城镇住房建设投资至少为1万亿元（联合国建议占GDP的5%）。两项相加，城镇化的投资带动效应为2万亿元，产生的GDP至少在4.8万亿元，相当于年均GDP的24%。从消费看，城镇化每增加1个百分点，产生的直接消费将拉动GDP增长1.5个百分点。因此，围绕城镇化相关项目进行投资，不仅对当前的扩内需和保增长的方针有积极的推动作用，也对不断扩大城镇的人口和产业容纳规模有着重要的战略意义。向城镇化项目进行投资和向生产性项目投资不同，不会在市场形势不明的情况下形成新的产能过剩，而是为下一轮的增长提供了扩大消费需求的有力支撑。

三、关于扩大内需的相关城镇化项目建议

转变政府职能，核心是提供公共服务。推进城镇化的相关项目应围绕这个核心开展。基本原则是，对公共物品而非生产性项目进行投资，对民生工程而非形象工程进行投资。投资要有利于城镇吸纳能力的提高，有利于稳定和扩大农民工进城就业和定居。

1. 要加大城镇基础设施项目投资

通过供水、供热、污水处理、垃圾处理、公共交通和道路建设等城镇基础设施的改善，增加城镇吸纳人口的能力。以污水处理为例，2007年，我国城市污水处理厂集中处理率还不到50%。655个城市中，有200多个没有污水处理厂。这严重制约了城市的发展。从小城镇看，全国有28%的镇没有集中供水，63%的镇没有垃圾处理站，81%的镇生活污水没有经过集中处理。2007年，小城镇这三项总共的投资才365亿元，发展的空间被基础设施不足大大约束了。因此，选择一批有潜力的城市和小城镇，

加大基础设施项目投资，对促进城镇化健康发展具有很大意义。

2. 稳定农民工的住房项目

目前尚没有针对农民工的社会住房项目。2007年，全国住宅建设投资1.8万亿，只有821亿用于经济适用房建设，还是面向城市人口的。但是，像城市搞经济适用房那样搞农民工住房，既不现实，也被证明难以进行。如果在政策上加以引导，这一块的投资对拉动内需有很大作用。考虑到农民工多居住在城乡结合部这一现实，在农民工较多的城市，安排对 "城中村" 地区上下水、垃圾处理、供气、供暖、道路等基础设施建设的投资。通过公共设施配套的改善，制定标准，引导当地集体组织和农民在集体建设用地上建设适合农民工居住的出租屋，降低农民工进城的门槛。同时，让当地农民和村集体获得财产性收益，共同分享城镇化的成果。只有住房问题解决了，才会有连带的对家具、家电等消费品的需求，才能从根本上解决消费对内需的刺激。

3. 分期分批解决农民工定居问题

无法想象一次性解决上亿的农村人口进城定居会给城镇社会和农村社会带来什么样的冲击。因此，稳步实施，把解决农民工进城定居作为长远目标，是有利于社会稳定和城镇化健康发展的。目前，全国有2600万携家眷的进城务工就业的农民，他们在城镇长期定居从事各种行业，已经具备了在城镇生活和就业的能力。如果从这部分人入手，放开进城落户的准入条件，既不会引发社会波动，同时又有利于他们在城镇的长期消费，带动需求增长，并为城市的发展注入新的人口要素的活力。

4. 政策支持的重点应该是大城市城乡结合部的小城镇

目前，全国各大城市和农民工集聚比较集中的地方，基本是在城乡结合部的小城镇镇区或是城乡连片的村庄和城中村。应率先在这些小城镇实行户籍管理体制改革，并相应解决基础设施投资建设，进行集体建设用地制度改革，建立已经长期在这里定居的农民工和当地农民结合在一起的新型小城镇。通过政策支持，使得农民工在这里长期定居和消费，既可以带动投资的需求，又可以促进新城镇居民的长期消费需求。这样才有可能把我国城镇化进程实质性的推进。

（2009年4月）

抓住当前有利时机，
促进小城镇发展，拉动内需

——第二届中国小城镇发展高层论坛专家发言综述

2008年11月29~30日，由国家发改委小城镇改革发展中心和青岛市发展改革委员会主办，中共胶州市委、市政府承办的第二届中国小城镇发展高层论坛在青岛胶州举行。会议邀请了中共中央财经领导小组办公室原副主任、中共中央农村工作领导小组办公室原主任段应碧，全国人大常委、农业委员会副主任尹成杰，国务院研究室副主任李炳坤，中共中央财经领导小组办公室局长祝卫东，国家发改委农经司司长高俊才和建设部村镇建设司司长李兵弟等专家和有关部门负责人到会，就如何发挥小城镇的作用，实施积极财政政策，拉动内需发表了观点和建议，并就如何解决小城镇发展中面临的土地、资金和生态环境等诸多问题谈了建议。现将这些观点和建议综述如下。

一、小城镇在推进城镇化进程中的作用不可替代

与会的领导和专家普遍认为，小城镇在城镇化和建设新农村的进程中具有不可替代的作用。

尹成杰、李炳坤等认为，小城镇是人口、产业、服务和市场等重要的聚集地，扩大农民就业的重要载体，实现现代农业的重要举措，也是推进社会主义新农村建设的重要途径。小城镇顺利发展是我国实现现代化和经济持续化发展的重要引擎，是走中国特色城镇化道路、建设社会主义新农村，破解城乡二元结构的决定性环节。

祝卫东认为，城镇化是我国经济又好又快发展的重要源泉，这个动力机制如果弱化，将对下一步经济的整体发展非常不利。经过这次金融危机，发展经济还是要依靠扩大内需。这不仅需要大中小城市的发展，

而且要加快小城镇的发展。

李兵弟认为，作为一个人口大国，发展中国家，而且具有明显的城乡二元结构的背景下，实施健康的城镇化和扎实的新农村建设的双轮驱动战略，小城镇的建设是必然选择。

二、小城镇在实施积极财政，拉动内需过程中不可或缺

与会的领导和专家普遍认为，在新的形势下，拉动内需，推动经济稳定快速发展，小城镇具有不可或缺的作用，因此，主张尽快将小城镇基础设施建设纳入国家新一轮积极财政政策的大盘子。

段应碧指出，1998年我国通过实施积极财政政策，扩大城市建设和重大的基础设施的投资，后期又在农村实施"六小工程"，成功应对了金融危机，并促进了经济新一轮的发展。强烈建议在新一轮积极财政政策中，除了城市建设、大型基础设施和民生工程等，要考虑小城镇发展的问题，还要适当的倾斜。

李炳坤、尹成杰等认为，1998年以来的经济大发展，不仅得益于我国加入世贸组织，也与城镇化进程的快速推进有密切的联系，这个过程中，小城镇的大发展起到了积极作用。建议将小城镇发展纳入新一轮扩大内需的政策之中，顺势推进城镇化，扩大需求，拉动经济快速发展。

段应碧认为，现阶段，小城镇大致有两种类型，要分类实施政策和资金支持。一是大城市郊区的小城镇，建议进行城乡结合部环境改造和外来农民工安居工程。这些小城镇有一定的产业发展基础和人口规模。这里居住着大量农民工，居住条件和社会秩序都不好。这些小城镇的公共设施和居住环境需要改善。通过提高水电、垃圾处理、学校教育等公共服务，吸引外来的农民工居住下来。也可以搞一些居住环境比较优美的小区，吸引外来人才，都可以促进小城镇的发展。

二是中西部地区的小城镇，建议进行农民工返乡创业工程。目前，东南沿海城市的劳动密集型低端加工工业面临转移，这种转移不是暂时现象，而是一个大的趋势。应该引导这些产业去中西部。另外，目前大量的农民工返乡了，他们有一定的技能和创业意识，应该采取一些优惠

政策，加强小城镇基础设施建设，建设一些创业基地，将东部产业转移和中西部产业承接以及支持回乡农民工创业结合起来。

三、小城镇发展要基于资源特色，夯实基础设施，延伸公共服务

发展小城镇要以科学规划为前提，突出资源特色、夯实基础设施、延伸公共服务，以人为本，推进城镇化的健康发展。

尹成杰认为，发展小城镇要依据资源特色和区位优势发展自身，加强基础设施的建设，逐步实现城乡基础设施、公共服务、就业和社会保障的城乡一体化，进行合理的产业布局，把城市经济和农村经济融为一体。

李炳坤认为，小城镇发展必须在做实、做强和做大上下工夫。要发挥小城镇的特色和优势，带动周边农村的发展，破除城乡二元结构，促进有条件的小城镇，逐步发展成为小城市，甚至是中等城市。

李兵弟认为，我国不能走西方那种分散化城市发展道路，而是在特大城市和大城市的周边相对集中地发展郊县地区的小城镇，这是实现城镇化发展和新农村建设双轮驱动战略的理想结合点，也是城乡一体化实践的着力点和和谐社会的有力检验点。

四、小城镇发展要以财政资金引导和带动市场资金的进入

资金不足是制约小城镇基础设施和公共设施建设，进而制约小城镇的产业发展和居住环境改善的关键性因素。

祝卫东认为，在金融方面，十七届三中全会提出了要发展以服务农村为主的中小型银行，这是一个非常重要的支持小城镇发展、新农村发展的大政策，这些政策如能落实，将极大推进小城镇的发展。而且，这一轮的积极财政政策降低了小城镇发展的融资成本。小城镇要利用好这个有利时机，加大对基础设施投资力度，做好承接东部转移产业的载体建设。

高俊才主张，要利用好财政资金，更要为利用市场资金创造条件。他认为，各级政府安排一定的财政资金，进行小城镇公益性项目时，也

应该积极拓宽资金来源，为更多地利用市场资金创造条件。目前，银行资金充裕，也希望有更多的好项目进行贷款。要进一步推进担保方式创新，扩大抵押品范围，探索建立政府支持、企业和银行多方参与的信贷担保机制，为小城镇发展更多更好地利用银行贷款创造条件。采取综合措施，使县域内的金融机构不是"抽水机"，而是资金"调节器"，为小城镇和新农村建设更好地服务。

李兵弟认为，制度性建设是小城镇发展资金来源的重要保障。经济发展不能自动解决与提供城乡公共服务的一切问题。必须健全政府的职责体系，推进政府公共服务和社会管理职能由城市向农村延伸，加大公共财政对小城镇投入机制建设。通过公共财政引导，发挥市场资源配置的基础性作用，引导商业信贷资金进入小城镇发展。

五、小城镇发展要严守耕地保护和农民权益两条红线

祝卫东认为，十七届三中全会在土地方面有突破性的政策，如在城镇规划区以外经批准占用农村集体土地的非公益性项目，允许农民依法通过多种方式参与开发和经营，并要保障农民合法权益。这一政策可以降低小城镇发展的成本。

尹成杰认为，推进工业化和城镇化的过程中必须要坚实农产品供应基础，小城镇发展过程中要严格加强耕地的保护和利用力度。

高俊才认为，小城镇土地流转和使用，要遵循依法自愿有偿的原则。由于土地引发的侵害农民利益事件的共性原因，是基层干部的法律意识和民主意识不强。违犯了土地管理方面的法律法规，也没有按规定履行民主程序，并尊重农民意愿。在发展小城镇过程中，要处理好依法征地与合理补偿的关系，处理好保护农民土地承包权益与土地承包权流转的关系。实现国家与农民以及流转双方的利益统一，要安排好被征地农民的就业、住房、社会保障等问题。流转土地承包经营权，应该把握好法律和政策界线，坚持"三不得"的原则，不触耕地和农民利益两条红线。

李兵弟认为，要从根本上改变低价获取农村土地特别是集体建设用地，换取城市发展和推进城镇化的思维方式。走科学发展、协调发展、

城乡一体化发展的城镇化新模式，要让农民参与城镇化的发展，分享城镇化带来的好处，逐步消除农村建设用地与城市建设用地在权益方面的巨大差别。对现有的乡村居民点进行整治改造，利用整理出来的农村集体建设用地，为城市核心地区二三产业的发展储备建设用地，在评估判定土地使用价值预期的基础上，逐年释放到市场，为小城镇的发展积累资金。

六、小城镇发展要关注农民工和生态环境问题

高俊才认为，农民工是城镇人力资源的重要组成部分。农民到城镇务工就业，有利于劳动力资源的优化配置，也是提高收入水平和综合素质的重要途径。农民工是促进城镇发展、推动东部地区以及带动中西部地区发展的最具活力和潜力的重要因素。

高俊才指出，要使劳动力市场健康、有序的发展，并且长期保障城镇和农村的社会稳定，就需要在多方面进一步公平对待农民工。制定和落实最低工资标准等相关法律法规和政策，在农民工的培训、维权以及就医和子女就学等方面加大支持力度。

对于小城镇发展过程中的环境问题，李兵弟发表了看法。他认为，在城镇化发展的过程中，伴随着资源消耗和环境压力，一定要在规划和财政体制上，加大对小城镇生态环境的保护。

编制城镇边缘地带非建设用地的分区规划是保护小城镇的生态和人文环境的重要途径。通过制定城乡生态规划，为小城镇发展划定边界，进行科学定位和布局。要建立城市有偿使用郊县小城镇土地、水和林业资源的制度和公共财政支付制度，对郊县小城镇的生态贡献进行补偿。

小城镇环境的保护要在多个部门统筹协作的基础上，建立工业污水处理设施，在农村开展村级的生活用水集中处理系统，实现生活垃圾的"户集村收镇运区处理"。

乔润令整理

（2008年12月）

关于稳定城镇化成果，促进小城镇发展，拉动内需的建议

李　铁　何宇鹏

自党的十五届三中全会提出的"小城镇，大战略"以来，到党的十七大把城镇化作为我国未来经济社会发展战略的重要目标之一，我国城镇化的进程一直在稳步推进，城镇化率从1998年的33%提高到2007年的45%。城镇化对于推动我国经济的发展，促进农村人口逐步向非农产业和城镇转移，提高农民收入，发生了巨大的作用。值得引起注意的是，虽然在统计数字上我国城镇化水平有了较大的提高，但实际上我国城乡人口户籍二元分割的现实仍未打破，大部分已经在统计上纳入城镇化水平的农村人口仍然处于不稳定的流动状态。以至于，当需要评价我国最有潜在的拉动消费的群体时，1.5亿的在城镇就业的农村流动人口，很容易被严重低估。

亚洲金融危机时，中央政府认识到城镇化的拉动作用，曾强调以小城镇为载体，促进农村人口向城镇转移，并要求在相关制度上有所突破，推进城镇化进程，拉动内需，获得了明显效果。时隔10年后，当我们面临着比亚洲金融危机更为严重的美国次贷危机时，面对大批进城农民工被迫提前返乡待业，大批已具定居倾向的进城农业人口长期居住无着落的局面，重提小城镇作为吸引农村人口转移的最重要的载体作用，对推进城镇化进程和拉动内需，具有十分重要的现实意义。

李　铁：国家发改委城市和小城镇改革发展中心主任、博士生导师。
何宇鹏：国家发改委城市和小城镇改革发展中心原副主任。

一、我国城镇化的现状和特点

1. 我国城镇化总体水平不高，推进城镇化是长期趋势

当前，我国城镇化率为45%，与世界平均水平相差5个百分点，与欧美发达国家相差30个百分点。据联合国估计，到2030年，我国将有3亿多农村人口转变为城镇人口，新增的城镇人口数量将占全球同期新增城镇人口总量的19%。

2. 城镇化推进的主体力量是农民工，但城镇农民工的公共服务严重不足

我国5.6亿城镇人口中，乡村流向城镇的农业人口1.5亿，占25%。这1.5亿人，绝大部分是农民工。他们虽然纳入了城镇人口统计，但在社会保障、卫生、教育和住房等诸多方面，不能享受当地户籍人口同等的公共服务。

3. 农民工数量大，主要集中在东部沿海地区和大城市郊区的小城镇

全国1.3亿农民工，70%集中在东部沿海地区，仅广东、上海、浙江、江苏、北京，就聚集了农民工的70%。他们多居住在大城市郊区小城镇中当地农民的出租屋里。北京农民工租住各类房屋的占51.3%，居住在城乡结合部的占48%。上海农民工租房居住的占75.7%，居住在浦东新区和近郊城乡结合部的占51%。在这些地方，城市政府管理缺失，设施和服务条件十分简陋。

4. 举家迁移的农民工增多，在城市定居趋向加强

在1.3亿农民工中，举家迁移的2600万，已占农民工总量的20%。特别是在沿海特大城市中，举家迁移的农民工更多。2005年，在北京的410万外来人口中，农民工占76%，举家迁居的约占25%。在上海的581万流动人口中，农民工占70%，42%为举家迁居。表明农民工流动正由就业向定居悄悄发生变化。该调查还显示，20%的农民工最希望政府在住房方面给予帮助，住房问题已取代办证收费、欠薪维权和培训就业等曾经的社会热点。

5. 小城镇在中国特色城镇化中作用显著

全国小城镇建城区人口1.5亿，占城镇人口的25%，集聚功能显著，就地转移农村劳动力6000万，占农村转移劳动力数量的32%，就业功能突出。千强镇创造的财政收入占全国小城镇总财政收入的54.1%，达2461

亿元；人均财政收入3427元，比全国平均水平高1007元；平均每镇7.2万人，吸纳外来人口约2.2万人，占30%，共吸纳外来人口2200万人，占小城镇吸纳外来人口的47.3%，占农村流动人口的18.3%；建成区人口密度5459人/平方公里，用地方式集约。但是，长期以来，村镇人均公用设施投资只相当于城市的1/20~1/15。目前，全国有28%的镇没有集中供水，63%的镇没有垃圾处理站，81%的镇生活污水没有经过集中处理，教育、医疗和社会保障状况与城市有较大差距。

6. 农村外出打工的流动人口返乡问题值得引起重视

据有关省的部门统计，仅湖北省今年返乡人口超过30万，河南省在高峰期间，每天返乡5万余人，这是金融危机时期的极端现象。而外出打工人口超出最佳就业年龄的农民，最终结果基本都是返乡务农或者会本地就业，尽管没有明确的统计数字，估计每年也在数百万人以上。这些返乡就业人口不甘于继续从事农业，他们未来的非农就业前景和收入问题值得担忧。

二、重点支持小城镇，稳定城镇化已有成果

我们认为，在当前提出各项促进拉动内需的政策时，要充分注意到农民工流动人口的这一重要群体，要在理解我国城镇化进程的特殊性，即各类城市尚不能迅速放开各项政策允许农村人口自由进城落户定居的前提下，应充分利用小城镇的载体，以进城务工就业的流动人口居住条件改善和返乡创业的农民工充分就业为目标，有针对性地制订明确的公共投资政策和各项配套政措施。

1. 在中西部地区的部分小城镇，实施农民工回乡创业工程

以往对中西部小城镇发展产业的投资，投资力度小，投资分散面广，配套措施不足。特别是在2003年以来，对县以下工业园区一刀切取消，小城镇发展产业的用地指标，难以得到落实。为鼓励农民工回乡创业，重点在一些已经形成产业规模的中西部小城镇，由政府投资改善基础设施条件，鼓励一些已经返乡的农民工进城定居，兴办小型服务业。并为承接东部地区迁徙的一些劳动密集型传统产业，提供发展的空间，

解决返乡农民工和当地农民的非农就业问题。

2. 在沿海地区大城市郊区的小城镇，实施农民工居住条件改善工程

根据中央有关文件多次明确提出的改善农民工居住条件的要求，各级城市应制定具体的政策和措施，加大对农民工集中居住地公共工程的投资力度。同时，为加快改善农民工居住条件，重点选择一部分农民工已经集中居住的大城市郊区小城镇，通过中央政府的投资，改善基础设施，把市政工程设施和公共服务网点，向农民工居住密度较高的小城镇和村庄延伸。对当地农民在集体建设用地上向农民出租的房屋，政府要规划引导，按照统一的安全标准，使他们能够在低成本的前提下改善农民工出租屋的居住条件和设施。

实施这两项工程的好处是：一是为向中西部转移的传统产业提供了低成本的空间，使得我国劳动力密集型产业的竞争优势向中西部转移。二是有利于通过明确的投资，改善中西部地区农民从事非农就业的环境和条件。三是通过投资小城镇的载体，加强了中西部地区小城镇的公共服务的辐射能力。四是有利于稳定已经在城镇长期就业的携家眷的农民工群体，鼓励他们将消费重点转向城市，以拉动内需。五是当城镇基础设施向小城镇的村庄延伸时，扩展了城镇化公共服务的范畴，改善了当地农民和外来农民的居住环境。六是允许当地农民改善出租房屋的设施条件，增加了当地农民的财产性收益，稳定他们的收入增长，并带动建筑行业的就业。

与过去的重点工程投资的区别是，这两项工程更为关注民生。由于直接的参与者和受益者都是农民，使就业和收入增长的惠及面更为普遍。既能够解决当前农民工的就业和收入问题，又可以从长远角度引导城镇化的健康发展，培育带动消费需求稳定持续地增长。

三、具体实施的要点

1. 选择重点支持的小城镇

分别选择沿海发达地区和内地中心城市郊区一定数量的小城镇，中西部劳动力输出地密集地区已经形成一定产业规模的小城镇和县城，由中央政府直接下达投资计划，重点支持市政设施建设和公共服务设施建设，支持范围可以向与城镇连片的农村集体经济组织范围内延伸。投资规模要一改以往的"撒胡椒面"的做法，要加大力度，但是要因地制宜。发达地区要参照城乡结合部的实际标准，中西部地区要注重发挥低成本的优势。

2. 制订相应的配套政策

要根据当地城镇人口的实际规模和发展潜力，整合现有公共资源，扩建完善基础设施承载力，提高公共服务能力。要通过必要的制度安排，解决机构设置、公共服务队伍的人员编制、管理权限以及上下级财政分配关系问题等。要严格遵守节约集约用地原则，禁止圈占耕地。通过进行大胆探索集体建设用地流转的方式，充分发挥现有农村集体建设用地的作用，允许农民和集体经济组织利用集体建设用地发展产业和改善民生。在重点投资的地区，为满足部分公共工程建设的需要，中央政府可酌情单独下达专项用地指标。

3. 要以增加就业为重点

在项目实施过程中，要鼓励农民工作为建设主体，为农民工提供工程项目的就业机会。除市政设施的施工外，普通出租住宅的施工，要尽量发挥地方的建设施工单位的作用，政府要加强安全的监管，要让当地农民和外来农民工在这项工程中直接受益。

4. 加强组织协调

鉴于这是一项多部门协作重点支持的综合配套工程，并涉及诸多改革政策的探索。此项工程应由发改委牵头，委内有关司局组成项目协调机构，确保项目的落实，以及跟踪监测和评估等。

5. 安排试点先行

为稳妥推进工程实施，保证实现预期目标，选择一部分不同地区不同类型的小城镇先行试点，总结经验，逐步推广。

关于工程实施的具体设想，见《关于在大城市郊区小城镇实施农民工居住条件改善工程的建议》和《关于加强中西部小城镇基础设施建设促进产业转移和农民工就业的建议》。

（2009年2月）

关于在大城市郊区小城镇实施
农民工居住条件改善工程的建议

何宇鹏　范　毅　王俊沣

大城市郊区的小城镇长期以来是农民工聚居地区，不少地方的外来人口和户籍人口之比已经超过1：1。同时这些小城镇又是城市规划和建设的盲点，由于基础设施和公共服务设施不健全，形成了我国城镇化进程中特有的"城中村"现象。我们认为，在当前金融危机背景下，对大城市郊区小城镇实施农民工居住条件改善工程，既有利于通过投资稳定经济发展和农民工就业，又有利于城市逐步扩大农民工定居，稳定城镇化已有成果。

一、项目的背景

1. 大城市郊区的小城镇是农民工重要集聚区域

我国进城农民工已经达到1.3亿，大城市城乡结合部的小城镇是农民工的重要集聚区。这里人口流动性大，社会管理难度大，城市公共安全隐患多，成为城市管理的新难点。

2. 基础设施供给严重不足

城市基础设施一般不向集体土地延伸。在城乡结合部农民工集聚区，供水系统一般与大市政不对接，明沟排水，道路狭窄不平，夜晚缺乏公共照明设施。在公共服务方面，公办学校为农民工子女提供学位有限，打工子弟学校办学条件欠缺，医疗卫生机构和文娱活动中心等社会服务网点布局严重不足。

何宇鹏：国家发改委城市和小城镇改革发展中心原副主任。
范　毅：国家发改委城市和小城镇改革发展中心政策研究处处长、副研究员、博士。
王俊沣：国家发改委城市和小城镇改革发展中心发展改革试点处处长、博士。

3. 农民工居住条件差

除广东一些城市外，在城乡结合部农民工居住房屋很多是危房，不符合安全标准；厨房和卧室不能分开，存在安全隐患；房间内没有厕所，生活极不方便；垃圾不能随时清运，街道脏乱不堪。国家统计局的抽样调查显示，20%的农民工最希望政府在住房方面给予帮助，住房问题已成为农民工当下最为关注的问题。

4. 当地农民和集体经济组织对农民出租房屋的缺少政策支持

关于集体建设用地和农民宅基地是否可以建造出租屋，供外来流动人口使用，很难得到当地政府支持。因此，大多在城市郊区小城镇的农民出租屋被视为非法，当地农民不能通过主动改善出租房设施，向农民工提供安全的居住条件。

5. 农民工城市消费偏低，长期性消费不高

2006年，农民工在城市消费比重为43%。分别比当年城市和农村居民人均消费支出占收入比重低31和36个百分点。农民工消费的67%是用于居住和吃饭，长期性消费比重不高。

二、建议实施大城市郊区小城镇农民工居住和公共工程

我们建议，把大城市郊区小城镇农民工居住条件改善工程列入国家的刺激内需的扩张性财政政策。通过中央政府投入和地方政府的配套，在大城市郊区选择一批农民工集中居住小城镇，改善基础设施条件，通过政策引导农村集体经济组织和农民利用存量集体建设用地搞好农民工出租房建设。

我们认为，实施大城市郊区小城镇农民工居住条件改善工程，可以达到六个显著效果。

1. 增加农民工就业

通过这项工程，可以增加农民工的就业岗位。无论是进行基础设施建设还是由当地农民和集体经济组织出资，进行出租房屋的建设，都要吸引建筑行业的大量农民工就业。

2. 增加本地农民财产性收入

财产性收入是城乡结合部农民收入的重要部分。通过改善农民出租屋条件，可以增加用于出租的面积，提高出租价格，增加本地农民的财产性收入。我们调查了解到，广东农民在自家宅基地上建造的出租屋出租给外来人口，一年可以有几万元的收入，多达十几万；而且基础条件越好的房屋，越容易出租出去。

3. 改善城乡结合部面貌

随着农民住房条件的改善，基础设施的完善，管理的不断加强，城乡结合部"脏乱差"的基本面貌将会发生根本的改观，城乡结合部也从城市管理的盲区逐渐融入城市发展中，成为城市的有机组成部分。

4. 拉动消费需求

农民工在城镇有稳定预期以后，他们会有购置耐用消费品的预期，会改变过去的消费习惯，增加在居住地的消费，拉动消费需求。本地农民财产性收入的增加，也可以提高消费能力，增加消费需求。

5. 为稳定农民工进城就业和定居打好基础

相关基础设施和公共服务配套完成以后，农民工居住环境变好了，也能够享受到城镇的基本公共服务；农民出租屋基本条件改善了，农民工生活质量也能明显提高，为农民工在城市长期定居创造了条件。

6. 避免贫富差距扩大，促进社会公正

农民工居住改善工程的实施改变了过去开发商主导城市房地产建设的模式，由农民参与到城市建设中，增加了农民的财产性收益，提高了本地农民收入水平，避免贫富差距的扩大，促进社会公正。

三、大城市郊区小城镇农民工居住和公共工程实施的主要做法

1. 在全国选择一批小城镇实施大城市郊区小城镇居住和公共工程

结合国家主体功能区规划，在已经形成城市群的京津塘、珠三角、长三角等区域及具备形成城市群区域的中心大城市郊区选择500个农民工密集的小城镇实施农民工居住和公共工程项目。

2. 做好基础设施建设

政府加大对上下水、供电、供气、供暖、道路、污水处理、垃圾处理、通信、网络等基础设施建设的投入力度,通过基础设施建设来引导和带动农民工居住改善工程的实施,改善农民工居住的基本条件,提高生活质量。做好农民工集聚区与主城区道路联络线建设。

3. 改善公共服务网点布局

政府应做好相关社会公共服务网点的布局,加大对文化、教育、医疗卫生等公共服务网点体系建设的投入,完善社会服务网点,确保农民工病有所医,解决好农民工子女上学问题,为农民工提供必要的娱乐文化休闲场所等。

4. 引导集体经济组织和本地农民按规划和标准建设农民工出租房

政府要做好规划,标准不要过高,把各项安全和保障措施放在首要位置。要统一标准,农民工出租房建设要遵照"线入槽、插有座、灯贴墙、屋有器、网有口、道要通、煮睡分"的安全标准。

5. 做好金融服务

国家相关金融机构要创新工作方法,为农民工贷款购房或改善居住条件提供信贷服务,给集体和建房农民提供小额信贷服务。

（2009年2月）

关于加强中西部小城镇基础设施建设
促进产业转移和农民工就业的建议

袁崇法　冯　奎　马庆斌

我国外出农民工数量有1.3亿人，主要集中在长三角和珠三角地区。近年来，以上地区的企业吸纳中西部农民工的能力下降，部分农民工感到"工作难找"、预期进城定居难，离开大城市返乡回流的意愿增加。特别是今年以来，受金融危机的影响，有些地方甚至出现民工返乡潮，部分农村劳动力输出比较集中的地区已感到压力。

我们认为，将解决返乡农民工就业和承接东部向中西部地区的产业转移，寻找有效的结合途径，对于当前经济全局具有重要意义。为此建议，统筹分析东部产业转移带来的问题与机遇，分析农民工在中西部小城镇就业或创业的条件，通过选取部分中西部地区小城镇，加大基础设施投入，改善它们的产业发展环境，运用积极的财政政策安排一批公共工程项目，努力做到一揽子解决中西部广大地区承接东部产业转移与农民工就业的问题。

一、东部沿海发达地区能够吸纳农民工的总体数量将持续下降，农民工因产业调整和个人原因返乡是长期趋势

据湖北省劳动保障厅统计，湖北省有750万人外出打工，在9、10月里，已经有30万湖北籍农民工从珠三角、长三角等地区提前返乡待业。河南省是农民工输出大省，该省劳动保障部门统计，目前已有16%农民工返乡，明显高于去年。

袁崇法：国家发改委城市和小城镇改革发展中心原副主任。
冯　奎：国家发改委城市和小城镇改革发展中心国际合作部主任、城市中国网总编、研究员、博士后。
马庆斌：国家发改委城市和小城镇改革发展中心原政策研究处副研究员。

农民工如此大规模地离开东南沿海地区，最直接的原因是这些地区的产业和企业受到金融危机的影响。从深层次来看，东南沿海发达地区吸纳农民工的总体数量将呈长时间、持续下降趋势。从2010年开始，将会出现大批农民工无法外出就业的现象。

1. 产业调整是农民工返乡的最重要原因

东部沿海地区进入产业结构调整时期，产业转型和产业转移"挤出"了部分农民工。广东、福建、江苏、浙江、山东等珠三角和长三角地区的省（区、市）进行产业和产品结构调整，一些高耗能、重污染企业关停并转，劳动密集型企业加快转移，用工人数减少。返乡农民工中70%的人数就来自于以往农民工就业前十位的行业，包括：瓦工、抹灰工；采矿、采石工；家具、营建木工；装卸、搬运工；缝纫、缝制工；力工；砖瓦制造工；织布工；针织工；皮革制品制造工。

2. 由于户籍等一些制度障碍暂时无法消除

部分年龄较大、来城时间较长的农民工感到"进城无望"，加上个人与家庭方面的其他因素，都导致一些农民工产生返乡的念头，并不断转化为返乡的实际行为。我们与有关部门近日对500位返乡民工的调查显示：农民工感到自身住所不稳定，居住及生活条件差的有129人，占25.96%；认为城市对农民工的各种限制或针对农民工有不合理收费的64人，占12.88%；亲人不在身边，感到孤独寂寞的43人，占8.65%；受到不公正待遇，如城里人对农民工的歧视及子女受教育问题有36人，占7.24%。

二、通过投资中西部小城镇基础设施建设，把产业转移与促进农民工就业同时考虑解决，在传统的"异地转移"、"就地转移"之外开辟新的途径

基层部门反映，这次民工返乡带回来的主要不是现金、消费和人均纯收入数字的增长，而是再就业的困难和基层稳定的巨大压力。这些思想活跃的农民精英、二代民工该如何管理，成为摆在基层政府面前的新课题。

我们认为，当前农民工返乡与曾经反复多次的农民工返乡相比，具有性质、规模、影响力、演进趋势等方面的根本不同。解决农民工返乡以及就业问题，以往曾经有过两种方法，第一种是向东部沿海地区进行"异地转移"；第二种是"离土不离乡"，在家门口"就地转移"，现在看来都已经有了局限性。以往曾经萌芽过的"民工潮"带动"创业潮"、"开发潮"、"建城潮"——所谓"一潮带三潮"，现在看来也是势单力薄、没成气候。总结以往经验教训，结合当前形势，我们认为要采取新的办法，就是，促进中西部产业转移和农民工就业是"一体两面"。这项工作要以中西部重点小城镇为主要载体、以投资基本建设为基本手段、以实现产业转移为中心工作、以促进农民工就业为根本目的。

1. 以中西部重点小城镇为主要载体

中国共有近两万个小城镇，东部地带占总数的45%，中部地带占31%，西部地带占24%。在综合经济实力"千强镇"中，长三角地区占到636个，有1/4集中在浙江、广东、福建等东部沿海省份。中西部"千强镇"数量少，实力排名靠后，镇区面积小、人口少、被称为"走了一镇又一镇，镇镇像农村"，难以吸引承载产业转移，吸纳返乡农民工。

因此，要改变以往的思路，纠正乡村工业布局分散化、规模细小化，发展一批有较大规模的中心小城镇、重点小城镇，发挥其产业与人口的集聚功能。

2. 以小城镇基础设施建设为基本手段

加快小城镇基础设施建设，投资小城镇交通、供水、供电、通信等基础设施和公用设施建设，引导东部企业家来小城镇投资兴业，引导农民工进入小城镇买房、就业，可以直接带动冶金、机械、化工、建材、建筑等相关产业发展，培育新的经济增长点；农民工在小城镇获得工作和收入，且具备长期在小城镇定居的预期，可使农民工的消费方式发生质的变化，拉动社会消费品零售总额上升，形成新的消费热点。

因此，加大小城镇基础设施建设投入力度，引导产业转移，解决农民工返乡创业，不是简单地补助部分困难农民工；不是应急性地开展招聘会、培训会；也不同于短时间内腾出多少岗位给农民工。这项工作既具有长期的深远意义，也能拉动内需、刺激当前的经济。

3. 以实现东部向中西部小城镇的产业转移为中心工作

中西部地区具有劳动力、土地、资源优势，具备接受东部产业转移的条件。要通过转移，形成类似于东部的"专业镇"、"块状经济"、"特色经济"，形成竞争力的各类产业集群，如纺织、服装、鞋业、标牌、玩具、家具、机电、不锈钢器具等产业。产业发展起来，才能持续性地吸纳就业。

因此，要在基础设施建设的带动下，为东部地区的产业转移降低成本，为中西部的产业集聚创造条件。要改变以往就地取材、就地生产、就地销售的思路，要以若干小城镇为中心，研究区域性产业集群的发展战略问题。

4. 以促进农民工就业为根本目的

农村小城镇的升级可以使农民工享受现代文明。从返乡农民工和当地农民工来说，重点小城镇工作环境和生活条件的改善，便利的交通运输、通信以及大量就业岗位的涌现无疑也将吸引他们积极主动去从事农产品加工业、家庭手工业、小商业和社区服务业。

以促进农民工就业为根本目的，就要求投资小城镇基础设施建设，不去追求过于空旷的城镇布局；不贪大求洋，去搞大广场和大马路，而是要以增加就业岗位、吸纳周边农民工就业人数为目的进行投资建设。

三、按照国家主体功能区建设的要求，投资中西部小城镇基础设施建设，对提高中西部地区城镇化和工业化水平具有重要意义

从国家主体功能区分工布局来看，中西部地区既有重点开发区域，也有很多限制和禁止开发区域，总体上看，重点开发区域与限制开发区域互相交错。国家如能依托中原地区、长江中游地区、北部湾地区、成渝地区、关中平原地区和其他重点开区发域投资建设一批重点小城镇，就能引导和促进沿海转移产业和外商投资向这些地区集中，使之成为产业转移的承接地；同时能够有效避免大规模工业化导致投资建设区域触及限制和禁止开发区域的问题，因而较好体现国家主体功能区规划的基

本要求。

从中西部城镇化水平的发展来看，引导发展资源向小城镇集聚，可迅速提升中西部的城镇化发展速度和水平。集中培育产业发展基础，加快相应的配套服务设施建设，形成一批新的经济社会综合体和增长点，加快中西部的城镇化进程，增强城镇的经济增长带动和社会公共服务辐射功能，加快农村人口向城镇转移。

从巩固我国低成本产业的全球竞争力优势来看，我国目前已有170多种产品的产量位居世界第一，低生产成本优势使得我国企业在国际出口市场上具有竞争力。生产这些产品的产业集聚地多在东部地区，如在中西部地区保住并延续这些优势，对于提高中西部以至国家的竞争力都是十分必要的。

从应对周边国家出台的产业转移和促进就业的政策来看，最近一段时间，以越南为代表的东南亚国家为发展经济、促进就业，纷纷利用各种机会，向中国企业发出投资邀请，并在土地、税收、金融等方面出台了一系列优惠政策，甚至政府对一些前景好的转移企业直接支持上市。东南亚地区普遍具有劳动力价格优势，土地资源优势也比较明显。如越南的劳工成本低，只有约100美元/月。在物流方面，东南亚国家的海港城市与我国中西部相比具有物流优势；在外贸方面，属于低度开发的东南亚国家不用担心欧盟和美国的打压。我国中西部地区如不能及时集聚优势，以更为积极的姿态、更为有效的措施承接转移产业，很可能会错失一轮难得的发展机会。

四、已有经验和条件表明：中西部地区可以通过加强小城镇建设，较好地解决产业转移与促进农民工两大问题

1. 中西部地区已积累了部分经验

"西部鞋都"是一个通俗叫法，位于重庆璧山，毗邻重庆都市圈，距离主城30公里、火车站30公里、港口40公里、国际机场50公里。

2003年璧山县人民政府与温州市永嘉县、永嘉县奥康集团共同投资建设"西部鞋都"，规划建设了集鞋业生产、鞋材交易、成品贸易、物

流储运、质量检测、资讯信息、人才培训、研发设计、商住配套为一体的现代鞋业工业城。西部鞋都一期建设阶段，就自全国的 32 家鞋企集体入驻鞋都。西部鞋都的建设成功地解决了浙江省永嘉县和该县奥康集团的部分制鞋产业的转移问题。

西部鞋都对于吸引农民工返乡创业发挥重要的作用。西部鞋都目前已解决了部分返乡农民工的就业问题，计划再通过3~5年的努力，建成一座拥有100余家制鞋企业、1000余家经营商、年产皮鞋1亿多双、产值逾100亿元、劳动就业6万余人的现代鞋业工业城。

据了解，安徽省天长市秦栏镇接受东部地区产业转移，私营企业达到1500家，已集聚电子企业300多家，每9人中有1个小老板，从业人员2.8万人，农民80%的收入来自于打工收入。广西、云南蚕茧原料基地所在镇也主动与浙江绍兴、嘉兴等纺织品制造基地联系，探索解决产业转移与当地农民工就业的新路子。

2. 两个关键条件初步具备

从目前情况来看，尽管面临一些不利局面，但是加强中西部小城镇基础设施建设、促进产业转移和农民工就业的两个关键条件已经具备。

（1）产业转移的选择面宽。广东有100多个产业特色明显的"专业镇"，浙江由镇域经济发展起来的"块状经济"更是数量众多，达600多个。西部地区有超过1万个小城镇，有些小城镇具备一定的产业基础，具备与东部地区进行对接、承载转移的可能性。

（2）农民工回乡创业与就业的动机比以前强烈。国务院农民办2007年委托国务院发展研究中心进行了"百县调查"，调查显示：农民工回乡创业步伐加快；回乡创业者以第一代中年男性农民工为主；回乡创业者大多从事非农产业；经营形式以个体私营为主，企业规模较小；回乡农民工的创业和居住地半数选择在离农村较近的（集）镇。有60.1%的回乡创业者表示：要利用家乡的有利条件和社会联系，发挥自己的优势创业，认为"在家乡发展，受歧视少，能够在一定程度上获得社会承认"。

五、合理选择一批重点小城镇，加强基础设施建设的领导和规划工作

通过投资建设一批中西部地区的小城镇，促进产业转移和农民工就业，应重点考虑以下环节。

1. 合理选择小城镇

要综合考虑以下条件：产业发展已具一定水平，发展前景较好；农民工外出密集的地区；交通比较便利，邻近大城市或处于村落的中心位置；有其他方面的资源优势等。第一批可安排500个镇，从2010年起分三年逐步落实。

2. 投资方向清晰，投资项目集中

主要投资用于优化产业发展环境、改善创业条件，项目涉及小城镇的道路、给排水、电、通讯、垃圾处理等低成本基础设施建设；同时，投资部分平台设施，用于加强教育、医疗卫生等公共服务能力。

3. 因地制宜、合理测算投资强度

根据小城镇基础设施的现状、产业发展的近期与中远期要求、预计吸收农民工与其他性质劳动力的数量等方面，按每个小城镇2~3平方公里产业用地、"七通一平"等投资要求编制项目预算。

4. 加强综合配套改革

按财权与事权相统一原则，转变职能；增强项目镇的公共财政能力；建设用地指标适度倾斜；允许农村集体建设用地以参股、租赁、转让等形式参与；对于土地开发整理项目，予以资金支持等。

投资小城镇基础设施建设，促进产业转移和农民工就业是一项长远战略，而不是一时之需，一地之需。为此建议如下。

1. 成立领导小组

建议"中西部以小城镇建设促进产业转移和农民工就业工程"领导小组由委领导挂帅，协调有关司局。

2. 将工程纳入国家计划

要将"中西部以小城镇建设促进产业转移和农民工就业工程"尽快纳入国家投资计划，务必抓住时机、取得实效。

3. 强化项目评估和监督管理

要制定评估体系和指标，对项目镇的承接产业转移、促进新创企业、吸纳回乡创业人口等方面进行重点评估。制定切实可行的项目执行程序，严格投资项目的监督管理。

（2009年2月）

城镇化发展趋势及对宏观经济的影响和政策建议

范 毅

胡锦涛总书记指出："城镇化是经济社会发展的必然趋势，也是工业化、现代化的重要标志。"我们认为未来10~20年时间内仍然是我国快速城镇化发展的阶段。城镇化发展是最大的内需，是我国参与全球分工的重要条件，通过城镇化发展可以促进城乡资源结构的有效配置，推动区域协调发展和城乡统筹发展，加快经济发展方式转变。但是长期累积的城乡二元结构形成了固化的利益格局，使城镇化发展所面临的改革任务很艰巨。研究提出积极稳妥促进我国城镇化发展的具体政策框架体系，是当前阶段的重点任务，应该引起足够重视。

一、城镇化发展的趋势

改革开放以来，我国城镇化发展取得了长足的进步，未来10~20年时间内，我国城镇化仍然将保持较快增长速度，中西部城镇化发展速度将快于全国总体发展水平，城市群作为城镇化主体形态的作用将凸显。

1.我国城镇化总体上仍然处于快速发展阶段

我们认为，未来10~20年时间内中国城镇化仍将处于快速发展阶段，做出这一基本判断主要依据以下三点。

（1）我国城镇化快速发展符合城镇化发展的基本规律。根据美国城市地理学家诺瑟姆对一些发达国家城市化发展历史轨迹的研究，一个国家或地区城市化水平在30%~70%之间时，是处于城市化加速发展阶段，超过70%将达到城市化成熟阶段，城市化发展将趋于平缓。我国城镇化在

范 毅：国家发改委城市和小城镇改革发展中心政策研究处处长、副研究员、博士。

1996年就超过30%，开始进入城镇化加速发展阶段。从1996年到2009年，我国城镇化水平提高了16.1个百分点，到2009年城镇化水平为46.6%，与城镇化成熟阶段还有较大差距。

（2）加快经济发展方式转变要求推进城镇化发展。国际金融危机的发生提醒我们，必须切实转变经济发展方式，促进中国经济从主要依靠投资、出口拉动向依靠消费、投资、出口协调拉动转变。去年的中央经济工作会议做出了加快经济发展方式转变的全面部署，积极稳妥推进城镇化是促进经济结构调整、转变经济发展方式的必然要求。另外，要确保2020年全面小康社会战略目标的实现，未来10年时间中国经济年均增长速度必须保持在6个百分点以上，经济快速增长也是我国城镇化的快速发展提供动力。

（3）城镇化历史欠账使我国城镇化发展具有较大空间。我国城镇化发展不仅远滞后于发达国家2009年74.6%的平均发展水平，也还没达到世界平均水平。2009年世界城镇化水平为50.1%，比我国高3.5个百分点。与相似经济发展水平的国家相比，我国城镇化也还有较大的差距。我们选取了8个经济发展水平跟中国相似，而且人口在1000万人以上的国家，比较发现，2008年中国城镇化低于8国平均水平（58.08%）12.4个百分点。随着经济社会的发展，将会逐渐弥补城镇化发展滞后现象，我国城镇化也将继续保持较快发展速度。

表1 　　　中国与同等收入水平国家城镇化发展比较（2008年）

国家	人口（万人）	人均GDP（美元/人）	城镇化率（%）
菲律宾	9034.84	1847.39	64.92
印尼	22734.51	2246.5	51.46
叙利亚	2058.13	2682.26	54.22
摩洛哥	3160.56	2812.25	56.02
中国	132802	3266.51	45.68
乌克兰	4625.82	3898.88	67.98
突尼斯	1032.78	3902.96	66.5
厄瓜多尔	1348.14	4056.39	65.58
秘鲁	2883.67	4477.25	71.4

资料来源：World Bank. 2010. World Development Indicators 2010. CD–ROM. Washington, D.C.
中国人口数据和城镇化数据来自于《2009年中国统计年鉴》。

2. 中西部地区城镇化发展将加快

在空间上，中西部城镇化水平速度将快于东部地区，中西部地区城镇化水平与全国平均水平的差距将会缩小。

（1）中西部地区城镇化进入加速发展阶段。改革开放后，中西部地区城镇化发展速度要滞后于全国平均速度，中西部地区与全国城镇化平均水平差距在逐渐扩大。1978年中西部地区城镇化仅比全国平均水平的落后0.33和2.2个百分点，到2005年落后差距已扩大到3.89和8.43个百分点。2005年开始中西部地区城镇化发展速度要快于全国平均水平，到2008年中西部地区城镇化水平达到43.03%和38.32%，比2005年增长了3.93和3.76个百分点，与全国平均水平的差距也缩小了1.21和1.07个百分点。中西部地区城镇化已经进入到S型城镇化发展曲线的加速阶段，城镇化呈加速推进的势态。未来一段时间，中西部地区城镇化发展速度将快于全国平均水平，与全国平均水平差距将逐渐缩小。

（2）产业转移为中西部地区的城镇化发展奠定了基础。随着东部地区产业升级和土地、劳动力成本的不断上升，东部地区产业转移的基本条件已经具备，技术密集型、创新型等高端产业的发展速度加快，所占比重不断增加。随着国家西部大开发和中部崛起战略的实施，中西部地区产业发展的基础设施条件不断改善，产业转移现象已经开始出现。如图1所示，近年来中西部地区的固定资产投资增长要显著快于全国平均水平。

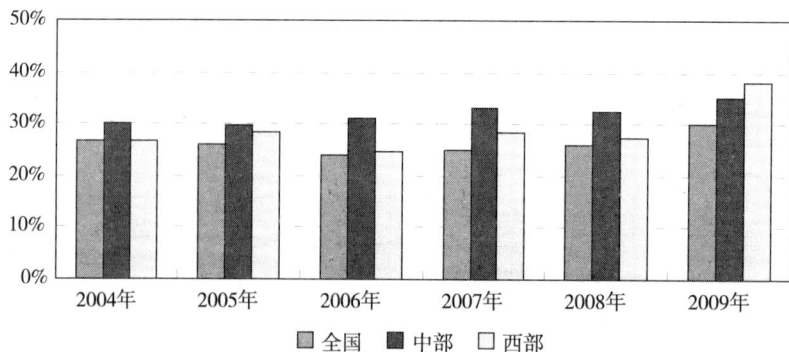

图1　分区域固定资产投资增长情况

随着中西部地区产业的快速发展，中西部地区吸纳外出农民工比重不断提高。据国家统计局2009年的监测数据显示，在中部地区务工的外出农民工为2477万人，占全国外出农民工人数的17%，比2008年提高3.8个百分点，比2000年提高了6.7个百分点；在西部地区务工的外出农民工为2940万人，占全国外出农民工人数的20.2%，比上年提高4.8个百分点，比2000年提高了12.5个百分点。吸纳农民工比重的提升，说明中西部地区产业发展速度加快，带来的就业机会增多。

（3）外出农民工返乡成为促进中西部城镇化快速发展的重要条件。经过十几年时间的积累，许多第一代外出农民工已经有了一定的积蓄，受中西部地区家乡城镇的生活成本低廉等客观因素的影响，外出务工经历为他们返乡积累了物质财富和人力资本条件，返乡农民工可以为中西部城镇发展带回资本和熟练劳动力。据2007年国务院发展研究中心调查显示：农民工回乡创业步伐加快；回乡创业者大多从事非农产业；经营形式以个体私营为主，企业规模较小；回乡农民工的创业和居住地半数选择在离农村较近的（集）镇。有60.1%的回乡创业者表示：要利用家乡的有利条件和社会联系，发挥自己的优势创业，认为"在家乡发展，受歧视少，能够在一定程度上获得社会承认"。这也是促进中西部城镇化快速发展的重要因素。

3. 城市群是城镇化推进的主体形态

中央已经明确大中小城市和小城镇协调发展的城镇化发展道路，并把城市群作为城镇化发展的主要载体，大城市对中小城市的发展具有带动作用，同样中小城市也可以促进大城市的发展。

（1）特大城市吸纳人口比重将会上升。根据联合国的数据，2009年全世界城市人口中生活在100万以上人口规模城市的比重为37.9%，比1975年提高了7.9个百分点。据预测到2025年该比重将提高到39.5%。根据我国建设部数据计算[①]，2008年我国城镇人口中生活在100万以上人口城市比重为30.5%，要比世界平均水平落后近7个百分点。大城市在创造就业、集聚人口方面相比中小城市具有更高的效率，世界银行报告指出城

---

① 由于统计口径的差异，建设部数据与国家统计局公布的城镇人口数量略有差异，特此说明。

市规模每扩大一倍，生产率将增加3%~8%。根据世界城市发展的基本规律，随着我国城镇化战略的推进，城镇人口数量的不断增长，我国人口超过100万的城市所吸纳的城市人口比重将会提高，特大城市的发展速度必将加快。特大城市的发展来自两方面：一是中小城市和小城镇规模扩大，发展成为特大城市；二是特大城市自身规模的不断扩大。

表2 城市人口在各规模城市的分布 单位：%

	世界总体情况			发达国家			发展中国家		
	1975	2009	2025	1975	2009	2025	1975	2009	2025
1000万以上	3.5	9.4	10.3	6.1	10.9	10.3	1.3	8.8	10.4
500万~1000万	7.2	6.6	7.1	7.1	4.9	6.9	7.3	7.2	7.1
100万~500万	19.3	21.9	22.1	19.6	21.9	20.4	19.1	21.9	22.6
50万~100万	10.4	10.3	10.3	10.5	9.1	9	10.3	10.7	10.6
50万以下	59.6	51.9	50.2	56.7	53.2	53.4	62	51.4	49.3
合计	100	100	100	100	100	100	100	100	100

资料来源：United Nations 2010. World Urbanization Prospects: The 2009 Revision。

（2）中小城市和小城镇是城镇人口的主要载体，还有较大发展空间。据建设部统计数据显示，2008年我国中小城市和小城镇吸纳的城镇人口总量达59.2%。从世界总体情况来看，50万人口以下城市吸纳了51.9%的城市人口，我国要高于世界平均水平。世界城市发展的情况说明，50万人以下城市吸纳人口的比重会逐渐下降。从世界城市发展的规律来看，我国中小城市和小城镇吸纳人口的比重将有所下降，但吸纳人口的总量会有较大幅度提高。据预计到2030年，我国城镇化率将达到65%左右，各类城镇人口将新增3亿多人，如果中小城市和小城镇的吸纳城镇人口的比重下降到53%左右（发达国家的水平），那么生活在其中的人口总量将会达到5亿，吸纳的人口总量也还将会增加1.2亿左右，我国中小城市和小城镇具有较大的发展空间。

二、城镇化发展中需要关注的几个问题

目前我国城镇化发展总体上是健康的，但也存在几个需要重视的问

题，这些问题如果解决不好，可能会成为影响到我国经济社会发展的全局性问题。

1. 大量农民工使城镇化呈不稳定状态

2009年我国城镇人口达6.22亿，在其中包括近1.7亿在城镇生活6个月以上的农村户籍人口，这其中绝大部分是进城就业的农民工。大量农民工处于长期流动中，使中国城镇化呈现不稳定状态，长期影响了我国经济社会的发展水平。这主要表现如下。

一是农民工在城镇的公共服务还不完善。农民工在劳动就业、子女教育、社会保障等方面还不能享受和城镇居民同等的待遇，使农民工没有完全融入城市中。

二是农民工的边际消费倾向较低，不利于充分扩大国内需求。据国家统计局调查数据显示[1]，外出农民工的消费占收入的比重仅为42.75%，比城镇居民平均水平低31.21个百分点。农民工在城市的消费主要满足于基本生活需求，突出表现在食品消费占消费支出的50.8%，这比城镇居民的食品消费支出比重高14个百分点，农民工在城市的长期消费需求没有得以释放，还有较大的消费空间。

三是流动农民工加大了社会管理压力。比如人户分离、长期流动增加管理难度，在一些农民工集聚地区，往往也成为了犯罪高发地区。再如春运期间客流量剧增，加大了瞬时铁路运输的压力，造成了社会不稳定因素。促进农民工融入城镇的工作压力还很大。

2. 过分依赖城镇空间增长的方式是有风险的

世界银行2009年的报告指出，在城镇化快速发展阶段，关键是提高密度。但是在我国城镇化发展中，城市空间增长要快于城市人口增长，城市人口密度不断下降，2006年我国城市人口密度为2238人/平方公里，到2008年已下降到2080人/平方公里。近年来，土地出让收入更是成为许多城市重要的预算外资金，2009年我国土地出让收入的总金额达1.6万亿，收益增加更刺激了城市的空间扩张，增加了发展中的风险。

一是耕地保护压力加大。受经济利益驱使，城镇空间扩大的积极性

---

[1] 国家统计局最近一次对农民工消费数据是2006年的调查完成的，所以涉及农民工的消费情况的数据使用的是2006年统计局抽样调查数据，特此说明。

更高，一些地方政府也主要将精力放在增加用地规模上，给耕地保护带来较大压力。

二是带来一些潜在的社会风险。在2007年国家新闻办举行的新闻发布会上，陈锡文引用官方统计数据指出，因征地引起的农村群体性事件已占到全部农村群体性事件的65%以上。城镇空间扩张带来一些潜在社会风险，已经引起了许多社会事件。

三是造成发展方式粗放。目前城市人均建设用地133平方米，超过国家规定80~120平方米的标准。城镇土地使用效率不高，不利于我国发展方式的转变。

四是抬高城市发展成本。城市空间扩张过程中为了追求大空间、贪大求洋，过多地将行政资源投向大广场、宽马路等形象工程，反而增加了农民进城和产业发展的成本。城市空间扩大的同时也增加了在城市基础设施等方面的投入成本。

3. 体制性因素是制约城镇化发展的重要因素

城镇化的本质是农村人口向城镇转移，但是长期固化的城乡二元关系，已经形成了既定的利益格局，导致农村人口进入城镇还受到诸多体制方面因素的限制，这主要表现在以下几个方面。

一是城乡分割的户籍管理制度改革进展缓慢。由于教育、医疗、社会保障、住房及消费信贷等政策与户籍挂钩，使得包括农民工在内的农村人口进城定居落户存在着制度性障碍。绝大部分城镇政府对于当地农民在城镇落户限制较少，但出于利益原因，并不愿意接纳外来农民工进入本地城镇落户。

二是农村集体建设用地制度改革滞后。城乡一体的建设用地市场尚未形成，城镇建设用地对农村土地采取行政性征用方式，低补偿征收，高价格出让，既严重侵犯农民的土地权益，又助长城镇建设用地的粗放性扩张。

三是城镇行政管理体制制约了部分中小城市和小城镇发展。世界银行发展报告指出，城市是一个市场主体，城市的发展速度与城市规模之间没有直接的关系。我们利用美国176个都市区1990~2007年的发展数据研究发现，城市人口增长速度和城市规模之间相关性很低。我国改革开放以来，按市场规律形成了一些发达的中小城市和小城镇，其所辖人口规模已经达到大中城市的水平，但限于行政级别，公共管理职能受到上级政府的制约，事权财力不相匹配，机构设置和人员编制不适应实际管理的人口规模的需要，严重影响了向农民工提供公共服务的能力。

4. 我国快速城镇化进程中忽视发挥市场主体的作用

快速城镇化是我国当前城镇化发展的基本趋势，也是制定相关政策所要面对的主要背景。只要我国每年城镇化增长速度大于0.75个百分点，那么城镇人口增长量就超过1000万，这对城镇基础设施和公共服务设施需求的压力是很大的。但是设施建设的责任更多是由政府来承担，为了缓解政府财政资金的缺口，许多基层政府融资平台应运而生。有学者将我国地方政府融资平台比作是继美国危机和欧元危机之后的潜在第三大危机。有报道称，截至2009年末，地方政府融资平台贷款余额7.38万亿元。2010年6月份审计署的审计报告指出，有些地方政府本级的债务余额与当年可用财力的比率最高已经超过300%。许多地方政府把债务偿还寄希望于土地出让收入，这不利于发展方式转变和和谐社会的建设。据世界银行2007年的报告，地方政府负担的基础设施建设部分，发达国家平均为35%，发展中国家平均在13%左右，中国地方政府承担了超过一半的责任。

我国政府承担了过多的责任，同时又将市场因素排除在城镇基础设施和公共服务设施之外。比如保障性住房建设，世界银行2009年报告提出在城市化成熟阶段改造低收入居住区才是城市化的重点。在我国，农民出租屋客观地承担了解决进城农民工居住的作用，但是政府很少主动对这些出租屋进行引导和服务，更多是希望通过拆迁方式改造这些区域。拆迁使政府承担了巨大的拆迁成本，还要承担巨额的保障性住房建造成本。快速城镇化的过程中，对低收入群体的居住需求是快速增长的，但是拆迁改造总体上是大量减少了低成本住房的供给量。再比如农民工子女教育，实践已经证明在农民工集聚区域，仅靠公办学校难以全面解决农民工子女教育问题，各类民办学校在其中发挥了重要作用。然而这些民办学校却得不到政府的承认，政府也没有主动去做好服务，甚至是把他们作为取缔的对象。

三、城镇化发展对宏观经济的影响

1. 城镇化拉动国内消费需求增长

2009年城镇居民的人均消费支出是12265元，农村居民的平均消费支出为3993元，城镇居民的人均消费支出是农村居民的3.07倍。在现有水平下，农村居民每减少1个百分点，全社会消费消费需求可以增长1.1个百分点，消费总需求增加超过1000亿。城镇人口中，还包括了大量的农民工，如果通过城镇化，将他们的消费需求得以充分释放，城镇化带来的消费需求总量还将大幅度提高。2009年外出农民工月平均收入为1417元，按照农村劳动力的负担比重计算，农民工家庭的人均可支配收入为12145元。如果通过城镇化促进农民工融入城镇，将农民工消费的恩格尔系数下降到40%左右（2009年城镇和农村的恩格尔系数分别为36.5%和41%），那么农民工年均消费支出将增加1963元，粗略计算可以增加消费支出3000亿元左右。城镇化发展促进了城乡人口结构的转变，可以显著增加消费需求。

2. 城镇化带动国内投资需求增长

城镇化的发展，城镇人口的集中，带来了基础设施、公共服务设施和城镇住房需求的增加。而长期以来，我国城镇在基础设施等方面投入严重不足，城镇基础设施和公共服务设施建设还有较大的提升空间。根据联合国的建议，发展中国家城镇基础设施投资占GDP的3%~5%，或者是占全社会固定资产投资的9%~15%。2008年我国城镇基础设施投资占GDP的比重仅为2.4%。考虑到我国处于城镇化快速发展时期和城镇基础设施历史欠账较多的因素，我国城镇基础设施投资要达到联合国的高标准，要实现2020年翻两番的战略目标，那么从投资角度来看，年均城镇基础设施投资至少为1万亿元（按2000年不变价格计算）。房地产开发投资是城镇人口增加所带来的直接投资，自20世纪中期以来，房地产投资占城镇固定资产投资的比重稳定在20%左右，已成为我国全社会固定资产投资的重要组成部分。我国城镇化发展带来的房地产投资需求仍然是巨大的。

3. 城镇化促进区域协调发展

世界银行研究表明，区域之间不平衡是发展过程中一种常态现象，区域之间一般要经历先分化然后趋同的过程。人口从落后地区迁移到经济发达地区的城镇，是实现区域趋同的一种重要手段。改革开放之初，我国仅有193个城市和7916个建制镇，而且分布极为分散。到2009年，城市数量增加到654个，建制镇数量调整到19322个。占国土面积14.2%的东部地区，集中了61.5%的超大城市、57.7%的特大城市、40%的大城市。东部三大都市圈占全国2.2%的国土面积，容纳了12%的人口，产出了近40%的GDP和2/3的出口总额。东部沿海地区吸纳来自中西部地区的农民工数量在不断增加，2009年在东部地区务工的外出农民工为9076万人，占全国外出农民工人数的62.5%。其中在长三角地区和珠三角地区务工的农民工分别为2816万人、3282万人，占全国外出农民工的19.4%和22.6%。中西部农村人口的流出，减少了农村人口数量，加快了发展速度。

4. 城镇化促进城乡统筹发展

只有减少农民，才能富裕农民。随着农村剩余劳动力向城镇的转移，农村人均占有耕地资源过少的矛盾将逐步得以缓解，增加了农村人均占有资源的规模，逐步实现农业适度规模经营，提高了农业现代化水平，增加了农民收入。2008年我国第一产业从业人员比例已不到40%，比2000年下降了10.4个百分点。农产品商品率大幅度提高，2008年我国农民人均出售粮食、棉花分别为444.45公斤和20.68公斤，比2000年增长了0.68倍和2.7倍。城镇化带来农民非农就业机会的增多，工资性收入已成为农民收入增长的主要渠道，从2000年到2008年，工资性收入增长占农民人均纯收入增长的47.1%。农村人口进入城镇，通过城乡人口资源分布和空间结构的改变，加快了城乡资源要素的流动，缩小了城乡差距，促进了城乡资源和公共服务的均等化，实现了城乡统筹发展。

四、相关政策建议

1. 稳步推进户籍制度改革

建议修改有关法律，保障城乡居民迁徙自由。逐步取消农业与非农业户口划分方式，建立城乡统一的户口登记管理制度。要尽快出台外来农民工落户城镇的办法，稳步推进符合条件的农民工转变为城市居民。

各级城镇要重点解决携家眷在城镇长期务工就业的农民工落户问题。他们已经具备了在城镇生活的条件，他们的就业和收入能力可以支撑他们在城镇的生活，不会成为城市的贫民。放开他们在城镇的落户限制，会促进他们在城镇的长期消费。

全面放开中小城市和小城镇对农民进城的落户限制。对携家眷长期在各类城镇务工就业农民工的落户上，不应在城镇规模上进行限制，大城市和特大城市同样要给予他们落户资格，毕竟他们已经成为这些城市人口的有机组成部分。

2. 探索城镇行政管理体制改革，建立与城镇化发展相适应的城镇管理体制

重新研究设"市"条件，应根据现有城镇集中居住的常住人口规模（不仅仅是户籍人口），作为设"市"的前提条件；应允许设立"镇级市"，并把设立"镇级市"的权限下放到省一级；逐步实现省直接管"市"。研究新设市如何在完善功能确保公共服务的基础上，实行小政府、大社会的管理模式。

并对设市单位按照实际管理的人口规模，确定行政管理权限、行政机构的设置和人员的编制，机构设置要和事权相匹配。可以在治安、交通管理、规划、工商管理等方面，将相应管理权限进行下放。

要研究按实际人口管理规模来确定各级政府的财政分配关系，对吸纳外来人口较多的城镇，要给予必要的财力支持，解决人口日益增长的治安、公共服务和环境等问题。

3. 完善进城农民工公共服务

要切实提高农民工社会保障的覆盖面。可以首先实行分类分层保障的措施，对在城镇稳定就业的农民工要纳入现行城镇社会保障体系；对稳定性不高的农民工要尽快建立过渡性制度。重点做好建筑业等参保比例不高的行业农民工参保监督检查工作。

逐步提高农民工社会保险的统筹层次，尽快研究实现基本养老保险全国统筹的措施，完善包括农民工在内的城镇职工基本养老保险关系转移接续办法，尽快实现农民工社会保险关系顺畅转移。

解决好农民工子女就学问题，贯彻落实以公办学校为主、以输入地为主解决好农民工子女免费义务教育的政策。尽快研究农民工子女在流入地参加中考和高考的办法。

特别重视新生代农民工在城镇的就业生活，要重视对新生代农民工的职业技能和城市生活能力的培训，加强权益维护力度，增加他们在城镇的收入保障能力。

4. 建立与城镇化发展相适应的交通网络体系

完善区域间交通基础设施建设，初步形成连接限制开发区与重点开发区、优化开发区之间的铁路、高速公路等多元化交通网络建设，缩小各欠发达地区和经济中心的时间成本和经济成本，推动区域协调发展。

完善区域内部交通网络的建设，特别是优化开发区与重点开发区各城市群内城镇之间快捷、便利的交通网络体系，降低客流和物流的成本，优化区域发展，增强经济集聚和辐射带动能力。

完善城市公共交通基础设施建设，特大城市和大城市要完善多元化的城市公共交通体系建设，吸引城市交通出行向公共交通转移。中小城市要提高城镇内部公共交通的覆盖密度，尽快建立连接城乡的便捷公共交通体系。各类城市要注重建立连接农民工集聚区和主城区的公共交通线路建设。

5. 在城镇化进程中要充分发挥市场的作用

适应快速城镇化发展趋势和农民工居住的基本现状，政府要把符合规划的农民出租屋纳入城镇保障性住房体系，不要一味地以民生工程等名义进行大拆大建。要允许城乡结合部农民在符合规划的前提下，利用现有宅基地建造出租屋，作为保障性住房的有益补充和有机组成部分，调动城乡结合部农民参与城镇开发建设的积极性，为市场资金参与城镇保障性住房建设创造条件。有关金融部门要为多元化市场主体参与保障性住房建设做好相关金融服务。

在农民工集中居住的城镇，要允许民办学校参与义务教育发展，为民办教育发展建立良好的政策氛围，要特别支持吸纳外来农民工较多的民办学校的发展。

　　城市供水、供气、供热、污水和垃圾处理、公共交通、城市园林绿化等市政公用设施建设和运营要为多元化资金进入创造条件，积极引导民间资本进入。

（2010年8月）

调结构才能扩内需：支持民营资本投资小城镇服务业，培育新的经济增长点

乔润令

金融危机以来，浙江众多的小城市、小城镇的工业企业都受到不同程度的影响，特别是出口导向型的企业受到的冲击更大。中央及时提出扩内需、调结构、保增长。与此同时，在市场机制的作用和小城镇中心的指导下，浙江的许多发展改革试点小城镇的工业企业也在悄然进行结构调整，它们把目光投向了中小城镇服务业。

一、中小城镇服务业：新的经济增长点

绍兴店口镇是国家发展改革试点小城镇。该镇集文化、餐饮、娱乐、休闲、购物为一体的"铭仕广场"，项目总投资2亿元，地处店口镇商业规划中心区，占地43亩，建筑面积5万余平方米，是目前浙江省小城镇中规模最大、配套先进、业态齐全的综合文化商贸广场，也是浙江小城镇工业企业投资服务业的代表性项目。

店口镇有3700家注册企业，每年往来此地的客商不计其数。这些人是铭仕广场的第一顾客群，商务活动需要一个典雅的环境、文化的氛围洽谈生意、吃饭、娱乐并进行消费。在铭仕广场没有建造前，他们只能跑去绍兴甚至杭州进行这样的消费和商务洽谈。铭仕广场的兴建，使店口镇具有和省城或绍兴市相同的商务服务与文化活动的条件和功能，不仅提升了小城镇的功能和吸引力，也极大地方便和满足了几千户商业企业的需求。

营造消费文化氛围也是企业投资服务业，引导当地消费的主要途径

乔润令：国家发改委城市和小城镇改革发展中心副主任、硕士。

之一。铭仕广场的浙江电影大世界，其中仅高档电影放映厅就有 6 个，最大的可容纳100人，不仅极大地满足了当地居民的文化需求，而且经常举行的"广场文化营销"也成了铭仕广场吸引人气的方式。2009年以来正在进行的广场活动就有家庭才艺比拼、服装模特表演、卡拉OK比赛，以及美食节等。每天晚上都有大批的人聚集在铭仕广场举行各种群众活动，每每有一些商家举行的活动，在大屏幕前、镁光灯下，都是座无虚席，上千名观众聚精会神地观看着表演，以至于到铭仕广场渡过晚间时光，已成为当地百姓生活的一部分。

店口镇经济发达，群众生活水平高。全镇共有工业企业3700多家，2008年农民人均收入达到24581元，工业产值686亿元，镇一级综合经济实力居绍兴市第1位、浙江省第4位、全国第18位。但服务业和文化生活极度贫乏，富裕起来的农民和外来务工人员对服务业以及文化需求日渐增长。国家鼓励发展服务业，当地政府引资有优惠政策，小城镇服务业市场未来盈利空间很大，是一个具有广阔发展前景的朝阳产业。对于扩大内需、调整结构、培育新的经济增长点具有重要的意义。

事实上，在投资服务业的同时，铭仕广场的商户也收获颇丰，铭仕广场的两岸咖啡，平均客单价超过100元；在双休日，联华超市的客单价也能超过50元。广场3000多平方米的地下车库，在节假日还会出现排队停车的现象。

毫无疑问，铭仕广场目前已经成为店口镇规模最全、配套先进、业态齐全的服务业制高点，它在向我们发出一个信号：随着物质生活水平的不断提高，人们对三产服务业的需求将会持续增长；而随着小城镇基础设施建设的逐步完善和向小城市的转变，居民的这种需求将会越来越大。由于人们对消费环境、消费场所的要求越来越高，作为实现购买力的主要集聚地，大批小城镇、小城市的文化商贸中心广场，服务业设施、文化创意、外包服务业等将成为下一个商家必争之地。

二、让农民通过城镇服务业分享现代城市文明的成果

浙江的小城镇的经济发展尽管走在全国的前列，然而，即便是在绍兴店口镇这样发达的小城镇，服务业也是非常落后的。不过，进入铭仕

广场，像是打开了一种全新的生活。在8小时之外，去咖啡店坐坐，然后去联华采购日用品。这里有与杭州相比也毫不逊色的文化书店，这里上映的电影，跟全国所有大城市是同步的。还有，在这里宴请生意上的客人，也不比大城市逊色。来自店口镇和周边乡镇的群众在这里购物、娱乐、休闲，有一种在北京、上海、杭州等特大城市一样的消费享受。

新华书店博库书城乡镇分店落户绍兴市诸暨店口镇铭仕广场以来，每天都吸引了大量读者选购，平均每天有上千元的营业额。这样的书城在浙江省小城镇是第一家，书店营业面积1200平方米，共有2万多种图书，针对外来务工者特意开设了工程施工、技术维修、装潢装饰等图书专柜，并规定外来务工人员凭当地暂住证可享受购书折扣等优惠。

以前想看大片，只能周末去杭州绍兴，现在随时都能办到。电影院里上映新片的速度、声光效果和杭州星级电影院里没有两样，在这家文化商贸城里，电影院正在全球同步上映着最新美国大片《哈里波特与混血王子》，4个可容纳百人以上人的数码立体声电影厅座无虚席。这是全国第一家小城镇五星级影院。尽管6月份是票房淡季，但票房收入仍然达到了13万元。这家电影大世界每天上座率基本保持在80%左右，新片播映时还经常加演数场。

改革开放30年来，店口镇经济发展迅速，2008年全镇人均GDP已经超过1万美元。常住人口6万人，外来务工就有4万多人，原来老百姓和外来务工人员没有文化娱乐等服务业场所，一些地方赌博风气很盛。如今，有了文化广场这样的文化设施和三产服务，小城镇开始有了高层次的现代文化休闲娱乐和服务功能，大量的现代服务业的消费改变了城镇面貌，农民文化休闲方式也发生了极大改变。文化广场上，每天早晚都能看到由附近居民或外来务工者组织的十余个健身队载歌载舞。他们的行为举止也悄然发生着改变，减少了大声喧哗、随地吐痰的现象。农民开始分享现代城市文明的成果。

三、积极试点，大胆探索民营资本投资服务业的新路子

民营资本投资中小城镇的三产服务业，是调整经济结构，培育新的经济增长点的重要的方面。绍兴市店口镇在试点的基础上已经形成了很

好的经验，为了做好用城市理念建设农村、用市民理念提升农民这篇文章，在服务业，特别是公共文化设施和公益项目的建设上，由政府引导民营资本进入服务业建设领域，解决建设资金难题。一大批公用设施都通过了"公用民建"的路径建设起来，即由政府引导民营资本进入公共建设领域，引导工业企业反哺社会。店口镇作为国家发展改革试点小城镇，铭仕广场的成功运营使得其项目建设模式具有很好的示范价值。

包括三产服务业在内的小城镇建设，需要探索多种融资和运作模式，铭仕广场是一种典型的民资办服务业的模式。它的特点就是用市场化手段替政府解决一部分暂时没有能力解决的居民对服务业需求短板，是"公用民建"思路的丰富和实践，继续完善后，可以成为乡镇建设重大服务业项目、迅速提升百姓消费水平的主要措施之一。

在政府引导下，民营资本有序进入非敏感的服务业领域，既可以补充政府投入不足、满足群众对服务业的需求，也有利于服务业按照市场经济规律规范运作。民营资本参与小城镇服务业设施建设需要探索适宜的模式，店口镇政府的有效引导，保证了民营资本投入的方向、领域，使其在盈利的同时，保留了部分服务业设施的公共属性。此外，商业广场进行了综合开发，开办的生活超市、购物广场等，可以弥补单纯文化企业经营的盈利风险，可以归纳为：政府引导、民营投入、综合开发、形成新的经济增长点。

我们认为，中小城镇加快发展服务业是推进经济转型升级的新动力，通过规划布局和政策支持，推进创意产业园、软件与服务业外包基地、文化商旅综合体、新型专业市场的发展，不仅是调整产业结构的重要领域，也是扩大内需，培育新的经济增长点的重要方面。

为保证规范运作，保证投资者积极性，还需要完善相关配套政策。各级政府可考虑将部分财政投入变为补贴资金支持中小城镇服务业的发展，金融部门也应该增加扶持中小城镇服务产业发展的力度。我们也希望各地发展改革试点小城镇，在试点的基础上继续大胆探索不同类型的小城镇发展服务业的办法和路子。

（2009年9月）

金融危机下的农民工和小城镇问题

范　毅　张新民　徐　爽

2009年3月中旬，由国家发改委小城镇改革发展中心主办的"金融危机下发展小城镇和拉动国内需求暨'政府促进农民工及其家庭社会融入'"项目座谈会在北京召开。参加本次会议代表有来自国家发展改革委、国务院发展研究中心、财政部财政科学研究所及社科院有关农民工研究领域专家学者，也有来自部分省、市、县发改部门和小城镇政府代表。会议围绕当前金融危机形势下，解决农民工问题，扩大内需这一主题展开，现将会议内容综述如下。

一、当前农民工就业的基本形势和趋势

1. 农民工就业压力有所缓和，就业形势仍然严峻

根据农业部门统计，金融危机使约2000万农民工返乡，大约占外出务工人口的15%左右；根据国家统计部门的静态模拟分析，金融危机导致了近2300万农民工失业。随着各地促进农民工就业政策的出台，农民工就业压力有所缓和，比如广东122万无明确就业岗位的返城农民工实现了就业，返城农民工失业率控制在5%左右，滞留农村农民工比重逐渐下降。比如，四川省成都市金堂县累计30%的农民工返乡，目前仍然滞留农村的占8%；安徽省肥东县撮镇返乡农民工已经基本实现再就业。在就业压力逐渐缓和的同时，还要清醒地看到，当前农民工就业形势仍然严峻。江苏省仍有6.6%返乡农民工没有实现就业，广东省2009年1月新增就

范　毅：国家发改委城市和小城镇改革发展中心政策研究处处长、副研究员、博士。
张新民：国家发改委城市和小城镇改革发展中心发展改革试点处副处长、博士后。
徐　爽：中国电子信息产业发展研究院工业科技研究所博士。

业同比下降25.6%，随着大中专院校毕业生暑假后进入就业市场，农民工就业形势还非常严峻。

2. 国家和地方拉动内需政策的就业效应开始显现

为了抵制金融危机，国家和地方出台了一系列扩大内需的政策，目前这些政策的就业效应开始逐渐显现。如南京溧水县2009年新增重大投资，可吸纳3万多人就业。江苏宿迁市2009年1~2月份在建亿元重大项目，可以增加就业岗位3.2万个。江苏省邳州市官湖镇借国家拉动内需政策，进行了小城镇基础设施和公共服务工程建设可增加就业岗位1万人次。河南省济源市克井镇玉川产业集聚区的建设，仅多晶硅和不锈钢复合卷板项目可安排1000多个就业岗位。

3. 返乡创业趋势初步呈现

随着外出农民工在资金、技术、管理经验积累的增多，以及金融危机影响日益加剧，返乡创业现象日益增多。无论是在东部江苏、山东等省份，还是在中西部四川、安徽、河南、湖北等省份，返乡农民工创业现象都开始出现。比如，2008年以来，江苏邳州市官湖镇共吸收农民工创业人员200多人，投资5000多万元；安徽萧县杨楼镇返乡创业人员已有300多人，直接带动就业5000多人；湖北松滋市涴水镇30多名返乡农民工开始从事农业生产流通经纪人。

4. 技工供给不足，存在结构性失业状况

虽然受金融危机影响，农民工失业现象比较严重，但是失业农民工主要以普工为主，技术工还存在短缺现象。根据广东调查数据显示，广东就业市场总体求人倍率为0.95，其中普工的求人倍率为0.8，而技工的求人倍率为1.1。在安徽省肥东县撮镇镇，缝纫工、焊工、钳工等有一技之长的农民工在当地仍然是供不应求。

5. 外向型中小企业就业前景最不乐观

随着金融危机的蔓延，国外市场需求的减少，对以国际市场需求为主的部分加工贸易型企业影响尤为严峻。广东省自2008年9月到2009年1月，共破产加工贸易型中小企业8763家，农民工失业87.4万人。而广东省番禺区大岗镇的抽样调查数据显示，以出口导向的外向型外资企业2009年前两个月工资同比2008年一季度下降32%。

二、各地保障农民工就业的一些做法

在这次世界性金融危机下，农民工各种问题开始凸显，这关系到国家长期发展战略和基本的社会稳定，各地为保障农民工就业也进行了有益的探索，主要包括以下几个方面。

1. 完善农民工就业服务，保障农民工稳定就业

一是加大培训力度，提高农民工就业技能。江苏省将省级培训券资金从6600万元提高到了1.4亿元。广东省2008年9~12月份共组织培训农民工100万人次，增强了农民工转岗就业能力。二是举办多种形式农民工专场招聘会，促进农民工就业。广东省节后组织专场招聘会976场，组织3.9万家企业共提供就业岗位106.5万人，51.6万人当场达成就业意向。江苏宿迁市节后举办大小专场招聘会168场，7.4万返乡农民工通过招聘会成功就业。四川省金堂县召开15场专场招聘会，发布用工信息1200余条，提供就业岗位2万余个。三是完善农民工劳务信息网络建设。江苏省"镇镇通工程"可以保障全省所有乡镇能够查询到江苏各地用工信息。湖北省松滋市洈水镇在每个村建立了劳务信息员，发布用工信息，节后通过信息发布已经解决农民工就业4750人。

2. 健全农民工公共服务体系，稳定进城就业农民工

一是健全农民工公共服务管理体系。广州市成立流动人口管理办公室，实行农民工服务的一站式管理。江苏省兴化市戴南镇通过整合行政资源，建立了以劳保为主体的专门工作机构，保障农民工的各项权益。二是让农民工共享流入地公共资源。通过让农民工享受当地公共资源，稳定进城就业农民工。天津市西青区中北镇农民工子女可与当地居民一样享受义务教育优惠政策，为此，政府教育经费额外支出84.6万。江苏省兴化市戴南镇农民工在公共卫生资源享受上与本地居民同等待遇，在廉租房方面也向农民工开放。

3. 加大工业投资力度，确保农民工就业

通过工业发展带动就业增长，是解决农民工就业问题的重要途径。随着经济结构调整战略的实施，"中船项目"在广东省番禺区大岗镇的动工，使得大岗镇2009年农民工同比增加2403人，增长9%。江苏邳州市

官湖镇积极扶持龙头企业进行结构调整，进行产品技术升级，实现了逆势增长，目前仅龙头企业就解决周边3000多名返乡农民工就业。江苏省兴化市戴南镇的大力发展特色产业，通过"不锈钢制品产业集群"的发展带动就业5万余人。四川省金堂县积极落实有关优惠政策，促进企业发展，吸纳返乡农民工就业。其中仅在社保方面，就为企业减轻负担76.84万元。安徽省肥东县撮镇镇借助合肥市产业转移之际，加大招商力度，目前本地消化农民工达1.5万人。

4. 切实维护农民工合法权益，以维权稳定农民工就业

保障农民工合法权益，是维护社会稳定的重要举措。广东省全面实施农民工失业等情况周报、欠薪监控月报、企业倒闭群体性事件即时报告、失业动态重点检测报告和重点企业联系制度等"五大制度"，积极稳妥做好倒闭企业农民工合法权益，全力帮助倒闭企业农民工尽快实现再就业。天津市西青区葛沽镇切实维护农民工的合法权益，2008年镇政府为暂时困难企业垫付280余万元，为500余名农民工兑现欠发工资，保障农民工权益，稳定农民工就业。

5. 加快小城镇发展，促进农民工服务业就业岗位的增加

农民向小城镇聚集可以增加服务业就业机会。山东省莱芜市颜庄镇促进人口向城镇集聚，目前镇区集中人口1.5万人，带动了商贸业的发展，目前仅从事商贸业的人员达1500余人。2008年山东省临沂市义堂镇新建改造8处商贸业服务场所，新增就业4000余人。四川省双流县正兴镇开发与城市发展相匹配的公益性岗位400多个，吸纳返乡农民工就业。

6. 加强农民工区域间协调管理，搞好公共服务

农民工的管理和服务工作涉及流入地和流出地两方政府，一方管理容易出现服务缺位现象，需要加强农民工流入和流出地的协调工作。现在，流入地和流出地协调管理的模式开始出现，如浙江省诸暨市店口镇的"以外管外"模式，引进贵州遵义2名民警，江西永丰县治安、劳动、计生管理员各1名到店口镇协助管理农民工。广州市番禺区大岗镇与重庆永川，建立了"永川工作站"，加强对农民工的管理与服务。

三、存在的问题

1. 对农民工问题认识不够

随着中央对农民工问题关注程度的提高,各地也相继出台系列政策加强对农民工的服务,但从整体上来说,对农民工问题的认识还不够。从金融危机发生以来各地出台有关农民工的政策措施来看,以临时性短期性措施居多,如维权、培训等,而制度化的长期性措施不多。没有从中国长期发展战略和促进城镇发展角度来认识中国农民工问题。一些城镇政府也把农民工作为一种负担,而不是资源。对农民工的管理多于服务,更多的是关注社会治安、环境卫生、计划生育等上级政府考核内容,而在居住、创业发展等方面服务还不够。

2. 公共资源配置跟不上人口增长的速度

在东部沿海流入地,农民工居住数量已经远超过本地人口数量,而且呈现不断增长的趋势。上海市松江区小昆山镇,外来人口数量比三年前增长近1倍,已远超过本地居民数量。外来人口的增多使得公共资源配置能力已不能满足公共需求。许多地方基层政府不得不增加公共服务设施投入力度。天津市葛沽镇投资1100万新建卫生院,天津市中北镇投资2100万元建设小学校,以满足日益增长的农民工的公共服务需求。

3. 公共服务机构和能力不能适应农民工服务需求

按照户籍人口设计的管理机构和管理权限,使得吸纳大量农民工的流入地基层政府对农民工公共服务能力有限。农民工流入地较多的县城和小城镇政府在现行财政体制下,财政收入大多上缴,没有能力根据自己管理的人口规模,建立相应的公共财政的服务体制。同时受土地、人事、执法、项目审批等管理权限制约,基层政府公共服务可操作空间有限。

4. 对农民工返乡创业支持力度不够

创业是缓解就业压力的有效途径之一,但是目前对返乡创业的支持力度还很不够。一是国家没有出台专门的扶持政策。国家对城镇下岗职工和大学生创业都有专门的扶持政策,但农民工并不能享受这些优惠政策措施。二是融资难。返乡农民工所能够获得金融支持额度一般是5万元之下的小额贷款，很难达到企业设立所需的资金量。三是用地难。土地指标不足、土地审批手续繁琐、审批时间过长等制约着农民工返乡创业。

5. 有关农民工扶持政策有待于进一步整合

在我国部门分散管理体制下，财政资金"撒胡椒面"式的投入，很难起到引导带动作用。随着对农民工重视程度的提高，用于农民工的财政资金在逐年增多，同样面临多头分散管理所带来的尴尬，亟须进一步整合。以农民工培训为例，从中央到地方现在已有阳光工程、温暖工程、扶贫培训、职业技能培训等培训项目，工作和资金分散到农业、教育、劳动、扶贫等部门。一个事情由几个部门管理，有限的资金被分散使用，最终也难以发挥政策效应。特别是解决农民工居住条件改善、住房建设等重要的公共服务内容，还没有部门牵头进行统筹管理。

四、做好当前阶段农民工作的政策建议

1. 从城镇化发展高度认识农民工问题

转变将解决农民工问题作为农村问题的传统思维，从城市发展问题的思维来认识农民工问题；要切实转变将农民工作为城市负担的认识，要将农民工作为城市发展的宝贵资源，将农民工纳入城市公共服务范畴。解决好农民工的生活和就业问题，一是可以消除社会矛盾，有助于社会和谐；二是有利于带动社会消费，促进新一轮就业的增长；三是促进人口向城市集聚，成为城市发展新的重要人力资源。在当前金融危机条件下，转变对农民工问题的认识，有助于实现将解决危机的短期措施与中国长远发展战略相结合。

2. 加强对农民工工作的宏观协调工作，促进农民工就业稳定

提高对农民工问题的认识，需要加强对农民工综合管理的协调，实现有关农民工政策的整合。要解决农民工问题应该跳出就业和培训的范畴，把农民工问题作为城镇化和城镇发展战略的综合性问题，这就涉及基础设施建设、政府公共服务、土地资源配置、户籍制度和农村集体建设用地改革、农村土地承包等问题。协调这些问题靠某专业职能部门难

以完成，需要由一个全局性的综合经济管理部门来承担。

3. 启动小城镇工程，保障农民工就业

在当前形势下，东部农民工集聚的小城镇亟须改善农民工的居住生活条件，稳定他们在城镇居住和就业，扩大内需；而对部分中西部具有一定产业基础的小城镇来说，产业转移和农民工返乡创业现象已经开始显现，亟须相应支持政策促进发展。一是以东部地区农民工相对集聚小城镇为抓手，做好农民工居住和公共服务工作。要不断加大对农民工相对集聚小城镇基础设施建设的投入力度，做好农民工集聚区与主城区道路联络线建设。完善公共服务体系建设，健全公共服务网点布局，改善农民工公共服务水平。引导集体经济组织和本地农民按规划和标准建设农民工出租房，改善农民工居住条件，稳定居住，扩大内需。二是以中西部有一定基础小城镇为平台，促进产业转移和返乡农民工创业与就业。建议在扩大内需的资金中设立小城镇专项，支持部分中西部有一定基础的小城镇进行基础设施建设，引导产业转移，形成小城镇发展的产业基础；在财政税收、土地、金融等方面对这些小城镇进行倾斜，引导返乡农民向这些小城镇集聚；要适时出台有关政策扶持返乡农民工创业。

4. 赋予吸纳人口数量多经济实力强的小城镇政府更多的经济社会管理权限

应根据吸纳人口数量，对具备一定经济实力的小城镇赋予部分县级经济社会管理权限，在财政税收、土地、行政审批、人事等方面对这些小城镇给予更多的自主权，促进小城镇经济社会全面发展。在设置公安、交通、消防等机构和人员编制时，应把农民工作为人口基数考虑在内，加强对农民工的服务与管理。切实增强人口吸纳较多小城镇政府公共服务能力，实现对农民工管理服务的财权、事权和责任相对等。

（2009年3月）

金融风暴对广州番禺区大岗镇影响的调查

张新民

2008年11月2~11日，国家发改委小城镇改革发展中心，到广州市番禺区大岗镇，就金融风暴对大岗镇经济社会影响进行了调研。大岗镇位于广州市番禺区的南部，总面积90.07平方公里，建成城区面积14.3平方公里，辖25个村和6个居委会，总人口约13万人，其中户籍人口7.9万人，2007年国内生产总值达到35亿元、税收3.2亿元、财政收入2.2亿元，三次产业结构比例为10：50：40。2002年被确定为广东省重点中心镇。

一、经济形势下滑的表象

2008年前三季度以来，大岗镇明显受到当前国际经济形势的影响，经济发展的速度明显放缓。

1. 经济增长速度下滑

前三季度，全镇实现总产值78.81亿元（按现价计算），同比增长16.12%；完成生产总值（GDP）30.08亿元（按现价计算），同比增长10.38%，比2007年同期增幅少3.72个百分点。

2. 工业企业前景不容乐观

据不完全统计，前三季度关、停、并、转企业就有43家，其中规模以上企业有4家，比往年同期明显增加。裁员成为企业渡过危机的一个重要手段，通过对70家工业企业抽样问卷调查显示，62.9%的企业已经裁员，其中17%的企业裁员在1/4以上；52.8%的企业表示近期将进行或者继续进行裁员，其中8.6%企业表示将裁员1/4以上；在对44家企业的电话访

张新民：国家发改委城市和小城镇改革发展中心发展改革试点处副处长、博士后。

谈中，50%以上的企业现金支付有困难。

3. 商贸企业经营收入减少

在对商贸和服务行业各抽取20家进行问卷调查中，收回有效问卷37份，结果显示，86.5%的企业表示和2008年三季度的营业收入同比减少了20%以上，只有10%的企业表示没有变化或增加了；另外接近一半企业表示近期将进行裁员。

4. 建筑业也受到了巨大冲击

江西吉安的彭某是个搞建筑的包工头，1993年来到大岗镇，往年年收入都在10万元左右，今年只能挣到5万~6万元。从事建筑的四川籍农民工何某告诉我们，今年工作不太好，最好的一天挣了70元，经常是40~50元，有的时候是30~40元，一个月只能做14~15天活，赚不到什么钱，还不如回家种田，不少从事建筑的农民工已经返乡。预计农民工减少的数量还要增加。

5. 外资和外贸形势严峻

前三季度，全镇新增企业2家，都为外资企业，总投资约为440万美元，比去年同期下降83%；其中合同利用外资415万美元，比去年减少71%，实际投资308万美元，比去年减少67%。利用外资呈现大幅下降。前三季度，全镇出口总额为26966万美元，比去年同期减少2%。出口创汇产品主要以珠宝首饰、制鞋、纺织、服装为主。目前，珠宝、纺织品出口增长已经停滞甚至是负增长。从国税局提供的数据来看，涉外企业所得税呈大幅下降，不到去年同期的一半，表明外向型企业销售额在下降。

6. 税收、财政收入明显下降

前三季度，全镇实现税收2.47亿元（含免抵调增值税），同比增长5.1%，比大岗镇2007年同期增幅少17.5个百分点。涉外企业所得税呈大幅下降，不到去年同期的一半。前三季度，全镇财政收入1.6725亿元，同比下降4.22%，比大岗镇2007年同期增幅少21.65个百分点。

7. 就业人数明显减少

2008年1~10月份，政府的"两费一税"（使用流动人员调配费、暂住人口治安联防费、个人出租房屋综合地方税）收入总额是397.087万元，比去年同期减少25.1%。从外来农民工人数的变化来看，1~10月份，大岗镇有农民工5.1万人，比去年同期减少1万人，预计农民工减少的数量还要增加。从出租屋的数量来看，大岗镇现有26144套出租屋，实际的出租率却明显下降。在2008年大岗镇春秋两季招聘会上，参会单位130个，只有2007年的50.7%；进场求职人数达到6742人，只有2007年的61.9%；提供职位数6000个，只有2007年的47.3%。三项指标大幅下降。

二、影响经济增长放缓的内部原因

大岗镇遭受金融海啸的影响，实际上是长三角、珠三角一带的小城镇发展中的一个缩影。虽然，国际经济状况是主要的原因，但是从深层次考虑，在产业发展中存在的一些问题，也值得我们冷静地分析和思考。

1. 以外向型经济为主，企业竞争力不强

在调研中发现，2007年大岗全镇工业总产值61.3亿元，全年出口额达到28.6亿元；出口额占工业总产值的46%，属于典型的外向型拉动经济；2007年全镇工业销售总收入是59.6亿元，利润是2.7亿元，利润率只有4.48%。

2. 传统的劳动密集型产业受到了严重冲击

在大岗650个工业企业中，服装加工、家具制造企业就有252家，占38.77%。而在近期倒闭的服装、家具企业就有27家。在调研中发现，在大岗镇五大支柱产业，家具、服装、五金、珠宝、造船业中，家具、服装行业占就业劳动力总数的58.78%。

3. 企业的自主研发能力较弱

在问卷调查中的76家企业中，拥有产品研发部门的只有10家，不到13%，拥有产品专利的只有6家，不到7.8%。虽然有一些自主品牌如自由鸟、宏达、活力佳等企业，但市场扩展能力不强，订单变化不大。

4. 产业转型面临着制度性障碍

近来，广东的政策导向是"腾笼换鸟"，推进产业转移。对大岗镇而言，在前几年腾出来的"笼"不但没有引来"凤凰"，反而其闲置厂

房在招商引资的时候，往往遇到工商、规划等障碍，现在有些厂房都已闲置2~3年了。

5. 财政体制制约了小城镇政府的公共服务水平

2007年大岗镇的税收达到3.2亿元，地方财政收入2.2亿元，真正留在镇里的大约6000万~8000万元，基本就是吃饭财政，每年财政预算剩余不到5万元。很多公共服务，如安全饮水、污染排放及治理、垃圾处理、居住区道路建设和清洁卫生、义务教育、贫困救助、社会治安、最低生活保障等也无法正常开展。现有财政体制和行政体制制约了小城镇政府管理社会事务和危机应对能力。

三、关于促进小城镇产业转型的建议

1. 应促进企业结构的战略转型

要加大对具有竞争力中小企业融资扶持力度，发挥融资担保机构的作用。要积极支持自有品牌企业，减少这些企业的各项负担，鼓励大力促进内销。要发挥行业协会的合力作用，帮助企业开拓国内市场。对一些经营成本过高，无法承受劳动力工资价格上涨的企业，政府应鼓励这些企业向中西部迁移，积极实行"腾笼换鸟"，在迁出企业搬迁过程中给予必要的政策支持。

2. 要搞活现有存量集体建设用地资源

为吸引优势企业进入创造条件，政府要积极探索，充分利用现有的存量集体建设用地，整理和集约使用，并可采取转租、入股、竞标出租多种形式，鼓励外来投资者，利用存量集体建设用地进行投资。

3. 采取有力措施加大服务业的比重

要改变工业一家独大的局面，充分利用规划，调整集体建设用地资源相对集中，以便使工业企业居民居住区各自集中，提高企业和人口集聚的密度，为服务业的发展创造有利的空间，增加服务业吸纳就业的能力。

4. 加强对外来人口的公共服务

应把外来就业务工的农民当作充分可挖掘潜力的资源，鼓励他们在这里定居，并进行长期消费。政府要创造有利条件，改善他们居住社区的公共基础设施，提供较好的公共服务条件，并充分利用现有财政资源对他们开展免费的公共服务。吸收他们参加社会管理，使大批外来人口稳定在这里的消费，可拉动服务业的需求，并带动服务业的就业。

5. 理顺区镇财政关系

要改革现有的财政体制和行政管理体制，使小城镇的财权和事权相匹配。应把小城镇上交的财政根据大岗镇总人口公共服务能力的需要，重新核定上下级财政分配关系，并相应的赋予小城镇按照总人口应具备的行政管理权限，确保镇政府有能力开展对本地人和外来务工就业人口的公共服务。

（2008年11月）

第六篇
城市与小
城镇发展

促进智慧城市发展，推动社会管理创新

——"2011·佛山智慧城市与社会管理创新 经验交流会"会议综述

　　近年来，"信息城市"、"数字城市"、"智能城市"、"未来城市"、"智慧城市"等概念在国内相继提出，建设"智慧城市"的呼声也日益高涨，而微博的兴起更是"一石激起千层浪"。事实上，"智慧城市"是城市发展的新生事物，其理解也是众说纷纭。我们认为，"智慧城市"关键在于实现决策智慧和公众智慧的对接，其核心在于社会管理创新，而微博正是推动智慧对接的桥梁。在此背景下，总结交流社会管理创新的经验，挖掘微博社会应用的潜力，廓清"智慧城市"的内涵，防止因认识不清而走弯路就成为当务之急。

　　2011年10月29日，由国家发改委城市和小城镇改革发展中心主办、佛山市人民政府承办的"2011·佛山智慧城市与社会管理创新经验交流会"在佛山市举行。会议由中心研究员、央视评论员杨禹主持，来自国家发改委、工信部、中央政法委、国务院新闻办等有关部门的领导、专家，北京大学、美国斯坦福大学、中国科学院、中国社科院、国家行政学院、中山大学等知名高校、研究机构的学者，以及广东省、佛山市和全国各地的城市（镇）管理者共计280余人出席了经验交流会。

　　会议以"微博发展趋势"、"智慧与管理创新"、"微博服务城市的功能"、"城市智能产业的发展"、"信息化规划引领智能产业的发展"、"智慧城市与社会管理创新的国际视角"为议题进行了深入探讨。现分别以"微博社会应用蕴藏巨大潜力"以及"现代科技在智慧城市中的应用"为专题，将会议主要观点综述如下。

一、微博社会应用蕴藏巨大潜力

佛山市委书记李贻伟描绘了佛山信息化的发展道路和发展前景，拉开了经验交流会的序幕。李贻伟叙述了佛山市在经济发展、产业转型、环境改善、社会进步、城市改革的基本情况，并引出了佛山市运用新技术开展"信息化"建设的探索之路。他介绍说，佛山市将信息化融入城市管理中，比如实现公交车信息化联网，建立信息化调度系统、交通安全信号系统以及城市人口管理系统等；极大增加硬件设施投入，扩大无线网覆盖面，建立互联网移动方式的平台；将信息化设施作为规划的前提条件，要求小区开发必须通过信息审批，在建设前必须预留足够的通信通道。

1. 认识微博及其特点、功能

关于微博的认识。国家发改委城市和小城镇改革发展中心李铁指出，微博改变了整个社会的观念，造就了大众的媒体，带来了城市公共服务平台建设的革命。但是由于它同时放大了人们眼中所看到世界两类的反差，被很多人视为洪水猛兽。广东省委外宣办常务副主任张知干认为，微博技术的发展对行动方式带来巨大的冲击，成为社会管理创新的有效手段。国家行政学院教授汪玉凯认为，微博的崛起代表着中国社会力量的崛起，彰显了公民社会的巨大力量。

关于微博的特点和功能。李铁认为微博具有信息反馈时间短、反馈速度快和信息开放性的特点，具有新媒体、社会交往及社会公共服务三大功能。汪玉凯将微博特征归纳为快速传递信息、排山倒海式响应和瞬间放大效应，在促进政府与公众的沟通、积聚社会的共识等方面发挥着强大的作用。腾讯网副总编辑王娟对这些观点表示赞同，并且认为微博使业务模式由一对多和双向传播模式向多对多的线性传播模式转变。

2. 微博的社会应用

借助微博和网络微智慧开展城市公共服务是本次会议的重要议题之一。一些省市的嘉宾分享了各地政府运用微博提升城市管理和服务水平的经验。

微博服务城市的内涵丰富。新浪网副总编辑周晓鹏认为，微博正以集群化的方式推动城市服务，同时，微博服务于社会管理和城市发展的内涵很丰富，不能只停留在政务和政策一问一答的环节上，而是要通过微博加强社会服务，提升城市生活。李铁指出，微博不仅是政府发布政策信息的平台、对外宣传和城市营销的重要阵地、重大的民生信息管理平台，而且应该在应急救援、重大突发性灾害事件的救助、征集城市规划意见等方面发挥很好的作用；虽然微博的社会公共服务功能仍处于起步阶段，但是蕴藏了巨大的潜力。

城市微博政务的发展情况。张知干介绍，广东正在探索推广网络问政，具有代表性的城市有广州、深圳、佛山、东莞、惠州、中山以及肇庆等，省政法委、公安厅、教育厅、工商局等部门相继开通了微博客，其中公安系统最有代表性。银川市委宣传部副部长代晓宁介绍，目前银川各党政部门、县市区党委工委系统的微博在新浪认证的已有170多家。广东省佛山市南海区委常委、副区长俞进介绍，目前南海区政务微博群总数达到了506个，实现了政府部门全域性开通，微博的触角已经延伸到了最基层的村委会和居委会，并且实现了南海政务微博群和南海电子政府一点通网站的链接。

地方运用微博提升城市公共服务的主要做法。代晓宁和俞进分别介绍了银川市和南海区的实践经验。一是发布政策信息，银川市委市政府的官方微博"微博银川"主要用于发布党务政务公开和权威信息；南海区相关部门运用微博群将政务信息、重大事项、办事程序等进行公开和发布。二是征询意见，南海区利用500多个微博，将工作思路的变革等内容通过微访谈、微座谈、发帖子的形式聚集民意。三是解决民生问题。银川网民只要在微博上反映噪声扰民、供水供电等问题，相关部门会在第一时间搜集微博的舆情，之后反馈到各个职能部门进行处理，处置时间由过去二、三周缩短到几小时；南海区每个政府部门都开设微博，只要群众将发现的问题反映到微博上，部门发现问题，迅速积极回应，及时跟进、排查，解决问题，并公布解决情况。

3. 微博发展的制约因素

目前微博发展中仍存在诸多不足，导致微博的潜力未能得到充分释放。与会嘉宾各抒己见，展开了热烈的讨论。

硬件设施和技术平台方面。李铁指出，现有的技术平台还没有建立起来，没有相对独立的处理空间，微博群开放系统建设还有待突破；目前城市的无线网络的覆盖空间仍然有限；政府投入的数量以及产生的效益还未明晰；微博应用多为单向沟通，还没有形成双向沟通。

微博普及性方面。李铁认为微博的普及性不如电话系统，受众群体有限。汪玉凯指出现在全国网民有4.85亿人，而使用微博的为1.95亿人。国家发改委城市和小城镇中心研究员、央视特约评论员杨禹指出，从全局来看，目前只有少数政府部门开设了微博，多数政府官员不敢实名上微博。

微博管理方面。杨禹、国家互联网信息办公室、国务院新闻办网络新闻协调局副局长方楠等还指出，微博互动的效率被请示和领导审批抵消了，而且微博也缺少团队来维护支持。

4. 促进微博发展的建议

微博可以成为利民的公共工具，社会管理和沟通的桥梁。如何促进其健康发展，强化社会应用的功能，与会嘉宾从不同角度提出了建议。

客观认识微博。李铁指出要避免将微博妖魔化，要充分理解微博的便民功能和应急处理功能。张知干指出要用战略眼光看待微博发展和应用，要充分分析微博广阔的发展前景，清醒判断微博给社会管理造成的影响。

完善微博发展的硬件设施和软件平台。李铁提出，政府面对新技术要及时调整决策、敢于投入，建议尝试建立以大屏幕微博处理墙和独立处理空间为依托的微博公共服务平台、微博应急双向沟通服务平台，将不同的信息直接反馈到墙上，由管理员及时通报给市政府和有关的领导，及时解决问题。对于微博客户端的改进，周晓鹏建议，探索IPAD客户服务终端等移动终端形式，设立专门政务微博客户端，并容纳所有的政务功能和职能；王娟建议，对微博手机端的即时通讯入口，要加强产品设计、资讯分类和资讯过滤，使其更加精细、方便。

加强培训和交流，促进微博的推广、普及及广泛应用。浙江省海宁市司法局局长金中一认为，除了建立整体团队外，领导干部必须要上微博，特别是主要领导，否则就降低了微博的效率和速度。周晓鹏建议，政府举办培训班和交流会，促进政府从被动了解走向主动探寻，并接受微博。方楠、李铁强调要总结经验、逐步推广，同时要因地制宜，不能一哄而起。

加强组织和管理，引导微博健康发展。方楠强调要加强微博的团队支持，成立组织，建立分工协作、高效运作的流程。李铁建议城市政府要成立公共服务中心直接操控平台。汪玉凯认为必须在法制框架下管理和引导微博参与。

二、现代科学技术在"智慧城市"中的应用

"智慧城市"对于推动社会管理创新具有积极意义。与会嘉宾对"智慧城市"与社会管理创新的内容给以充分肯定。国家发改委城市和小城镇改革发展中心主任李铁认为，"智慧城市"与社会管理创新的结合符合当前社会发展的形势。中央政法委宣教室主任李宝柱指出，经验交流对于利用数字化建设助推中国社会管理创新将发挥示范性的作用。

1. "智慧城市"的理解和概念辨析

与会专家从不同层面对如何理解"智慧城市"进行了阐释，对"智能城市"、"数字城市"等相关概念进行了辨析，对于"智慧城市"要服务老百姓、让百姓生活更幸福的理念取得一致意见。

"智慧城市"应该怎么理解？李铁指出"智慧城市"是新生事物，强调发挥城市的基础设施和硬件设施对城市发展、城市公共服务和公共管理的作用；他还强调"智慧城市"必须建立在对包括城市经济发展水平、社会结构、大众需求以及基层人员数字信息技能水平等发展阶段分析的基础上，避免新的形象工程。国家互联网信息办公室、国务院新闻办网络新闻协调局副局长方楠认为，"智慧城市"是整个城市和大众的智慧，是互动的智慧。北京大学网络中心研究部主任杨冰之、美国斯坦福大学教授孟庆轩认为，"智慧城市"是可持续的城市，智慧本身要渗透到社会的各个方面，形成智慧经济、智慧政府、智慧文化。

"智能城市"相关概念辨析。中国科学院、工程院院士李德仁从技术层面对"智能城市"、"数字城市"等概念作了清晰阐释。他指出，"数字城市"把城市的房屋、建筑、土地、工厂等所有信息集合在一

起，信息上网后可通过网络查看城市所有的信息，使得"秀才不出门，尽知天下事"。"数字城市"（或"数字地球"）加上物联网和云计算服务平台便走向"智能城市"或"智能地球"。孟庆轩认为"智能"更侧重于技术层面，而"智慧"有人文、环境和智能等多方面内涵。

2. 城市社会管理创新的内容

如何运用"城市智慧"改善城市管理水平，服务城市老百姓？来自国内多个省市的嘉宾分享了他们在探索社会管理创新，服务社会民生的实践经验。

"智慧"对接推动社会管理创新，提升公共服务能力。李铁强调"智慧城市"要以公共服务理念为核心，通过新技术、新手段、新方法，实现政府智慧和社会智慧的对接，改善城市的公共服务；佛山市委书记李贻伟指出，在社会管理极其复杂的形势下，要不断创新，尝试通过微博和其他信息化手段，及时了解不同类型老百姓的需求。国家信息中心研究部主任张新红认为"智慧城市"的发展目标是要利用先进的信息手段促进城市的发展，实现生活更美好的共同理念。

大众参与是社会管理创新的关键。李铁强调"智慧城市"要通过大众公共参与和智慧方法，使城市的公共服务更好地服务大众。杨冰之认为实现"智慧城市"目标，需要政府、研究界、企业家、市民的广泛参与和共同努力。浙江省海宁市司法局局长金中一提出"创新2.0"的理念，让用户、老百姓、市民成为创新主体，参与到社会管理创新中来，使得过去的"精英创新"变为"草根创新"和"大众创新"。

3. 信息科技促进城市智慧对接

与会专家从各自城市的实践经验出发，就如何运用信息科技的手段，及时掌握民意需求，提高政府决策效率，增强公共服务能力等方面进行了热烈的讨论。

信息技术手段支撑"智慧城市"发展。李德仁指出，发展智慧城市，除了要研究手机、电脑、PDA、家电、监控探头等传感器外，还要抓好无线网络、B2B网络，网络计算网、云计算网络，因特网、无线局域网、3G移动通信网络等基础网络支撑层。辽宁省营口市常务副市长刘焕鑫介绍了营口市以园区为抓手，通过营口老工业基地的改造，以云计算服务平台为支持，拉动智能产业发展，服务企业、服务港口、服务城市，逐步带动智能城市建设的情况。日本国际航业株式会社总监伊藤·笃通过日本运用GIS实现信息共享的几个案例，生动地展示了GIS和空间信息在智慧城市、低碳城市建设上的应用情况。

运用信息化管理手段提高政府行政效率。广东省中山市委常委殷昭举介绍了中山市"智能商业"的实践，率先在全省开展了一网通的网上行政审批，目前有585项行政审批流程通过网络办理。河北省晋州市副市长刘亚红简要介绍了晋州市在建设网上办公、网上审批的政务大厅，和重要食品安全信息可追溯方面的实践。江苏省扬州市发改委副主任洪庆生介绍了扬州以行政权力网上公开的透明信息系统作为抓手，推动政府职能转变的做法，不仅开通了书记信箱、寄语市长，而且现有40多个应用系统，实现了5000多项行政权力在网上公示，其中700多项可直接在网上受理。

应用新技术改善城市公共服务。殷昭举介绍了中山市"智能家务"的做法，以社区为载体，将智能化、信息化、人性化综合性的服务推广到千家万户，通过智能化的手段将服务延伸到每个家庭。比如，家政服务和老人需求能通过"智能家务"与后台服务联动和互动，使得信息及时得到反馈。洪庆生介绍，在信息基础设施方面，扬州实现了村村通宽带，主城区3G和无线宽带网络的全覆盖以及市区数字电视圈覆盖；在促进城市社会管理和服务方面，扬州在全国率先开展了城乡学校网上数字化校园的建设，实现通讯网络的共建共享，推行了"多卡合一，一卡多用"的市民卡，并逐年探索"智慧城管"、"智慧交通"，"智慧水利"（水闸远程控制）、"智慧医疗"（一卡就医，远程救治）、"智慧安防"等。广东省云浮市市委副秘书长赵仲明介绍了云浮市以物联网技术实现信息化服务，以三网融合促进智能产业发展以及信息化服务的主要做法，在社会公益性服务方面，农村小孩可以享受到网络课件等信息化服务；在生产性服务方面，通过电子商务提高云浮传统产业的含金量，壮大其发展规模。

4. 促进"智慧城市"发展的建议

"智慧城市"促进了大众参与和公共决策的双向沟通，对于更好开展民主化管理和改善公共服务是有益的尝试。与会嘉宾提出了促进"智慧城市"发展的相关建议。

完善"智慧城市"配套的基础设施建设，引导新技术应用于城市公共服务。李德仁从技术角度建议要抓好信息基础设施建设、抓好应用，"数字城市"加上物联网和云计算可走向"智慧城市"，但要做好服务、自主创新。刘亚红则提出要落实云计算和泛带等新一代信息技术的创新和应用，推进"智慧城市"发展。

制定促进"智慧城市"发展的配套政策。李铁指出，一方面要加大投入，促进硬件设施的改善和新技术的应用；另一方面要加强智慧城市的管理，发挥新技术对改善城市公共服务的作用。李宝柱强调加强管理和正确引导，将信息安全、网络安全和国家安全置于至关重要的位置上。

因地制宜开展试点探索，促进基层经验交流、总结和推广。方楠指出，东部互联网较发达的地区网络应用意识较强，要发挥作用、总结经验，逐渐向各地推广；而西部地区发展相对滞后，不能全部投入建设，要根据自身特点和能力，逐步推广先行先试地区的经验。李宝柱认为地方经验值得推广，但是强调不能刮风似的搞运动，不能变成面子工程和形象工程，起步晚的地区要根据各自特点，向有经验的地区、先行先试的地区学习。

本次经验交流会总结了各地政府在运用微博推动社会管理创新的经验，充分展现了微博在服务城市、服务市民上的强大功能，为政府、专家学者、网络运营商搭建了交流平台，对于城市运用先进技术，改善城市管理和服务，推动社会管理创新具有积极意义。

徐勤贤 整理

（2011年11月）

大城市交通拥堵与人口控制

窦 红

在我国当前城市化快速发展过程中，一些城市出现了交通拥堵、社会治安恶化等城市病，有人就认为这是城市化带来的问题。当前，以北京、上海为代表，中国的一些大城市正试图通过控制人口的增长、限制私家车漫无边际的增长，来缓解日益严重的交通拥堵。综合分析北京交通拥堵的原因，我们会发现，交通拥堵与城市人口扩张并没有直接和必然的关系。

一、北京的机动车并不算多

一般认为，造成交通拥堵的因素中，排在首位的是汽车数量太多。但对于北京这个拥有16410平方公里的辖区面积，1755万人口的特大城市来讲，机动车数量太多的说法恐怕难以成立。根据北京交通管理局统计的数字，截至2009年8月30日北京市机动车保有量达到381.8万辆。2010年，由于各种政策原因，迅速增长到470万辆。而辖区面积2187平方公里，常住人口达1200万人的东京都，机动车辆达到400万辆，纽约的机动车也超过800万辆，可见，按照人口和辖区规模，北京的汽车保有量低于纽约、东京，但北京的堵车现象却比纽约、东京严重得多，其原因并不能简单归结为车多。

二、车多不是农民工带来的，交通拥堵与城市化没有直接和必然的关系

根据经验统计，每增加1个人，就会给城市交通系统每天带来约2.6次

窦 红：国家发改委城市和小城镇改革发展中心研究员、硕士。

出行，因此有人说，城市急速增长的人口是导致车辆多和堵车的重要因素。但是，人的出行并不意味着交通拥堵，交通拥堵与城市人口的分布及出行方式有关。据北京市统计局统计，截止2009年底，北京市居住半年以上的常住人口为1755万人，而且还在以每年近60万人的速度增加。从人口的分布来看，近几年，在北京近郊和远郊居住的人口持续上升。我们根据有关资料测算，2008年底，列入北京城市功能拓展区的4个近郊区人口达727万人，占全市常住人口的45.6%，列入城市发展新区的5个区人口达410万人，占全市常住人口的25.7%。这两个功能区的常住人口占全市常住人口的70.3%，其间居住的流动人口占全市流动人口的82%，可见，北京人口目前处于郊区居住的分布状态，这主要是流动人口的大量涌入和城区人口的迁入造成的。我们认为，由于就业岗位、公共交通等没有与人口的居住分布相协调，这种状况带来了车辆的增多。

其一，流动人口中农民工的不断增多是城市化的结果，但农民工大多数是买不起车的，他们需要的是公共交通。因此，小汽车增多、交通拥堵与他们无直接关系。其二，流动人口中的非农民工，他们的流入是城市间的正常流动，不是城市化的直接结果，他们中的一部分也居住在郊区，他们是否买车，与经济条件、公共交通的便利与否有很大关系。当公共交通不完善时，将迫使他们购车代步，成为城市小汽车增多引发交通拥堵的原因。其三，城区原住人口的搬迁，多是城市改造、更新所引起的，也不是城市化的直接结果。迁入郊区的人口还要在城区工作，他们中的一部分人由于搬迁获得了拆迁费，有了改善出行的条件而购车，另外一部分人还是由于刚开发的城市郊区住宅区生活环境不理想，公共交通不便利，不得不买小汽车代步。可见，在众多的购车人中，一部分买车的是居住在郊区的城市人口，因此，车多并不是正处于城镇化快速发展阶段，大规模进城的农民造成的，城镇化并不一定带来城市的交通拥堵。

三、大城市交通拥堵的根源在于大城市主要的资源都集中在中心城区

交通拥堵与城市化无关，中国一些大城市的车并不是很多，造成交

通拥堵的主要原因其实是城市管理不能适应城市化的发展。首先体现在城市规划上，产业和公共资源过度向城市中心区集中。

1. 一些大城市的发展采取摊大饼方式，而不是组团式、多中心发展模式，产业分布过于集中在中心城区

据我们测算，2008年，北京居住在中心城区（首都功能核心区和城市功能区）的常住人口仍占全市人口的61%，创造的产值占全市的75%。决定人口分布的主要是产业的分布，从产业结构升级来看，北京市首都功能核心区和城市功能拓展区产业结构基本上形成了以第三产业为主、高端服务业快速增长的局面。在规划上，北京定位为政治中心、经济中心、文化中心、教育中心、金融中心、商务中心……各种"中心"全都集中在市中心。特别是商务中心的叠加，造成写字楼丛生，而写字楼人群又基本都是驾车人群，由此导致车流大都向城市中心区汇聚。从产业转型上看，高新技术产业和高端的第三产业发展并没有对低端产业产生足够的替代效应。一方面，北京市人口对廉价的产品和服务还存在着相当的需求；另一方面，一些大规模的低端产业群和产业链仍然分布在城市的中心城区，为人口在中心城区聚集提供了大量就业机会，也对流动人口疏散起到了负面的作用。有关部门统计，2009年北京市流动人口的行业分布主要集中在建筑、制造、住宿餐饮、批发零售及居民服务等行业，其中从事第三产业的有306万，占流动人口就业总数的69.7%。

同时，随着首都功能核心区和城市功能拓展区的房地产价格攀升，致使城区生活成本增高，导致另一部分人群从首都功能核心区和城市功能拓展区向更边缘地区外迁，而他们的就业岗位并没有发生空间的转移，使得他们居住与就业分离，大量人口在城市不同区域间作大范围的钟摆式流动，大大增加了交通的压力，这是交通拥堵的重要原因之一。

2. 虽然目前北京外来人口大部分分布在近郊区和城市发展新区，城区内外来人口数量正日渐减少，但公共服务资源过度集中于中心城区

即使人们工作、居住在城市功能拓展区和城市发展新区，但公共服务和娱乐还需要到中心城区，特别是首都功能核心区。这就增大了交通的压力，也是交通拥堵的重要原因之一。例如，北京中心四城区（首都功能核心区）分布有众多医院，并拥有60%以上的市级医院，如北京医院、同仁医院、协和医院、宣武医院等优质医院。北京市的主要中学也绝大多数集中在四个城区，尤其是西城区和东城区，分布着全市50%左右的著名中学。北京市的影剧院、体育场馆集中分布在四个城区，丰台区和石景山区几乎没有大的影剧院，石景山区则没有大的体育场馆，丰台区只有光影体育馆、丰台体育中心两处。

北京中心城区人口密集，医院、学校等公共服务设施比较多，二者分布基本一致。但近年来，大量人口从城区迁往近郊区和远郊区，那里人口增长迅速，而优质医疗卫生机构、学校建设滞后，居住在那里的人们需要长距离求医、求学和进城消费，都加大了车辆出行比例，在各个好学校、好医院、好的文体设施周边形成交通拥堵点。

四、大城市目前交通管理水平落后，公共交通少，导致交通拥堵

调整城市规划和城市规划的实现非一日之功，而且中心城区毕竟对第三产业就业人员有需求，所以适应这个现状，最现实的"堵城"突围方案，应是改变滞后的交通建设和管理。

1. 目前大城市的交通建设不能适应城市化的快速发展，公共交通建设滞后

近年来，北京公交开设新线路，更换公交车，力度颇大。此外，轨道交通超常规发展，到2015年，轨道交通总里程将达561公里。但是，应该看到，这种超常规本质上是"还历史账"，纵然突飞猛进，与拥有数千公里轨道线的东京、纽约等城市相距甚远。有关资料显示，东京都620平方公里中心城区内，轨道交通运营里程就达400公里；东京都行政管辖区2187平方公里，轨道交通运营里程1000公里；东京都市圈轨道交通运营里程更是达到2305公里。而北京行政管辖区16410公里，轨道交通运营里程仅336公里。加上天津的轨道交通运营里程90公里，京津唐地区轨道交通运营里程仅426公里。轨道交通的不发达，导致北京汽车的使用率高，容易造成拥堵。

2. 城市内部交通管理不科学

在交通流量大的路段开辟公交专用道，其他车辆未经许可不得占用，违者重罚；征收高额停车费，提高私家车上路成本；限制机动车车辆是各个城市治理拥堵普遍采取的措施，但在城市交通管理上，还应有更科学、更人性化的管理手段需要城市管理者创新和使用。例如，在纽约，十字路口左拐车辆不允许往左转，凡是往左转的车子一直往前走，走几十米有一个右拐弯，一直往右拐360度，就拐过来了。这样左拐车辆虽然转了一二百米，但不会影响交通，不会在十字路口占着红灯的时间，时间就可以省下来。纽约市政府还设立了高承载率汽车专用车道，这种车道只允许乘坐3人或3人以上的车子行驶，鼓励市民搭车出行，减少汽车流量。

五、大城市郊区还有很大的城市化空间

目前大城市人口与资源的矛盾，症结在中心城区和郊区发展差距太大，中心城区占有大量公共资源，迫使人口高度集中，在一定程度上抵消了中心城区基础设施和管理水平改善产生的积极效果。解决城市交通拥堵，关键是合理分布城市人口，而不是控制人口。

当前，人口分布不均，人口密度差别悬殊，城区人口过于密集仍是北京市人口分布的基本特点。2008年底北京城市发展新区的人口密度仅为648人/平方公里，首都功能核心区、城市功能扩展区人口密度分别为28494人/平方公里和5644人/平方公里。这说明北京市郊区的人口集聚能力远不如北京中心城区，人口容量过低，也说明北京城市发展新区的人口容量还有非常大的提升空间，这就为北京吸纳和调节人口，解决交通拥堵提供了广大的空间。

关键问题是怎么调控人口。现在大的潮流是打破城乡差别和地区户籍限制，行政控制必然引发争议，而且人口通过行政手段是控制不住的。大城市的率先发展，是世界性的普遍现象。城市发展有其自然的历史过程，人为的限制和引导，不能改变大方向本身。国际大都市历史上都出现过大城市病，但随着城市发展和现代化建设，都逐步缓解了。这

里边就有一个如何处理发展中的问题和矛盾，以及找到解决路径的任务。有报道，2000年的时候，原崇文区的危旧平房占到全区建筑面积总和的70%。截至2009年，已经完成危改8万户，先后有24万人撤离。2010年底，在朝阳区的定福庄一带，一块面积为17.8公顷的地块计划建设50万平方米以上的保障性住房让原崇文区的老百姓"对口"搬迁。建成后，将在一定程度上缓解中心城区的人口压力。但是，他们的就业如何对接呢？我们无从知晓。如果搬迁的老百姓还是在中心城区工作，那么就会加大交通拥堵情况，这样试图缓解中心城区人口规模大而造成交通压力的措施反而加大了交通压力。因此，在调节人口分布过程中，要注意重点引导流动人口流向，特别把握搬迁原来城区人口的节奏，注意人口居住与就业岗位创建、服务设施建设的联动。

为此，要继续按照原有的新城建设规划，建设高水平的基础设施和生活服务设施，使之成为北京市区某些功能的疏散地，分担北京市区的某些功能并成为市区人口的疏散地与外来迁入人口、流动人口的截流与分流基地。在大力发展北京新城的同时，也应努力发展郊区其他小城镇，使之成为广大农村剩余劳动力的转移基地，减轻人口向市中心区集中的压力。

可见，城市化并不一定带来交通拥堵，人多、车多不是交通拥堵的根源，交通拥堵的主要原因是城市规划和管理能力的落后。因此大城市不应消极地限制人口，而应积极地发展城市建设，加强城市管理，注重人口分布及其与产业分布、就业就会和服务设施分布在城市空间上的协调性，这对于解决城市交通拥堵等城市病问题，具有十分重要的意义。

（2011年1月）

关于城市规模等级的讨论

徐勤贤

20世纪80年代，中央提出"严格控制大城市规模，合理发展中等城市，积极发展小城市"的城市化发展基本方针后，这一方针一直主导着我国城市化发展的方向。十六大以后，中央提出"坚持大中小城市和小城镇协调发展"的要求，但是，"控制大城市规模，积极发展中小城市"的思想依然深远地影响着城镇化政策的制订，更给"大城市规模控制与否"的争论埋下了种子。那么，什么样的城市才是大城市？城市规模等级应该如何划分？要弄清这两个问题，就要抽丝剥茧，厘清城市人口如何界定，理清城市规模等级的划分标准。否则，势必对未来城市化发展政策造成误导。这对于今后走健康城镇化道路意义十分重大。

一、中国城市的特殊性

从行政级别上看，西方的城市是没有等级的，而中国的城市有着严格的行政等级差别。西方城市无论人口是多是少，无论城市规模是大是小，都不存在行政级别的区分。比如，美国的行政层级分联邦、州和地方政府，州以下的政府统称为地方政府，包括县（郡）、市、镇、学区、特区。在美国地方政府中，无论是县（郡）、市、镇、还是学区、特区，不分大小，在法律上一律平等，不存在领导与被领导的关系[1]。我国建制市的行政级别可大致分为四个层次：直辖市——副省级市——地级市——县级市。等级制度决定了城市可以管理城市，城市有上下级之

徐勤贤：国家发改委城市和小城镇改革发展中心政策研究处助理研究员、博士。

[1] 资料来源：国务院发展研究中心"中国特色城镇化的战略和政策研究"课题组，城乡空间边界划分的国际经验及启示，中国发展观察，2010（7）：54~57。

分，因而也就有了地级市管县级市、县级市管镇的行政隶属关系，层层套叠。

从管辖范围上看，西方的城市是只管理城市自身，农村有社区自治，而中国的市带县体制决定了城市的行政管辖范围包含了农村。西方的城市范围就是该城市所管辖的范围，但中国的城市要比西方的城市复杂得多，除了城区外，还管辖着乡镇和村。比如，北京市辖14个区、2个县，有140个街道办事处、142个建制镇、35个建制乡、2554个社区居委会和3955个村民委员会。

二、我国的城市规模等级

我国对城市规模等级的划分是以城市人口规模为标准的，至今一直没有变过。

1. 城市规模等级划分的依据

早在1955年国家建委《关于当前城市建设工作的情况和几个问题的报告》中就首次提出了大、中、小城市的划分标准："50万人口以上为大城市，50万人口以下、20万人口以上为中等城市，20万人口以下为小城市。"此后，1980年由国家建委修订的《城市规划定额指标暂行规定》将按城市人口将城市规模分为四个等级：城市人口100万以上为特大城市，50万以上到100万为大城市，20万以上到50万为中等城市，20万和20万以下为小城市。但《暂行规定》中没有对城市人口作出清晰界定。

1984年1月5日国务院发布了《城市规划条例》。《条例》第一章第二条指出："本条例所称城市，是指国家行政区域划分设立的直辖市、市、镇，以及末设镇的县城。城市按照其市区和郊区的非农业人总数，划分为三级：大城市，是指人口50万以上的城市；中等城市，是指人口20万以上不足50万的城市；小城市，是指人口不足20万的城市。"1990年4月1日，《城市规划条例》随着《城市规划法》的实施而被废止。

1989年12月26日《中华人民共和国城市规划法》颁布，其中第一章第三条指出"本法所称城市，是指国家按行政建制设立的直辖市、市、镇"。第四条指出："大城市是指市区和近郊区非农业人口50万以上的城市。中等城市是指市区和近郊区非农业人口20万以上、不满50万的城市。小城市是指市区和近郊区非农业人口不满20万的城市。"

2008年1月1日，《城市规划法》随着《中华人民共和国城乡规划法》的实施而被废止。但是，《城乡规划法》并没对城市规模进行规定，也没有对城市人口的口径作出界定。

2. 我国城市规模等级的发展情况

2008年，我国城市655个，镇19234个[①]。按《城市规划法》的城市等级标准来划分，大城市有240个，中等城市151个，小城市有264个。而240个大城市中，50万~100万人口的城市118个，100万~200万人口的城市81个，200万~400万人口城市28个，400万以上人口的城市13个。

改革开放30年来，城市发展迅速，城市的人口规模也迅速扩大。和1978年相比，200万以上人口的城市增加了31个，增长了3.1倍；100万~200万人口的城市增加了62个，增长了3.3倍；50万~100万人口的城市增加了83个，增长了2.4倍；而20万以下人口的小城市也增加了215个，增长了4倍多。

表1　　　　　　　　我国不同人口规模的城市情况

	城市人口规模	1949年	1978年	2008年
大城市	400万以上	3	10	13
	200万~400万			28
	100万~200万	7	19	81
	50万~100万	6	35	118
中等城市	20万~50万	32	80	151
小城市	20万以下	84	49	264
城市数合计		132	193	655

注：国家统计局《新中国六十年分析报告系列之十：城市社会经济发展日新月异》；人口规模的划分以城市市区总人口为标准。

三、我国城市规模等级划分的关键

从城市规模等级划分依据可以看出，划分城市规模等级的关键在于

---

① 数据来源：《中国统计年鉴2009》。

两个方面：一是确定城市边界；二是界定城市人口。目前关于城市边界和城市人口的界定还存在疑问。

1. 城市边界的确定

统计上最常见的概念是市区、市辖区和主城区。

（1）市区和市辖区。"市区"和"市辖区"在行政区划上是同一个概念，空间上也是一个范围。全国大部分的地级及以上城市都有市辖区，但也有地级市是没有设立市辖区的，如广东中山市。以直辖市北京为例，北京市现辖14个区和密云、延庆2个辖县，那么，其"市辖区"就是指除密云和延庆2个辖县以外的14个区的行政区域。以地级市苏州为例，苏州市现辖沧浪、平江、金阊、吴中、相城、高新、虎丘和工业园区7个区并代管5个县级市，那么，其"市辖区"就是指除5个代管县级市以外的7个区的行政区域。

（2）主城区。

首先，"主城区"不是行政区划的概念。"主城区"常常出现在城市总体规划中，甚至还有的采用"中心城市"、"中心城区"、"市区中心地区"等其他说法，往往是各个城市自己拟定的。比如，《北京市城市总体规划（2004~2020）》中用的是"中心城"的概念，并将范围确定为"东起定福庄，西到石景山，北起清河，南到南苑再加上回龙观与北苑北地区"。

其次，"主城区"是"城区"的重要组成部分，不同于"市辖区"和"市区"。根据2006年统计上划分城乡的规定，"主城区"范围一定是小于或等于"市辖区"的。当"市辖区"管辖的所有村级地域都和城市的公共设施、居住设施完全连接的情况下，"主城区"就等于"市辖区"。如果一些村级地域只是和城市的公共设施、居住设施部分连接的话，那么这些村级地域属于城乡结合区就不能算作"主城区"。

最后，"主城区"不是空间上连片的区域，也没有绝对清晰的边界。据北京市统计局介绍，统计工作中以"区划代码+城乡划分代码"组合来判断"主城区"，凡是对应城乡分类代码为111的即为主城区，为112的即为城乡结合区，主城区和城乡结合区加在一起就是城区。根据北京市城乡划分的情况，除了东城区和西城区全部属于主城区外，朝阳、海淀、石景山和丰台都有一些村和社区所在的地区不是主城区，而其他的8个区又都有一些社区和村属于主城区。

2. 城市人口的统计口径

众所周知，我国的人口统计有两个口径：一是户籍人口，以公安户籍管理机关的户口登记为依据，又分为非农业人口和农业人口；二是常住人口，是人口普查和抽样调查时采用，指实际经常居住在某地区一定时间（半年以上）的人口，一般又有城镇人口和乡村人口之分。城市人口的统计指标所采用的口径兼而有之，主要有以下几种情况。

（1）市区和近郊区非农业人口。我国的《城市规划法》规定以"市区和近郊区非农业人口"作为城市人口。但是，2008年《城市规划法》废止后，新颁布的《城乡规划法》没有再对城市人口作出规定。在统计上，2000年前的《中国统计年鉴》使用的是"城区非农业人口"，但自2001年开始，便改用"城市市辖区总人口"进行统计。

（2）市辖区总人口。据国家统计局介绍，"市辖区总人口"基本上都是指常住总人口，但还有部分城市仍然用户籍总人口。"常住人口"包括到城市居住半年以上的农村人口以及在城市居住不到半年但离开户口登记地半年以上的农村人口。尽管国家统计局要求今后凡涉及人口的都要尽可能用"常住人口"口径，但是，表1中的"城市人口"口径依然用的城市市区的户籍总人口（据国家统计局介绍）。可见，城市人口口径使用有些混乱。不论是常住总人口，还是户籍总人口，都没有将一些在农村生活的本地农业人口剔除掉，但是常住人口将在城市生活居住的外来流动人口纳入。

四、我国城镇规模等级划分中存在的问题

1. 城市边界划定不清给城市规模等级划分带来难度

一是城市的行政地域范围与城市实体的地理界线不一致给城市人口的界定造成很大的困扰。城市的行政辖区要远大于城市的实体范围，以市辖区作为城市范围无疑扩大了城市的边界。二是仅以实际建设连接的状态来判定城市忽视了城市人口集聚的重要特征。城市之所以为城市，

是因为人口的集聚。如果只有基础设施、公共服务设施的连接，却没有足够的人气，那这个城市也只能是一座空城。反映人口集聚程度的一个重要指标是人口密度。以北京为例，2009年海淀区、朝阳区、石景山区、丰台区的常住人口密度分别为7155人/平方公里、6986人/平方公里、7175人/平方公里、5961人/平方公里。这四区的人口密度如此之高，而且一产比重极低，若要按现有城乡划分的标准将一些区域定性为镇区或乡村有失妥当。

2. 以户籍人口和非农业人口来统计城市人口已经不符合我国城市化，尤其是经济发达城市的实际情况

一是新世纪以来大量的流动人口进入城市，早已是城市中不可或缺的群体，以户籍人口为口径忽视城市暂住人口这一重要的群体。二是"非农业人口"是过去城乡壁垒分明的时候因户籍和粮油管理制度而设的，主要指吃商品粮的人，但如今许多经济发达城市郊区的"农民"在就业、居住和生活等方面均已城市化了，完全具备成为城市人口的条件，但是若以非农业人口统计则这部分人口就不能纳入城市人口。三是目前我国很多地区已经取消了关于非农人口的划分及其统计，今后改用常住人口口径是必然趋势。

3. 按《城市规划法》规定的划分城市人口规模的等级以及每个等级的界域已经不适应于城市快速发展的现状

2008年400万以上人口的城市达到了13个，甚至还出现了1000万以上人口的城市。在学术研究中，有学者对人口规模重新进行界定，比如将200万以上人口城市定义为超大城市，而100万~200万以上人口城市定义为特大城市，其余相同；再如将200万以上人口作为特大城市，100万~200万人口作为大城市，50万~100万人口作为中等城市，而20万~50万人口作为中小城市，20万以下人口仍为小城市。但是，这些标准无法统一也并未得到一致认同。

4. 以城市人口的数量作为等级划分的依据并不能反映出城市和城市人口的变化

我国形成城市规模划分的标准已经有半个世纪的历史，而且一直是以城市人口数量作为等级，但新中国成立至今，城市已经发生了翻天覆地的变化。单单以一个城市人口的绝对数量作为城市规模的评价依据，并不能反映出城市的真实发展水平。城市人口的界定面临着更多复杂的情况，比如，城市化进程加快，农民生活方式发生变化，外来人口进城务工增长迅速，城市基础设施建设向外扩张快，城市公共服务水平日益提升，城市和农村的界限也越来越模糊。这样以城市人口的数量作为划分等级的依据是否符合实际就需要深入地研究。

5. 一批实质上已经是城市的特大镇被忽略了

如果按人口规模为划分依据，一些经济发达，人口早已达到中等城市、大城市标准的镇或者县城，早已符合城市的标准，理应纳入城市等级中去。但是，在统计和研究中，"城市规模" 所指的"城市"却都只是"建制市"。

五、政策建议

（1）界定城市人口范围要综合考虑城市多方面的特征，建立多层级多因子评价体系。除了人口数量以外，至少还应结合人口密度、就业结构、土地特征、城市服务功能等各类因素。

（2）尽快清理城市相关概念，建立城市划分的统一标准。目前行政管理、规划以及统计上对城市范围的规定多而杂，对于正确界定城市人口造成了障碍，因此，亟待将城市的相关概念进行清理。联合国统计处对城市的划分曾提出五条原则:行政区、人口规模、建制、城市特色和占优势的经济活动①。这对我国深入研究城市划分标准有重要借鉴作用。

（3）城市人口应以常住人口为基准并进行适当调整。城市人口一定不能忽略在城市就业居住一定期限的流动人口，因而，城市人口应该以常住人口统计为基准，并按照一定标准进行调整，剔除常住人口中不属于城市人口的部分。比如，可以按是否在同一劳动力市场上就业为标准（丁成日，2009），对常住人口进行调整。

（4）城市规模等级的划分应该突破以城市人口规模作为唯一的标

---

① 资料来源：赵安顺，城市概念的界定与城市化度量方式，城市问题，2005（5）：24~27。

准。一是城市的要素不仅仅是人口，城市不仅仅有生活的功能，还有经济功能、社会功能等等；二是，城市人口特征不仅仅有人口数量，还有人口密度等等。因此，划分城市规模等级可以在城市人口数量的基础上，结合就业、经济以及人口密度等指标，开展深入研究。

（5）设市标准要相应调整。那些经济发达、人口密集的特大镇应该纳入城市的行列。

（2011年2月）

浙江省发展小城镇的成就和做法

姚作汀

　　最近，国家发改委小城镇改革发展中心，在浙江组织了小城镇发展改革经验交流会，会上浙江省小城镇发展的成就引人注目。浙江特色经济的主体是小城镇，农民收入全国最高靠的是小城镇，城乡差距全国最小靠的是小城镇，浙江成为经济总量第四个突破万亿元的省份，其1/3的江山也是靠小城镇打下来的。浙江小城镇何以能够取得如此成就，人们更关心政府发挥了怎样的作用。这里，我们刊发了浙江省发改委副主任姚作汀的讲话，供参考。

　　改革开放以来，浙江省GDP年均增长13.1%，2004年达到11243亿元，成为我国内地第四个经济总量突破万亿元的省份。在浙江经济发展过程中，小城镇以其增长速度快、发展活力足、统筹城乡作用大的特点引人注目。

一、发展小城镇的基本成就

　　近几年，浙江经济呈现出的三个全国之"最"，都是小城镇的特点。一是全国的市场大省。2004年全省共有专业市场4049个，年成交额6384亿元。其中，年成交额超亿元市场497个，超10亿元市场114个，超百亿元市场9个，最具代表性的小城镇义乌已经发展成为国际性的商贸城。二是民营企业大省。全省经济总量中民营比重超过70%；全社会固定资产投资中，民间投资超过50%；全国民营企业500强中，浙江占183

姚作汀：浙江省发改委副主任。

家。民营企业总产值、销售总额、社会消费品零售总额、出口创汇额等指标，连续十多年居全国第一，这些民营经济的主体都在小城镇。三是特色经济大省。浙江的纺织服装、丝绸、皮革、食品、机电等产品在全国占有重要地位，在全球也占据较大的市场份额，并形成了以小城镇为依托的具有区域特色的块状经济。2004年超亿元的块状经济500多个，总产值超过6000亿元，占全省工业总量的一半左右。有50多个区块的特色产品国内市场占有率达30%以上，50多种特色产品产量位居全国第一。

由于小城镇的实力不断增强，有268个镇进入全国千强镇行列。拥有10万人以上的镇35个，20万人以上的镇4个。全省小城镇年平均财政收入6833万元，其中有153个镇的年财政收入超过1亿元，32个镇年财政收入超3亿元，9个镇年财政收入超5亿元，最高的镇达8.8亿元，小城镇财政收入占全省一般财政收入的30%左右。一大批小城镇已经初具小城市的规模。

2003年，浙江省小城镇平均乡村经济总收入为20.5亿元，是全国和东部平均的3.5倍和2倍，连续近20年保持全国各省农民收入最高水平（5389元），并且在城镇居民收入（13180元）亦居各省之首的情况下，城乡收入差距2.44：1，低于全国和东部地区平均的3.23：1和2.87：1，小城镇在统筹城乡发展上发挥了越来越重要的作用。

二、小城镇发展改革的主要做法

浙江省从1995年开始，开始对小城镇进行发展改革试点，经过十年的探索，重点在四方面进行了突破。

1. 依托特色经济，培育小城镇

坚持依托经济发展培育小城镇，是浙江小城镇发展的最大特色。经过多年的发展，多数小城镇已经形成了自己的特色产业。如大唐镇的袜子产业，吸纳15万农村劳动力，每年生产的袜子90多亿双，年销售100多亿元，成为全国最大的袜子生产、销售、出口基地；分水镇的制笔产业，年销售各类圆珠笔、水笔25亿多支，其中1/3出口；大溪镇已成为"中国水泵之乡"，许村镇是"中国家纺布第一镇"。特色经济为浙江小城镇的发展奠定了坚实的产业基础。

2. 依托规划管理，发展小城镇

一是在省级层面抓好小城镇规划的政策指导。1996年制定了《浙江省城镇体系规划》。2001年出台了《加快乡镇行政区划调整的指导意见》。2003年以来，重点把城镇规划与城市群建设、产业带建设、先进制造业基地建设有机结合起来。二是加大了乡镇行政区划调整力度，到2004年底，全省乡镇总数比1998年减少了543个，其中建制镇减少251个，使小城镇布局更加合理。三是引导小城镇因地制宜地做好规划，注重规划的长远性和特色，如乌镇突出水乡古镇的特点，周巷镇突出工贸强镇的特色。重点抓好城镇建设、土地利用、基础设施、经济社会发展、社会事业布局和镇区周边村的建设改造等六方面规划的有机结合。

3. 依托民间资本，建设小城镇

几年来，按照政府引导、市场运作、多元投资、共同开发的思路，坚持谁投资、谁受益的原则，把一切可以经营的项目全面推向市场。如小城镇功能区、标准厂房、学校、公建、宾馆饭店和医院等建设项目，先由政府做好规划，让民营企业投资经营。据统计，我省小城镇的各类建设资金，70%来自民间资本。据对32个试点镇特色功能区基础设施投资情况的专门调查，80%以上投入来自民间资本。

4. 依靠政策扶持，推动小城镇

浙江省在1996年、2000年、2001年和2002年，有重点地制定出台了以综合改革为手段、以扩权放权为主要内容、以建立完善镇级财政体制为重点的一系列支持政策，2004年又出台了《浙江省统筹城乡发展推进城乡一体化纲要》，把培育小城镇作为统筹城乡发展推进城乡一体化的重要内容。这些政策，进一步扩大了小城镇管理权限，完善了镇级管理体制，同时在土地、资金方面给予政策倾斜，温州、台州、衢州还对重点小城镇的主要领导实行高配，提高政治待遇，为小城镇发展提供了强大的动力。

三、下一步的工作重点

我省小城镇发展总体上分两步走：第一步是在"十一五"时期，重点把试点镇培育建设成为有效解决"三农"问题、统筹城乡发展的示范区。第二步是在"十二五"时期，重点把试点镇培育建设布局合理、规模适中、功能完备、环境优美的现代化小城市。为此，分以下几方面开展工作。

1. 发展方面

重点抓产业转型，走农村的新型工业化路子；加快农村社会事业发展；全面改善农民生产生活条件。

2. 改革方面

重点抓六个方面：一是改革试点镇的行政管理体制，科学界定试点镇的职能，整合机构、提高效能、理顺权责关系。二是改革试点镇的财政管理体制，形成利于调动试点镇发展改革积极性的制度。三是改革户籍、就业保障制度，逐步形成城乡统一、多层次的社会保障体制。四是加快农村集体经济的股份合作制改革。五是建立中小企业的培育发展机制。六是把短缺要素推向市场。

3. 政策支持方面

省一级重点解决试点镇部分行政执法权；帮助协调行政区划调整；协调土地指标；适当的资金支持。县（市、区）一级：研究解决试点镇政治待遇，给予试点镇县一级经济发展的管理权、给予试点镇倾斜的财政分成体制、给予试点镇要素配置上的计划单列，协调有关部门全力支持试点镇的改革。

（2005年10月）

关于顺德北滘镇财政体制的调研报告

徐勤贤

2011年2月11日，佛山市顺德区成为广东省首个省直管县试点，开展简政强镇事权改革，财政管理体制改革也如火如荼地进行着。顺德区作为试点城市，现行财政管理体制对基层政府的财政能力有什么影响？镇街创造的税收收入如何分配？我们就以顺德区北滘镇为例，来梳理一下各级政府在财政收入上的分配关系等问题。

一、顺德镇级财政体制的基本情况

1. 区和镇两级的财政关系

顺德区各镇街不设置一级国库，因而，区一级财政收入包括了镇街的财政收入。2010年顺德区财政总收入180亿元，由一般预算收入106.75亿元和政府性基金收入73.29亿元构成，而北滘镇一般预算收入约12亿元。

顺德区对各镇、街道实行"划分事权、划分收入、比例分成、核定补助基数"的财政管理体制，对不同类型的镇（街道）实行不同的税收分成比例。2010年大良街道、杏坛镇、均安镇的工商税收收入分成比例分别为22%、39%、39%，其余镇街道均为29%。

2. 税收收入和土地出让收入是区和镇财政收入的主要构成部分

2010年顺德区一般预算收入中税收收入89.1亿元，占财政总收入的49.5%。金额较大税种主要是增值税、营业税、企业所得税、契税、城市维护建设税、个人所得税和房产税。而政府性基金收入中国有土地使用权出让金收入占财政总收入的比重达38.6%。北滘镇2010年一般预算收入

徐勤贤：国家发改委城市和小城镇改革发展中心政策研究处助理研究员、博士。

约12亿元，其中，税收收入和土地出让收入分别约占29%、60%。

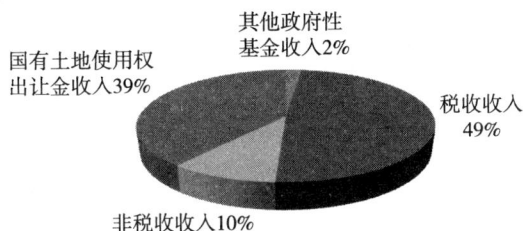

图1　顺德区2010年财政总收入构成示意图

二、现行财政体制存在的问题

1. 税收收入高、收入稳定的税种是上级政府争相分成的税种，但是分成比例的确定和当地实际管理的人口毫无关联

从表1可以看到，收入较高的几个税种的分成比例，增值税中央75%、市2.5%、区15.98%，而镇仅6.52%；营业税省40%、市10%、区35.5%，而镇仅14.5%；企业所得税和个人所得税中央60%、省16%、市10%、区9.94%，而镇仅4.06%。

表1　　　　　2010年各税种在五级政府间的分成比例（%）

税收收入项	中央	广东省	佛山市	顺德区	北滘镇
增值税	75	0	2.5	15.98	6.52
营业税	0	40	10	35.5	14.5
企业所得税	60	16	10	9.94	4.06
个人所得税	60	16	10	9.94	4.06
资源税	0	0	10	63.9	26.1
城市维护建设税	0	0	10	63.9	26.1
房产税	0	0	10	63.9	26.1
印花税	0	0	10	63.9	26.1
城镇土地使用税	0	0	10	63.9	26.1
土地增值税	0	40	10	35.5	14.5
车船使用税和牌照税	0	0	10	63.9	26.1
耕地占用税	0	0	10	90	0
契税	0	0	10	90	0

这些分成比例的确定和人口没有一丝关联，更不用说把北滘镇实际管理的人口考虑进去。我们知道，基层政府要为本地所有人口提供公共服务，就需要有相应的财政支出，也必然要求与人口规模相匹配的财政收入。但事实上，关于分成比例的确定，根本没有与基层实际管理的人口规模相配套的机制。

2. 镇街创造的税收收入多数被上级政府获得

2010年北滘镇国税和地税收入总计51.3亿元，但最终税收返还也仅3.34亿元。中央、省、区三级分成情况如下：中央级分成56.8%，省级分成11.2%，区级（含市和镇街部分）留成32%。区级留成的32%，需要在市、区和镇之间进行分成，分配关系如下：市级分成3.2%，返还北滘镇6.92%，区里留成21.88%。在北滘镇这块土地上创造的51亿元的税收收入，被行政体制大树层层盘剥掉将近48亿元，真正能留下的并反馈给这片土地的很少。皮之不存，毛将焉附？如果基层"营养不良"，那全国这棵大树也将"萎靡不振"，还何谈健康发展。

3. "土地出让收入"成为基层财政的重要收入来源，但也带来隐忧

税收收入绝大多数都要上缴，那最底层的政府怎么办？经济增长要投入，公共事业要发展，行政人员要吃饭，哪里来的钱？只有在"地"上做文章，"卖地"多，收入就多。2010年北滘镇"卖地"所得约10亿元，但镇里土地出让收入只留下约7亿元。

但是对于珠三角那些发展用地已经趋于饱和的城市来说，卖地就难了。根据调研，北滘镇分成的税收收入3.34亿元，仅可满足吃饭和正常运作，而其他基础设施建设需要靠土地出让收入来解决。那么，如果没有了土地带来的这块收入，基层财政仍将只是"吃饭财政"。

4. 新财政管理体制仅调整区和镇之间的分成比例来提高基层公共服务能力还远远不够

新的财政管理体制[①]虽然通过区和镇之间分成比例的改变，提高了镇的税收收入分成比例，如2011年新体制实施后，北滘镇的工商税收收入分成比例由29%提高到41%。但是，中央、省的财政收入比例"岿然不

---

① 2010年底，广东省调整财政管理体制，顺德区自2011年开始实行新财政体制。

动", 甚至个别税种还略有提高。根据调研, 省与区在企业所得税、个人所得税、营业税、土地增值税等税收收入上的划分由省与区"4∶6分成"调整为"5∶5分成", 将导致顺德区财政减收5亿多。由于镇级财政收入是包含在区级财政收入中, 所以, 区镇整体的财政收入是降低的。这种做法, 美其名曰是"提高基层公共服务能力", 实际上只是把钱从区的一个大口袋拿到了镇的几个小口袋里。

三、政策建议

1. 加大和保障地方财力需从顶层做起

改革税收收入分成比例的关键不只是在区和镇, 更应该将改革的目光转向行政层级体制大树的中上层。广东省"简政强镇改革"的出发点是好的, 但是真正要为老百姓服务的, 真正要做实事的是区和镇, 而真正要调动镇街的积极性, 真正要改革税收收入的分成比例, 必须从上做起。

2. 应该赋予经济发达城镇一定程度的自主权

建议允许经济发展水平高、人口集聚能力强的镇设立金库。同时, 在经济发达城镇与区县之间建立分税制, 税收收入分配中要调整税种结构, 税收收入高、收入稳定的税种, 要更多地向镇倾斜。

3. 改革土地出让收入的征收方式

将一次性征收的土地出让收入, 改为可以长期征收的财产税, 使其成为地方发展持续稳定的收入保障。

4. 建立与人口规模相匹配的财政收入分配机制

财政收入分配中应该建立起与实际管理的人口规模相匹配的机制, 将区和镇街实际承载的外来人口数量也考虑进来, 研究制订以实际管理人口规模来确定税收分成比例的办法。

（2011年7月）

节能减排在小城镇的探索

乔润令　于兴丽

节能减排是中央为了转变经济发展方式，应对能源和环境问题采取的一项重大决策。在我国近两万个小城镇里，分布着绝大多数的农村中小企业，这些企业技术含量低、规模小、能耗高、污染严重，是节能减排的重要领域。如何在小城镇推进节能减排，探索适合小城镇、适合农村小企业特点的节能减排的方式方法，我们在发展改革试点小城镇进行了调研。

一、河北鹿泉市宜安镇的探索试验

宜安镇是发改委确定的发展改革试点小城镇，节能减排是一项非常重要的试点内容。宜安镇位于河北省鹿泉市，距石家庄22公里，从20世纪80年代发展乡镇企业开始，水泥建材业一直是支柱产业。宜安水泥的产量占鹿泉市水泥总产量的65%，水泥产业占宜安镇工业产值的80%、税收的80%和就业的60%。但是由于缺乏必要的引导和限制，小水泥厂遍地开花，形成无序发展的混乱局面，带来一系列问题。比如，一些小水泥厂滥采乱挖，资源利用率很低。由于工艺设备落后，小水泥厂的能耗很大。小水泥厂消耗的矿石和能耗是大水泥厂的1.4倍，但财政贡献却只有大水泥厂的1/10。此外，当时的水泥企业多为小型机立窑，水泥粉尘污染十分严重，空气质量常年处于4~5级。

从1997年开始，鹿泉市和宜安镇就开始关闭小水泥，关掉小水泥厂

乔润令：国家发改委城市和小城镇改革发展中心副主任、硕士。
于兴丽：国家发改委城市和小城镇改革发展中心办公室助理研究员、硕士。

近百家，淘汰落后产能上百万吨。2007年国务院下发《国务院关于印发节能减排综合性工作方案的通知》、国家发改委等八部委印发《关于加快水泥工业结构调整的若干意见》和《水泥工业产业发展政策》后，宜安镇所在的鹿泉市由于产业的特点而成为此次河北省节能减排的重点和试点。

根据当地的产业实际，鹿泉市提出了"总量控制，适度集中，关小上大，等量替代，多措并举，梯度推进"的水泥产业调整思路，具体措施有以下几个方面。

1. 水泥企业的"关小"

"关小"就是关停机立窑生产线。2007年已拆除6条，2008年将再拆除16条。为了顺利推行拆除工作，宜安镇党委、政府将这16条机立窑的拆除工作分包到每个领导干部头上，对完不成节能减排任务的实行问责制和"一票否决"。镇政府还与企业签订责任状，制定奖惩办法，对全镇有节能减排任务的29家企业建立了台账，制定了明确的节能方案，也将这29家企业分给每个机关干部，责任到人，确保2008年工业企业万元产值综合能耗降低11.5%。

2. 水泥企业"上大"

"关小"的同时，宜安镇鼓励发展大水泥企业，大水泥企业生产设备先进，资源利用率高且耗能低、产出大。如该镇的燕赵水泥公司就是由4个小水泥企业合并而成，宜安镇政府抽调专人协助燕赵水泥有限公司跑投资办手续，仅用一年时间使该项目成功立项。该项目采用新型旋窑生产线，是目前最先进的生产线，成为河北省循环经济示范点。该项目粉尘排放量少，每年可节约1.15万吨标准煤，还可消化石家庄市污水处理厂日产3000吨含重金属的污泥。此外还有采用先进技术的鼎鑫水泥有限公司，作为国家节能行动千家企业之一，正在建设二期项目，项目投产后能提高回转窑运转率、利用余热发电，每吨水泥耗电同比可下降6.41度。

3. 通过各种途径节能降耗

加大对建材企业的综合管理力度，完善排放口治理设施，治理二次扬尘。加大采石企业的污染治理，对废渣、尾矿及时进行生态恢复。进一步完善镇辖区内所有生活、生产燃烧锅炉治理设施，配备高效脱硫除尘器，确保污染物排放达到标准。抓好镇政府采购和节电、节水、节油工作，确保2008年节能5%。

4. 努力实现多元化经济

水泥是宜安镇的支柱，但发展不能仅限于水泥。宜安可依托丰富的资源积极发展新型建材产业，适当向下游延伸相关产业链，做大产业集群。宜安镇政府也认识到了这点，经过积极努力将投资1.78亿元、年产2.8亿粉煤灰页岩烧结砖的河北国能公司在宜安落户，并为该企业提供多项优惠政策。该项目虽然三年免税，但可以解决400多名农村剩余劳动力的就业问题，带动农村运输业的发展，并为宜安新型建材基地的形成打下基础。除此以外，宜安加快农业产业化步伐，在奶牛养殖业和皮毛动物养殖业的基础上，建设天然野猪养殖基地和野鸡养殖专业合作社。抓好葡萄和核桃的种植，全镇现有葡萄种植面积300多亩，专业村90%以上的农户从事葡萄种植，并成立葡萄种植合作社，注册商标，创立品牌。农业产业化的快速发展为水泥企业下岗人员提供就业机会的同时，也增加了农民收入。

二、调整好利益关系是小城镇实现节能减排的关键

鹿泉市的节能减排行动不到半年，关停、拆除水泥窑24个，削减熟料产能184吨、粉尘排放2625吨、二氧化硫2213吨，水泥产业占全市财政收入的比重由52%下降到12.5%。这次调整的最大特点是和谐，关停小水泥以来，没有发生一起上访告状事件，也没有任何不稳定问题发生，主要原因是他们认真调整好了各种利益关系。

鹿泉市和宜安镇在节能减排中把调整好企业和群众的利益关系放在突出的位置，制定较为完善的配套政策，补偿企业因节能减排的损失。比如，对新上的大水泥企业在"三废综合利用"、土地出让金等税收实行优惠。小水泥上新技术改大水泥实行等量替代，可以拆除自己的生产线也可以拆除别人的，只要符合产业政策，政府就鼓励支持积极推动。按时拆除的，每万吨熟料补偿20万元，提前一个月拆除奖励1万元。企

业算了算账，认为晚拆不如早拆，还能享受多种优惠政策。合理的退进机制、正确的补偿思路，使小水泥企业很快从"要我关"转到"我要关"，一些小水泥企业主动拆小联合兴建大水泥企业，一些大水泥企业主动提出拆旧上新、关小上大，提前拆除机立窑。

其次是做好群众的思想工作和再就业培训，解决百姓的再就业问题。根据鹿泉市委和市政府要求，在2009年中以前要宜安镇水泥企业机立窑水泥生产线。宜安镇关停、拆除的26条机立窑占的都是村庄的建设用地，每年要向村缴纳占地费，并且解决了大量农村剩余劳动力的就业问题，拆除机立窑将导致很多村失去占地费这一项主要经济来源。大批的农民即将失业，企业家要转产，阻力是相当大的。为了排除困难，宜安镇党委和政府领导组织人员深入到水泥企业，了解厂长经理和职工的实际想法，把他们提出的建议进行汇总迅速找出解决办法，帮助他们上新的项目。为使群众认识到节能减排的重大意义，镇干部深入到村、户耐心细致做大家的思想工作，使他们不要只看重一时的经济利益，可持续发展和子孙后代的生存环境更为重要。

对因拆除机立窑而下岗的人员，宜安镇政府将有知识、懂技术的优先推荐到燕赵水泥公司和河北国能公司等新上项目的企业工作。同时先后5次聘请专家免费为水泥企业下岗职工进行养殖、特色农业等方面的培训，截至目前，已约有1000人参加了培训，其中500多人成功实现了再就业。

当然，宜安镇的节能减排才刚刚走出了第一步，虽然已拆除了8条机立窑生产线，但2009年以前还有16条机立窑生产线需要拆除，肯定会遇到更多的困难和问题。已拆除水泥生产线造成镇和村级财政收入的减少、下岗农民的就业等问题对宜安镇的影响还没有完全显现出来，目前镇政府设想的多元化经济还远没真正地实现，这对宜安镇来说，都是下一步所必须面对的挑战。

三、几点体会和思考

从全国的情况看，小城镇推进节能减排的方式主要有两种，一种是政府赎买为主的模式。在东南沿海发达地区的小城镇实行，比如广东东莞。当地政府斥资将近3亿多元对关停的企业进行补偿，成功地引导全市的40多家立窑水泥企业全部退出市场，没有留下任何的隐患。还有一种是行政推动为主的模式，如河南辉县，按照河南有关法律，政府利用行政方式，限时、限数、限规模，强力推动，公安、法院、电力、工商等部门全力配合，小水泥很快就被推倒。但遗留下来的问题很多，群众上访事件时有发生。

我国小城镇的特点，特别是不发达地区的小城镇，政府财政能力非常有限，资金少、安置能力弱、工人都没有相应的社保等，依托当地资源发展起来的小炼铁、小水泥、小建材等产业非常单一，限于技术人才和资金，升级上档的难度很大，转产的难度更大。很显然，对于一般的小城镇来讲，没有广东东莞的经济实力，想学学不了，辉县模式如果搞不好还会引发社会矛盾和冲突，也学不得，因而需要不同类型、不同发展阶段的小城镇在实践中探索新模式，试验新方法。

从根本上来说，拆除小水泥、小钢铁、小造纸这类能耗高污染大的企业，是为了更好地造福于百姓，实现科学发展，可持续发展。然而，当下的小水泥、小钢铁、小造纸产业，却与当地社会的各个方面的现实利益紧密相连。例如，宜安镇的小水泥，是鹿泉市和宜安镇经济的半壁江山，甚至可以说宜安镇的经济发展史就是小水泥的发展史。水泥不仅是当地政府财政的主要来源，是众多企业主的身家性命，也是广大普通百姓的生活来源，是事关民生的大问题。

因此，通过对河北小城镇宜安镇的调研，使我们深深地感受到小城镇在节能减排中，仅仅由政府主导、依靠政府的行政手段是远远不够的。如果说行政推动是大棒的话，那么，大棒之外还应该有胡萝卜。节能减排所面临的问题，不仅是民生问题，本质上也是一个利益问题，只能用调整利益关系来解决。其中，找到一个企业能够接受、老百姓能够认可、政府能够承受的结合点是至关重要的。

比如，对于当地基层政府一定要转变单纯的GDP政绩观，树立科学发展、可持续发展的政绩观。与此同时，更为关键的是上级政府要改变对基层政府的考核标准、考核要求，如果对GDP增长、招商引资、财政收入等指标要求不改变，要求地方实现节能减排是非常困难的。

再比如，对于企业来说，一方面，政府一定要结束过去那种五小企业污染形成的"老板赚钱、群众受害、政府埋单"的历史。同时，也要对企业的损失给予合理的补偿，这也是非常重要的。广东东莞采取货币补偿，欠发达地区虽然没有雄厚的财力，但也可以在政策方面、土地方面、税费方面予以补偿。对于拆除关停的企业，一定要有适合实际的、合理的进退机制、正确的补偿办法，这样就可以减少阻力，实现双赢。

对于当地受损的老百姓，除了思想工作要做细做深入之外，关键是要为百姓找到新的就业机会。关停并转旧的小的企业一定要与新上一批新的、大的、符合国家产业政策的项目结合起来，有上有下、有保有压，切记不能搞行政推动很容易导致的一刀切的后果。

上述这些问题，在全国众多的小城镇的节能减排实践过程中，还刚刚起步，远没有破题。需要我们在试点小城镇中追踪研究国家关于节能减排方面政策的落实情况，及时反馈出现的新情况、新问题，评估政策的各种效应，我们也希望得到发改委有关司局工作上的大力支持和政策方面的具体指导，在发改委的发展改革试点小城镇继续不断地进行探索和试验。

（2008年5月）

国外城镇化和小城镇发展的
经验、教训及启示

课题组
执笔：何宇鹏　杜　平

城镇化滞后于工业化，是我国经济发展表现出的不同于世界一般规律的一个显著特征。根据国际经验，合理的城镇化率与工业化率的比值范围在1.4~2.5之间。我国城镇化率与工业化率的比值从1980年的0.44上升到2001年的0.85，还没有进入合理区间。换句话说，以目前我国的工业化水平，支持6亿~7亿的城镇人口规模，应该是可能的。因此，借鉴国际经验，加快城镇化进程，是我国经济发展的客观需要。

一、世界各国城镇化的发展模式和历程

根据国际经验，城镇化的发展模式大致可分为四类（表1），发展历程可分为三个阶段（表2）。从模式上看，我国城镇化不足，使得工业化的就业释放能力和人口聚集能力被严重稀释，导致城乡差距日趋扩大。从阶段上看，我国正处在工业化中期，相应的，城镇化也应加速发展。

二、国外城镇化和小城镇发展的经验及启示

1. 农业发展为城镇化提供了必要条件

适应工业化与城镇化需要，农业必须提供充足的农产品与劳动力。这一点，发达国家做到了，走上了城乡协调发展之路。而许多发展中国

课题组负责人：李　铁：国家发改委城市和小城镇改革发展中心主任、博士生导师。
课题组成员：　袁崇法：国家发改委城市和小城镇改革发展中心原副主任。
　　　　　　　何宇鹏：国家发改委城市和小城镇改革发展中心原副主任。
　　　　　　　杜　平：国家发改委城市和小城镇改革发展中心原政策研究处硕士。

表1 　　　　　　　　　　城镇化发展的国际经验比较

工业化高低	城镇化高低
类型：工业化和城镇化同步发展 国家：发达国家和东亚新兴工业化国家 特点：城镇化伴随工业化，即城镇化是工业化的结果；工业化起步后，农村人口开始减少；城市劳动力市场发育良好，吸纳了农村人口就业；政府有力的城市建设计划；在农村人口降到很小比例后，工业开始补贴农业，保持城乡收入水平的相对稳定；城乡经济一体化，正规部门就业为主 后果：城乡经济协调发展	类型：控制型城镇化 国家：中国、南非等 特点：城镇化落后于工业化，即农村人口的迁移受到限制；少数的城市人口分享了大部分的经济增长成果；城市福利水平提高，进入城市的门槛越来越高；农业过度就业，农村人口被排斥在城市福利系统以外；城乡居民收入差距扩大；变异的城乡经济二元结构，正规部门就业为主，非正规部门就业受限制，但潜力大 后果：城乡差距扩大
类型：过度城镇化 国家：大多数发展中国家，以拉美和部分非洲国家为代表 特点：城镇化超前于工业化；农村大量没有土地的人口涌入城市，尤其是首都等特大型城市；城市工业发展不足，无法满足庞大的就业需求；失业严重，城市贫民窟普遍存在；典型的城乡经济二元结构，非正规部门在就业中占重要位置 后果：城镇贫困问题突出	类型：高迁移率和低城镇化率 国家：以印度为代表的部分发展中国家 特点：农村人口增长快于城乡人口迁移增长；农业发展水平低，人口多，农村贫困严重；城镇工业发展水平低，就业少，城市贫民窟普遍存在 后果：农村和城镇贫困问题都很突出

表2 　　　　　　　　　　城镇化发展的三阶段

阶段	特 征
起始阶段	工业化开始发生，人口逐渐由农村向城市集中，城市人口比重缓慢上升。城市人口增加主要是由于新生城市人口和农村劳动力转移两方面构成
加速阶段	工业化加速发展，农村人口迅速向城镇集中，城市人口的比重急剧上升，城市人口增加主要是由于乡村人口的转变
成熟阶段	工业化基本完成，开始进入后工业社会，城镇人口的增长趋缓，部分城市人口向城市近郊和卫星城镇转移。城市人口占总人口的比重趋向稳定

家在城镇化初始阶段，片面强调农业为城市提供廉价劳动力，忽视农村改革和充足的农产品供给对城镇化的支持作用，造成了大量社会问题。经过20多年农村改革，我国农业综合生产能力明显提高，农业剩余劳动力供给丰富，农业发展为城镇化的顺利推进奠定了坚实基础。

2. 交通现代化是加快城镇化的前提

以东京为例，明治维新时期，由于交通不便，市区一直未形成商业中心。20世纪初，随着电车出现及城市间铁路开通，以东京站为中心，首次形成了商业中心区。20世纪20年代，近郊私营铁路与市内国营铁路衔接，促使东京市区向郊外扩张。20世纪50~60年代，随着高速铁路向外延伸，人口和工业不断向郊外转移，围绕东京外围的高速铁路站点，出现了大量居民住宅区和新兴工业区。通过扩张，城市范围愈来愈大，城市间的空白地带也发展为新的城市，并逐渐融为一体。目前，我国交通网络基本形成，且投资力度还在加大，为大中小城市和小城镇的连接搭建了基本结构。

3. 城市数量多，大中小城市（镇）相互配合

美国有50个州，3043个县，35153个市、镇。其中10万人以下的小城市（镇）居多，大约占城市总数的99.3%。巴西分26个州和1个联邦区，15万人口以下的小城市有5428个，占城市总数的98.6%。中小城市（镇）围绕大城市布局，使大中小城市和小城镇逐步形成密集的城市群（带），不仅有效地解决了传统上靠无限扩张中心城市管辖范围来实现城市规模扩张所造成的噪音、交通、住房、大气污染等问题，而且有利于大中小城市在空间和产业布局上相互依存和配套。目前，我国大城市数量不足，小城镇普遍规模偏小，城镇化有着较大的发展空间。

4. 各级政府相对独立、机构设置因地制宜

国外城镇体系机构设置多为扁平式，每级政府都有自己相对独立的管理职能，上下级之间更多的是一种法律权限的分配与监督关系，而不是领导与被领导的关系。比如，美国的各类城镇，虽然在人口、面积、经济实力等方面相差很大，但其法律地位是一致的，具有同样的自治管理权力。小城镇政府机构设置，完全是根据小城镇自身的发展和"小政府、大服务"的要求进行的。如新泽西州新布郎斯维克市，其职能部门设有财政处、市政工程处、消防局、律师处、警察局、水利局、公共事务局、规划和经济发展局、社会服务局等9个部门。而洛杉矶核桃市只有旅游局、财政局、社区发展局、政务部、社区服务局5个部门。权责不对称，可用行政资源不足，是制约我国小城镇进一步发展的最大障碍。

5. 依法制定切合实际的规划，保障规划实施的连续性

国外城镇规划的制定和实施一般都有法可依。比如，澳大利亚各州都通过立法规定地方政府要制定城镇规划。规划一般比较翔实，每一块土地的用途都明确具体，甚至连建筑风格、楼层高度、外观颜色都规定得十分详尽。规划有法可依，主要的规划立法有：《规划和环境法》、《规划复议委员会法》、《历史建筑法》、《开发区法》等。每部法律都有配套的实施性法规，如《规划程序条例》、《规划许可和复议条例》、《规划复议委员会条例》等。规划在制定过程中，特别注重公众的参与和审议的严格性。规划一旦完成很少重编，如需改变，一般采用局部调整的方法，以修正案方式出现。缺乏规划是我国城镇体系包括小城镇发展中存在的严重问题，导致一些较高级别的城市任意扩张、重城建而轻就业；城镇规划（经济社会、建设和土地利用）相互脱节、重增长轻发展；规划随意更改，缺乏稳定性等，不利于形成城镇发展的合理布局和分工。

6. 注重产业建设，把小城镇发展同产业支撑结合起来

发达国家主要通过产业布局来促进小城镇发展。比如，美国旧金山附近的小城镇帕洛阿尔托，依托毗邻斯坦福大学的优势，发展包括电子、软件和生物技术在内的高新技术产业，成为世界上最充满活力的小城镇之一。离西雅图18公里的林顿镇，是原美国波音飞机公司的总部。在1998年波音公司没有迁移之前，该市一半以上的就业都是由波音公司提供的，其他产业则围绕给波音公司服务而建立。我国一些小城镇发展已经有了很好的产业支撑，但也有一些小城镇，是靠行政命令"归大堆"堆出来的，不符合城镇化的市场驱动法则。

7. 运用市场手段进行城镇建设

国外城市建设中，除发挥政府作用外，特别注重运用市场手段。如巴黎中心区的周边新城，污水处理厂采取政府投资与市场融资相结合的方式，共同建设与营运。城市自来水供应，通过市场来筹集社会资金，打破垄断，允许竞争。洛杉矶市所属的亚凯迪亚市的公共设施工程，如垃圾处理、电力管网、通讯设施的建设及公共汽车的运营等，均采取公开招标方式承包给邻近城市经营。虽然我国小城镇基础设施的投融资渠道已经放开，但要真正形成多渠道投资的局面，还必须在创新机制和人才队伍上下工夫。

8. 建立财权和事权相统一的财政体系和严格的预算约束制度

以澳大利亚为例，其基本法规定了小城镇政府必须完成的任务，即

事权，并规定了小城镇政府的税收管辖权，即财权，保证了权责一致。小城镇的财政预算制度严格遵循《联邦预算法》和州有关法律，预算约束力很强，批准后的预算基本不能变动。如财政经常性支出不能满足政府的日常开支，政府可以通过裁减人员来调节，也可以通过节减公用费用开支来保证预算执行。财政建设性开支，如果没有预计到的某种建设性收费减少，则可以采取削减建设项目来保证建设性预算的完成。财权和事权不统一，是我国小城镇发展面临的重大制度约束。

9. 实行高效、灵活的人口管理政策

国外多实行自由迁徙的人口制度，一般没有户籍登记制度。比如，美国工卡号码是美国人口管理的唯一依据。每个美国人自出生之日起就有了一个工卡号（类似于我国的身份证号），这个工卡号将伴随人的一生保持不变。工卡号记录着每个人的工作经历、收入和税费缴纳情况、信用程度，也是通过工卡号，来享受退休金、伤残保险、失业救济等社会福利。目前，小城镇的户籍制度已经放开，但如何为进城农民建立相应的社会保障制度，依法保护农民的各项权利，仍有许多工作要做。

10. 土地产权明确，可以进入市场交易

国外大部分土地归私人所有，比如澳大利亚土地70%以上为私有土地。由于产权明确，土地所有权可以像商品一样转移，土地买卖是市场经济中一项重要内容。当政府出于公共利益需要建设用地时，往往先采用购买的方式，之后才会考虑征用，且征用的补偿标准以市价为基础。这样避免了强势的地方政府侵害私人土地所有者利益，社会矛盾很少。我国农村集体土地尚未进入一级市场，在没有市场化的条件下，应考虑借用更成熟的土地价值评估技术，充分保护农民利益。

三、国外城镇化发展的教训及启示

推进城镇化要吸收发达国家的经验，也要避免拉美国家的教训。

1. 城镇化要以工业化为基础

从拉美国家的城镇化发展历程可以看出，其城镇化水平远远超过工业化水平。1950～1980年的30年间，拉美国家的城镇化水平从40%提高到

64%，而发达国家则花了50年才实现同样的增幅。在同样的城镇化水平增幅内，发达国家的人均国民生产总值增加了2.5倍，而拉美国家只增加了60%。我国虽然不存在城镇化超前的问题，但要注意在城镇体系建设中，以产业和经济而不是以行政级别和行政中心来聚集人口。

2. 城镇化要走各类城市（镇）共同发展的多元化道路

拉美城镇化的另一问题是，大量城市人口集中于首都。据统计，1980年，海地56%的城市居民集中于太子港，智利44%的城市居民集中于圣地亚哥，阿根廷、乌拉圭两国首都的人口分别占本国城市人口的45%和52%。由于大城市畸形发展，使得交通、房屋、就业等不堪重负，城市贫困问题突出。应按照大中小城市和小城镇协调发展的方针，坚定不移地走中国特色的城镇化道路。

3. 发展劳动密集型产业，积极扩大就业

由于工业落后，拉美国家大都采用进口替代的工业化模式。20世纪60年代初，拉美国家进入耐用消费品和资本货物的进口替代时代，采用大量资本密集型技术，造成资本增加创造的就业机会越来越少。自20世纪90年代以后，我国已出现资本替代劳动的苗头，经济增长带动就业增长的能力下降，需要引起特别关注。

4. 加强对农村剩余劳动力的职业培训，使其适应城市工业的需要

拉美大量转移到城市的农村劳动力受教育程度低，政府又没有及时提供必要的培训，使他们无法适应现代工业对技术工人的需求，很难找到工作。于是他们源源不断地涌向各式各样的商业和服务行业，使之成为隐蔽性失业集中的场所。这种就业结构的"第三产业化"，意味着农村的就业不足转嫁到了城市。要尽快完善农民工的职业培训制度，使之适应城市经济部门的需要。

5. 提高政府公共服务能力，降低农民进城门槛

拉美农民大量涌入城市的同时，政府公共服务和管理能力没有得到提升。有限的资源没有用于改善进城农民的生活条件，而是继续用于扩张中心城市"形象工程"设施的投资，使城市原有的医疗、教育、交通等服务设施严重超载。加之生活费用攀升，大量农民只好迁移到城市周边，造成"贫民窟包围城市"的局面。把城镇化等同与城市建设，是

需要吸取的另一重大教训。总之，注意到上述问题，城镇化中的"拉美化"是可以避免的。同拉美相比，我国的工业化正处于加速发展时期，推进城镇化有坚实的产业基础。同时，我国的制度优势使得 "执政为民"的目标能够在政策中得到体现。从加快城镇化具备的条件看，我国完全能走上城乡协调发展的道路。

（2004年9月）

不堪重负的"全能政府"

——达标考核下的小城镇调研报告

乔润令

一、达标考核泛滥，政绩工程纷起

近年来，指标考核作为一项政府管理方式，已经成为各地考核各政府部门和小城镇干部政绩的一个重要内容。据对河南安徽等省小城镇的调查，时下，这种指标考核出现了三种趋势。

趋势之一：指标考核的范围越来越广

主要表现在，在传统的GDP指标、固定资产投入增长、财政收入、农民人均纯收入等之外，又根据形势的变化、中央及省市领导强调的重点，增加了许多内容。如安徽宣城市宣州区近几年增加的考核内容有招商引资、农业产业结构调整实效、出口创汇增长、规模以上企业用电量增长、安全生产等内容。几乎每个条条部门都有相应的达标要求，教育、卫生、广播电视、植树造林、森林防火、工会、党建、廉政建设、文明城镇等等，不一而足。可以说，凡有关社会、经济、文化领域所能包括的内容，鲜有未覆盖者。

趋势之二：考核的内容越来越具体

如安徽对某小城镇2003年的招商引资考核，要求引资总额3000万，工业类项目必须占70%，省外资金必须占75%。对小城镇建设管理的考核指标之详细，已经不亚于建筑设计师的水平。基础设施25分中，建制镇的资金投入不少于300万元，乡不少于200万元，完成者得8分，每超过100万元加0.5分；小城镇至少要有一条城市型道路，并有完善的供水、排水、绿化、路灯、人行道、管线工程、路边楼房等，符合条件者得6分，

乔润令：国家发改委城市和小城镇改革发展中心副主任、硕士。

每新增100米长道路加2分。供水普及率达到98%，给2分，每2000人一座公共厕所得3分，有专业停车场加2分，有环卫队伍及设备和垃圾堆放场的，增4分。

趋势之三：一票否决的领域越来越多

20世纪90年代，一票否决的项目还不是很多，主要是计划生育、社会治安综合治理、财政收入、保证教师工资发放是绝大部分地区一票否决的主要内容。近几年一票否决的内容逐步增加，从上访告状（信访责任查究制）、化解乡镇债务、破坏投资环境、行政经费超支，逐渐扩大到了农民负担、招商引资、违法用地、消防安全、矿山环境与安全等。一些地方如河南的某小城镇一票否决的领域多达13项，如法轮功、老百姓烧玉米秸秆、小炼钢、小煤窑等等这些东西统统都在一票否决之列。

案例一　　　　安徽某地有关"农民负担"一票否决的内容

1. 因农民负担问题引发死人、伤人恶性案件。2. 因农民负担问题发生干群冲突严重事件。3. 农民较大规模（5人以上）赴市上访3起、赴省上访2起、赴京上访1起，造成严重影响处理不及时、落实不到位。4. 在中央、省、市、区组织的农民负担执法检查中发现问题突出，明显加重农民负担，在规定时间没有完全整改到位。5. 受到市级以上主要新闻媒体曝光，产生较大社会负面影响，且没有及时整改到位。6. 因违反减轻农民负担政策，加重农民负担，受到中央、省、市党政领导指示批评。7. 自行制定出台有关加重农民负担的政策。上述7条只要违反一条，就可一票否决。

调查中发现，一票否决的内容变化也是有规律的。大体上，上面强调什么，下面就把什么列入一票否决范围。政治观察家们甚至可以根据对小城镇政府一票否决内容的变化，看到社会热点和国家领导人所关注的主要问题变化的路线图。

有了标准，还有严格的监督检查。河南某县小城镇建设实行目标管理，2001年，县委县政府把小城镇建设工作纳入目标管理，并层层签订了目标责任书，实行"一票否决"。全年确定33项具体建设目标，逐项落实到人，落实具体的开工、竣工时间。实行月督察、月通报制度，每项工程的进度，要在每月25日前，以书面形式上报到县小城镇建设指挥部。县长组织流动办公会，对全县小城镇建设情况进行督察，县人大、县政协也分别组织一次视察，对未完成指标的领导，分别轻重，实行通报批评、不予提拔直至撤销职务。

江苏某市对小城镇有明确的规定："自2004年起，对完不成对外经贸工作指标任务或实际到位外资为零的单位取消评先树优资格，给予黄牌警告，对其党政主要负责人予以诫勉；对连续两年完不成对外经贸工作指标任务或实际到位外资为零的单位党政主要负责人由市委组织部考察其任职资格，提出调整意见。""考核结果记入各镇(街道、区)党政主要负责人的业绩档案，作为干部选拔任用的重要依据。"

达标考核的内容涵盖了镇里的几乎所有工作。可以说件件有考核，事事有标准。浙江某镇的指标分三大块，"第一，经济工作，包括财政收入，新上企业项目，城镇建设等。第二，是稳定这一块，一票否决。第三，计划生育也是一票否决"。安徽某镇的党委书记说："我们现在的工作主要分四块，首先是财政增收，我镇有800多人涉及财政收入，这个事要不要帽子无所谓，你本身不搞好，就没有帽子。第二是稳定，而且是最操心的。第三是应付各种达标检查，最后才是自谋发展。"

案例二	安徽一位小城镇书记谈考核检查

"一个常委带一些人检查，时间不多但迎检的工作必须全部做到位，而且平时和这些工作单位必须搞好关系，否则检查的时候治你的机会就到了，就要扣你的分。我们考核17个乡镇，最好与最差10分左右，第三名第四名，一点几分，甚至零点几分。凡上级来人和年底检查，我都要跟党政班子成员开会。现在马上应付检查了，第一件事情把检查搞好，人财物全部到位，责任到人，汇报材料、招待、陪同、检查路线安排、看哪条路、走哪条街、进哪家企业、接触哪个农户、汇报口径都要安排好。谁要在检查中出问题，就追究谁的责任，迎检工作我们也是一票否决。每年迎检投入的精力相当大。"

在好多地方，由于迎接检查，接待领导之多之烦，甚至催生了新的职业，出现了不少接待专业户。这些人善于察言观色、眼观六路、口舌如簧、洞悉领导偏好、深谙官场规矩，可见需求之盛。所调研之处，几乎所有的小城镇领导都感到达标考核的压力。"一级压一级，下面压得喘不过气来，这几年出现的形象工程、政绩工程、乡镇债务、农民负担等都是达标考核压出来的，"浙江某镇镇长感慨言之。

二、完成一年的指标，造成十年的麻烦

达标考核压出来的领导项目和政绩工程，通常是用超常规的办法搞小城镇建设，层层压任务，造成的结果是完成一年的指标，造成十年的麻烦。

河南某市为了加速城镇化，2001年初政府提出两年内把小城镇建设搞上去，市长亲自挂帅，圈定了100个重点镇，规定了建设标准和考核要求，要求必须在第二年全部建成。显然，小城镇建设已经成了领导工程，镇长书记自知其中的分量，纷纷行动，办法是：完成政治任务、班子头等大事，第一把手亲自抓，开会动员、贴标语、拟口号、出简报、党团员带头。到5月底，有64个镇已经开始大拆大建，短短3个月时间，拆迁面积已达63万平方米，占准备拆迁面积的74%，在建或已建成面积已达58万平方米，占已拆迁面积的90%。连镇长书记自己都说，有了文革群众运动的氛围。但代价也是高昂的：干群矛盾尖锐，上访告状不断，城镇债务增加。一位省人大代表说得形象："一任官的政绩，几代人的包袱。"

安徽某市提出建立国际旅游城市目标，强力推进城市建设，市领导到需要拆迁的一条街检查，临走时留下一句话，"5天之内解决问题，否则换别人干"。镇里和区里连夜开会，由政府办、土地、规划、司法、城建部门负责人组成征地拆迁领导组，组成5个有5个部门人员参与的工作小组，分片分户做工作。一位参与工作组的同志说："完成指标的时间紧，补偿资金又有限，许多农民的要求我们都满足不了，工作组只能采取做工作、给承诺等办法。我们知道许多问题以后也不一定能解决，因为几个部门组成的工作组当时的目标是一致的，都为了尽快完成任务，但到以后解决问题的时候就存在互相推诿扯皮的问题。一些问题涉及好几个部门的好多政策，互相都不统一。"调查中发现，实际上在许多地方，完成指标就意味着把矛盾、麻烦、问题后移，推到以后解决，

留给后任完成。

对拆迁失地农民的访谈后我们感到，农民同意拆迁征地是迫于压力，是无奈，心并不服，他的要求没有得到满足，压力过后，问题依旧。类似这些由指标压出的政绩工程，是小城镇的普遍现象。问题的关键是有些指标根本不具备完成的条件，用超常规的办法短期内完成了任务，但留下的后遗症却是长期的，很多农民上访告状都是由这些后遗症引起的。正如当地的镇党委书记说："事情5天之内解决了，可是遗留的问题5年之内也无法解决。"

发达的市场经济国家的小城镇政府如何搞城镇建设？笔者在澳大利亚西南威尔士州拥有12500人的古得曼市了解到，该小城镇政府在征地进行基础设施建设或别的公司在当地建企业时，颇费时间，建一个不大的企业或修不长一条路，有的需要好几年。建设时间并不长，主要的时间都用在了建设之前的谈判、协调、协商方面。除了符合有关法律、规划，按照市场价与土地拥有者谈判购买土地事宜外，还要事先28天进行登报公示，告知所有相关人员，如果超过3个人反对，就要重新考虑。市场经济国家的办法，可以概括为所有的麻烦都解决了之后，才开始建设，走程序很慢，但一劳永逸。两种体制下的小城镇建设，一个麻烦在前，解决了再建设，另一个麻烦在后，先建了再说。既然我们要搞市场经济，建法治国家，发达的市场经济国家的做法显然值得我们借鉴。

三、最难的工作用最简单的办法管理

在所有指标和一票否决当中，执行最严，也是镇长书记最为关切的，是防止上访一条。安徽某市颁布的一票否决中专门规定了防止上访一条：凡有"农民较大规模（5人以上）赴市上访3起、赴省上访2起、赴京上访1起，造成严重影响处理不及时、落实不到位的"，一票否决。河北一位镇长说"不管哪一级政府一有上访，先给你打电话，把人带回去，不管上访的理由如何，马上就来"。调查中安徽一位农民说的很形象："现在谁都有怕的，农民怕干部，干部怕领导，领导怕上访。"

案例三　　　　　　　　　　**上访恐惧症**

陕西一位镇长说："现在的各级领导，有人找他上访，他就认为你工作没搞好。有一次我们区长十万火急地找我，说区政府门口有一个我镇的人。我过去看了，原来是他在路上出车祸，压了腿，交警处理让对方给他赔偿，那家也穷的没钱，后来民政救济，给了300块钱，拿了点粮，拿了点油，但是不可能解决看病问题，他最后没有办法就睡到区政府门口。区长说：'看病不就几千块钱，你们给了不就完了吗，市委组织部还在这儿考察呢。'可是我不能给这个钱呀，基层政府不能因为你睡在区政府门口，就给你承担医疗费，都这样不得了啊。而且他是交通事故，机关干部出交通事故单位都不承担。最后没办法，叫派出所去吓唬吓唬，对方拿了点钱了事。"

据调查，近几年农民上访，土地和拆迁问题最多，原因是什么，河北一位镇长的说法较为普遍：

"咱们招商引资，上大项目，拉动经济增长，带动市场繁荣，都要完成指标的。但肯定涉及老百姓的土地和拆迁问题，大道理他听得懂，但是一涉及个人问题，就不行了，上访告状。"而造成的结果各地的小城镇也与河北另一镇长所说差不多："考核财政收入和GDP虽然重要，但更重要的是看你信访多还是少，看你出现什么问题。现在所有的信访办附近老百姓的房子都是爆满，只要国办、信访办一登记，就影响你一票否决。老百姓恰恰抓住你各级干部都害怕上访的心理，你越怕一票否决，他就越拼命上访。"

案例四　　　　　　　**一封告状信否定一个大项目**

陕西有一个宏意学校，看上西安郊区小城镇的土地，准备租赁，老百姓很高兴。后来有个别人不同意就闹，反映上去，陕西日报也登了，最后把事搅黄了。镇长说："实际上我觉得上访这个问题，凡是经济活跃的地方，就会和老百姓的利益碰撞，处理得好上访少一点，处理得不太好就比较常出现。"

吉林一位镇长的经历也让人们大开眼界，"现在有组织的上访非常多，我们几大班子每年都得围堵几次。我们镇离城不远，老百姓赶着驴车上访，你不能动，有警察也不能动。如果上访到北京，北京专门有发

这个那个材料，给上访者提供全程服务的。你找谁，姓名、电话号码、地址都告诉你，一部分人专门吃这个，这玩意也是个产业，这是真事，我们都有。我们是一票否决，一上访就否掉你，为了当这个官，我就马上去协调。"敏锐的商人迅速抓住了这个机会，形成了为上访服务的产业链条。

河北一位镇书记反映："城镇建设拆迁和征地问题，小城镇是空白，无法可依。现在我们正在修道搞拆迁，农民就一个厕所，放两块砖，你不给钱就不拆，不给钱就上访。我们依什么给他钱，扒个厕所300块钱，拆楼给多少，就整乱了。大中城市管理方法，拿到小城镇不好使。"

按现行政策，房屋拆迁和征地的确给不了农民多少补偿，而农民的要求已经日益向市场价看齐。在政策规定和市场价格差距巨大的情况下，小城镇政府既要完成城建指标搞拆迁征地，又要确保农民不上访，这是非常难做的工作。大者涉及国家法律政策，中者关乎当地政府、有关企业、村集体、土管部门等众多利益主体，小者关系到每户农民的身家性命，用一票否决如此简单的管理办法，解决不了问题。看来，要真正解决土地和拆迁所带来的上访等问题，需要土地使用制度和征地政策创新，也需要政府行为的创新。一些地方已经开始探索利用历史上的传统资源，政府行为退出农村，由农民自我管理化解矛盾的办法，具有很强的现实意义。

案例五	挖掘传统资源保稳定

　　陕西新丰镇采取的办法是设立户长，一个村设立中心户任户长，不叫联保，户长管十户八户，矛盾自行解决，给点报酬，一年100多块钱。但户长有荣誉，镇上的干部和派出所的人员经常在户长家说事，没人敢惹。有很多人愿意，如退下来的教师、干部，村里也算公益事业，采取这个办法，可解决拆迁征地和村民纠纷等问题，降低发案率。

四、达标考核责权利不平衡，乡镇干部做恶人

政绩工程也好，形象工程也罢，在小城镇并非个别，许多镇长书

记的心理也是值得玩味的："现在的政绩工程、形象工程各地都有，好比违反交通规则的人不少，有的人碰巧被交警抓住了，大部分人没有被抓住。"如果说，只有少部分人违规，是干部品质和作风问题，但如果是大部分小城镇都有此类问题，那么，肯定是达标考核制度本身出了问题。

吉林的一个镇长深有体会，"中央的政策非常好，立党为公，执政为民，中央和省里是善人；市县是好人，涉及百姓的事到市里，都说你得弄，你不弄不行。乡镇这块是啥呢，完成指标，农民的土地你要征，还不给人钱，一告状又是一票否决。我们是坏人，净干坏事呀。其实我们是最基层政府，我们为中央负责任。中央提出加大小城镇基础设施投入，每年拿出多少钱，可谁也没得到。我们修了33公里道路，都是自己拿的钱。我们负债三四千万，都是用于基础设施，完成各项指标，真是力不从心。"

达标考核让小城镇成了全能政府，全能政府完成指标力不从心、不堪重负，主要原因是有压力没有能力，政府的责权利不平衡。河南一位镇长的话说得明白："权力日益集中于上，工作不断下放于基层，凡农村有收入、有潜力的税种、税源都被上级财政拿走了，但工作却被层层压到了基层。发展经济、城镇建设、社会治安、防灾救灾、环境保护、教育卫生、社会保障哪个都不能少，而涨工资、达标、一票否决、摘乌纱帽的事情不断增加，哪件事情不需要机构、人员和经费，我们能使的钱就这么多，怎么办事？"

这位镇长的话并非虚言。在现行体制下，我国的小城镇还够不成一级完全政府。主要表现在财政不独立，绝大部分小城镇名义上是分税制，实则是老的包干体制甚至是收入上缴、支出下拨的统收统支体制在运行。如浙江1000多个镇全部建立了镇级财政，但只有775个镇实行了名义分税制，有633个镇实行"超收分成"体制，有119个镇实行递增包干体制，还有248个镇实行其他体制，此其一。第二是职能严重缺损，虽然号称一级政府，但所有人事任免、执法、收费和城镇管理的权限都在县级政府和条条部门手中，小城镇政府根本就没有与一级政府相配的主要职能。在这种体制背景下，具体到考核指标说来，制度的不合理主要体现在以下三个方面。

1. 指标不符合实际

陕西一位镇长说："要完成上级下达的各项任务。去年给我定一个指标，工业在整个经济中占73.4%，这块是稳定的税源，和我增加财政收入指标不矛盾。但有些指标难完成。这里头像农业发展要用地，城镇建设要用地，招商引资上工业也要用地，上级下达计划，面面俱到，什么都不能忘了，可是并没有给我土地指标，资金问题等怎么解决也不管，没有相应的配套，这样下达的指标不合适。而且，今年是7%，后年8%，就给你这么递增，忽视了经济发展的波浪式、高潮和低谷。我们区里许多乡镇条件差别很大，但指标是一样的，也忽视了一个地区的特点。"

2. 条条部门下指标，小城镇没有完成指标的手段

吉林一位镇长讲，"现在好事条条都拿走了，工商、税务、规划，还有一些能收点钱的环保、安全、土地也全拿走了，剩下的等于说是破烂，就是这么一个情况。"

案例六　　　　　　　**条条部门光下指标不干事**

河北一位镇长反映："我们那个镇区，这些职能部门，交警队在我们那里设立交警中队，但是他不管交通，他光管罚钱，说你们这儿遍地是黄金。他不指挥交通，红绿灯是我们自己装上，但是红绿灯不能指挥交通。有些交通设施你也投不起，你投了以后，他也不帮着管。环保局在我们那里设立一个环保处，他是收你环保的污染费。真正搞环保，需要建污水处理场，建垃圾处理场，他并不给你投资一分钱。这些职能部门实际上是以收费为主，而考核指标中，治安交通环保的责任都是我的。"

有权有利的部门一级一级往上拿，相应的责任与义务留在小城镇。河南一位小城镇负责人的故事是典型的："税收与财政是最重要的指标，但是市里设在镇里的税务所我管不了，每年他完成了自己的任务后就不管我的了。去年（2002）我的税收任务没完成，我又没有权收税，只好求他们，给了10万块钱，才帮我完成了任务。"河南一位镇长说："小炼钢，这是国家大的范围，这是你县里建设局和工商局的问题，我一个都管不了，但责任都弄到我身上，

叫属地负责,出个事马上一票否决你,这不公平。"

3. 指标之间互相冲突,顾此失彼

安徽一个小城镇就出现了麻烦。该镇由四个乡镇合并而成。今年除了综合考核外,引资指标是3000万,相关的还有治安、农民负担一票否决,以及城镇建设指标。去年引进一位投资商想以地生财搞基础设施建设,完成招商引资、增加税收、城镇建设等指标,但一操作就出现了问题。一是33户拥有土地的农民不答应,认为13000元/亩的补偿标准太低了;做了好多工作仍有2户不同意,搞不好出现一个上访和治安事件,一票否决,所以土地没法征。二是开发商利用各地优惠政策之间的竞争,不断压低土地价格,把账算得又精又细,还要求周边的基础设施也由政府来建,使政府利用开发商搞城建的目的落空。

镇长说:"问题出在指标上,招商引资我有3000万的指标,开发商看中的是我的土地价格低,我想以地生财加快城镇基础设施建设(完成城建指标),地价低农民不愿意又闹事(防止一票否决),我夹在三个指标中间。现在农民觉悟了,开发商得寸进尺,没法干。今年我们定下框子,吃亏的事不干,建设宁可慢一些,也不能牺牲长远利益。"那么,达标任务怎么办?镇长无语……

五、转变政府职能:急需加快步伐

指标考核是20世纪90年代兴起的政府管理方法,1992年建立社会主义市场经济的经济改革目标确立后,我国的政府管理方式发生了很大变化,意识形态化的干部管理方式基本上退出了历史舞台,以经济建设为中心主导了政府行为,政绩取代了意识形态,代之而起的指标管理、达标考核日益成为政府管理的主要方式。从历史变化的意义上来说,对政府干部的政绩考核无疑是一大进步,具有积极意义。另一方面,政府自身成了被考核的对象,政府行为有了指标数据,有了责任和压力,所谓人人头上有指标。地方小城镇政府有了竞争和压力,加上改革开放以来不断增强的谋发展和扩大财政收入的冲动,其发展的动力和积极性是前所未有的。

尽管政府由意识形态化管理转向以经济建设为指标的管理是一大进步，但是，市场经济要求的政府职能转变却远远滞后。而且，在加强宏观调控的名义和各种指标考核的要求下，又加强了政府对社会经济生活的干预，使得这种转变更加困难。小城镇政府刚刚从20世纪80、90年代亲自操办乡镇企业中退出来，从20世纪90年代后期开始伴随着达标考核，就又亲自主导小城镇建设，开始发展小城镇造城了。由于职能没有根本转变，近几年过多过滥的达标考核又强化了小城镇全能政府的作用领域，无所不管，无所不能，导致的负面结果是非常明显的。

1. 强化了政府对经济社会生活的干预

官员引资、官逼民富、官府造城、官民争利，政府反到成了发展的主体，压缩了市场调节的空间，有悖于政府职能转变的改革方向。近几年，招商引资在许多省市都被列为考核体系中仅次于GDP的第二位指标。到小城镇之后，分解到了几乎所有干部的头上，并不断提高其在考核中的分量。与企业招商不同，政府招商、干部引资所采用的大多是行政配置资源的手段，不计效果，也不考虑成本与产出，为吸引项目，竞相动用公共资源过"节"办会，圈占"开发区"，出台种种"优惠政策"，甚至零价位批租土地，有的已经到了"饥不择食"的程度。全能政府的超经济行为使市场主体成了配角，限制了社会组织的成长和作用领域。东北某省一个小城镇前两年通过减免各项费用和零地价土地等承诺招来18个大小企业，一座座高楼拔地而起，看着挺好看，指标也完成了，其实没具体项目，18家企业加一块，2003年才交了6万元税。楼起来了，地也圈了不少，小城镇和农民的生活一点没变。实际上，中西部许多小城镇都不具备资本生长和追逐利润的基本环境，而改善这些环境正是政府要做的事情。

2. 强化了政府为完成指标的短期行为

在政府主导、官府造城的背景下，小城镇政府的债务从20世纪90年代后期开始急剧攀升，本届政府用完了所有公共资源后还要寅吃卯粮，小城镇发展难以持续。四川省统计局的数据表明，2003年全省小城镇政府债务余额171.4亿元（不包括村社债务），其中镇财政债务高达134.4亿元，成为镇政府的最大债务。值得注意的是，欠债最多的前十名，多者

2.63亿元，少者7277万元，恰恰全部是小城镇建设各项指标完成好的建设试点镇、示范镇和重点镇。新官上任，光前任的债务利息也难以偿还，何言发展。

3. 引导政府重视的可量化的硬件建设

为了完成小城镇的亮化、美化等指标，许多小城镇大手笔运作，奇招迭出，形象工程花样翻新：有的小城镇比照天安门广场建广场；有的沿街两侧光盖2~3层楼样式的一堵墙；有的把城镇沿街的房屋全部图成朱赤色；有的铲除了天然山水，建起了假山假水的农民公园；有的人畜饮水都困难，却建起了耗水量极大的喷泉花园广场；有的挖掉了祖宗留下的文化精品，修建了一些俗不可耐的假古董；有的小城镇在街灯上做文章，一条街一个样，绝无重复之嫌，维护成本高的惊人。这些有形的工程、建设之类，恰恰是政府在管规划的，而这是应该主要由市场提供的东西。那些被忽视的、难以量化考核的、却正是政府该做的事情，如软环境改善、维护市场公平竞争、农民就业、城乡协调、城镇特色、政府与百姓关系等新发展观要求的内容。

4. 催生了数字工程，形成基层干部怕记者采访，怕领导检查，怕农民告状的三怕现象

为了完成指标，虚假数字屡禁不绝，"干枯鱼塘报丰收，畜牧收入野鸡凑，年报数字上面分，年底报表年初出。"这是湖北省某地群众对"数字工程"的形容。数字出假与考核指标的不切实际有直接的关系。一位研究统计的人说："只要有指标，就会有虚假数字。"这句话尽管极端，但绝非虚言。数字的虚报瞒报，报喜不报忧，使上级领导难以了解真实情况，许多决策信息不真实。

5. 考核方式本身也存在很大问题

从安徽、河南的情况看:指标主要反映上面的要求，而不是下面的实际需要。如教育、广电、卫生、党建、计生、社会治安和安全生产等来自中央有关部门，综合指标来自省一级政府，如GDP和招商引资等。许多镇长们说："上面提的要求，很多都是理想化的，并不了解基层的实际情况，也不符合实际。"考核的手段上光有责任没有利益激励。安徽、河南、河北的县、区与镇，与不断下达指标、下放责任相反的是权

力的不断上收和利益的不断上缴。考核的执行系统层层加码为本部门牟利。上面的指标由市、县层层分解的过程中，出现"拉大旗做虎皮，趁机为本部门牟利益，下面只好向百姓伸手的情况"（安徽地方干部语）。考核对象从上到下都是干部考干部，部门对部门，只有考到乡镇一级，才涉及官对民。因此官民矛盾、干群冲突表现得最为充分，人们之所以看不到中层出问题，坏人往往都是乡镇干部，因为所有的矛盾都被推挤到了小城镇。

达标考核的诸多问题虽然在小城镇政府，但根子在上面、在体制。带有计划经济色彩的、从上到下的指标考核已经不适应随着市场经济发展对政府职能转变的要求，也不适应各利益主体多元化之后的中央与地方、上级与下级之间的目标差异与不同的利益关系，因此政府职能转变急需加快步伐。

从全能型、管制型向有限型、服务型转变是政府职能转变的大方向。在现实条件下，即便不可能马上取消，也应当淡化各类从上到下的达标考核，其考核内容也应符合政府职能转变的方向和新的发展观要求。

一方面，转变政府包揽一切的观念，要界定职能，分清政府、企业、社会与个人的责任，做到各司其职，各负其责。给市场配置资源留下运作空间，真正让企业和各种社会组织充当市场主角。

另一方面，也给基层发展以宽松的环境，调动千千万万个基层主体的创造性和积极性，使基层能够根据自身的条件决定发展速度和方式。上级决策者应当尊重基层在发展和改革中的创新与创造，这也是我国改革开放20多年成功的基本经验。

考核要建立在各级政府、各个部门有明确分工的基础上，责权利相一致，才能达到对政府及人员的激励。财税体制改革与行政管理体制改革相配套，明确中央、地方各级政府不同的职能、权力、利益和责任，中央的事中央负责，地方的事地方负责，实现不同层次政府责权利的互相统一。

改革的目标最终要达到各级政府的责任与它所拥有的配置公共资源的权利相一致，不能只让马儿跑，又不给马儿吃草。

（2004年8月）

政府搭台，金融支持，
中部地区小城镇发展的探索

——吉林省实施"百镇建设工程"调研报告

乔润令

2009年，吉林省在促进小城镇发展方面出台了一系列重大举措。年初，吉林省人民政府发出《吉林省百镇建设工程实施方案的通知》，随后省政府出台《吉林省百镇建设工程实施方案》。在当前金融危机背景下，把推进小城镇发展作为省委省政府增加投入、保持增长、调整结构的重大决策，这在全国各地是不多见的。同时，吉林省通过政府服务、政策支持等方式，打通金融机构支持小城镇发展的有效通道，这种做法也很有新意。为此，我们于2009年11月上旬前往吉林长春、梅河口、磐石、辽源、九台等市地进行了实地调研，调研情况报告如下。

一、"百镇建设工程"的基本内容和配套政策

"百镇建设工程"是在全省选择100个有特色、有基础、有潜力的小城镇进行重点支持、重点建设（吉林省现有建制镇423个）。选择重点是县城镇、省"十强镇"、重点镇和生态经济镇。待选小城镇的镇域地区生产总值要达到2亿元以上，地方财政收入在500万元以上，且近几年保持增幅在18%以上；镇域总人口在3万人以上，镇政府所在地人口在6000人以上。

百镇建设工程的最终目标是：争取到2020年将百镇建成具有较高的生活幸福指数和较强吸纳辐射能力，适宜居民生活，适应人才建业，适于企业发展的经济社会发展区域中心，其中部分具备条件的小城镇发展为小城市。

乔润令：国家发改委城市和小城镇改革发展中心副主任、硕士。

资金支持是百镇建设工程的一大亮点。吉林省争取到了国家开发银行吉林省分行100亿元的贷款规模，支持小城镇发展。资金投向重点是基础设施；社会事业设施；培育特色产业，促进产业发展；信息、人力资源培训、中介服务等社会化服务体系四部分。

保障百镇的项目用地。省国土资源厅将新增建设用地指标向"百镇"倾斜。项目能够落实用地位置的，划入建设用地范围内，优先安排年度计划，保证现实用地需要。2009年开工的项目，所需年度用地指标统一从省级预留机动指标安排解决。

制定配套的支持政策，鼓励百镇进行改革探索。包括：在符合条件的待选小城镇中设立省级工业集中区、园区并享受相应政策。大力推进行政管理体制改革，赋予百镇县级管理权限。理顺县镇财政关系，百镇要建立一级财政，设独立国库的财政管理体制，形成自我发展的长效机制。探索建立有效的农村土地流转制度，推动土地的规模化、专业化经营。积极推进小城镇户籍制度改革，鼓励农民进镇落户，促进农村人口非农化和农村劳动力的转移。推进社会保障制度改革，扩大社会保障制度改革覆盖面。

二、政府创造融资平台，开辟金融支持小城镇建设通道

政府创造融资平台，打通金融机构投资小城镇基础设施的通道，这是吉林百镇建设工程最有价值的措施。

近几年来，吉林省小城镇建设发展速度较快，各种不同类型的小城镇依托资源、区位、原有的国企设施等优势招商引资，取得了一些成绩。但在调研中感到吉林的小城镇发展过程中仍存在不少问题。一是总量投资不足，小城镇总体发展水平低。与其他省份比，各级政府对小城镇建设投放的资金相对较少，吸引社会民间资金的渠道不畅，动员社会资金能力弱。二是产业支撑能力不强，一些好的项目难以在小城镇落户。个别地方还存在着重住宅建设，轻产业发展的倾向。三是公共服务设施落后，中小学教学楼和镇卫生院急需改造，镇文化站和体育设施缺乏，政府投入能力非常有限。四是基础设施投资大都仍靠政府有限的资

金投入，多元化投资渠道还不畅通。多数小城镇普遍存在历史负债。从发展阶段看，吉林小城镇尚处于原始积累阶段，经济基础薄弱，资金投入后回收非常困难，商业利润空间较小，单纯依靠市场的力量难以吸引足够的资金进行城镇建设。

以地招商、以地生财曾经是发达地区小城镇发展的成功经验。20世纪90年代末21世纪初，许多地方的小城镇通过土地开发招商引资，依靠经营城镇解决城镇发展的资金问题。然而，时过境迁，在目前严控土地的宏观政策条件下，小城镇宽松用地、以地生财的时代已经一去不复返了。因此，解决百镇建设的资金来源，就成为百镇工程最重要的创新工程。吉林的具体做法如下：

省政府创造融资平台，争取国家开发银行和中国银行的信贷支持，总共有100亿元的信贷规模，专门用于百镇建设。由政府控股的省投资集团作为"百镇建设工程"的借款主体，县、市投融资平台作为独立法人主体，以市场化运作的方式参与"百镇建设工程"。

具体操作办法，在资金借贷层面上，由省投资集团整体向银行借款并进行担保。县、市投资公司向省投资集团提供财政担保承诺及有效的抵押、质押担保。具体使用资金的小城镇城建公司再向县市政府投资公司提供抵押资产，得到资金，并负责工程的招标。

在贷款使用条件要求和审批程序方面，可以概括为，整体承诺、分项审批、逐项签约。对于项目的要求一是具有公益特点的非经营性项目；二是具有稳定收益、具有良好还贷能力的经营性项目。

项目资本金如何筹集，对小城镇也是一大难题。吉林省要求百镇项目资本金要达到国家对项目资本金比例的要求。并规定项目资本金筹集的渠道包括：中央预算内投资和省级财政预算内投资、地方政府债券、省投资集团发行的企业债券或者其他融资、各县（市、区）政府安排的列入年度财政预算的专项资金、项目建设区内的土地、可再利用的建筑物等有形无形资产、建安税费返还的部分、域内外社会资金等。

小城镇投融资体制改革是小城镇改革的重要内容，长期以来，如何把金融机构的资金引入小城镇建设当中，一直是一个想解决而又没有解决的大问题。发达国家的城市基础设施建设拥有较为完善的市场融资体系，通过发行市政债券、私营企业参股、招投标等比较或纯粹市场化的方式完成。我国由于机制缺损和市场落后，加之基础设施信贷的长期性特点，往往使这一领域成为融资瓶颈。在由政府主导的小城镇基础设施建设中，省市政府拥有最大的资源、最丰富的信息和最强的协调能力，吉林省政府发挥这些优势创造融资平台，与开发银行的融资优势相结合，大规模增加小城镇的金融供给，解决小城镇建设资金短缺的问题，目前看来是一条以市场化方式实现小城镇发展目标的可行途径。

三、百镇建设工程的进展情况和几个需要探讨的问题

百镇工程进展情况。首批25个建设镇项目建设全面启动。从我们调研的四个小城镇的情况看，"百镇工程领导小组"已经全部成立，绝大部分镇所属县市全部成立融资公司。

百镇工程的首批25个镇的项目涉及的立项、规划、环评、土地四个方面的工作基本完成上报。省百镇办已向首批25个镇中的17个镇下达了首批建设镇项目第一批开行、中行贷款资金9.226亿元，主要用于基础设施和学校、社会福利中心、医院及环境建设等项目。

但各地在落实配套政策方面发展很不平衡，而且绝大多数地方在下放权利，特别是财权、管理权等方面进展不大。

几个需要探讨的问题。百镇工程尽管刚起步，效果和问题还远未显现，政府创造融资平台，引导银行资金投入小城镇基础设施，可否成为小城镇摆脱"以地生财发展模式"之外的一条新路子，还有许多问题需要探讨。

1. 一定要充分考虑小城镇未来的还款能力，关注在新的条件下如何培育小城镇主导产业

对于政府来说，能够打通银行支持小城镇基础设施的融资渠道，可以走出一条以地生财之外的小城镇发展之路，实现培育新的经济增长点目标。但是我们认为，这条路能否走通，现在还是个问号。如今发展小城镇的宏观环境已经发生了变化，土地收紧、信贷严格、市场饱和、环保要求严格，与当年江浙发展小城镇的条件相比都发生了巨大变化，

吉林希望通过百镇工程复制江浙模式，已经完全不具备条件了。因此，吉林小城镇除了在融资方式方面的创新之外，还需要在小城镇的发展思路、产业发展方式、城镇建设模式方面实现创新。

现实情况是，吉林的百镇起点非常低，进入条件仅为每年500万元财政收入，距离形成一个具有可持续财源的产业基础的起码要求尚有很大距离。例如，2008年，江苏省财政收入超亿元的镇达267个，超过10亿元有24个，而吉林省所有小城镇的本级财政收入加起来才有17.4亿元，每个小城镇的本级财政收入仅为411万元。除了少数的10强镇具有一定产业基础外，百镇中的大多数都是以农业和小规模工商业为主，收入增长点有限、税源极为匮乏。可见，未来的产业发展、财政收入和还贷能力都是非常不确定的。因此，我们认为，在吉林未来发展生态省战略下，百镇工程应当更加关注小城镇的产业培育，把发展农副产品加工、旅游业等放到更加突出的位置。

2. 项目选择一定要与当地的经济发展阶段和发展水平相适应，防止搞形象工程，建大马路、大广场

把项目的重点放到促进产业发展、保证农民就业方面。从调研的几个镇看，百镇项目中很大一部分是投资小城镇公共基础设施，如明城镇的6个项目主要是路、河道治理，中心学校附属工程。山城镇的项目主要有道路、集中供水、供热工程；卡伦镇的一期项目主要有道路建设，环境美化、绿化工程，亮化工程，环境整治和给水工程，集中供热工程等。这些项目一些是改善城镇功能的，另一些是提供公共服务的。

我们认为，吉林小城镇目前处在原始积累的发展阶段，应当保持低成本优势，因此项目选择一定要雪中送炭而不是搞锦上添花。绝不能照套城市模式，搞大广场、大草坪、搞形象工程，这是非常重要的原则。二是项目的选择要更多的关注产业发展、百姓就业方面，有了产业发展，才能有可持续的还贷能力，有了百姓就业，才能培育基础设施的消费者，保证小城镇持续的繁荣。

3. 政府融资投入如何才能有效地带动民间资金投入

从我国小城镇发展的经验看，多元化投资是解决小城镇建设资金短缺的不二法门。吉林省政府融资百亿投资百镇，实际上仅依靠这一渠道远远满足不了需求，单一的投入方式存在着还款的风险。调研中我们感到，小城镇非常欢迎百镇工程，道理很简单，最难找的资金上级政府已经给解决了，还债又是10年以后的事，根据小城镇领导3~5年一换的现实，到了10年后需要还钱的时候，现在花钱的领导早已不在任了。因此，这种花别人的钱，干自己任内的工程，下任领导来还钱的事情，是小城镇领导最高兴要干的事情，这种借钱、花钱、还钱的责、权、利严重不对等的状况，使得我们有理由认为项目选择的准确与否、是否是最需要的投资、投资效益如何等问题都是值得思考的。

4. 配套政策落实难度较大，工程建成后的管理、维护费用如何解决仍然是很大的问题

百镇工程是个系统工程，其中资金和支持政策是相辅相成的。资金的使用效率、还贷能力，都与配套政策息息相关。我们调研的几个镇在落实省政府百镇工程的配套政策，特别是理顺县镇财政关系，建立一级财政、设立独立国库的财政体制方面都存在着很大难度，无一落实。

第一批资金已经到位，工程已经开始，镇长对于能够拿到资金非常高兴。然而，工程建成之后，面对"工程完工之后，比如道路、桥梁、学校文体卫生等公共基础设施的管理、维护等费用如何解决"问题时，镇长们就高兴不起来了。这是非常现实的问题，在明城镇、山城等镇有些设施明年就能完工。而原有镇财政的格局下，镇里的收入全部上缴，自己根本没有吃饭以外的任何费用。不理顺现有镇县财政关系，不用说将来银行贷款无法归还，摆在眼前从明年开始的基础设施的维护管理费用就无法落实。因此，配套政策的落实是百镇项目成功不可缺少的条件。

5. 利用金融支持相比于原来的土地财政是一次非常重要的探索，有利于政府基础设施建设行为的长期化，防止短期政绩利益的产生

是否能够保证其他制度的长期化，甚至包括领导班子任职的长期化，确实是摆在面前的非常重要的制度性问题。如果现任领导调走和升迁了，还款的责任后任领导是否认同，直接涉及到"百镇工程"的可持续问题。因此，还要加大配套改革的力度，从制度设计上保证这项改革和发展的探索和尝试能够取得成功。

（2009年11月）

依靠市场机制推动小城镇基础设施建设

——安徽、河南小城镇调研报告之二

乔润令

低成本是小城镇建设和发展的优势。但是，目前有相当大一部分小城镇为了迅速改变城镇面貌，以政府投入和运作的方式大兴土木之后，形成大量城镇政府债务，直接损害了被征用了土地的农民利益。这种由政府主导的城镇建设也造成了有场无市，有城无人的局面。

如何通过投融资体制改革推进城镇基础设施建设，河南省固始县陈淋子镇的办法颇具示范意义。

固始县属于国家级贫困县，陈淋子镇有54000人口，2001年，农民人均纯收入1872元，财政收入796万元，财政支出907万元，公共基础设施投资1997年88万元，2001年148万元，累积负债552万元。在这样的基础上，如何加速城镇建设和发展，首先遇到的就是资金问题。正如该镇书记所说："靠财政积累太慢，靠上面扶持有限，靠群众集资又怨，三条路都走不通。靠上级支持，一般是写材料上报，领导来了发一通议论就没有下文了。最后逼出来的办法是靠市场解决。"如何使投资者用尽可能低的成本得到土地、使失地农民的利益尽可能多的得到保证、政府的财政又尽可能少的投入，方法是市场运作，而政府的选择是关键。如果政府不搞形象工程，不准备利用大搞基础设施为自己赚钱，市场化运作是一条坦途。

一、修路：把城镇扩张中失地农民变成城镇化的受益者

道路是小城镇的基础设施，目前小城镇所采取的措施多为群众集

乔润令：国家发改委城市和小城镇改革发展中心副主任、硕士。

资、或贷款修路也有国家投入，镇政府配套等方式，但无论那种方式，往往发生被占上地农民利益受损的情况。陈淋子镇的做法较好地解决了这个问题。

搬迁征地开始，每亩地根据当地种植产量平均值测算，补贴600元钱加一年的产量约合6000元，合计一亩地给失地农民6600元/亩。此外，根据土地的地段不同，再给农民补一间、二间或者三间沿路门面房的土地。

用门面房的土地分给失地农民，最高者失一亩土地所得到的门面房土地价值达10万元，目前每间门面房土地的价值为4.7万元。这样可以保证农民不把钱花掉，解决就业问题。土地的产权仍然在农民集体经济组织手中。1999~2001年，共运作了300亩土地，170户农民。此种征地方式，深受农民的欢迎，我们所看到的农民都说，"希望把他们的地征了"。

二、四权拍卖：商家自建商业街

1999年进行商贸新街开发，375米长，90米宽，预算投入1400万元。如果采取政府投资，一是没有钱，二是无法管理，三是黑洞太多，建设中的跑、冒、滴、漏现象难以控制，找上门来推销产品者也太多。

因此采取四权拍卖的办法，一次性卖掉。要求严格按照规划进行建设，公共基础设施齐全配套。政府出的底价是200万元，公开招标方式，结果卖了470万元。这样一来，政府省心了，减少了1400万的投入，直接收入就有470万元。腐败防止了，质量也有了保证。用镇书记的话讲："政府既不担过，也不背责。"

安徽六安的一家商户买断开发权，2001年5月开始建设，2012年5月份建成投入运营。采取自主管理，不仅帮助政府建设了市场，也解决了房屋质量、管理问题，还解决了招商问题。老板为了尽快把房子卖出去，仅从自己的关系圈子里就招来了1/3的商户，有40多户，最多的投资达60万元，根本用不着政府出面搞招商引资，开发商的利益也得到了保证，卖地皮、盖房子，出售后赚了200多万元。

农民也是受益者，从低收入的土地上解放出来，解决了稳定就业和收入问题，转移了农村人口，有40多户买了门面房，解决了当地500余农民的就业问题。

目前，该商业街有400多个摊位，交易额6000万元左右，成了陈淋子新的税源基地。

三、政府当好中间人：用市场的办法建市场

政府制订规划，按照规划用市场的办法建九华山大市场。办法是：政府出面征地，以每年每亩900斤水稻的价格从农民手中征地240亩，然后修好路、桥、排水沟，通水、电，把公共用地加在商家的使用面积上，这样，土地的成本就是每亩900斤水稻加公共设施投入，然后市场由商家自建。结果达到了双赢。

政府满意。政府的作用一是搞好规划；二是当好中间人，运作公开透明，具体办事都由企业来运作；三是不投入，管理成本低。解决了政府建市场有场无市的情况。2000年3月公开对外招商，订合同自建。目前已经吸引了103户商家入场，吸纳劳动力600多人，2001年的交易额达到1个亿。一般纳税人3户，去年交国税超过100万，镇政府收入30万。

商户高兴。商户进入的成本低，只要如期交费，租用面积不限，价格就是每亩（包括公共设施的分摊）每年940斤水稻。只要符合规划要求，不占用公用设施，建筑形式不限，建筑档次不限，不拘一格。市场设施由商家自建，市场由商家自我管理，从商户中选出管理人员负责日常市场管理。商户说的好，他们的"行为规范了，经营规模扩大了，形象树立了，积聚效应出现了，老板变老总了"。

农民的利益有保障。老百姓土地收益年年有，还可以为商家打工增加收入，失地农民有30多人在市场有了工作。他们看到政府一分钱都没有赚，心里非常平衡，说："这种方式我们很满意。"

四、离"官府"远一点：民办医院"县级水平，镇级收费"

陈淋子镇原来有一所医院，20世纪50年代由政府所办。但由于僵化

的大锅饭体制，一直是服务差，耗费高，镇里一年补贴2万~3万元，医生的报酬低，政府的包袱重。近年来，上级部门和有关领导，每年都把一些转业军人和非专业人员安排进医院，致使有一技之长的人都出去赚钱去了，剩下了一些行政管理人员和医术不高的人。后来，镇里准备投资再办一所医院，但由于畏惧其公有公办，没有人敢牵头。1999年镇里又准备出2万元年薪招聘院长，仍无人光顾，医院濒临倒闭。此路不通，只好转入市场寻求办法。

镇政府拿出16亩地折价入股，不参与分红，不能买卖、转让、抵押、不能改变用途，谁办医院送给谁。根据陈淋子镇区的土地价格，价值16万元，这样很有吸引力。

最后由邻省邻县（金寨县）的6个医生拿到了医院的主办权。这几个医生均为安徽医科大学的毕业生，有4个主治医生，一个副主任医生。原来在金寨县医院工作，几年来一直要办民办医院，但县城里政府部门多，各种手续复杂，就是办不下来，此次他们如愿以偿。

新医院2001年5月1日动工，一期投入230万元，由6个人自己掏钱投入，10月1日开业，名为"豫安医院"。二期再建养老院，新医院，产权变了，机制变了，设备全部更新，医疗质量提高了，服务上来了，与县、地市和省医院建立了广泛的联系。人员比起原来的镇医院少了50%，医护人员的工资最底的600元/月左右，最高的达到2000元/月，远远超过原来医院人员的工资，还买了一辆救护车，接送病人不收钱。医院有主治医生10人，副主任医生2个，护士5人，全部是专业技术人员，而在当地六安市、金寨县、霍邱、固始县等地的乡镇医院，医生的专业层次无出其右者。如临近的泉河镇仅有两个主治医生，高级职称的一个也没有。

服务和收费。开业40多天，平均每天有30~50人来医院就诊，开业第一个月就收入6万元，第二个月7万元，第三个月8万元，5个月毛收入40万元。开业4个月完成了200例妇女手术结扎，无一例出问题。

质量不低收费低。一个普通的关节炎，豫安医院手术麻醉等费400元，包括一周的住院费300元，总共花费700元即可。但做一个相同的手术，在北京需要3000元以上，安徽合肥2000元，安徽六安金寨县1500

元。百姓说得形象："县级的水平，乡镇的收费。"

医院的负责人廖祥国感慨地说："在金寨县申请过办相同的医院，但县里医院、医疗主管部门，又是开业资格，又是行业标准，又是收费项目等名目，根本干不成。政府在准入上就设置了许多障碍，不允许形成新的竞争者，其实是为了保护县城里政府办的医院的既得利益而已。"小城镇的优势不仅是成本低，关键是远离政府，远离政府管理部门。远离政府就直接靠近了市场，是市场决定还是行业主管部门与政府所办的医院说了算？陈淋子镇镇长目睹了镇医院的这种变化，说："政府应该管医院，不应该办医院。"

五、民办自来水公司更有效

陈淋子镇有一个自来水厂，是几年前镇政府投资60万元兴建的，以后每年都投入3万元，固定资产已达80多万，供水用户800多户。由于是政府经办，安排了不少子弟，人多不干事，管理混乱。由于服务差收费高，收水费相当困难，常常搞出一些矛盾，以至于办不下去了。

2002年公开拍卖，发布告示，以30万元卖出。政府的要求是：一是照章纳税，企业所得税一年4万元左右；二是水价按照国家的规定收。最后由华北工学院毕业的乡村小能人韩数星等人买下，又投入16万元打了一口120米的深井。其人员只有12人，比原来减少了一半，把资产化为40万元股份，量化到个人，韩数星持股40%，合16万元。此后，机制转变了，服务改善了，收费正规了，供水用户反而增加了。对政府来说，投入没有了，复杂的人事及管理矛盾没有了，完善和增强了城镇功能。

镇书记说："形象工程是面子工程，市场经济要里子，不要面子，只要政府能从实际出发，从百姓和商户的要求出发，发挥市场机制的作用，小城镇基础设施建设办法有的是。"此言极是。

（2002年12月）

小城镇形象工程抬高了农民进城就业的门槛

——安徽、河南小城镇调研报告之三

乔润令

发展小城镇，推进城镇化，目前已成为中西部经济发展中的一个亮点，小城镇正在成为农村和区域经济发展的增长极。但是在推进城镇化过程中，有些地方政府把城镇化简单理解为城镇建设，用行政指标命令的方式盲目要求小城镇建高楼、扩马路、修花园、搞广场。这种超越当地经济社会发展水平的建设，和不切实际的升级上档要求，使得城镇化在大兴土木、塑造形象的过程中产生很大误区。

一、城镇化：错把手段当目的

几年来，我国城镇的建设速度和建设水平日新月异，大中城市如此，小城镇也不例外，特别是中西部地区的小城镇，政府财政负担沉重，农民收入又不高，也加入了盲目攀比的行列。在我们调查的安徽、河南等省以下几种观点在发展小城镇的实践中大行其道。

一种说法叫"城市有啥我有啥，进的来留得住，提高城镇建设水平是关键"；

另一种说法是"小城镇一定要有一个好形象，有一个标志性的建筑，有几个亮点"；

还有一种说法叫"旧区改造一步到位"，"城镇建设要一步到位，保证十年二十年不落后"。

在城镇建设中与沿海地区攀比，向大中城市看齐，修建自己的长安街、南京路、草坪花园、打造标志性建筑。在加快城镇建设的过程中，

乔润令：国家发改委城市和小城镇改革发展中心副主任、硕士。

出现了大批华而不实的政绩工程、形象工程。

如洛阳某镇财政收入900多万元，欠债600多万元，吃饭财政勉强维持，所建的城镇草坪广场投资700多万元，占地60多亩，种植了与北京上海一样的草坪，每年花的管理和维护费用就达40多万元。

又如，陕西长安县某镇，前几年已经修建了两个广场，一个叫樱花广场，另一个是腾飞广场。由于档次规格不够高，计划到2005年，投资1000万元，再建成一个占地面积达10000平方米的街心广场和4座街心花园，栽植2000平方米草坪，修建4处音乐喷泉，建成1处大型城市雕塑。但该镇每年的可支配财力仅1000多万元，完全是一个吃饭财政，目前负债700多万元，农民人均纯收入2001年仅为2100元。

再如，河南巩义市某镇镇域面积50平方公里，人口8.7万，镇区人口5000人，但却做出了一个总规划20平方公里、详细规划10平方公里的整体规划。提出到2005年，城镇化水平达到50%，镇区面积扩大到10平方公里，人口20万的目标。该镇虽然乡镇企业较发达，但自己的可支配财力却仅是维持吃饭而已，负债2000多万元。

还有安徽地处大别山贫困地区的某镇，农民人均纯收入2300元，财政收入4000多万元。到2002年9月底，因城镇建设财政累计负债近1000万元，继续筹资十分困难，预算内、外资金调度吃紧，以至将要影响到工资发放和正常运转。但新建了占地103亩，号称皖西最大的城镇广场，预算投资1400万元，今年已完成预算700万元。

城镇外在形象的改善本来也是城镇化的题中应有之意，但并不是目的。财力不足的中西部地区小城镇，本应把有限的资金用到贴近居民需要的基础设施建设、促进产业发展、吸纳农民就业上来，但由于错把手段当目的，盲目追求东部地区、甚至大中城市的建设标准，搞了一大批华而不实的东西，超越了当地经济发展和农民的收入水平。在没有产业支撑、人口积聚的情况下，形象工程反而抬高了农民进城的门槛。

二、不切实际的升级上档，挡住了"泥腿子"进城的脚步

高楼、大马路、城市广场、花园草坪建设起来以后，一是抬高了土

地的价格，提高了企业的经营成本；二是增加了维护管理费用，为捉襟见肘的政府财政增加了负担；三是要求出租车、市场设施等随之升级上档，又挡住了农民进城的步伐。

安徽省六安地区某镇出租车行业的变化就是一个典型的例子。该镇属于市场型的小城镇，货物流通大，流动人口多。一年前街头大量跑的是脚踏三轮车、机动三轮车和小型面包车并行，有在册的小三轮车170多辆，不在册的三轮车和面包车还有几十辆。这些三轮车构成了该镇出租车行业的主体，围绕在市场周围和街头巷尾，既拉货也拉人，方便快捷，每月交各种费用几十元。成本是1500~3000元一辆，一元钱起步，价格灵活，每天纯收入20~30元不等。对于低收入、低素质的广大农民就业来说，成本不高，技术要求也不高，非常容易进入，就业包容性极大。不仅吸纳了三四百人的就业人口，还带动了沿街的大排档经营，从白天到夜晚，人流、车流穿梭不停，使小城镇充满了活力和生气。

但是，该镇为了与不断提高的城建档次相适应，也为了改善城镇的形象，2002年下令取缔了原来出租车行业中的脚踏三轮和机动三轮车，规定城镇出租车全面升级上档为"面的"和小轿车，最低要求是小型面包车。规定不能超过100辆，小型面包车以上的高档车则不限制，鼓励车辆升级上档。

作为就业者，姓宋的39岁出租汽车司机对此事的看法是："不让干三轮，买了汽车（小面的），负担太重，坐车的人太少。"他开"面的"的成本如下。

（1）购车费：4万多元；办理营运证：费用为3600元。（去年1000多元，由于取缔三轮，机动车增加，竞争激烈，办证费用也跟着上涨，收费单位是交通局运管所。）

（2）座位费：每月150元；运输管理费：每月20元。

（3）车辆保险费：每年2400元；养路费：每月200元。

（4）挂户费：每年500元。市县交通局规定，所有搞营运的个体机动车必须统一挂一个公司的牌子，公司收一定的费用，不挂牌子不合法，跑长途时被查出来后要罚款。该司机挂的是"利民出租汽车公司"的牌子。该公司为当地交通局下属单位。

姓宋的司机说：他每天工作10个小时左右，支出汽油钱20~30元的，毛收入有70~80元，总成本50~60元左右，一天的纯收入约20元左右，还不算折旧和平时的修车费。"现在的收入比起开三轮车不仅没有增加，反而有所减少，又背上了沉重的债务负担。"

出租车升级上档后，该镇出租行业的车辆大减。目前，该镇市场上有四五万元的小型面包车60辆，七八万元以上的小轿车20辆。整个市场出租车不足百辆。这种升级上档的结果如何？街道干净了，管理容易了，但坐车的价格上涨了，坐车的人减少了，从业者的负担加重了；街边的大排档没有了，就业的人数减少了，市场变的冷清多了，人气没有了，小城镇的活力和生气大不如前。

在这次出租车升级上档中，唯一得到好处的是政府的机动车市场管理部门。该镇交通局的负责人说："以前有一百多辆小三轮车，费用收的低，也不好管理，街面上比较乱。出租车升级上档后，取缔了小三轮，管理正规了，所收的费用也多了，罚没收入去年30万元，今年60万元；预算外收入去年上缴区里60万元，今年80万元；上交省市中央交通规费170万元；自己收养路费130万元。"

（2003年1月）

形象工程：政府主导推进城镇化的结果

——安徽、河南调研报告之四

乔润令

在城镇建设中出现的形象工程、政绩工程，造成失地农民得不到应有的补偿，政府财政负债累累，实为浪费资源、劳民伤财之举，早已为中央所反对，为舆论所抨击，但各地在推进城镇化过程中，形象工程、政绩工程为何屡禁不止呢？

一、"行政推动"推出形象工程

中央提出加速城镇化战略后，地方的积极性很高，城镇化已呈加速之势。然而也出现了不少问题，城镇化仍然是在政府主导下，用计划指标和行政考核等手段推进，这是导致形象工程产生的根源。

在河南、安徽、苏北的一些县市，把小城镇新增多少建筑面积当作一项重要指标来考核，层层下指标，级级加任务，要求镇镇动工，年年变化，有的还定出了时间表，提出5年再造一个新城。

河南洛阳市有8县6区，农村经济欠发达，其中7个县是国家级贫困县，共有157个乡镇。为了加速城镇化，2001年2月市里提出"各县（市）区要在两年内把小城镇建设搞上去，条件好的县（市）更要抓紧"，用行政命令的办法圈定了重点建设100个乡镇，规定了建设标准，限定了时间，要求2002年全部建成。截止到2001年5月31日，市委市政府确定的100个重点发展乡镇，有64个已经开始大拆大建。短短3个月时间，拆迁面积已达63万平方米，占准备拆迁面积的74%；在建或已建成面积58万平方米，占已拆迁面积的90%。今年，市里主要领导在年底之

乔润令：国家发改委城市和小城镇改革发展中心副主任、硕士。

前，还要到重点镇依次检查评比，现场办公，奖优罚劣。乡镇干部闻风而动，纷纷采取各种方式拆旧房，盖新房，大兴土木之风，遍及乡野。

河南新安县2001年，县委县政府把小城镇建设工作纳入目标管理，并层层签订目标责任书，实行"一票否决"。对全年确定的33项具体建设目标任务，逐项落实到人，落实具体的开工、竣工时间。实行月督察、月通报制度，每项工程的进度，要在每月25日前，以书面形式上报到县小城镇改革与建设指挥部。县长组织流动办公会，对全县小城镇建设情况进行督察，县人大、县政协也分别组织一次视察。

在这种压力下，各个乡镇为了完成任务，也为了征得优秀，建设了大量某某镇的长安大街、某某镇的浦东新区、某某镇的天安门广场，城镇形象日益改善，城镇的标志性建筑物——形象工程，纷纷亮相街头。

对于这种情况，安徽六安叶集镇的一位部门负责人说："如果没有经济支撑，光搞城镇建设升级上档，今年是新城，10年后是旧城，20年后再拆掉；有了产业支撑，才能循序渐进，新旧交替，日日新，月月新，年年新。"

而深受形象工程之害的农民则叫苦不迭，一位善于观察的农村秀才用一首《山坡羊》的诗表达了他们的看法：

"为筑洋房，抠破钱囊，忍看农民拉饥荒。层楼起，债台长，束紧裤带奔小康。旧城新郭凭臆构，朝建煌煌，暮拆光光。"

二、行政指挥棒"克隆"小城镇

基层政府的行为往往源于上级领导的要求和导向。许多地方的政府都把城镇化理解为城镇建设，领导号召，业务部门主抓。把扩大现有城镇规模，提升城镇档次，追求城镇建设现代化作为加速城镇化的政绩要求，把"小城镇建设一定要提高品位、突出形象"，作为推进城镇化的导向。有关部门都用"一条街、一片绿地、一个公园、一个镇标"等量化指标考核城镇建设。地方各级政府甚至不管城镇是否需要，也不管千差万别的小城镇有什么特点，一律纳入行政规范的筐子里。明确规定了小城镇的建设标准，用统一的建设标准要求千姿百态的小城镇。

如河南巩义市政府文件规定，小城镇建设实行"六个一重点工程建设"，具体标准如下。

（1）每个小城镇都要建设一条标准化城镇主干道，红线宽30~60米，各种管线统一入地或预留，路面平整，路面以上只能看到路灯、路标、绿化带、行道树；

（2）建设一个新型的居民小区，设计齐全，功能完备、风格独特、绿化到位、管理有序，人口规模在300户以上；

（3）设一个经济园区（工业、商业、旅游业等），支持力强，有较强的辐射带动作用，对本地区影响较大并可持续发展；

（4）建设一个文化活动中心，绿化到位，满足文体、娱乐需要，推动精神文明建设；

（5）建设一个广场（公园或游园），面积不低于30亩，设计新颖，草木花景路有机结合，起到装点市容、美化环境、陶冶情操的作用；

（6）建设一个示范村庄，完善中心村的基础设施、公用设施，绿化美化到位，人居环境明显改善。

地处豫西山区的国家级贫困县宜阳县，为了尽快圆城市梦，在政府文件中要求各乡镇必须"建设一条步行街和高档次、高标准的精品专业市场，沿街门面房必须是两层楼房，原来一层的必须无条件改建"。由于豫西连年大旱和乡镇财政吃紧，乡镇干部不得不绞尽脑汁举债、卖地，"跑步"建设。

在市场经济条件下，城镇的形成和发展是在经济成本和效率的作用下，人、财、物、信息等要素资源逐步集中积聚的过程，城镇发展的特点也是历史文化延续的结果。但这种由行政主导，制定硬性标准推进城镇化的做法，不仅造就了大量的形象工程和政绩工程，而且给小城镇带来的另一个严重后果就是，同一种样式的小城镇被大量的"克隆"出来。在安徽、河南和陕西，走一路的小城镇，不论是山区镇还是平原镇，城镇形态都一样：大马路、大广场、花园草坪和高楼；在建筑风格上看不出差别，大多都是白瓷砖贴面的二层平顶楼。

河南的百姓形象地称之为："白色恐怖。"

安徽的农民提起小城镇："到处都是白瓷砖、红房顶、筒子街，走一百里一个样。"

行政指挥克隆的小城镇造成了千篇一律的城镇形态，泯灭了千差万别的城镇特色，割断了千姿百态的历史文化传承。给人们留下的是千城一面"政绩工程"。

三、走马看花——领导提要求

上级领导来小城镇检查工作，发议论、下指示，也为城镇形象工程的产生推波助澜。小城镇，经常会迎来一些下来联系基层的上级领导。这些上级领导虽然都属于走马看花，对于基层的情况不甚了了，但他们提出的要求，小城镇的领导绝对是不敢忽视的。

河南固始县某镇的书记说："来我这个镇的上级领导一年有十几个，说到城镇建设，都说外国的小城镇如何？广东、浙江如何？大城市的建筑如何好，要求我们以此为标准加快建设步伐，这给我带来很大压力。"

安徽与河南交界的叶集镇，地处大别山老区，属贫困县，离省城也不远，先后有四任省领导来此指导工作，对他们加快城镇发展提出的要求很高：向县级小城市发展，建高新技术开发区，也给了一些优惠政策。然而，创建小城市和发展高新技术所需要的条件，如积聚人口、培养人才、增强经济实力、改善城镇功能所需的基础设施、增强政府财政实力等等条件对于一个贫困县来说，并非一日之工，小城镇在有限的运作空间内，能干什么呢？该镇一位部门负责人说，"只能在改善城镇面貌上下工夫，搞几个广场、马路，突出几个亮点。"

安徽六安市某镇长说："领导来了都到镇上转一圈，只能看到表面上的东西，有好看的楼房、马路、花园草坪，能给领导留下深刻的印象。领导高兴，我的工作就有了光彩。"那么老百姓的问题如何考虑？镇长说："我干工作主要是完成上面的任务，老百姓的问题也考虑，主要有三条：一是保稳定，二是不能死人，三是防止上访。"

上级领导来小城镇检查指导工作，走马看花转一圈，是否了解当地情况，提出的要求是否符合实际，是值得怀疑的。但领导一来，最容易看到、评价和要求的往往是城镇的外在形象，人们把形象工程与领导工程联系在一起是有道理的。

四、走"有形之路"比"无形之路"容易见成效

中西部欠发达地区发展小城镇，在政府主导下，有两条路是必须要走的。一条是改善投资软环境、完善城镇功能，培训劳动力、降低企业经营和农民就业的门槛，吸纳农村人口。一条是加快改善城镇形象，盖楼房、拓马路、建广场、修花园。前者被称为"无形之路"，后者则是"有形之路"。显然，"无形之路"是推行城镇化的关键，雪中送炭者也，但是要难走的多；相反，"有形之路"为锦上添花之举，走起来是为捷径，很显眼、见效快，也说的出去。

"无形之路"为什么难走？重要的原因是表面上看不到，既不在政绩考核里面，上级领导也很少要求，解决不了干部提拔问题。搞一些有形的亮点，城镇面貌改善了，谁都看得见，也就有了政绩。

走"无形之路"之难，还在于短期之内见不到成就。如改善投资软环境，产业开发、观念更新、提高劳动者的素质、解决就业问题，花的力气大，短期效果差，书记镇长干不了两三年，长期效应的事情没法搞。在我们调查的几个镇，乡镇干部调动频繁，任期平均2~3年。河南某镇所属县4年换了4任县长，县长一换，镇长书记就人心浮动，行为难以长期化，很少有人作长期打算。在这种体制下，走"有形之路"，搞一些城镇建设要相对容易，短期之内可以实现，建成之后政绩就摆在那里了。因此，对于想干事情的书记镇长，都把在任的两三年内搞几个城镇建设的亮点作为主要目标。

河南顾始县某镇书记的话说得明白："农村习惯有了钱就盖房子，房子是家庭的脸面。马路、标志性建筑、草坪广场是小城镇的脸面，也是书记镇长的脸面，都是看得见、摸得着的东西，上几个项目马上就能见到成效，任务完成，领导高兴，有利于招商引资。城镇形象好了，我的脸上也光彩，政绩就很突出。我走后，也能给镇里留下点东西。"

五、赚钱补亏：搞形象工程有动力

地方政府热衷于城镇建设的超前现代化还有其自身的经济动力，就是有钱可赚。安徽六安地区某城镇的负责人说："现在我们县的乡镇，都是吃饭乡镇，欠债都在几百万，压力很大。在任几年，要干一些事情，搞好了改变面貌，搞不好也得有所变化，主要是在土地上做文章，我们叫做——扒旧房，盖新房，以房还房，欠新债还旧债，以债顶债。"

安徽大别山贫困地区某镇农民人均纯收入2300元，财政收入4000多万元，到2002年9月底，因城镇建设财政累计负债近1000万元，继续筹资十分困难，预算内、外资金调度吃紧，以致将要影响到工资发放和正常运转。但在上级部门加速城镇化的考核与政绩要求下，2002年新建了占地103亩、号称皖西最大的城镇广场，预算投资1400万元，今年已完成预算700万元。

新建的城镇广场，征用农民200多亩土地，涉及2个生产队，说的是征地费用每亩16000元，生产队扣除5000元，给农民每亩11000元。但农民失地失房子后至今并没有拿到钱，一家几口人都拥挤在简易工棚里。征用的土地除了建设城镇广场之外，还开发了一条路。路开通了，周围还有了一个城镇广场，余下的60多亩土地用于开发房地产，自然就升值了。一家来自福建的房地产商买下土地后搞房地产开发，这块地的价格出售时比从农民手中拿到时已经高出了几倍，一说7万元一亩，另一说12万元一亩。这样政府就从土地上拿到了一大笔资金。

在我们调查的安徽某镇，近几年的土地出让金收入连年看涨：1998年51万元，1999年65万元，2000年65万元，2001年197万元，2002年前半年就达433万元。河南固始县某镇的土地出让金，1998年时只有区区几十万元，此后一路上扬，到2001年已经达到229万元。

在调查的几个乡镇，除了上级政府的要求外，镇政府对小城镇建设的动力之大也令人吃惊，都想做土地的买卖，因为土地可以得到收益。政府是无本生意，利用国家赋予的垄断一级市场的权力，低价从农民那里得到土地，做成街面或市场卖出去赚钱，解决乡镇的吃饭、债务和建设问题。用小城镇干部的话来说叫做"以地生财，开发聚集"；"以路带房，路房结合，聚资促建"。这些聚到的财大部分投进了形象工程和政绩工程里面去了，受益者自然不少，而承担损失和成本的——绝大部分是失地的农民。

六、治本之策：转变政府职能

目前，随着政企分开和乡镇企业的改制，抓小城镇建设和发展已成为乡镇政府的中心工作。但政府管理体制改革和职能的转变却严重滞后，仍然是政府主导推进城镇化，造成的问题也依然是：

> 跑马占地农民怨，分散布局小而散。
> 形象工程费资源，无底债务政府担。

城镇发展是一个人、财、物、信息等市场要素在经济规律的作用下积聚集中的过程。打造小城镇是一项系统工程，要遵循城市发展的客观规律，无论是从城镇发展的逻辑，还是成功的城镇发展的实际情况，关键是"以业聚人，以人兴城"。第一要义先得让农民进镇有事干，有在二、三产业施展身手的市场，有完成资本原始积累的机会。市气旺才能人气足，人气足才能经济活，经济活才能产生对城镇设施和城镇功能的大量需求。而高楼、大马路、大广场等建筑的完善，都是围绕经济活、产业兴才能产生发展，由此导致城镇兴。与此同时，土地、城镇建设的成本，工商业的经营成本和居民的生活成本是在经济不断发展、收入不断提高的基础上，一步一步提高的，这样才能形成城镇的持续发展。

因此，要使小城镇发展走上健康、可持续发展的轨道，政府必须改变包打天下的做法，切实转变职能，把城镇建设、经济发展等方面的事情交给市场和企业，政府工作的重点放在搞好规划、减少政府成本、改善环境、维护秩序方面。

小城镇发展要有一个好的评价体系，中西部与东部地区的发展指标要有所区别；中西部小城镇发展的关键是发展经济，评价小城镇发展优劣的指标体系设计必须充分考虑到经济发展指标，有关部门的"试点小城镇建设目标考核表"应更名为"试点小城镇发展考核表"，增加经济功能和社会服务功能方面的内容，并赋予较高的权值。对于攀比性、克隆城镇的"形象"工程指标应予删除。增加吸纳农村剩余劳动力情况、直接为城镇企业和居民服务公共基础设施情况的考核内容。

要探索农村土地变性和征用方式的改革，打破政府征地的行政垄断，让农民直接参与土地开发，也能公平分享城镇扩张、土地增值中的收益，成为城镇化的受益者。

（2003年1月）

小城镇，中西部经济发展中的一个亮点

——中西部小城镇发展调研报告之一

窦 红

2001年下半年，国务院体改办小城镇改革发展中心，组织有关专家对我国中西部小城镇发展情况进行了调研。调研对象涉及河南、陕西、甘肃三省共31个小城镇，其中河南12个小城镇，陕西省9个小城镇，甘肃20个小城镇，既有全国综合改革试点镇，也有近几年在当地发展具有代表性意义的非试点镇。调查内容包括小城镇社会经济发展、城镇规划和管理及城镇面貌等情况，特别是对目前中西部小城镇发展中存在的问题进行了剖析。

通过调研，发现小城镇发展战略在中西部地区引起很大的反响，并取得了较大的成绩，成为近年来中西部经济发展中的一个亮点。突出体现在以下两个方面。

一、地方各级政府对发展小城镇的热情很高，很重视

地方各级政府对"小城镇、大战略"的理解认识不断提高，小城镇发展工作得到各级政府的高度重视，纳入了政府重要议事日程，出台许多配套政策。如河南洛阳市认识到农业大市洛阳要实现工业化、现代化、城镇化，必须加快发展小城镇，市委、市政府计划"十五"期间从发展卫星镇、县城镇、中心建制镇三个层次推进小城镇建设。为此健全组织，加强领导，对县市实行目标管理，把小城镇建设列入县委、县政府的"一号工程"，县委书记、县长的"一把手"工程，出台各项政策，在财政、土地、户籍等多方面对小城镇支持，从上到下形成了一种加快建设小城镇的氛围，在全市掀起了小城镇改革建设热潮。

窦 红：现为国家发改委城市和小城镇改革发展中心研究员、硕士。

综合改革试点镇的试点政策到位情况超过了沿海一些小城镇。陕西省试点镇所在的市、区各级政府对综合改革工作大力支持，政府各部门对试点镇的政策形成合力，给予试点镇充分的自主权。如西安市临潼区赋予了新丰镇享有县级项目、规划、土地、人事等经济管理和行政管理审批权限，并实行计划单列；安康市汉滨区的土地、城建等部门在恒口镇的职能通过授权方式，委托恒口镇政府行使，创造了通过改革，采取新的体制发展小城镇的模式，为试点镇的快速发展创造了机遇。

二、中西部小城镇的社会经济明显发展

中西部小城镇的经济基础虽然和沿海一些小城镇相比相对薄弱，但经过综合改革，经济高速增长，社会事业取得了长足发展，城镇基础设施建设的力度大，城镇面貌明显改善。

河南省的6个试点镇现在都初步形成了支撑城镇发展的支柱产业或特色产业，镇级财政收入都在1000万元以上，镇区基础设施完备，居民的生活质量明显提高；巩义市形成了以竹林镇为代表的工业城镇群，使巩义市成为唯一位于中西部地区的全国百强县；其他如柳屯镇、南庄镇、姚村镇等镇的产业各具特色，镇经济总量都占所在市(县)的50%以上；回郭镇、魏庄镇的民营经济十分发达，居民生活富足；以车村镇为代表的旅游型城镇欣欣向荣，极具发展潜力。

陕西省的小城镇经济发展快，城镇基础设施建设力度大。新丰镇五年来工农业总产值年均递增19.98%，财政收入年均递增40%，农民人均纯收入年均递增6.32%，建设了工业园区，改造了道路，建立自来水水厂和电力开闭所，使镇区的水、电、路、通讯等基础设施达到了一个新水平；一些大城市周边的郊区镇如西安市郊长安县郭杜镇，高起点、高标准建设，优化投资环境，架设工网电，改造高低压线路，修筑道路、给水排水管道，累计投资1.2亿元使镇区基础设施建设基本达到"五通一平"，吸引了西安市区的3所大学、100多家高新技术企业落户，为郭杜镇从传统农业大镇向以科研教育和高科技产业为主导的现代化卫星城镇打下良好的基础。

（2002年4月）

形象工程建设，政府管理中的一个误区

——中西部小城镇发展调研报告之二

陈美球　窦　红　邱爱军

在城镇建设中，普遍存在相互攀比的形象工程建设，大广场、宽街道、高标准绿化与装饰、城镇标志性建筑一个比一个气派、豪华。如甘肃省人口不足5万的张掖，居然耗资了2300万元修建现代化的大广场；还有兰州市榆中县城，其主干道的路灯比北京普通街道的路灯还要漂亮；居民区尘土飞扬，仍采用明沟排水的玉门市，却耗资1300万元兴建现代化政府办公大楼，同时新建宽达80米的马路和全省最大的广场；镇区人口仅有几千人的武南镇，新修的镇区主干道也宽达40多米，居民小区连一棵数都没有，却在广场规划了耗水量极大的大面积草坪。

形象工程建设的攀比现象也充分反映在小城镇发展规划中。河南南庄镇2000年财政收入1160万元，农民人均纯收入3220元，却计划五年内投资1000万元新建小型游园、农民公园、现代化影院各一个，投资800万元建成一个占地100亩的镇中心广场。魏庄镇2000年财政收入620万元，规划10年内要建造万人体育场。陕西郭杜镇城镇建成区规模现在仅3平方公里，却计划2005年之前投资1000万元，建成面积10000平方米街心广场（现在已有樱花广场、腾飞广场两个广场）和4座街心花园，栽植2000平方米草坪，修建4处音乐喷泉，和1处大型城市雕塑。在降水量100多毫米，蒸发量2000多毫米的兰州市中川镇，其城镇规划图中居然有耗资上千万，建成后每年维持费达10万元的人工湖。

在财政偿还能力范围内，适度加快城镇的基础设施建设步伐，改善城镇居民生活条件和投资环境，是无可厚非的，但如果不顾实际发展能

陈美球：现任江西农业大学国土资源与环境学院院长、教授。

窦　红：国家发改委城市和小城镇改革发展中心研究员、硕士。

邱爱军：国家发改委城市和小城镇改革发展中心副主任、博士。

力，盲目追求形象工程建设，其后果将是非常危险的。

首先，这种超越现实的建设是一种典型的短期行为，把未来相当长时期内的收入提前支付，是对子孙后代极不负责任的行为，这无疑与我国实行的可持续发展战略背道而驰。

其次，严重影响着区域经济的发展速度。一方面，把过多的资金转向形象工程建设，必然会减少对社会再生产的投入资金，给经济的发展拖后腿。另一方面，对于像大广场、宽街道、豪华政府办公楼、高标准绿化这样的投资，不仅没有经济回报，不能形成投资回收机制，而且逐年在折旧，还要求每年投入大量的维护经费。比如，兰州市榆中县城每年用于广场和主干道路灯的维护费就达40多万元。西部小镇的一处喷泉、一月的水电费就要上千元，结果喷泉只能成为一种摆设，从而造成国有资产的巨大浪费。

再次，进一步扩大了城乡差距，加剧了深层次的各种矛盾。由于长期形成的城乡二元壁垒及其配套的人口迁移、财政分配、教育等一系列相关政策，形成了城镇居民和农民两个公民待遇不同的群体。城镇是在锦上添花，部分农村却在为消除贫困而努力。望着日新月异的城镇建设面貌和日益拉大的城乡差距，农民在羡慕城镇人的同时，也在心底里滋生着对城市的敌意。当这种心理不平衡超过一定限度时，就极有可能危及整个社会的稳定。

第四，造成了虚幻的繁荣。人们容易被眼前的城镇建设水平迷惑，作出不符合实际的超前发展决策。其结果往往是本届政府把债务推给下一届政府，每届政府为了出政绩，继续负债发展，使政府债务越滚越高，最终可能导致"空财政城镇政府"的形成。

第五，对金融秩序产生严重冲击。在目前的政府管理体制下，政府对银行的干预是在所难免的。如镇级年财政收入仅200多万的甘肃肃州镇，在耗资350万元的新办公大楼建设中，绝大部分资金都是通过企业向当地信用社贷款。尽管信用社不愿意放贷，但行政干预难以违抗。近几年来我国银行大量不良资产的形成，其中一个很重要的原因，就是政府为所谓的城镇形象工程建设而引发的政府借贷行为。现在虽然禁止政府担保向银行借贷，但以政府大楼等各种国有资产抵押贷款的现象仍然存在，由此产生的对银行金融系统的冲击依然存在。

城镇政府热衷于形象工程的建设，既有其内在强大的驱动力，也有外部环境对政府决策监管力度不够的原因。客观地看，在当今官本位的大环境和政府部门虚假的政绩数据泛滥的大背景下，城镇政府领导只能打肿脸来充胖子，来应付各种各样的政绩考核。同时，目前城镇政府普遍存在"重建设、轻管理"的职能错位，偏重于对城镇发展建设的直接参与，而忽视了对城镇发展规划、环境管理等内容。政府行为的监督约束机制的不健全也是一个不容忽视的因素，特别是在政府作出每一项重要决策时，往往是对财力保障的可行性论证不够，更多考虑是政绩的需要。

我国还是一个发展中国家，用于社会生产的资金非常有限，资金的运用应合理分配，必须能最大地拉动经济的发展和城乡的共同进步。抑制当前城镇政府的形象工程建设已是迫在眉睫，这需要各方面的共同努力，因为这涉及城镇政府职能的转变、金融政策的加强、政府考核制度的改革、政府决策监督机制的健全等内容。国家应尽快加强这方面的研究，要尽早地制定出一个抑制城镇政府的超前消费的行之有效的办法。

（2002年4月）

贪大求洋，城镇发展规划中的一个通病

——中西部小城镇发展调研报告之三

窦 红 邱爱军 陈美球

科学规划、合理布局是小城镇健康发展的前提。在调查中，我们发现许多镇对中央11号文件的认识片面，对发展小城镇的内涵不清楚，认为发展小城镇就是小城镇建设，忽视了小城镇发展对农村经济的带动作用。城镇建设规划缺乏与经济社会发展规划、土地利用规划相衔接，没有考虑环境承载能力和经济承受能力，主要表现在以下几个方面。

一、在小城镇建设上铺摊子，遍地开花

河南洛阳市有8县6区，辖157个乡镇，农村经济欠发达，其中7个县是国家级贫困县，市委提出了"各县（市）区要在两年内把小城镇建设搞上去，条件好的县（市）更要抓紧"，确定重点建设100个乡镇，2002年全部建成。地方政府这种迫切要求改变城镇面貌的工作热情不容置疑，但更需要正确引导，把这种热情变为积极、冷静、理智的行为。小城镇发展要从实际出发，充分考虑各地的发展水平、区位条件和资源优势，要有效地利用现有基础，重点支持已形成一定人口和经济规模的小城镇优先发展，要坚持梯度发展、循序渐进的方针，防止一哄而起，搞低水平重复建设。

窦 红：国家发改委城市和小城镇改革发展中心研究员、硕士。
邱爱军：国家发改委城市和小城镇改革发展中心副主任、博士。
陈美球：现任江西农业大学国土资源与环境学院院长、教授。

二、许多镇在没有认真研究如何实现农村的人口集中、土地集中和乡镇企业集中之前，就在大拆大建

洛阳市重点建设的100个乡镇中有56个已完成城镇总体规划，38个正在编制，已拆迁面积62万平方米，占拟拆迁面积的74%，在建或已建成面积58万平方米，占已拆迁面积的90%。在我们所看到的一些镇的规划中，只有镇区建设规划，没有经济发展规划，没有涉及村镇体系规划。镇区建设好了，广大的农村地带怎么办？虽然个别镇做了新村建设规划，也只停留在镇现有多少村，就做多少村的规划。这样在旧的、分散的村庄布局没有改变的情况下，就改变不了"村村点火，户户冒烟"的生产要素布局，就无法实现乡镇企业、人口、土地的集中，使一、二、三产业不能形成规模效益，农村的产业结构调整无法实现。受财力影响，改善农村生活环境的基础设施无法满足所有村庄的需要，会不会又形成新的城乡差距呢？因此要加强对中央11号文件的理解，加大宣传深度，本着有利于促进城乡协调发展来规划建设小城镇，不能以牺牲农业为代价来搞小城镇建设，要充分利用小城镇联结城乡的优势，促进农村劳动力、资金、技术等生产要素的优化配置，推进农业现代化进程和镇域经济的协调发展。

三、规划的镇区面积和人口规模过大，缺乏科学的依据

下面的例子就是最好的说明。

河南濮阳市柳屯镇镇域面积75平方公里，总人口11.4万人，镇区建成面积15平方公里。规划"十五"期间建成区面积达到23平方公里，镇区人口达到10万人，5年内要完成23平方公里规划区的道路建设任务，以及住宅小区的开发、百亩柳下公园、百亩水上公园的建设。

巩义市回郭镇镇域面积50平方公里，提出到2005年城镇化水平达到50%，镇区面积扩大到10平方公里。按照微型城市的标准，对镇区进行规划，作出总规划20平方公里、详细规划10平方公里的整体规划。

陕西省咸阳市马庄镇镇域总面积42平方公里，镇区面积2.4平方公

里，2000年地方财政收入283万元，农民人均纯收入1980元，在2015年远景规划中规划建成区总面积达到9.9平方公里，人口6万人。

安康市恒口镇2000年镇级财政收入505万元，农民人均纯收入1500元。规划2005年镇区建成区达到10平方公里，镇域城市化水平达到65%；2010年镇区建成区达到14平方公里，镇域城市化水平达到85%。

岐山县蔡家坡镇2000年镇级财政收入482万元，农民人均纯收入2134元，全镇总面积34平方公里。1995年规划镇区面积为14平方公里，目前正在改造老区，开发新区，建设面积达9.7平方公里。现在又在计划到2005年，力争使镇建成区的面积达到20平方公里。

长安县郭杜镇总面积37平方公里，总人口3.9万人，建成区规模仅3平方公里。财政收入1210万元，其中镇级可支配财力仅120万元，可城镇规划面积达到15.6平方公里。

眉县汤峪镇镇域总面积31.7平方公里，总人口2.1万人，建成区面积为2.86平方公里。2000年镇级财政收入578.5万元，农民人均纯收入1750元，规划控制面积达10平方公里。

甘肃的西洞镇，在过去的5年内中人口只增加2000人，现镇级年财政收入不足600万，建成镇区面积只有0.8平方公里。却在其未来10的规划中，将城镇建设区面积确定为18平方公里。

问了这些镇的干部，他们规划中的人口从何处来，镇区新增的建设用地从何处来，没有干部能够回答出来。回郭镇的干部反映，20万的规划人口是省计划部门定的。据我们了解，回郭镇的建设用地在1996~2010年国家允许增加219公顷，合2平方公里，而完成2005年的镇区规划，必须增加建设用地5平方公里，那么3平方公里的建设用地从何处来？此外土地部门还下达了每年135亩的复垦指标，如何完成任务？回郭镇的干部无从应答。那么在没有研究与土地、城建等部门规划相衔接，在保持耕地总量动态平衡的条件下，保证建设用地增加的多种途径之前就匆匆搞了20平方公里的规划，这种规划只能是"规划规划，墙上挂挂"，无法实施。更何况在镇政府财力有限、农民收入低的情况下，容易造成政府财政难以支付甚至欠债，加重企业和农民的负担，而且投资分散，不能形成效益。可见一个镇的规划，涉及了该地经济社会发展的总体面貌和千家万户的切身利益，不仅需要有关规划机构和专家班子严谨地规划，还需要征求各方面的意见，特别是上级政府、土地和城建部门，与上级规划、土地、城建规划相衔接，以尽可能避免因各种因素考虑不周而造成的规划失误和相应的损失。

四、城镇建设贪大求洋，建筑风格千篇一律

许多人口、车流很少的小城镇的道路过宽，不符合实际。如洛阳市车村镇正在建设的一条非过境路宽度就有30米，而目前该镇只有在夏季周末、五一、十一长假才有游人。

我们这次到过的80%的小城镇都在或准备建广场，公园。在乡镇财力普遍不足的情况下，建设大马路、广场、公园，不但反映了一些政府干部盲目攀比、追求政绩的名利心态，而且反映了当前城镇建设不能做到因地制宜，缺乏适用技术的指导，造成劳民伤财，没有效益。干旱、少雨的中西部地区修建广场，没有树木遮阴，夏天烈日炎炎，冬天风沙乱舞，有多少居民前去休闲？种植草坪，需要多少水去维护？据回郭镇的干部介绍，镇上小公园的一处喷泉，一个月的水电费就有上千元，所以平常很少开放。

在建筑风格上千篇一律，缺乏特色。陕西的镇和河南的镇、山区的镇和平原的镇，建筑风格看不出差别，大多是白瓷砖贴面的平顶房，当地百姓形象地称之为"白色恐怖"；在设计上没有与周边的环境相协调，如河南山区旅游型的车村镇，住在镇区，却很难看到周边的群山，失去了山区小镇的独有风味。

（2002年4月）

可持续发展机制急需完善

——中西部小城镇发展调研报告之四

窦　红　陈美球

　　小城镇发展是一个长期的重大战略，要真正充分发挥小城镇在推动农村城镇化进程中应有的作用，必须着重培育好保护小城镇持续健康的内在机制，然而在实际工作中，小城镇可持续发展的动力机制的培育非常令人担忧。

一、城镇发展缺乏产业的支撑

1. 各个小城镇招商引资力度大，但门类过多，没有选优择强

　　如陕西蔡家坡镇是岐山县工业强镇，有乡镇企业2000多家，其中千万元以上企业只有12家。虽有食品加工、建筑建材、化工机电、纺织机械、医药制造6个骨干行业，但没有形成产品关联度高的工业基地，工业总产值只有9.03亿元，而沿海地区有5~6个骨干行业的镇的工业总产值一般在20亿以上。镇上一家民营服装厂老板抱怨说："现在我的产品市场销路没有问题，就是无法扩大生产规模，银行的抵押贷款太苛刻了，我抵押70万资产，只能贷出100万元。"结果许多使用他的商标的产品都是在浙江一带生产的，本应在本地出现的生产基地没有形成。

2. 产业链条不长，二、三产比例发展不协调

　　如河南关林镇的商贸业是支柱产业，有建材、五金、塑料、食品、机电等10个专业市场，2000年的市场交易额达到89亿元，但一、二、三产结构比为1∶2.5∶13，没有充分发挥市场带动第二产业发展的作用，在

　　窦　红：国家发改委城市和小城镇改革发展中心研究员、硕士。
　　陈美球：现任江西农业大学国土资源与环境学院院长、教授。

市场上很少有本镇加工的产品。

3. 产业特色不明显

如同为旅游型城镇，佛都法门寺所在地法门镇和太白山森林公园所在地汤峪镇，都在观光、旅店、餐饮、娱乐等初级旅游服务上做文章，还没有深入挖掘各自的旅游特色。如法门寺的佛教文化所涉及的系列文化产业，太白山科学价值所涉及的休闲、探险等产业，这些都影响了各自旅游业的做好做大。

也许是受西部大开发的鼓舞，各镇政府均提出跨越式发展的目标。如河南柳屯镇2000年GDP 2.06亿元，财政收入2280万元，其中镇级可支配1280万元，农民人均纯收入3020元。规划"十五"期间国内生产总值达到6.34亿元，年均递增23.8%，其中一产增加值年均递增11%（这个预期过高，国家农业平均增长率仅为4%），二产年均递增27.6%，三产年均递增35.2%。财政收入达到6018万元，年均递增25%，农民人均纯收入达到6074元，年均递增15%。如果没有认真研究如何与国家西部大开发战略等宏观经济环境相结合，促进小城镇产业发展；没有尊重客观经济规律，因地制宜相应做出产业规划，延长产业链条，突出特色产业，那么提出的经济发展目标就是不切实际的，是无法实现的，支撑小城镇发展的产业基础就不能形成。

二、镇政府的职能不健全，适应城镇管理的政府管理体制还需理顺

河南回郭镇在明末清初就是河南三大商业名镇之一，早在20世纪30年代，各种商号、客栈、饭店、手工业作坊就应运而生，有"小上海"之称。20世纪70年代在全国率先大办乡镇企业，现在电线电缆和铝、铜加工业优势明显，但这个现有8.3万人的工业大镇的整个镇区面貌现在还像一个农村大集镇，与其工业水平、居民的富裕程度形成强烈的反差。当地居民对居住环境、卫生状况很有意见，迫切要求改善生活环境。当我们走在街道时，当地的一个居民拉着我们，指着路两旁的垃圾说："你们看看，这么脏乱差，这就是回郭镇，这就是回郭镇。"究其

原因，就是镇政府的职能还停留在管理乡村的基础上，涉及城镇管理的人、财、物权不在镇上。虽然税务、公安、城建等驻镇机构在全巩义市是最多的、最全的，但是镇政府却管不着，协调不了。一位镇干部对我们说："我们连违章建筑都管不了。发现正在建，没权阻止，等我们报到县里，县里来人了，违章建筑都建好了。"

陕西蔡家坡镇也是一个工业大镇，由于体制、机构设置管理权限、管理机制不灵活等因素，城镇管理的执法权不能落实，城镇"脏、乱、差"的问题非常突出。在镇区的一条繁华街道上，街道被沿街叫卖的摊贩占得只有1米多宽，人、车混行，交通拥挤不堪。镇政府多次治理，多次反弹，对此毫无办法。

河南关林镇的商贸市场门类齐全，同时管理市场的各类机构也是门类齐全，而且全是垂直部门，都是由洛阳市派驻的各种分局。镇政府对建立的市场没有管理权，"市场地方政府建，管理条条部门管"，管理部门每年收取大量市场管理费。据反映，市工商局每年给管理关林市场的工商部门下任务，仅工商管理费就达1000多万元，超过了每年的税收。商户负担重，长此下去会把市场搞垮，影响全镇的经济发展。

由于小城镇政府现有职能不能适应城镇的发展，许多镇建立各类开发区，借助开发区体制，争取一部分权力，来健全小城镇政府的职能。陕西法门镇成立了扶风县法门寺旅游开发区管委会；岐山县菜家坡镇设有省政府批准的菜家坡经济技术开发区；五泉镇是杨凌农业高科技示范区下属的镇；长安县郭杜镇境内有长安科技产业园（西安市属）、郭杜工业园（长安县属，设郭杜工业园区管委会，由县委副书记任主任，郭杜镇党委书记任副主任）；眉县汤峪镇设有太白山旅游开发区，设管委会（县政府派出机构）；西安市泾渭镇内设有西安经济技术开发区泾河工业园区。这些开发区的管委会或与镇政府合并办公，或另立机构，与镇干部实行交叉任职，对镇区招商引资、基础设施、城建开发等经济开发进行管理，镇政府负责镇域内的政务。这些开发区的建立，从侧面反映出当前小城镇政府职能的不健全，特别是经济管理权限、城镇管理权限等涉及小城镇经济发展、城镇面貌方面的职能，"权在县上，利在县上，责在镇上"的现状，使小城镇只有通过各种变通的办法，才能办成一些促进经济发展，改变城镇面貌的具体事情。

三、镇各级干部缺乏城镇管理的技能

中西部小城镇发展目前主要靠政府的推动，但政府缺乏市场经验和管理城镇的经验。例如，许多镇干部还不懂得通过规划进行城镇管理，在对规划的认识上还只停留在规划就是城镇建设规划，在制定和实施规划中还不知要与土地部门、城建部门相协调。在城镇管理上缺乏市场化、社会化手段。许多小城镇都面临着怎样把上级政府的执法权落实到镇政府的问题，怎样在小城镇建设中做到人口集中、乡镇企业集中和土地集中的问题。

陕西蔡家坡镇，县、镇财政困难，用于城镇建设的资金较少，造成城镇基础设施建设欠账较多，镇区排水体系不完善，垃圾处理未解决，公共场所不足，老区绿化、美化、亮化步伐缓慢，镇政府面临着怎样筹集城镇建设资金的问题。陕西郭杜镇引进高新技术园后，农民的素质与所要求的素质相差大，进镇的企业无法吸收，它面临怎样吸收消化劳动力，怎样提高农民的素质，使农民向社会服务者转变，以适应高素质企业的要求的问题。陕西泾渭镇的农民人均耕地1亩，在搞开发区时征用了3000亩土地，每亩补偿农民1.3万元，平均每户就得到4万~5万元的补偿，能维持几年的生活呢？镇政府面临着如何解决农民今后的生活来源和社会保障的问题。所有这些问题都需要各级干部采用现代管理方式，市场手段来综合解决。因此必须加大对小城镇干部进行培训的力度，使他们掌握城镇现代化建设和管理的知识，不断提高领导能力，才能解决城镇发展中不断出现的新问题，为小城镇实现可持续发展奠定基础。

（2002年4月）

以人为本，开展均等化服务
集聚人口，推动小城市发展

——浙江省诸暨市店口镇试点经验介绍

王俊沣　叶伟春

诸暨市店口镇是全国发展改革试点镇、浙江省小城市培育试点镇。早在20世纪70年代该镇就开始了工业化的早期探索，经过30多年发展，已成为全国知名的五金管业生产基地，并形成以2家中国500强企业、6家上市企业和6家10亿元以上企业为龙头、300多家规模以上企业为骨干、4000多家中小企业为支撑的企业集群，初步构筑了铜加工、管业、汽配、制冷等四大产业集群和电线电缆、环保新能源多元化产业格局。2011年，全镇实现国内生产总值96.05亿元，财政总收入13.4亿元，工业总产值649亿元，农村居民人均纯收入超过30000元，综合实力连续多年稳居绍兴市第一、全国千强镇前二十位。

工业的先发优势、产业的良性发展、城市化的深入推进，极大地加快了店口镇人口集聚。目前，外来人口数量已占店口镇12万总人口的一半，为店口的进一步发展注入了强劲动力。如何推进公共服务均等化，解决"农民工融入城市"问题，也成为政府能力建设的必修课。鉴于此，店口镇开展了一系列的探索，坚持"以人为本"的理念，以提供多元化保障为重点，推进基本公共服务均等化，提升外来人口的幸福感、归属感，加快人口的集聚，主要做法如下。

一是公共服务保障。店口镇大力推进城镇职工、被征地农民、低收入阶层和自由职业者"四位一体"社保体系建设，扩大养老保险覆盖面。近5年来，共计完成1万多名失地农民的养老保险；推出新店口人大病医疗补助，探索建立新店口人异地医疗报销制度，农村医疗门诊报销

王俊沣：国家发改委城市和小城镇改革发展中心发展改革试点处处长、博士。
叶伟春：国家发改委城市和小城镇改革发展中心发展改革试点处助理研究员、硕士。

比例从20%提高到50%；实施十五年制免费教育（涵盖高中阶段免费教育和贫困家庭幼儿入园保育费减免）和大学生奖助学政策，加大教育基础设施建设力度，完善小城市教育网点布局。新店口人凭居住证可以在指定的超市、书店、影院等商家享受到会员价或低于会员价的折扣。

二是就业创业保障。店口镇实施新店口人和本地居民平等的就业政策，着力打造就业保障服务中心、劳务中介中心和职业培训中心，联合高校开展"订单式"免费技能培训，强化就业保障。启动占地100亩的"三新"创业园建设，目前已有39家企业进入。通过给"新青年、新农民、新店口人"提供土地、厂房等资源，通过政府的牵线搭桥，银行为农民工创业所稀缺的资金提供联户担保、小额贷款等金融产品，扶持其创业创富。目前，这一创业群体日益壮大，已有100多名新店口人在店口成了百万富翁，10多个新店口人创办的工厂，年产值进入了千万元级。

三是素质提升保障。2008年，店口镇开始实施"三百人才"培训工程，利用三年时间分三个阶段对100名机关站所干部、100名农村党员干部、100名企业经营管理者进行培训，旨在提升这部分人的发展观念、工作能力和创新创业理念，更好地引领店口的发展事业。

四是住房居住保障。店口镇加大旧城改造力度，推进农村宅基地置换城镇房产工程，切出1.5亿元资金专项用于农民进城购房补助及限价房建设。在已经开工建设的304套限价房中，有230套将配置给新店口人；符合一定条件的，在店口城区购买商品房时，还能享受到6万~12万元的补助。这些举措，加快了"本地农民市民化，外来人员本地化"进程，2011年建成区新增常住人口9000余人，其中新增户籍人口3000余人。

五是政治地位保障。店口镇通过提高公众参政议政的地位着力推动公民社会建设，2011年下半年，10名新店口人成为店口镇的党代表，与本地代表一起参与本镇发展战略、建设计划、公共政策的讨论制定。还组织开展"优秀新店口人报告团"巡回报告演讲、文明志愿者招募等互动活动，并通过《城·店口》杂志、官方微博、"对话墙"、"民意墙"等多重渠道畅通民意表达，使小城市建设内容更符合民心。还结合城市文化体系的构建策划"365个人系列文化墙"，对365个行业的人进行拍摄，把每个人的巨幅影像布置在主要街道，其中有一半是新店口人，在与本地居民双向互动中，他们成为小城市的"明星"，获得了应有的地位和尊重。

城乡居民和外来务工人员的基本公共服务均等化有力地促进了店口的发展。自2010年开始开展小城市培育试点以来，店口的经济社会快速发展，2011年与2010年相比，国内生产总值增长了28%，财政收入增长了35%，工业总产值增长了37%，农民人均纯收入增长了14%。实践证明，店口镇的工作是行之有效的。

作为全国首批发展改革试点城镇、浙江省首批小城市培育试点镇，店口镇将围绕打造诸北现代化小城市，着力加快经济发展，进一步提升综合实力。今后5年，店口计划培育拟上市企业15家，推动平均每年至少1家企业上市，积极打造"中国资本市场第一镇"。新增市级规模企业50家以上，总数突破100家，10亿元以上企业突破20家，2000万元以上企业达到500家。到2016年，实现国内生产总值175亿元，年均增长13%以上；财政收入年均增长15%以上；全社会固定资产投资年均增长15%以上；工业经济冲1500亿元大关，工业总产值年均增长20%以上；农村居民人均纯收入年均增长8%。但是这样的发展目标，现有人口集聚的规模和速度不能保障其圆满实现。

为了更好地推动人口集聚，下一步除继续深入推进基本公共服务均等化，扩大公共服务覆盖面外，店口镇将重点在更好地固化集聚人口上下工夫。对新店口人，将进一步实施居住证制度，在店口有稳定工作、固定住所、工作一定年限以上，就可以转为店口户籍。对建成区外的本地人，着重通过宅基地置换、鼓励城区购房等措施，吸引其来店口居住生活，增强小城市"人气"。

（2012年6月）

以小城市培育为载体
创新推动小城镇发展改革试点

——浙江省试点经验总结

王俊沣

"十一五"期间，浙江省委、省政府着力培育了200个省级中心镇，先后涌现出了一批人口超10万、财政超8亿元、城市形态初现的特大镇，其中有41个中心镇被列为全国发展改革试点城镇。为进一步发挥这批特大镇在统筹城乡发展、新型城市化、新型工业化中的重要作用，2010年12月，浙江省委、省政府在全省选择了27个发展基础较好的特大镇作为小城市进行培育。经过一年多的实践，浙江省初步摸索出了一条具有浙江特色的小城市培育发展新路子。

一、主要做法

浙江省的探索主要集中在以下六个方面。

1. 明确目标任务

在保持小城市试点镇的行政建制不变、受县级政府领导的管理体制不变的前提下，以规划带动、政府推动、投资拉动、产业促动为主要手段，以加大改革创新力度，加快推进镇向城转型、农村向社区转变、农民向市民转化为重要途径，参照中等城市标准进行规划建设，按照城市要求实施服务管理，比照城市经济的发展模式和人口规模，推进集中集聚集约发展和人口有序集中。将小城市定位为：常住人口超10万，二、三产业从业人员比重超90%，第三产业比重超40%；经济发达，功能完备，环境优美，体制灵活；能主动承接大中城市的产业转移，有效带动周边乡村发展，宜居宜业，充满活力的区域经济和文化中心。

王俊沣：国家发改委城市和小城镇改革发展中心发展改革试点处处长、博士。

2. 科学合理布局

按照能体现战略节点、具有发展潜力、具备基础条件、充分发挥集聚辐射作用的要求，来选择小城市培育试点。一是按照省级政府定下的战略节点要求来进行布局，要求小城市试点镇有较大的集聚辐射半径，能加快城乡统筹发展；二是根据各镇发展潜力来安排，要求区位条件好，特色产业强，能加快推动农村新型工业化进程；三是坚持按现有基础条件来选择，要求经济实力、基础设施、社会事业、城市形态基础好，县镇两级政府积极性高，改革创新意识强，能提供经验示范。浙江省在200个省级中心镇中选择的27个小城市培育试点，分布在全省11个设区市和27个县（市、区），基本都具备上述条件。

3. 规划计划引领

按照城市的理念和标准，重新编制总体规划、控制性详细规划、各类专项规划，开展城市设计，实现发展目标、空间坐标和用地指标的有机统一，引导人口集中、产业集聚、功能集成、要素集约，实现发展方式从分散粗放向集聚高效发展转变。根据培育目标，采用专业编制机构与地方政府联动的办法，27个小城市培育试点镇均编制了三年行动计划，经专家评审、省协调小组会议审议，以省政府文件形式批复实施，实现了行动有方向、培育有重点、考核有依据。

4. 专项政策扶持

初步形成了省、市、县三级政策扶持体系。一是浙江省政府建立了每年10亿元的小城市培育试点专项资金用于支持项目建设，发改委等8个省级部门出台了7个方面的配套政策意见。二是设区市政府出台试点镇领导职级高配、行政区划调整、行政管理体制改革等政策予以支持。三是试点镇所在县（市、区）政府为试点镇量身订制以"543"为主要内容的扶持政策（"5"是指明确行政审批、城市综合执法、就业保障服务、土地供给和应急维稳等五大公共服务平台建设的扶持政策。"4"是指出台机构改革、一级财政体制、户籍制度、农村教育体制等四大重点改革的实施意见。"3"是指制定了专项资金扶持、税费返还优惠、用地保障等三大扶持政策），27个试点中有17个试点镇党委书记高配为县（市、区）委常委、7个试点镇党委书记和镇长高配为副处级。

5. 体制机制创新

全面建立"划分税种、额定基数、超收分成、以2010年为基期年、一定三年不变"的小城市试点镇一级财政体制；全面实施强镇扩权改革，基本赋予了试点镇县级经济社会管理权限，建立了审批服务中心，扩权事项进中心集中办理；建立行政执法中心，实施行政综合执法；探索推进进城落户农民原有权益可保留、当地城镇居民基本公共服务可享受、原有经济和财产权益可交易流转的户籍制度改革；积极推进投融资体制改革，稳步推进拓展发展空间的行政区划调整；创新建立倾斜支持小城市试点镇的用地、人才保障机制。

6. 健全工作机制

一是专题会议部署。浙江省委、省政府每年召开一次由省、市、县、镇四级党委书记和省级相关部门主要负责人参加的小城市培育试点工作现场推进会，省委书记、省长亲自到会并作重要讲话，全面部署小城市培育试点工作。二是专门组织推进。成立了由分管省长任组长，19个省级部门组成的省中心镇发展改革协调小组，小组办公室设在省发改委。市、县、镇三级均成立了以党政一把手为组长的小城市培育试点工作领导小组，强化了组织领导。三是专门政策扶持。省、市、县三级出台了支持力度空前、内容比较全面的专门扶持政策，支持小城市发展。四是专项资金支持。设立了每年10亿元的小城市培育专项资金，各县（市、区）按3∶1的比例建立了每年总计30亿元的配套扶持资金。五是专业机构编制规划计划。委托专业机构，高起点编制小城市的各类规划和三年行动计划。六是专业公司参与建设。以BT、BOT等方式，引进大企业、大集团参与小城市的基础设施建设。七是专门办法管理。建立年度考核机制，根据年度工作重点对试点镇进行考核并给予奖励；率先建立了由79项指标构成的小城市统计制度；建立试点退出机制，连续两年考核不合格的镇将退出试点资格。

2011年，浙江省27个小城市培育试点镇呈现了"镇均固定资产投资62.2%的增长、GDP17.6%的增速、财政26%的增收、城镇化2.7个百分点的提升、非农产业从业人员3.6个百分点的提高"的发展态势，固定资产投资、GDP、财政总收入、非农产业从业人员比重分别高出全省平均

37.4、8.6、5.0和1.2个百分点，城镇化率、三产比重增长幅度分别高出全省平均2.0和0.4个百分点。

二、存在问题

1. 下放管理权限缺乏相关法律支撑

小城市试点镇基本承担着相当于县一级政府25%以上的工作量，是个"全责政府"和"全能政府"，但现有法律法规对小城市试点镇基本只赋予乡镇的管理权力，特别是行政许可法实施以后，行政执法权主体集中在县级以上部门，小城市试点镇在管理上可以说是"无权的政府"。浙江省目前实施的强镇扩权改革主要采取延伸机构等变通办法，而真正的扩权改革需要通过授权或委托的方式依法实施，缺乏相关的法律支撑。

2. 土地、资金、人才等要素制约比较突出

小城市试点镇是外来人口净流入地，承担着大量的公共服务和急需的建设投入任务，需要大量的用地指标和资金投入。据调查，小城市试点镇的农保率普遍在90%以上，且融资渠道狭窄，面临土地和资金双重压力。小城市试点镇地处农村，对专业技术人才吸引力不强，据典型调查，小城市试点镇的城市规划、城市建设、环境保护、交通运输、财务审计等专业人才只占5%左右。

3. 户籍制度改革缺乏吸引力

从当地政府看，要接纳外来人口，需要提供就业岗位和承担基本公共服务，但缺乏增加建设用地指标等配套政策制度，感到压力大，积极性不高。从落户人员看，由于年轻人比重高，认为户籍制度改革所提供的基本公共服务没有即期效应和利用价值，缺乏吸引力。

三、政策建议

小城市培育是统筹城乡发展的战略节点、推进城市化的新平台、扩大投资拉动内需的结合点，开展小城市培育意义十分重大，也十分必

要。为了更好地培育中小城市，有如下政策建议。

1. 制定出台强镇扩权改革实施意见

总结推广经济发达镇行政管理体制改革试点经验，明确小城市试点镇的责任、权利和义务，赋予经济发展快、人口吸纳能力强的小城镇相应的行政管理权限。建立稳定的扩权运行机制，以制度形式明确权力下放后的职能分工。进一步理顺上下级政府间的条块关系，设立延伸机构时，将人事权一并下放。

2. 落实强镇扩权的配套改革

强镇扩权要以科学设置管理机构为基础，要与增加编制相结合。改革依据户籍人口和行政级别设置机构和人员编制的办法，把常住人口作为设置管理机构和人员编制的重要依据。增加与城市管理相关职能机构的设置，将对外来人口的服务纳入政府管理职能。机构设置可打破"上下对口"的设置模式。在核定人员编制的基础上，根据事权和责任相对称原则，可在编制内自行调整机构设置和人员安排。

3. 完善户籍制度改革的配套政策

制订出台能充分调动地方积极性、吸纳落户人员与增加建设用地指标相挂钩等的配套政策，使户籍制度改革做到"进城农民有吸引力、当地政府有承受力"。

4. 研究建立"撤镇设市"的改革路径和审批制度

研究修订设市标准和设市方式，探索实行城镇管理和农村管理分开的管理方式。制定小城市的建设发展标准，设计"撤镇设市"的条件和制度安排，建立相关审批制度，对达到标准、符合条件的小城市试点镇，可采用福建石狮的做法，批准撤镇设市。

（2012年7月）

第七篇
产业发展

"腾笼换鸟"和"产业升级"需要尊重规律

李　铁

最近，沿海各地纷纷提出"腾笼换鸟"的政策，大意是要把传统的工业如劳动密集型产业置换出去，引进一些高技术和高资本附加值的产业。从各地列举上报的数字中可以看出，这些新引进的企业也大多带有高新的特点。这些现象是否说明所谓的"腾笼换鸟"政策是成功的？我并不这样认为。

我国近些年工业发展的原发优势就是廉价的土地和劳动力成本，因此在沿海地区聚集了大量的产业和劳动力，使得沿海的经济迅速增长起来。应当认识到，目前这种格局并没有发生根本改变。但随着经济的增长和城市化步伐的加快，土地的成本和劳动力成本都在上升，传统产业无法承受沿海地区日益上升的成本，纷纷向内地转移。沿海地区也因为环境的压力和收入增长之后居民需求的变化，开始无法忍受大量外来人口的存在和污染的加剧，更不能继续低价征地用于工业开发。为了新引进的企业具有高新的特点，各地纷纷提出"腾笼换鸟"，要把老企业换出去，引进新的企业、好的企业、污染少的企业、人才优化的企业。

引进企业需要解决用地问题，而中国以往的投资优势就是廉价的土地。引进企业解决用地只有以下几个途径：新增用地指标；过去积累的储备用地；从旧厂房、旧村改造中置换用地。目前看，新进入的好企业大多是沿袭前两种方法。毕竟土地价格可以压低，可以降低企业进入成本。但是"腾笼换鸟"大多是指后一种方法，因为各地没有那么多的用地指标和储备用地。不少传统企业则处于惨淡经营的状态，正是这些企

李　铁：国家发改委城市和小城镇改革发展中心主任、博士生导师。

业用地大量闲置,利用价值比较低。

然而"腾笼"是需要成本的,需要解决企业搬迁费用和土地置换费用。这两种费用远远大于征地成本。而且搬迁的谈判还要承担社会成本,无论是政府还是投资人,都不愿意抬高成本或者增加麻烦,结果就是大量的企业仍然维持现状。新增企业不得不仍然依赖于新增用地指标,或者沿用开发区模式。如果一些新投资者继续发展传统产业或劳动密集型产业,那么就只能转向中西部地区,那里有富裕的土地指标,征地价格也偏低,企业的进入成本相对较低。

应当看到,沿海地区的传统企业尽管面临着成本上涨的压力,但是仍可以维持经营。毕竟对于这些企业来说,搬迁的经济成本和社会成本也是难以忍受的。我们现在看到的情况是,无论珠三角还是长三角,大量分散存在的传统劳动密集型产业和在开发区高度集聚的新兴产业并存。这将会持续很长一段时间,是暂时无法改变的现实。因为无论是企业自身搬迁还是"腾笼换鸟",都需要成本,而这些成本无论是对于新兴产业还是对于传统产业都是无法承受的。

比较容易实现"腾笼换鸟"的应该是在特大城市周边,但这不是和产业升级挂钩的"腾笼换鸟",而是等同于当年大城市的"退二进三"。因为只有服务业和房地产业可以承担得起"腾龙换鸟"的成本,在这方面,各地都有很多现成的经验。我们在各大城市的核心地带很难追寻传统工业的痕迹,就在于他们早早就按照市场的方式被服务业和房地产业替代了。

总而言之,地方政府提出各种口号,一定要符合经济规律和市场规律。"腾笼换鸟"不是不可以实施,而是要在政策中明确指出换什么?只有从二产换成三产,才可能实现经济上最合理的置换。要换成三产,也得有先决条件,城市发展的思路要转换,要提高城市的密集度,才有可能实现三产的发展空间。按照工业发展模式所规划的粗放型土地空间利用模式,一样会抬高服务业成本。

还有,盲目提出产业升级而忽视了扩大就业的目标,也不符合我国的现实国情。毕竟我国有13亿人口,符合标准的人才和知识储备条件只能支撑少部分的产业升级。针对城镇化发展的现实,大量农村人口向非农产业转移，需要更多的是中小企业和劳动密集型产业。这些企业的发展也需要空间，更需要政策的扶持。过早地把它们"腾笼换鸟"或"升级"出去，一是不现实，二是不可能，三是不利于就业，而且其代价会更高。

（2012年5月）

关于城市产业升级问题的思考

李　铁

过去30年，我国产业发展主要得益于低成本优势，廉价的土地、劳动力和环境成本成为促进我国经济迅速发展的主要因素。随着产业的迅速发展，一些地方政府也提出要推动产业升级，然而对产业升级的认识存在诸多误区。

产业升级首先是市场行为，是企业的行为，而不是政府行为，在当前我国产业发展模式下，政府一系列推动产业升级的行为可能会取得适得其反的效果。因为我国的优势在于低廉的要素成本，而不是产业研发能力上，如果通过政府行为片面地推动产业升级，可能会使企业背离发展优势。

从全球来看，世界经济一定是高科技产业和生产传统产品的中小企业并存的一种结构。人类既需要高端的高科技产品，又需要与生活密切相关的服装鞋帽、锅碗瓢盆等生活必需品的生产。高科技产品一定是全球性的，是需要全世界科研研发人员的集中。美国引导世界科技发展也是在"二战"以后，因为"二战"后大量人才在美国的集中，促进了美国产业结构的升级，以及高科技产业的迅速发展。可以说，人才结构和科研研发能力是决定产业升级和高科技产业发展的主要因素。推动产业升级也非一朝一夕能够完成的，成功经济体的产业结构也一定是高中低端产业并存的结构。

当前中国最丰富的资源要素仍然是廉价的产业技术工人，以及与这种资源要素结构相适应的广大中小企业及其经营者，这既决定了当前中国产业结构的现状，也决定了当前难以开展大规模产业升级的现实。特

李　铁：国家发改委城市和小城镇改革发展中心主任、博士生导师。

别是在二、三线城市，从事劳动密集型产业的中小企业才是这些城市发展的基础，才是这些城市具备活力的源泉。一些地方政府也意识到人才对城市发展的重要性，但却盲目地认为，高科技的研发人才才是城市发展所需要的人才资源，忽视业已存在的各类产业技术工人和广大中小企业经营者，从而盲目地推进产业升级，去追求发展高科技产业。

为了吸引技术研发人才的集中，一些城市政府寄希望于改善城市物质形态条件，并开展了大规模的城市建设，来改变城市的外观形态，来改善城市的生活环境。随着投入的增加，就需要企业为城市建设支付成本，也变相地抬高了企业的税负成本，使得中小企业失去了赖以生存的低成本优势，大量中小企业因此走向了消亡，也提高了未来企业的进入门槛，扼杀了城市发展的活力。

当然人才选择到哪类城市发展，是对各类城市综合因素对比的结果，不但要比较城市环境，而且还要比较各类城市的公共服务条件。北京、上海、广州等一线城市，不但在科研院所、人才培养等软环境方面的优势明显，而且还集聚了重点学校、优质医院等高质量的公共服务资源，这些都是吸引人才的重要优势。因此对二、三线城市来说，仅靠城市建设是难以达到吸引人才的目的，反而会抬高企业发展成本，排挤出大量中小企业，也会流失大量的中小企业经营者，最终既没有达到吸引人才的效果，还流失了大量的宝贵人才资源，实质上是得不偿失的。

（2012年5月）

世界城市化进程中服务业发展规律比较

课题组

执笔人：魏劭琨、李可

国际经验表明，城市化率是伴随着服务业发展而提高的。而随着城市化率的提高，服务业比重逐渐超过工业，服务业应该是城市发展的主要推动力量。2011年，我国城市化率已经达到51.27%，首次超过50%；其中东部地区城市化率也已经超过60%。但是，在我国城市化快速发展的同时，服务业的整体水平较低，很多地区没有随着城市化的进程及时调整产业发展导向。为此，我们应该认真总结世界城市化发展进程中服务业的发展规律，在此基础上对我国服务业的发展现状进行分析，从而为推动我国服务业快速、健康发展提供有效的政策建议。

一、世界城市化进程中服务业发展规律分析

通过对世界银行1970~2010年各国[①]服务业发展情况及不同城市化发展阶段的服务业发展状况进行分析，可以发现，在城市化发展过程中，服务业占GDP的比重持续上升。

1.服务业比重不断提高，服务业成为拉动经济增长的主要动力

从世界三次产业结构来看，服务业比重在不断提高，工业和农业比重在逐渐下降（见图1）。1970年世界服务业平均比重为53.4%，到2010年已提高到70.9%，上升了17.5个百分点。同期，工业比重从37.9%，下降到26.3%；农业比重从8.6%，下降到2.8%。

魏劭琨：国家发改委城市和小城镇改革发展中心政策研究处博士。

李　可：国家发改委城市和小城镇改革发展中心政策研究处硕士。

① 世界银行1970~2010年城市化率、服务业、人均GDP、人口等数据完备的国家有78个。

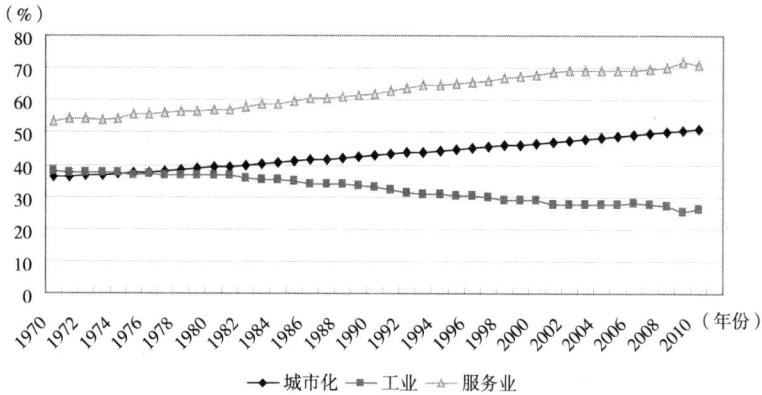

图1　1970~2010年世界城市化率与服务业、工业发展趋势

从不同收入水平的国家来看，服务业所占比重也在不断上升（见图2）。其中，高收入国家增长最快，增长了18.6个百分点，达到74.3%。上中等收入国家增长了13.8个百分点，达到55.7%。下中等收入国家增长

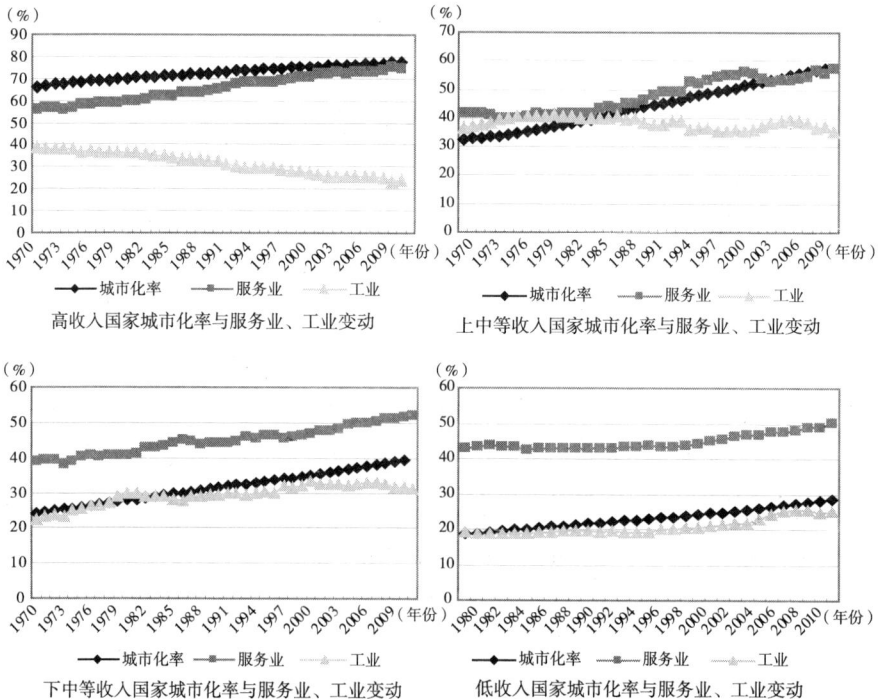

高收入国家城市化率与服务业、工业变动

上中等收入国家城市化率与服务业、工业变动

下中等收入国家城市化率与服务业、工业变动

低收入国家城市化率与服务业、工业变动

图2　不同收入水平国家城市化率与服务业、工业变动

了12.6个百分点，达到51.5%。低收入国家也从1980年[①]的43.2%，提高到50%。过去40年里，服务业占不同收入水平国家GDP的比重均已超过50%，服务业已经成为带动世界经济发展的主要动力。

2. 在世界城市化进程中，服务业发展呈现"缓慢发展——加速上升——缓慢发展"的趋势；其中，城市化率超过57%以后，服务业上升速度明显加快

按照库兹涅茨曲线的方法对世界1970~2010年服务业比重和城市化率的数据进行回归分析，可以发现，城市化率与服务业比重之间存在着"S"型曲线[②]。其中，在城市化率30%之前，服务业处于缓慢增长阶段；城市化率在30%~80%之间，服务业基本处于快速上升阶段；城市化率超过80%以后，服务业会进入发展缓慢阶段（见图3）。

在此基础上对城市化率30%~80%之间进一步进行回归分析可以发现，每个时期服务业与城市化率基本上都呈现线性关系；但是，每个时期服务业与城市化率拟合直线的斜率各不相同（见表1），斜率越高服务业上升的速度越快。其中，城市化率在超过57%之后，服务业上升速度明显加快。

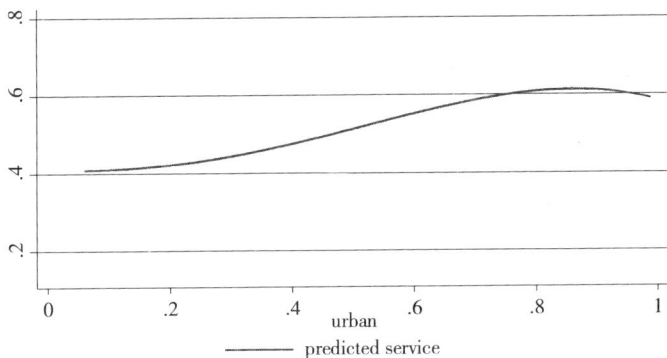

图3　城市化率与服务业变动关系

表1　　　　不同城市化时期服务业比重与城市化率拟合直线的斜率[③]

城市化阶段	30%~40%	40%~56%	57%~70%	70%~80%
拟合直线的斜率	0.31	0.55	0.70	0.84

[①] 世界银行仅公布了低收入水平国家1980年以来的数据。

[②] 利用世界银行1970~2010年数据，服务业比重与城市化率、人均GDP、人口规模进行面板回归分析，得出服务业与城市化率之间存在二次多项式的关系，进而得出此图。

[③] 根据不同城市化阶段城市化率与服务业比重线性回归，计算得出城市化率与服务业的斜率。斜率越高，服务业上升速度越快。

世界各国服务业发展的实践也证明了这一点。1987~1996年，巴西服务业年均增长2.3个百分点，迅速超过工业比重，1987年巴西城市化率为72%。日本历史上经历了两次服务业快速上升时期，1970~1977年日本服务业比重从51.3%提高到57.2%，年均提高0.8个百分点，1970年日本城市化率为53.2%；1990~2002年日本服务业比重从60.39%提高到69.57%，年均提高0.76个百分点，1990年日本城市化率为63.1%。1983~1994年，匈牙利服务业年均增长2.51个百分点，制造业年均下降1.52个百分点，1983年匈牙利城市化率为64.7%。此外，墨西哥、韩国等国服务业快速上升也出现在57%以上。

3. 服务业与城市化的变动模式

根据钱纳里的计算方法，对1970~2010年世界城市化率、服务业比重、人均GDP等数据进行分析，可以计算出新的城市化率与服务业的变动关系（见表2）。通过对比，可以发现，相比于1950~1970年，1970~2010年世界服务业水平相对较高。其中，人均收入在2600美元左右时，城市化率在52.8%左右，服务业比重在48%左右的水平；人均收入在5260美元左右时，城市化率在58.8%的水平，服务业超过50%。

表2　　　　　　　1970~2010年世界城市化率与服务业变动关系

级次	2010年人均GDP（美元）	服务业比重（%）	城市化率（%）
1	460	36.0	37.6
2	658	38.5	40.7
3	1315	43.2	46.7
4	1973	46.0	50.3
5	2630	48.0	52.8
6	3288	49.5	54.7
7	5260	52.8	58.8
8	6575	54.3	60.7
9	9863	57.1	64.3

二、中国城市化进程中服务业发展现状分析

1. 中国服务业比重低于世界水平

中国城市化经过40多年发展已经逐渐赶上世界平均水平，但是服务业的比重仍远远低于世界平均水平（见图4）。1970年，世界服务业比重为53.4%，而中国为24.3%，低于世界水平29个百分点；2010年，世界服务业比重为70.9%，而中国为43.2%，低于世界水平27.6个百分点。经过40年的发展，我国服务业与世界的差距仅缩小了1.55个百分点。

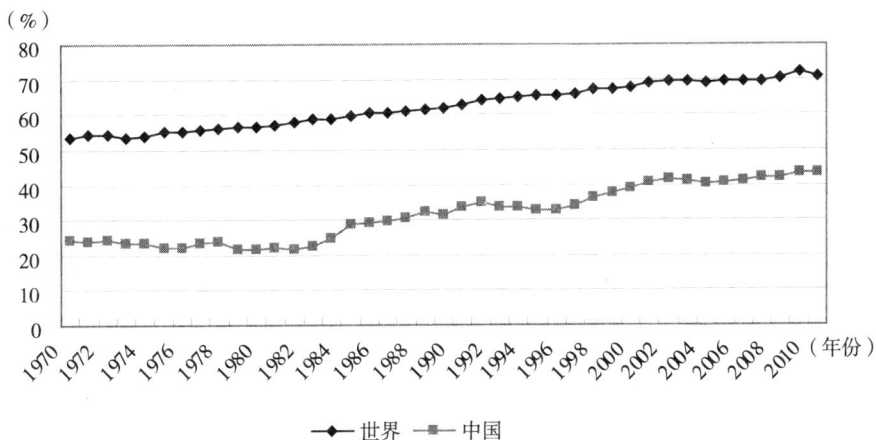

图4 世界与中国服务业发展对比

2. 中国服务业水平低于同等经济发展阶段国家的水平

2011年，我国人均GDP为5445美元[①]，按照钱纳里模型阶段划分（见表2），城市化水平应该在58.8%左右，服务业水平应该在52.8%左右。但是，2011年我国服务业比重仅为43.1%，滞后9.7个百分点。

我国服务业水平也明显低于同等收入国家。按照世界银行收入水平划分，中国目前处在上中等收入国家行列。但是与上中等收入国家对比可以发现，我国服务业水平低于大多数国家（见图5）。而且，与巴西、南非、墨西哥等城市化和服务业发展都较快的国家相比，我国要低20个百分点左右。

---

① 世界银行数据。

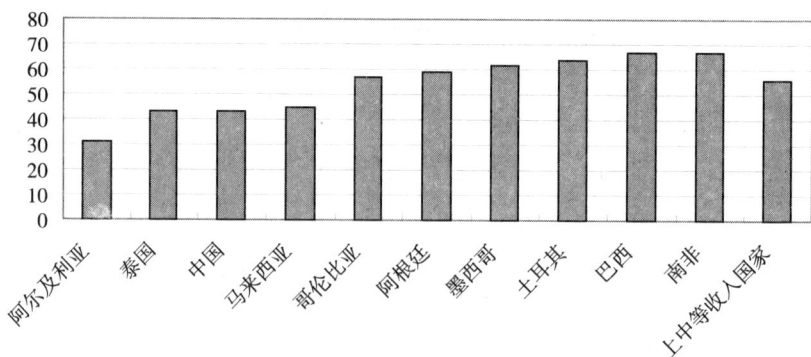

图5　2010年部分上中等收入国家服务业比重对比

3. 中国大部分地区服务业水平相对滞后

2010年，我国东中西部地区服务业比重分别为43.8%、35%和37%。不仅分别低于世界水平，同时也明显低于各地工业比重（见图6）。2010年，我国服务业在50%以上的省（市、区），只有北京、上海和西藏[①]。同时，我国城市化水平较高的东部地区，服务业比重严重低于同等城市化国家。2010年，我国东部地区城市化率已经基本达到60%，但是服务业比重仅为43.8%。其中，上海市城市化率为89.3%，服务业比重仅为57.3%。江苏、浙江和广东城市化水平都在60%以上，但是服务业低于工业分别为5、8.1、11.1个百分点（见图7）。

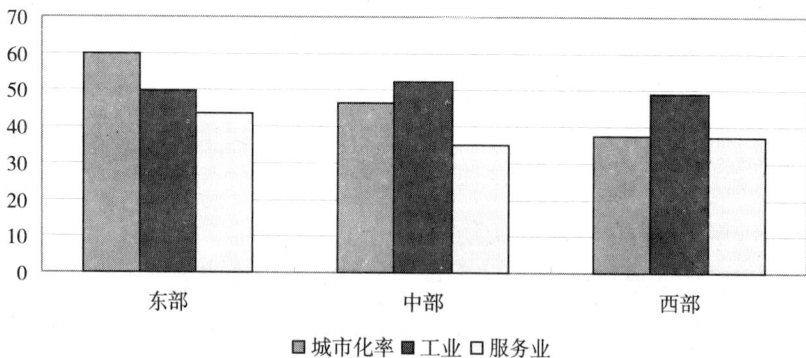

■城市化率　■工业　□服务业

图6　2010年我国各地区城市化率与工业、服务业对比

数据来源：中国统计年鉴和中国统计数据应用支持系统[②]。

---

① 不包括港澳台。
② 2010年城市化率缺少西藏和新疆。

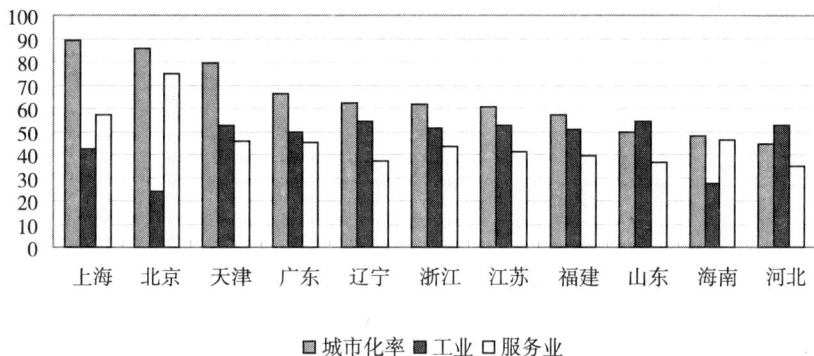

图7 2010年我国东部地区城市化率与工业、服务业对比

三、中国城市化进程中服务业发展滞后的原因

根据以上对世界城市化进程中服务业发展规律以及我国服务业现状的分析，我国在城市化过程中服务业发展滞后的原因主要有以下几个方面。

1. 各地盲目地学习东部经验，没有根据城市化进程及时调整发展战略

20世纪80年代以来，我国东部地区都是以工业促增长，通过招商引资逐渐发展进来的。工业化导向能够快速提升地方经济，从而深受地方政府青睐。因此，各地都追随东部的发展经验，"工业强市"几乎已成了各地发展城镇经济的普遍口号。随着工业化的发展，工业用地不断扩张，造成了城镇工业区面积分布过广，因而不能形成服务业发展所需要的人口和产业集聚的空间，使得在城镇化快速发展的同时，服务业的发展速度相对缓慢，成为经济的短腿。

2. 地方政府出于追求财政收入的动机，往往倾向于发展工业

地方政府对发展工业情有独钟的重要原因在于，工业能够带来财政收入的快速增长。依据我国税制，工业企业主要产生增值税，而服务业主要产生营业税。目前，增值税是我国主体税种，占我国税收收入比重近40%[①]，而营业税仅为14.8%；同时，增值税也是地方主要收入来源，

[①] 1994~2011年，我国国内增值税占税收收入比重平均水平为36.4%，尚未包括进口货物增值税。

占地方税收收入数额的61%^①。此外，增值税比营业税更易扩大税基。增值税是对销售货物和加工修理等劳务征税，要扩大税基只需要扩大产业链条，从生产到加工，很容易实现；而营业税的计税依据是收入，要扩大税基只能扩大企业规模，需要企业有一定的经营年限。

3. 城市发展模式不利于服务业形成规模效益

我国城市发展走的是粗放型发展模式：一方面，土地扩张速度快。我国城镇人均用地面积偏高，目前城市人均建设用地133平方米，超过国家规定80～120平方米的标准。另一方面，土地利用率低。工业用地强度普遍偏低，容积率一般只有0.3至0.6；同时，忽视存量建设用地的集约利用，还存在严重的建设用地闲置浪费现象。结果导致人口密度过低，较低的人口密度不利于形成服务业发展需要依赖的人口和产业集聚基础。

4. 城市的视觉化建设抬高了服务业的成本

一些地方在城镇建设中大搞形象工程、政绩工程，设立城市新区和各类园区，高标准建设行政中心、大学新区，建设宽马路、大广场、大面积绿化和生态区，以及进行大规模商业开发。这些形象工程、视觉工程的建设，无形中增加了服务业的成本：一是增加了服务业的经营成本；二是远距离增加了出行成本；三是推高房价，提高居住成本；四是维护生态建设和资源补偿的成本；五是排水、管道、电缆、通讯等基础设施配套成本及维护成本。服务业成本的提高，带来价格上涨，从而降低了服务业的发展空间。

5. 传统服务业发展受到城市发展政策的限制

我国城镇化过程中的人口转移不是高素质的人口转移，而是素质相对较低的农民进城。可是，我国现有的城市发展政策限制了这部分人群的进城。一方面，我国绝大多数城市在设计落户标准时，都附带了大量条件，比如学历、技术、职称等，限制了低素质人口进城。另一方面，城市的规划建设是按照城市管理者的主观目标进行的，并没有为不同人群的多样化需求考虑，即在规划过程中已经将很多低收入人群排除在

---

① 增值税是中央和地方共享税，中央75%，地方25%，25%的地方增值税占地方税收收入的20.3%，则上交的75%那部分从数值上相当于地方税收收入的60.9%。

外。现有的户籍制度限制了低素质人口的进城，就无法形成传统服务业发展的人口基础；同时，城市的发展政策倾向于现代服务业，也限制了传统服务业的发展。

6. 城市交通对城市功能的切割，切断了城市不同空间单元之间服务业的联系

城市交通是城市内部连接的重要纽带，也是城市服务业发展的重要通道。目前，我国交通体系较为落后，绝大多数城市交通还是以传统的地面交通为主，无法满足城市化快速发展带来的交通流量的快速增长，就限制了城市不同空间之间产业要素的联系，限制了城市服务业的发展。同时，我国很多地方纷纷按照大城市的标准建设城市道路，尤其是很多中小城市，过宽的道路将城市内部、城市之间进行了地域、信息、交流、服务的隔断，没有发挥交通在城市发展中应有的联系功能，甚至成为城市各项功能连接的障碍。服务业本身的功能及其规模效益也就随之被切断了。同时，还浪费了土地资源，也增加了维护成本。

7. 对城市发展的相关规律认识不够

各种限制服务业发展的因素的存在，是因为我国对城市发展的规律认识不够。一是城镇发展是一个长期的过程，因此，借鉴国外经验时，不能地过高地以欧美国家的今天作为我国城镇发展的参照，盲目搞现代化建设；二是城镇发展是一个综合性功能不断完善和提升的过程，不能只从传统的空间规划入手，而要重视城市内各种功能的联系；三是城镇发展是不同层次人口在城镇聚集的过程，应充分考虑中低端人口的需求，避免各种形式抬高服务业成本；四是我国的城镇化进程应是现代工业和传统工业、现代服务业和传统服务业长期并存的过程，城镇发展只有遵循客观规律并结合实际情况，才能可持续地健康发展。

四、政策建议

根据以上对我国城市化进程中服务业发展滞后原因的分析，我们认为要加快我国服务业的发展，必须要做到以下几个方面。

1. 要根据城市化发展进程及时调整产业导向,强化服务业对经济发展的推动作用

积极制定推动服务业发展的政策,特别是制定针对中低收入人口和外来人口的传统服务业的发展政策,以及中小企业的发展政策,通过政策引导,给予服务业发展足够的空间。同时,服务业的发展要明确其带动就业的主要目标,以服务业发展作为带动经济增长和城镇化健康发展的重要抓手。

2. 构建和完善有利于服务业发展的税收体系,增加地方政府发展服务业的积极性

进一步完善分税制改革,努力增加地方税收收入,通过税制改革和产业结构调整,努力提高服务业对地方政府税收收入的贡献,改变地方政府税收对工业的依赖。通过税收结构变化来引导城市政府不要盲目发展工业,尤其是东部发达地区要谨慎发展规模以上工业企业。要加快营业税改征增值税步伐,减轻服务业税负。要通过增加税费优惠来推动服务业的快速发展。

3. 提高城市容积率和城市人口密度

改变粗放型土地利用方式,提高城市土地利用效率和城市容积率,合理控制城镇土地扩张速度,保持城镇土地扩张与人口增长协调发展,努力提高城市人口密度,通过人口集聚为服务业规模扩大和效益提升奠定基础。在城市发展中,不要过度重视大块土地而忽视了小块土地的开发,要避免盲目开展大规模工业土地出让和房地产开发,要重视针对服务业的小块土地的开发与建设。同时,要加快"退二进三"步伐,为城市主城区服务业发展提供更多的空间和资源。

4. 要尊重城市发展规律,提倡方便、宜居的城市,而不仅仅是视觉上的城市

城市开发建设要以向居民提供方便为基本原则,避免以城市管理者主观意志进行商业开发。要矫正对生态城市、绿色城市的理解,通过城市功能的合理布局有效配置城市资源,提高城市资源的使用效率,降低服务业发展的成本。

5. 加强城市规划

通过加强对城市规划的研究和城市发展规律的学习,要充分认识

到城市的功能是综合性的。城市规划要以促使居民生活、出行便利为目标，要重视城市功能间的联系，要避免城市规划切断城市内部功能的联系。尤其是要特别注重交通运输在城市中的作用。城市交通运输对于一个城市不仅仅是流量和通行，更重要的是对城市功能的连接，是为城市人口、生活提供便利。

6. 借助中欧城镇化合作的契机，认真学习欧洲城市发展和服务业发展的经验

认真学习欧洲在城市管理、城市规划、城市功能、发展方式等方面促进服务业发展的先进经验，通过学习推动我国城镇化发展方式转变，提高我国城镇化进程中服务业发展的速度和效益。

（2012年11月）

中西部地区承接产业转移过程中，
要重视服务业发展

范　毅

相关研究和数据表明，我国产业从东部向中西部转移的态势已经非常明显，中西部地区经济发展速度在不断加快，吸纳就业人口数量和比重都在提高。但是一个不容忽视的问题是，中西部在吸纳产业转移过程中，仍然在重复东部地区发展中过度强调工业主导，忽视服务业的发展的弯路。2006~2011年，中西部地区第三产业的比重分别下降了2和3.2个百分点。我们认为，中西部在承接产业转移时，要强调工业和服务业并重，要把发展服务业作为城市发展的重要内容，特别是一些中心城市，要在城市发展建设的同时，为服务业发展留下充分的空间。

一、对东部地区服务业发展滞后的反思

过去40多年世界经济发展的经验表明，服务业是带动世界经济发展的主要动力，当前服务业比重已经超过70%。我国服务业发展相对滞后，2011年我国服务业比重仅占43.4%，即使东部沿海发达地区服务业的比重也仅为44.2%，我国服务业不仅低于世界平均水平，甚至还低于低收入国家的水平。这也造成我国发展过度依赖于工业，过度依赖于对能源资源的消耗，我国现在生产和消耗了世界45%的钢材、57%的水泥、37%的有色金属和50%以上的纺织纤维。这些预示着，如果不去转变经济发展方式，中国经济将不具可持续性。

我国政府在推动工业发展方面经验丰富，政府服务能力也较强，但是在服务业发展方面既重视不够，也缺乏有效手段，甚至做出了一些

范　毅：国家发改委城市和小城镇改革发展中心政策研究处处长、副研究员、博士。

阻碍服务业发展的决策。比如，城市人口密度的下降。服务业发展是需要人口在空间上高度集聚，要方便人口的交流，从而去降低交易成本。人口在空间上集中，彼此之间就会产生相互服务的需求，从最基本的批发、零售、餐饮，到教育、娱乐、健康等服务需求。随着经济发展水平的提高，就会产生更加多元化的服务需求，将进一步推动服务市场的细分，服务业发展的业态也会逐渐升级。

通常认为，第三产业发展需要第二产业作为基础，但是从服务业的本质来看，服务业就是满足人口的各项基本生活需求，只要人口集聚就会产生服务需求，和经济发展水平并不直接相关。我国的一些古镇历史上就有繁华的商业，这些经过历史积淀保存下来的古镇，说明了人口的集中能够创造服务的需求，但是也需要创造满足这些需求的条件。我们看到古镇的街道、建筑大多都考虑了居住、交易等多方面需求，茶馆酒肆、粮油米店一应俱全，人们能够非常方便地满足娱乐、交易等需求，从而能够实现商业的繁荣和浮华。再看今天，即使全球最发达的城市，其就业增长仍然来自于满足人口生活需要的服务业岗位。比如，纽约在1990~2009年间，增长的就业岗位也主要是与人口服务密切相关的教育、健康、休闲等服务业就业岗位。

既然服务业发展与产业发展水平关系不大，满足人口的基本生活需求也是服务业发展的持久动力。那么我们就不禁要反思，为什么东部沿海地区服务业发展滞后？在政府主导下，一些所谓的大项目、高端和先进产业项目成为推动城市快速发展的重要因素，城市建设水平能够快速提高，但是城市管理水平提高就很难一蹴而就，这需要较长时间的积累。城市是否宜居，是否适宜服务业发展，也就是说城市建设是否符合城市发展的基本规律，这恰恰反应了城市政府的管理水平。我们到东部地区城市调研经常可以遇到，为了追求视觉效果，城市采取了大尺度规划和建设的方式，宽马路、大广场并不方便人们的交流，也会提高交易成本。花园城市、生态城市等概念的提出更多是房地产发展的噱头，主要是为城市富人服务，并未考虑如何满足大量的中低收入人口和外来人口的基本服务需求。城市没有遵循城市发展规律，成为制约城市服务业发展的重要原因。

二、中西部地区服务业发展的必要性

中西部地区在承接东部产业转移过程中，要充分发挥后发优势，既要重视加快工业发展的步伐，也要避免重蹈东部地区发展中出现的服务业发展滞后的覆辙。我们也应当看到加快服务业发展是由中西部地区的经济、社会、自然等客观条件所决定的，还面临着经济加速发展的有利时机。

1. 服务业发展能够创造就业，增加居民收入

十八大报告明确提出要实现居民收入翻番的目标，这就需要继续扩大非农就业规模，毕竟我国一产就业人口比重仍然高达34.8%，在中西部地区一产就业比重要更高。加快中西部地区农业劳动力向非农产业的转移，仍然是一项艰巨的任务。还要看到中西部地区面临着农民工返乡的客观现实，大多数返乡农民工并不愿回到农村，他们希望能够留在城镇，就需要在城镇为他们提供非农就业岗位，因此中西部地区要更加重视就业增长。从产业发展的规律来看，服务业大多是劳动密集型行业，对就业增长的贡献要远高于第二产业，必须充分重视服务业的发展。

2. 加快服务业发展是中西部地区资源环境承载能力的客观要求

对中西部地区承接产业转移持不同意见的学者认为，中西部地区是我国大江大河的水源地，一旦带来环境的破坏，对我国的影响将是巨大的。而且相对东部地区，中西部的环境承载能力更弱，破坏以后恢复会更慢。事实上，这也是中西部地区要加快服务业发展的原因所在。服务业是无烟产业，其对环境的影响较小，对资源条件的依赖不大。基于中西部地区资源环境承载能力方面的现实考虑，更需要加快服务业的发展，以此来带动中西部地区的经济社会发展，达到全面建成小康社会的目标，而不是重复东部地区工业主导的覆辙。

3. 加快服务业发展是适应经济结构调整的内在要求

"调结构，扩内需"是当前和未来一段时期推动我国经济社会健康发展的重要战略部署。扩大内需也要通过服务业来实现，未来中西部地区要进一步加快服务业发展，以提高在未来中国经济版图中的重要性。同时我们也要看到，随着经济发展水平的提高，居民各方面消费需求在

增长，近几年小长假、黄金周期间，各旅游景区的火热程度不断提升，也充分说明这一点。随着交通等基础设施条件的不断完善，中西部丰富的旅游资源必将成为发展的优势条件。随着生产力水平的提高，制造业比重将不断下降，这也需要中西部地区事先谋划服务业发展，以减少经济结构调整对就业的冲击。

4. 工业转移为服务业发展奠定了必要的基础

俗话说"无工不富"，中西部地区还需要通过招商引资来夯实产业发展的基础。随着东部沿海地区劳动力、土地等成本的不断上升，在市场力量下，工业已经开始向中西部转移。工业转移已经带来就业的增加，这为服务业发展创造了必要的条件。要推动工业与服务业的融合发展，推动工业内部分工深化，加快生产性服务业的发展。当前关键还在于，政府如何配合产业转移，创造条件推动生活性服务业的发展，以释放产业转移所增加就业人口对服务业的基本需求。

三、政府要为服务业发展创造必要条件

工业的转移可以通过市场来完成，而且当前的转移速度在不断加快。但是服务业的发展却需要政府创造条件，需要政府承担更多的责任，特别是不能违背城市发展规律，抬高服务业发展的成本。同时服务业又是城市功能的载体，服务业发展状况也关系到城市功能是否完备具体。

1. 转变工业发展导向，明确服务业发展的重要作用

中西部地区在承接产业转移过程中，要转变过度依赖工业发展的模式，要做到一手抓"招商引资"，一手抓"服务业发展"，要把两者放在同等重要程度，绝不能厚此薄彼。要研究制定促进服务业发展的政策措施，明确将服务业发展和扩大就业作为政府产业发展的重点。

2. 提高城市密度，创造适宜服务业发展的空间条件

要改变城市发展粗放利用土地的形式，提高城市密度，特别是要促进高密度的城市中心商务区的形成，回归城市作为商业中心的本质。提高城市的密度，重点是不要过度重视大块土地，要让更多的市场主体参

与到城市开发中，避免盲目开展大规模工业土地出让和房地产开发，要重视针对服务业的小块土地的开发与建设。防止把提高城镇视觉效果作为城镇管理的短期目标，要为就业提供充足的空间和地点，来满足居民对于服务业方便快捷的需求。

3. 尊重城市发展规律，改善城市管理水平

城市的发展就是要为生活其中的居民，提供宜居宜业的条件。城市管理者要意识到，吸纳人口和保持产业发展的低成本是提高城市竞争力的必要手段，城市建设也不能只为高收入阶层服务，要充分考虑城市人口的多元性。通过多种形式加强对提高中西部地区政府管理人员的培训，提高城市管理者的管理水平。城市规划中要重视城市功能间的联系，避免规划中切断城市内部功能的联系。

4. 推进农民工市民化，重视满足中低收入人口对服务业的需求

推进服务业发展，首先要加快城镇化进程，要推动农村人口进入城市。中西部地区的城镇化，要解决好农民工的基本公共服务，避免城市人口二元现象，提高进城农民的消费倾向。未来，中西部地区城市将会面临中低收入人口不断增多的趋势，因此城市服务业的发展不仅仅要满足高收入人口的需求，还要看到中低收入人口将是城市人口的主体，城市的发展要为满足低收入群体对服务业的需求创造条件。

（2012年12月）

扩大我国就业的关键是
发展第三产业和中小企业

从"九五"开始，就业问题成为我国城乡经济发展面临的突出问题。解决就业问题的难点在于，我国劳动力供给呈不断上升势头，而经济增长带动就业增长的能力却呈逐年下降趋势，尤其是第二产业发展，甚至开始排斥就业。劳动力供求矛盾趋于尖锐，使得扩大就业成为今后相当长一个时期里各级政府面临的重大而艰巨的任务。

一、我国城乡劳动力供给长期趋势基本分析

对城乡劳动年龄人口变动（表1）的静态分析表明，"十五"时期是我国劳动力供给的高峰期。城镇地区年均新增劳动力175万人，就业压力没有明显缓解；农村地区年均新增劳动力近1000万人，非农就业压力空前加大。2006年以后，城镇劳动力供给开始绝对减少，城镇人口就业压力大为缓解；农村劳动力供给增长势头趋缓，但扩大非农就业的压力并没有减小。从长期看，城镇人口就业压力主要是下岗和失业人员的再就业，也就是存量结构调整问题；农村人口就业压力不仅涉及农业剩余劳动力转移，而且涉及新增劳动力就业安排，存量和增量问题并重。城乡劳动力供给的这种人口经济长期趋势，使得扩大非农就业对全面建设小康社会具有至关重要的影响。

何宇鹏：国家发改委城市和小城镇改革发展中心原副主任。

表1　　　1996~2010年全国和城乡劳动年龄人口变动趋势　　　单位：百万人

年份 区域	1996~2000		2001~2005		2006~2010	
	年增长量	年增长率（%）	年增长量	年增长率（%）	年增长量	年增长率（%）
全国	920	1.21	1174	1.45	245	0.14
城镇	152	0.66	175	0.74	−77	−0.32
农村	768	1.46	998	1.75	322	0.53

资料来源：根据《1995年全国1%人口抽样调查资料》和杜鹰《21世纪初我国农村就业及剩余劳动力利用问题研究》提供的数据计算而得。

二、"九五"时期城乡就业总体状况分析

2000年，我国实现城乡非农就业约3.8亿人。其中，城镇占55.7%，农村占44.3%；国有单位占21.2%，城镇集体单位占3.9%，城镇其他单位占5.2%，城乡个体、私营企业占19.6%，乡镇企业占33.6%，其他类型就业占16.5%。农业就业约3.6亿人，大体上有一半属于富余劳动力，需要转移到非农产业。

在存在大量结构性就业不足和新增劳动力持续增长的背景下，"九五"时期，我国城乡就业总体状况呈现出两个主要特征，即经济增长带动就业的能力下降和产业结构调整开始排斥就业。

1. 经济增长带动就业的能力继续下降

就业弹性由1996年的0.14下降到2000年的0.10，每年净增就业机会由903万减少到564万。"九五"平均的就业弹性为0.11，与1980年代平均的0.32相比，下降了近2/3。年均增加经济活动人口812万，而年均净增就业机会仅为641万。1998~2000年，年均净增就业机会又进一步降到542万（表2）。

表2　　　　　　　就业弹性变化（1996~2000年）

年份	从业人员（万人）	从业人员净增量（万人）	就业弹性
1996	68850	903	0.14
1997	69600	750	0.12
1998	69957	357	0.07
1999	70586	629	0.13

续表

年份	从业人员（万人）	从业人员净增量（万人）	就业弹性
2000	71150	564	0.10
"九五"平均值		641	0.11
1998~2000平均值		517	0.10

资料来源：《中国统计年鉴–2001》和蔡昉主编《2002年中国人口与劳动问题研究报告》。

2. 工业化开始排斥就业

城乡工业同时向外排出劳力，还是改革开放以来首次出现。2000年与1996年相比，工业就业减少2014万人，其中制造业减少就业1720万人，乡镇企业减少就业688万人。"九五"时期，工业就业年均减少414万人，其中制造业占85%。1998~2000年，工业、制造业和乡镇企业就业年均减少人数分别增至613万人、523万人和77万人（表3）。

表3　　　　　城乡工业从业人员数量变化（1996~2000年）　　　　单位：万人

年份	工　业			乡镇企业
	工业	采掘业	制造业	
1996	10938	902	9763	13508
1997	10763	868	9612	13050
1998	9323	721	8319	12537
1999	9061	667	8109	12704
2000	8924	597	8043	12820
"九五"年均增量	–413.8	–67	–352	–6.6
1998~2000年均增量	–613	–90	–523	–77

资料来源：根据《中国统计年鉴2001》有关数据计算而得。

由于城镇化发展滞后，我国第三产业发展虽然吸纳了一定数量的劳动力，但依然不满足结构调整吐出的工业劳动力和新增城乡劳动力的就业需求（表4）。"九五"时期，二、三产业年均吸纳就业619万人，其中第三产业占88%，仅够满足城镇劳动力就业的需要，更不用说现有农业剩余劳动力的转移和农村新增劳动力的非农就业需求了。1998~2000年，第二产业的发展也开始排出劳动力，三产的发展连城镇结构性失业或下岗的就业需求也难以满足，更遑论满足新增就业需求了。城乡就业压力空前加重。

表4　　　　第三产业从业人员数量变化（1996~2000）　　　　单位：万人

年份	第二产业		第三产业		工业减少就业	新增劳动力	
	总量	增量	总量	增量		城镇	农村
1996	16180	552	17901	1050	55		
1997	16495	315	18375	474	175		
1998	16440	−55	18679	304	1440		
1999	16235	−205	18987	308	262		
2000	16009	−226	19566	579	137		
"九五"年均增量	76.2		543		413.8	152	768
1998~2000年均增量	−162		397		613		

资料来源：根据《中国统计年鉴2001》有关数据计算而得。新增劳动力数量来自表1。

由于劳动力转移受阻，农民就业出现了向农业的回流（表5）。2000年与1996年相比，农业从业人员数量增加了806万人。"九五"时期，农业就业年均增加21.4万人。1998~2000年，农业就业年均增量猛增到282万人，农业过度就业的压力和农业产品供大于求的格局使得农民人均来自农业的收入三年减少100多元，农民增收问题日趋严重。

表5　　　　农业从业人员数量变化（1996~2000）　　　　单位：万人

年份	农业从业人员数量	农业从业人员增量
1996	34769	−699
1997	34730	−39
1998	34838	108
1999	35364	526
2000	35575	211
"九五"年均增量		21.4
1998~2000年均增量		282

资料来源：根据《中国统计年鉴2001》有关数据计算而得。

三、就业增长机会的分析

"九五"时期，非农就业机会的增长主要来自服务业。除服务业外，第二产业中的建筑业吸纳就业也有较快增长，年均增加就业46万人（表6）。

表6　　　　　建筑业从业人员数量变化（1996~2000）　　　　单位：万人

年份	建筑业从业人员数量	建筑业从业人员增量
1996	3408	86
1997	3449	41
1998	3327	−122
1999	3412	85
2000	3552	140
"九五"年均增量		46
1998~000年均增量		34

资料来源：根据《中国统计年鉴2001》有关数据计算而得。

（1）分经济类型看，"九五"时期，非公有经济对就业的拉动作用显著（表7）。国有和城镇集体经济年均减少就业近1000万，而各类股份企业、港澳台和外资企业、私营和个体企业年均增加就业600多万，在非农就业中的比重不断上升，成为增加就业的最重要贡献力量。

表7　　　　　按所有制结构划分的就业人数（1996~2000）

年份	国有单位	城镇集体	其他单位	私营个体	乡镇企业
1996	11244	3016	962	6188	13508
1997	11044	2883	1109	6791	13050
1998	9058	1963	1675	7823	12537
1999	8572	1712	1825	8266	12704
2000	8102	1499	2011	7477	12820
"九五"年均增量	−632	−329.6	229.4	381.4	−6.6
1998~2000年均增量	−980.7	−461.3	300.7	228.7	−77

资料来源：《中国统计年鉴2001》和蔡昉主编《2002年中国人口与劳动问题研究报告》。

　　（2）分企业类型看，中小企业成为增加就业的主体（图1）。根据
中国社科院人口所的一项研究，随着企业规模缩小，一定数量的固定资
产所对应的职工人数增加。可以看出，中小企业对我国劳动力资源丰富
这一要素禀赋反应灵敏，具有较强的容纳就业和创造就业的能力。

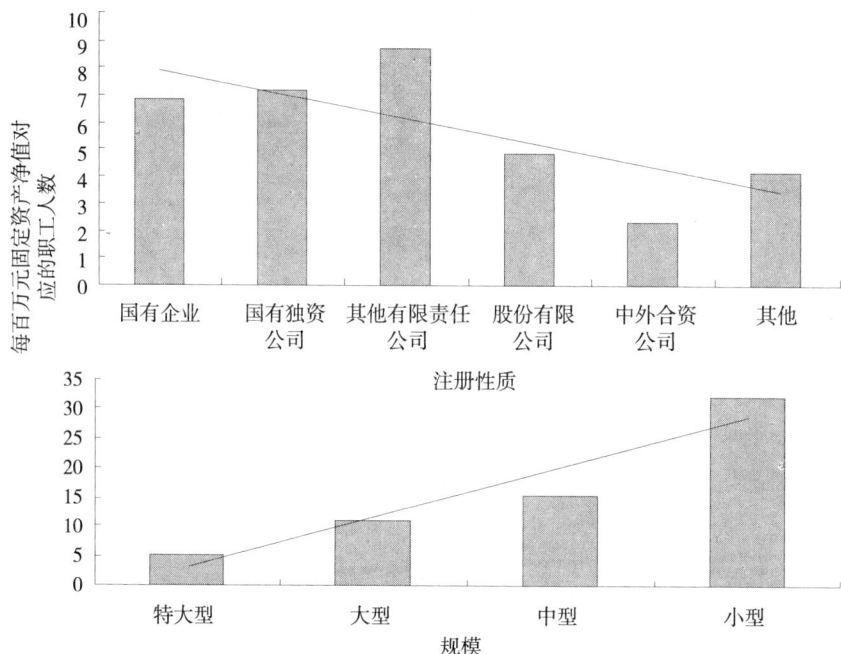

图1　不同注册性质和不同规模企业的劳动密集程度

资料来源：中国社会科学院人口与劳动经济研究所《工业企业竞争力调查》。

　　（3）从农村劳动力转移的方式看，外出打工对扩大就业的作用日趋
显著。根据国家统计局农调总队从1997年开始的农村住户劳动力抽样调
查推算，1997~2000年，全国农村转移劳动力由8315万人增加到11340万
人，年均增长1008万人，年均增速10.9%①（表8）。从1998年起，农村
转移劳动力在本乡以外就业比例开始超过本乡就业比例，表明外出打工
对农民非农就业的贡献超过了乡镇企业，"离土不离乡"的就业模式和
"离土又离乡"的就业模式共同成为农村剩余劳动力转移的实现途径。
尤其是跨省流动就业，2000年已上升到农民非农就业比重的1/4，占当年

────────────────

① 本节所用数据与前文农业和乡镇企业数据统计口径不一致。

农村劳动力转移增量的58%，成为非农转移的最重要途径。四川、安徽、湖南、江西、湖北、河南是跨省流动的主要流出地，广东、浙江、上海、北京、福建、江苏是跨省流动的主要流入地。

表8   农村转移劳动力的就业地域分布（1997~2000年）

类别	年份	乡内	乡外合计	县内乡外	省内县外	省外	国外
绝对数 （万人）	1997	4423	3892	1288	1114	1480	8.3
	1998	4611	4936	1718	1346	1862	9.5
	1999	4903	5204	1582	1497	2115	9.6
	2000	5205	6135	1622	1678	2824	9.4
相对数 （%）	1997	53.2	46.8	15.5	13.4	17.8	0.1
	1998	48.3	51.7	18.0	14.1	19.5	0.1
	1999	48.5	51.5	15.7	14.8	20.9	0.1
	2000	45.9	54.1	14.3	14.8	24.9	0.1

资料来源：蔡昉主编《2002年中国人口与劳动问题研究报告》。

（4）从流入地类型看，小城镇仍是吸纳农村转移劳动力的主体，吸纳劳动力占转移劳动力的1/4，但转移的多元化特征越来越明显（表9）。这也部分地说明，流入地吸纳农村劳动力的状况与国家城镇化策略的变化和流入地对外地务工人员就业政策的变化有很大关系。

表9   农村劳动力往各类城镇转移的数量和比重（1997~2000年）

类别	年份	省会城市	地级市	县级市	建制镇	合计
绝对数 （万人）	1997	1055	1099	1081	1316	4461
	1998	1049	1200	1361	1872	5482
	1999	1179	1312	1431	2761	6683
	2000	1497	1648	1535	2783	7463
相对数 （%）	1997	12.68	12.13	13.00	15.83	53.64
	1998	10.99	12.57	14.26	19.61	57.43
	1999	11.66	12.97	14.16	27.42	66.11
	2000	13.20	14.53	13.54	24.54	65.81

资料来源：蔡昉主编《2002年中国人口与劳动问题研究报告》。

综合前面的分析，今后扩大我国的就业机会，应大力发展第三产业，大力发展中小企业，大力发展小城镇，放宽农民进入城市的条件。

而做到这一切，必须树立城镇化导向的发展战略，并尽快制定和完善与城镇化战略相配套的有关政策措施。

四、影响扩大就业机会的主要因素分析

我国扩大就业的瓶颈制约，是城镇化严重不足。2001年，我国城镇化水平为37.4%，比工业化水平低7个百分点，比2000年世界平均城镇化水平低10个百分点。城镇化发展滞后，限制了经济增长集聚效应对就业的拉动。

2001年，我国第三产业就业比重为27.7%，远低于发展中国家50%的平均水平。1990~2001年，全国第三产业和农村第三产业产值年均增长速度分别为16.9%和18.1%，而就业年均增长速度仅分别为4.9%和9.5%。尤其是农村地区第三产业，发展严重滞后于工业化进程（表10）。从就业结构看，农村第二产业从业人员仍超过第三产业从业人员，与全国总体的就业格局恰恰相反。可见，农村第三产业发展迟缓是造成我国第三产业发展滞后的重要原因。

表10 农村二、三产业从业人员结构与全国二、三产业从业人员结构比较

年份	农村从业人员			全部从业人员		
	A.第二产业（万人）	B.第三产业（万人）	A/B	C.第二产业（万人）	D.第三产业（万人）	C/D
1990	5923	2731	2.2	13856	11979	1.2
1995	7657	5045	1.5	15655	16880	0.9
1996	7971	5072	1.6	16203	17927	0.9
1997	8181	5332	1.5	16547	18432	0.9
1998	8219	5572	1.5	16600	18860	0.9
1999	7785	6190	1.3	16421	19205	0.9
2000	8297	6859	1.2	16219	19823	0.8
2001	8778	7379	1.2	16284	20228	0.8
年均增长（%）	3.6	9.5		1.5	4.9	

资料来源：宋洪远、赵长保，2002。根据中国社会科学院农村发展研究所、国家统计局农村社会经济调查总队《中国农村经济形势分析与预测》1993~2002年各卷，以及历年《中国统计年鉴》和《中国统计摘要2002》有关数据计算。

农村第三产业发展滞后，关键是小城镇发展不足，城镇化落后于工业化发展。据农业普查资料，1996年，全国有各类非农乡镇企业近140万个，其中分布在乡、镇以上的仅占25.6%，分布在村及村以下的高达74.4%。即便是乡镇企业发达和农村建制镇密度较高的江苏、浙江和广东三省，分布在村及村以下的企业也分别高达72.4%、77.2%和71.7%，与全国平均水平没有什么差异。非城镇化的农村工业化进程，使得农村工业的空间布局高度分散，导致本应能够通过工业规模效应吸收大量就业的第三产业发展不充分，限制了就业机会的扩大。由于农村第三产业吸纳的就业只相当于第二产业的80%多，通过乡镇企业的适当集中，农村三产还有很大的发展空间。如果农村二、三产的就业比例能够调整到与城市相同，那么2001年农村三产发展即可多增加就业3500多万人。加快城镇化进程，还可以带动建筑业的发展。目前，我国建筑业就业比重约为5%，低于美国、韩国、巴西、俄罗斯等国2~3个百分点，低于日本5个多百分点。如果建筑业就业比重提高到8%，那么，2000年建筑业可多吸纳就业2100多万人。可见，加快小城镇建设，对农村第三产业和建筑业的发展和就业机会的增长，具有关键作用，在城镇化战略中应据于重要位置。

从产业发展的角度看，在城镇化推进过程中，第三产业和建筑业的发展对就业有巨大的吸收作用。从企业发展的角度看，中小企业发展对扩大就业有重要的贡献作用。城镇化是把农村人口变为城镇人口的过程，在这一过程中，关键是要有畅通的渠道将农业就业稳定地转变为非农就业。否则，我国的城镇化就可能重蹈许多发展中国家的城市病。这就要求处理好经济增长和扩大就业的关系。研究表明，中小企业吸纳就业的能力远高于大型和特大型企业（图1）。每百万元固定资产净值，中型企业吸纳的就业是大型企业的1.5倍，是特大型企业的3倍；小型企业吸纳的就业是大型企业的3倍，是特大型企业的6倍。从非农就业结构和就业增量看（表7），2000年，我国乡镇企业、个体私营企业和三资及各类股份企业分别占33.6%、19.6%和5.2%，合计约60%，成为就业的主体，更成为就业增长的主要源泉。但是，从投资的角度看，同年三者的银行短期贷款分别为6060.8亿元、654.6亿元和3049.8亿元，分别占6.1%、

0.7%和3.1%，合计约10%。60%的就业和10%的贷款，尤其是个体私营企业19.6%的就业和0.7%的贷款，形成了强烈的反差。个体经济固定资产投资4709.4亿元，占全社会固定资产投资的14.3%，其中贷款比重仅占5%，自筹资金比重高达80%。如果适当增加对个体私营中小企业的贷款，使其固定资产投资增加1倍，那么，2000年，个体私营经济可增加就业1400万人。

因此，尽管我国未来面临较大的就业压力，如果能够在经济增长方式转变中注意增加对中小企业的投资，在经济制度转变中注意推进城镇化，通过城镇化大力发展第三产业和建筑业，同时加快完成经济结构调整，在制造业发展中充分劳动密集型优势，那么解决空前庞大的就业问题并非没有可能。

（2003年3月）

江苏省小城镇的中小企业调查

李　铁　王俊沣

2008 年8月底，我们就小城镇的中小企业发展情况，赴江苏省无锡市无锡新区及新区鸿山镇、锡山区东港镇、兴化市戴南镇和泰兴市黄桥镇进行了实地调研。

调研组与当地政府及有关部门负责人、当地中小企业经营者进行了座谈，考察了当地高新技术产业区、工业园区和小城镇的发展和建设情况，并实地走访了不同类型的企业。现将有关情况介绍如下：

一、中小企业存在的主要困境及其特征

通过调查，基层政府和中小企业反映，当前中小企业的发展面临着前所未有的困境，主要体现在以下几个方面。

1. 利润增幅明显趋缓

2008年1~5月份，无锡市中小企业营业收入增幅分别比2006、2007年同期下降3.09和5.86个百分点，利税总额增幅分别下降4.09和4.51个百分点。无锡市无锡新区利润增幅明显下降，其中一季度利润总额与上年同期相比降幅尤其明显，一季度工业增幅下降1.6%，首次出现负增长，据当地政府反映，这种情况只在亚洲金融危机时出现过。二季度情况有所好转，增幅达到了23.3%，但也比去年同期下降10个百分点。无锡市锡山区鸿山镇1000多家骨干企业中，有60多家企业的利润出现负增长。无锡市无锡新区东港镇上半年工业利润1.9亿元，同比增长11%，增幅同比回落16个百分点。江阴市周庄镇上半年工业总产值和利润增幅明显趋缓，

李　铁：国家发改委城市和小城镇改革发展中心主任、博士生导师。
王俊沣：国家发改委城市和小城镇改革发展中心发展改革试点处处长、博士。

是进入21世纪以来的最低点。

2. 亏损企业明显增多

无锡市1~6月份，营业收入在500万元以上的中小企业共5248家，其中亏损企业544家，亏损面同比增长14.1%。规模以上中小企业停产16家，半停产26家。无锡市锡山区东港镇全镇亏损企业达110家，亏损面同比增长11.1%，企业亏损额同比提高49.4%。泰兴市预计今年工业企业减少利润将超过1亿元。泰兴市黄桥镇中小企业营业收入虽保持32%的增幅，增幅仅比去年同期下降6%，但利润增幅已不到10%。

3. 投资增长明显不足

具体表现在项目总数少，在建大项目少，储备项目少。泰兴市今年新增投资与去年同比下降10%。无锡市无锡新区今年上半年新增投资增幅下降8%。无锡市锡山区固定资产投资扣除PPI后零增长，工业新增投入扣除PPI后仅增长2%~3%。无锡市东港镇通过对59家销售收入3000万元以上企业的调研发现，今年下半年有多个技改计划的企业仅有4家，有一个技改计划的企业14家，其余41家企业没有技改计划。

4. 调整压力明显加大

从锡山区东港镇的情况看，高新技术产值虽然占规模以上工业企业的48.9%，但是比去年同期仅仅提高了0.7个百分点，同时，该镇通过对59家销售收入3000万元以上企业的调研发现，没有后续产品储备的企业38家，有一个后备产品储备的企业13家，有多个后备产品储备的企业8家。后续产品储备缺乏成为很多地区、很多企业一个共性的问题和难题。

5. 部分企业就业人数增幅下降

无锡新区新增就业人数增幅与去年同期相比，下降10%。而情况更为严重的泰兴市黄桥镇的主导产业——纺织业大幅滑坡，纺机已经由原来的2700多台锐减至900多台，产业工人从原来的8000余人降至3000人。

调研中发现，中小企业所面临的困境，对不同地区、不同行业的不同企业影响也有很大区别：

从地区来看，对高新技术密集区、先进制造业集聚区影响小，对传统产业和劳动密集型产业集聚区影响大。本次调研的无锡新区与锡山区相比，无锡新区是高新技术产业密集区，应对本轮经济周期的调整能力较强，在经过短暂调整后，仍能保持较快增长，而锡山区由于产业结构相对比较分散，高新技术企业所占比例不高，受的影响就要大得多。戴南镇与黄桥镇相比，戴南镇是中国不锈钢名镇，全镇共有不锈钢加工企业近千家，年销售额在1000万元以上的企业323家，5000万元以上的企业45家，过亿元的企业23家，从业人员5万余人，戴南镇今年1~7月份各项经济指标的增长幅度都超过20%。而反观黄桥镇，由于产业结构比较分散，规模企业较少，利润等多项经济指标增幅出现明显下滑。

从企业来看。对科技含量高、处于产业链上游的企业影响相对较小，而对科技含量较低、处于产业链下游的企业影响相对较大，这主要是因为前者的竞争力更强；对外资企业影响较小，对内资企业影响较大，这主要是因为外资企业有较多的利益输送渠道，可以更好地回避法律和政策制约；对内销主导型的企业影响相对较小，对出口主导型的企业影响大，这主要是因为出口主导型企业面临着人民币升值、汇率管制等多种因素影响。

二、目前中小企业发展困境的成因分析

1. 能源紧张和原辅材料涨价导致中小企业成本大幅上涨

仅以电力价格上涨为例，江苏新宏大企业集团成本因此提高10%，星火集团成本因此提高15%。无锡确成硅化学公司生产所需原材料——硫黄从几年前的70美元/吨一路上涨到1000美元/吨，直接带动了企业成本上涨50%。黑色金属尤其是板材价格平均涨幅在15%~28%之间，铜、铅等有色金属涨跌无常，居高不下。以戴南镇的江苏兴海集团为例，其原材料和制成品价格变动情况见下表。

年份	不锈钢价格	涨幅	制成品价格	涨幅	毛利率	毛利率变动
2005年	13900元/吨		24000元/吨		72.7%	
2006年	23500元/吨	74.1%	35000元/吨	45.8%	48.9%	-23.8%
2007年	35100元/吨	49.0%	42000元/吨	20.0%	19.7%	-29.2%

2005~2007年两年间，企业毛利率实际下降53.0%。2008年8月，原材料价格虽略有下降，为2.4万/吨，但制成品价格降幅也很大，为3.1万/吨，企业毛利率为29.2%，较三年前仍下降了43.5%，该公司已开始限产，停了一个车间。

2. 劳动力成本上升，劳动用工困难

据无锡和泰州两市测算，新劳动合同法实施后，每名职工平均需增加4000~5000元的工资及社保等劳动用工成本。以兴化市戴南镇的新宏大集团来看，因今年用工成本上涨33%，直接影响该企业总成本5%左右。更为严重的冲击出现在纺织行业，泰兴市黄桥镇原来纺织企业工人的工资年均8000元，劳动合同法出台后，工人工资上涨到1.2万元。工人工资上涨的部分占企业总成本的2.5%，工资总成本已占企业总成本的15%，由于纺织行业原平均利润率仅为3%~5%，在人民币升值和劳动成本上涨等多种因素影响下，纺织行业已出现大面积亏损或停产。

3. 中小企业的资金瓶颈制约更加突出

当地中小企业家座谈时反映，今年，央行已5次上调存款准备金率，现已高达17.5%。中小企业的贷款规模被压缩到原有贷款规模的50%，贷款的期限从一年降至半年，结息方式由季结改为月结，贷款利息由原来的参照央行贷款基准利率改为上浮30%，此外，部分银行还增加了评估费等一些收费项目，中小企业的实际信贷成本已达10%~15%左右，部分中小企业迫于发展或生存压力，向民间资本举债，资金成本达15%~20%。以戴南镇的兴海集团为例，2007年1~7月的财务费用为267万元，今年1~7月达630万元，财务费用大幅增加。此外，由于银行贷款门槛偏高，部分企业采取联保方式获取银行贷款，这种方法风险很大，如有一家企业经营出现失误，必将殃及一片。

4. 人民币升值、出口退税下调导致部分企业步履维艰

无锡东港镇的磁性材料厂原来出口占总销售收入的40%以上，由于汇率升值，每年损失3000万元，此外，今年该企业因出口退税下降，导致利润下降17%。泰兴市分界镇的坤阳服饰公司属自营出口型企业，因原材料价格上涨10%，出口退税率下跌2%，加之人民币升值，今年至少将损失500万元利润。此外，无锡新区发改局在座谈中反映：今年，国家为了防止企业洗钱，加强外汇监管，要求将预付款的30%提前打进来，但是打进来的款项无法结汇。例如美元打进来但入不了企业的账，如果这期间美元贬值，就会造成企业损失，而且钱到不了账也会加大企业的财务费用。

5. 环保要求不断提高

今年，无锡市按国家要求，强力推进"五小"和"三高两低"企业整治，以及今年太湖流域COD排放标准提高到60以后，每吨污水处理成本达到5元左右，中小型印染和化工企业受影响较大。无锡新区鸿山镇原有化工企业97家，近两年来，已关停82家，今年还要对剩余的化工企业进行整治和改造升级。出于节能减排考核的考虑，无锡市现在已经开始限制劳动力的增长。

6. 供地制约日益明显

在无锡和泰州的调研中，各地普遍反映用地指标十分紧张，难以满足经济增长需要，例如：无锡市锡山区全区一年用地指标只有450亩，兴化市全市一年用地指标只有600亩，保证不了企业发展需要，只能满足基础设施和文教卫生建设需要。

当然，在调查中，也反映出一些地方政策调整出现的问题。但是给我们留下印象最深的是，以往政策调整或者宏观经济形势的影响主要表现在一个方面，今年企业出现的困境主要是多项政策因素和国际国内宏观经济形势的负面影响叠加在一起，使得中小企业难以应付。而最大的困境是在于对预期判断的担忧。

三、对策建议

为了确保国民经济健康平稳增长，更好地促进中小企业发展，建议在以下几个方面开展工作。

1. 掌握宏观调控节奏，确保经济健康平稳增长

一是适当控制原材料价格高位上涨的势头，加大煤、电、气、油生产，确保市场供给。二是引导和支持农村信贷担保机构和村镇银行建设，为中小企业贷款提供便利条件。三是适当放宽对中小企业的金融调

控，鼓励银行对中小企业信贷进行适当倾斜，扶持中小企业发展。四是积极引导出口主导型企业应对人民币升值和汇率改革的风险。

2. 坚持优化产业结构，加快服务业的发展

一是要坚决淘汰落后产业、产能，以产业整治为契机，积极实施"腾笼换凤"，推进优势产业、新兴产业的发展。二是要坚定不移地发展先进制造业，按照制造业主导产业高新化、新兴产业规模化、传统优势产业品牌化的要求，全面提高制造业发展水平，加快培育优势制造业产业集群。三是要加快发展现代服务业。认真做好城市和城镇规划，努力集聚人口，创造服务业发展的良好氛围，在提升服务业总量和比重的同时，着力提升服务业尤其是现代服务业、服务外包产业的发展规模和水平。

3. 充分运用税收杠杆，扶持中小企业的发展

要充分运用税收政策对中小企业进行间接扶持。应抓紧制定减免税政策，减少中小企业的税收负担，增加中小企业抵抗风险的能力。在出口退税政策上，应该在执行层面上，避免一刀切，特别是在当前经济形势比较困难的时候，应考虑重新调整出口退税政策。

4. 推进融资方式创新，缓解中小企业资金困难

国家要推动金融机构与担保机构建立互利合作、风险分担机制，引导更多的商业银行通过金融创新加大对中小企业的信贷支持。要在当前经济形势相对困难的时期，降低或减少银行的服务性收费，减少审批环节，并加大银行对中小企业的贷款比重，提高贷款期限。应鼓励地方探索一些新的融资手段和方式，鼓励江苏省开展村镇银行的试点。

5. 加快土地利用创新，合理安排中小企业用地

要把中小企业发展用地纳入土地利用总体规划和城乡建设规划，根据中小企业发展需要合理安排必要的空间，为不同企业群体安排相应的创业场地。要探索集体建设用地制度的改革，鼓励地方政府在提高集体土地建设利用率方面，进行大胆的试验，可以允许已经作为长期工业用地的集体建设用地，直接进入一级市场，为中小企业利用集体建设用地资源，盘活资产创造条件。

6. 加大对小城镇基础设施建设的投资，改善中小企业发展环境

小城镇是中小企业发展的重要载体，小城镇基础设施环境的改善，对中小企业的发展会起到至关重要的作用。中央政府应加大对小城镇基础设施建设的投入，重点改造中小企业聚集地的小城镇的污水排放、处理和环境治理，以降低中小企业的环境治理成本，补偿几十年来，中小企业发展对地方作出了巨大贡献的同时，所造成的负面结果。

（2008年9月）

浙江省中小企业发展面临问题调研报告

范 毅 许 锋 何宇鹏

2007年,浙江省中小企业占到规模以上工业企业总数的99.2%,占工业总产值84.9%,占税收86.1%,中小企业对浙江经济发展具有重要影响。最近,我们对浙江省萧山区和桐乡市两个区(市)的中小企业进行了调研,调研组与当地政府相关部门负责人进行座谈,并走访十数家企业。总体来看,浙江中小企业发展面临的问题,既有周期波动的短期宏观调控因素影响,也有产业升级的发展阶段转型的长期因素影响。对此,宏观政策调整应积极应对,促进我国经济又好又快发展。

一、中小企业发展存在的主要问题和影响

调研表明,浙江中小企业整体上出现了增长趋缓、利润减少和亏损增加的局面。分企业规模看,规模较小企业所受影响要大于规模较大企业;分行业看,纺织、服装、鞋帽等劳动密集型行业所受影响要大于机械制造等资本密集型行业;分市场类型看,外销型企业所受影响要大于内销型企业;分贸易类型看,加工贸易型企业所受影响要大于一般贸易型企业。

1. 企业发展增幅回落

2008年3月以来,桐乡市规模以上工业企业实现工业生产总值同比增长率呈逐月下降趋势,5月份以来,工业总产值同比增长率已低于20%。萧山区义蓬镇1~7月份工业总产值增长速度同比增长19%,比2007年同期

范 毅:国家发改委城市和小城镇改革发展中心政策研究处处长、副研究员、博士。
许 锋:国家发改委城市和小城镇改革发展中心原规划处硕士。
何宇鹏:国家发改委城市和小城镇改革发展中心原副主任。

下降13.3个百分点。

2. 工业品销售出现下降

2008年上半年，桐乡市工业产品销售率比去年同期下降1.5个百分点，存货增长了35.1%。7月萧山区工业产品销售增长10.6%，与过去平均的20%的增长率相比，下降了10个百分点，为历史上第一次的大幅度下滑。

3. 亏损企业数量增加

桐乡市上半年1200家规模企业中，亏损企业占371家，亏损面达30.9%，与去年同期相比增加107家，亏损面同比增加8个百分点。1~7月份，萧山亏损面为12.7%，亏损企业同比增加67家，亏损面同比增加3.3个百分点。

4. 企业利润减少

桐乡市规上工业企业2008年2季度利税同比增长率已由1季度的45.2%降为28.1%。上半年，萧山区临浦镇规上工业企业实现利润总额仅为去年同期17.2%，义蓬镇实现利润总额1.97亿元，同比去年减少0.56亿元，减幅为22.1%。由于企业发展的问题，部分地方税收增幅也存在不同程度下降，甚至减少。1~7月，义蓬镇国税收入下降15.3%，桐乡市崇福镇税收下降3.6%。

5. 部分行业出口出现负增长

7月，萧山区的羽绒行业出口下降了10.9%。由于纺织服装类产品出口增长明显下滑，占出口的比重也明显下降，萧山区的纺织服装羽绒出口所占比重已由50%下降到41%，桐乡由40%下降到20%，崇福镇的皮革出口由40.6%下降到30%。

6. 地方投资增长放缓

桐乡市今年投资增长14.8%，而往年要在20%以上。合同利用外资更是出现了负增长，下降了59%。桐乡市洲泉镇今年拟开工的33个千万元以上项目，但截至8月，仅有一半开工。1~7月，萧山区临浦镇工业投资同比下降6个百分点。各地都认为，投资增长放缓对地方经济发展的影响，将从今年下半年逐渐显现。

7. 就业形势不容乐观

就业形势总体上还没有受到影响，但是部分企业中出现的就业减少苗头值得引起注意。如萧山三弘羽绒集团企业职工最多时达1.8万人，目前仅有4千人，计划到2009年减少到2000人，而大庄地板也计划减少一线生产工人。不少依靠订单的、以季节性加工为主的纺织、服装、鞋帽企业，受出口影响，用工也有不同程度减少。

8. 能耗出现回升

据部分地方反映，由于经济增长放缓，开始出现单位产值能耗上升的苗头。这个状况如果继续下去，对完成"十一五"万元GDP节能的目标将产生不利影响。

二、中小企业发展困境的原因分析

从短期看，中小企业发展面临的问题主要是由"三率两费"的变动引起的，即利率提高、汇率升值、出口退税率下降和劳动力成本及原材料成本上升。这些作用在一年内同时发生，在历史上是少见的，加大了企业运行的困难。

1. 劳动力成本上升

一是最低工资标准不断提高，比如2007年桐乡市最低工资由670元提高到750元，2008年9月将进一步提高到850元。二是"五险"参保比例提高，支出增加，占到企业工资成本的25%。三是劳动力市场价格上升，比如桐昆纺织集团2008年上半年工资涨18.5%，凯丰鞋业工资涨15%，而技术工工资涨幅更大，比如双箭橡胶集团工资涨27%，发达齿轮工资涨50%。据测算，2008年企业工资成本普遍提高10%~20%。如果将"五险"计算在内，那么企业工资成本还要增长10%左右。

2. 原材料价格上涨

今年以来，原材料价格都出现了较大幅度的上涨，石油期货价格最高达140多美元/桶，这对以石油或者石油产品为原料的化工企业影响较大，另外油价的上涨也增加了企业的物流成本。钢材、煤、电的价格都出现了较大幅度的提高，比如雪峰链条厂所需的特种钢材由2007年的3200元/吨涨到今年的6200元/吨，各项成本的增加使今年1~7月份企业亏损300万元。煤炭价格涨1倍，由600元/吨提高到1200元/吨，东南化纤一个月的燃料成本要增加100万。根据桐昆集团的测算，电价上涨使企业一年多支出成本2000余万元。然而受需求、市场竞争等因素的影响，原材料价格上涨并没有完全转化为产品价格，比如今年桐昆集团生产的涤纶丝每吨出厂价格还下降175元。各项成本的增加，使该集团1~7月在销售增长了7.1%的情况下，利润反而下降了47.4%。

3."三率"变动的影响

人民币升值导致出口企业利润不断缩水。由于受人民币升值的影响，东正鞋业预计今年要减少一半利润。出口退税率的调整使得大量出口劳动密集型产品的企业利润大幅度缩水，根据桐乡市外贸局的调研，出口退税率的调整仅桐乡一家服装企业利润就减少500万。从紧的货币政策的实施和贷款利率的不断提高，进一步加大了中小企业融资困难，也增加了企业的资金使用成本。2008年上半年，桐乡市中小企业利息支出同比增长34.7%。

4.土地制约日益明显

用地指标紧张成为制约地方和中小企业发展的重要因素。2008年萧山区利用外资用地指标仅100亩，一些发展前景的企业如生产化工设备的佳力科技，虽然规划从2006年就批下来了，但因为没有土地指标，不能投入生产。崇福镇183家规上企业中23家提出用地申请不能得到满足。

除上述短期因素的影响外，还有一些长期制约发展却迟迟没有政策配套的因素也影响了中小企业的发展。主要是户籍和相关政策改革滞后，使得劳动力供给出现了不足，尤其是女工和技术工人的不足；政府在中小企业发展上缺乏信贷、税收等有效扶持手段，使得中小企业发展后劲不足，尤其是在应对挑战时，大量企业面临下滑、亏损甚至倒闭的危机；在促进企业转型和升级上，也缺乏支持科技创新的金融、财税创新手段；在促进服务业发展上，城镇化的相关跟进措施不足，阻碍了人口的集聚和三产的发展。

三、中小企业发展存在的机遇

在调查中，我们也发现并非所有的企业都处于困境。不少企业由于在市场竞争中较早地认识到了土地、劳动力、原材料价格上升的必然趋势和同质产品价格竞争的压力，积极创新，成功实现了转型和升级，保持了较快的增长势头。一些地方也通过产业结构调整，促进了经济较好的发展。

1. 通过技术创新，实现产品升级，增强竞争力

杰牌控股在德国建立研究院，研发新技术，引进先进技术制造高档塔机，使塔机均价从40万元提高到200万元。大庄地板专门为宝马公司开发的轿车内饰板材，价格从传统板材的8千元/立方米提高到14万元/立方米。在产品相同的情况下，该公司研发的新技术，使得竹子原材料利用率由28%提高到100%，降低了成本，增强了产品赢利能力。

2. 通过产品差异化，提高市场占有率

双箭股份开发的环保输送带、节能输送带、阻燃输送带等，在国内外都是空白或者处于领先水平。节能输送带由于能减少用电15%~20%，且不需要改造设备，在电价上涨的情况下，销售量大幅提升，已经占领了国内市场的70%。在各项成本涨价的情况下，企业的产值和利润都实现了20%以上的增长。桐昆集团开发的288孔超细旦纤维等，由于产品性能好，在多数化纤产品出口不力的情况下，销售反增长了7%。银桑被服开发的根据体温调节暖度的高级丝棉被，销售供不应求。

3. 通过从制造业生产向贸易、研发服务领域转型，细化分工，增强竞争力

在沿海地区劳动力和土地价格上涨情况下，一些传统产业如服装出口加工企业，开始由直接生产向订单外包转型。如三弘羽绒利用多年来已经在国外建立的比较完善的营销网络体系，开始着手减少本地生产，通过外包给内地企业生产，逐步实现从传统制造企业向贸易服务企业的转变。大庄地板也在探索向研发型企业的转变，而将加工向毛竹原产地转移。

4. 通过"走出去"战略和开拓新市场，带动出口发展

一是鼓励企业在境外投资，桐乡市在境外运作的企业带动进出口总额8806万美元，其中出口6258万美元，进口2548万美元。二是不断开拓新市场，今年1~7月，桐乡市对非洲、拉丁美洲、大洋洲等新兴市场的出口增长迅猛，其中对非洲出口增长77%，对拉丁美洲增长158%，对大洋洲增长76%，远高于全市40%的出口增长率。萧山区的外贸统计数据同样显示，欧美等传统市场占比在下降，而新兴市场出口份额不断上升，贸易多元化趋势显著。

5. 通过产业结构调整，推动经济发展

近年来，浙江不少地方积极调整产业结构，传统的纺织、服装、鞋帽等加工贸易产业比重下调，而新兴产业的比重不断上升，有力地促进了地方经济发展。如桐乡市机电、新型材料和高新技术产品出口份额已占到66%，改变了过去纺织、服装出口为主体的局面，外贸对经济增长的支持作用依然显著。萧山区的机电产品出口份额已经占26%，成为第二大出口产品，接近了纺织品27%的出口。从势头上看，将很快成为第一大出口产品。

四、政策建议

浙江中小中小企业发展面临的问题，有些是短期的，如"三率"问题，有些是短期但将转化为长期的，如土地、原材料和劳动力成本问题，有些则是长期积累但迫切需要解决的，如中小企业的融资难、农民工的户籍和相关服务以及城镇化的推进不足等问题；有些是国际性的，如石油价格上涨等，有些是国内的，如资源环境约束增强、劳动力权益保护加强等；有些是挑战性的，如传统产业发展的困境和劳动力就业问题，有些是机遇性的，如怎样支持产业升级和保持经济的长期增长问题。在长短期矛盾并存、内忧外患并存、挑战和机遇并存的情况下，需要创造有利于企业转型升级和经济平稳发展的政策环境。

1. 在宏观调控上要"反周期"调节，防止经济发展大起大落，给企业转型和结构调整以时间

一是把握宏观调控的节奏和力度，在投资、财税、信贷和进出口等方面，给予符合产业政策的中小企业以支持。二是在社会保障社会统筹部分建立全国异地转续前，允许地方按以前办法处理，允许地方继续探索。三是推进集体建设用地制度改革和试点探索，提高综合利用能力。

2. 探索金融制度创新，打破中小企业融资瓶颈

一是进一步提高中小企业信贷资金比重，确保中小企业，特别是有成长空间的小企业的资金需求。二是扶持村镇银行和中小企业担保公司规范发展，增大规模，为更多中小企业解决生产和发展中的融资难问题。三是通过中小企业板等，帮助企业增强资本实力，支持企业通过股权购并实现重组，壮大实力。

3. 以多种方式鼓励企业创新升级

一是通过政府配套支持，鼓励企业加大研发投入，在各级财政安排的技改资金中，切出一块专项，用于有创新能力的中小企业技术改造的贴息，或由政府资助一批适合中小企业应用的共性技术研发项目，适时加以推广。二是安排出一批调整升级的重点产业项目，在用地、资金、技术等方面予以支持。三是加快职业教育体制、劳动力培训体制和科研体制改革，引导它们按照企业需求培训技术人才和适用技术。

4. 促进产业转移和经济结构调整

一是加大东中西部协作力度，发挥不同区域的比较优势，有序进行产业转移。二是加大传统产业的技术改造力度，鼓励企业通过联合、兼并、重组等形式把企业做大做强。三是加强对先进制造业的各种政策支持，培育优势产业集群，优化产业布局。四是加快服务业尤其是生产性服务业发展步伐，鼓励制造业生产性服务向专业化、市场化方向发展，扩大就业。

（2008年10月）